DAVID LYNCH BEGREIFEN

AF636970

Für Henri.
Für Benjamin, Magdalena und Sarah.

ADRIAN GMELCH · JONATHAN EDERER

DAVID LYNCH BEGREIFEN

Kunst – Kino – Kreativität

BÜCHNER-VERLAG
Wissenschaft und Kultur

Der unbegreifliche Mr. Lynch?

»Life is very, very complicated,
and so films should be allowed to be, too.«
DAVID LYNCH

Zu David Lynch wurde viel geschrieben. Und das muss zu Beginn eines jeden Buches über ihn gesagt werden. Als Disclaimer, um sich nicht unmittelbar selbst zu diskreditieren. Um zu signalisieren: Wir wissen, dass wir hier kein Neuland betreten. Wir sind uns der Herausforderung bewusst, Neues zum Diskurs beitragen oder wenigstens neue Blickwinkel eröffnen zu müssen, um relevant zu sein.

Zu Lynchs Werk gibt es wissenschaftliche Abhandlungen, umfangreiche Essay-Bände, Analysen in sämtlichen medialen Formaten. Und vor allem sein Hang zum Grotesken, zum Surrealen, zum Absurden, den viele als sperrig empfinden, ist es, der eine so große Faszination auf so viele Menschen ausübt. Auf den Mainstream, auf Cineasten, auf ambitionierte Youtuber und auf Akademiker aus sämtlichen Disziplinen. Das bedeutet nicht zuletzt: Lynch und sein Werk wurden gleichsam zu Tode analysiert. Präziser: sein filmisches Werk wurde es.

Warum also ein Buch über jemanden schreiben, über den schon so viel geschrieben wurde? Was haben wir zu sagen, das noch nicht gesagt wurde?

Um Geschriebenes und Gesagtes nicht bloß wiederzukäuen, ist es unser Anspruch, das originäre, biografische, kulturtheoretische Material, das uns zur Verfügung stand, durch unsere Wahrnehmung hindurch zu formen, und zu einem persönlichen Konzept von Lynch und seinem Werk zu synthetisieren.

Für *David Lynch begreifen* haben wir Bücher zu Rate gezogen, die aus Lynchs eigener Feder stammen. *Catching the Big Fish* (2006) etwa. Oder die 2018 erschienene Biografie *Room to Dream*, die er gemeinsam mit der US-amerikanischen Journalistin Kristine McKenna geschrieben hat. Besonders haben uns die zahlreichen Interviews und Gespräche mit Lynch interessiert, die Menschen aus aller Welt mit ihm geführt haben. Wir haben Lynchs Bildbände studiert und Ausstellungen besucht. Haben nicht nur seine Spielfilme, sondern auch seine

Werbe- und Kurzfilme geschaut. Seine Musik gehört. Haben vor allem dasjenige fokussiert, das aus unserer Sicht in der Lynch-Rezeption bislang zu kurz kam – und haben uns dabei auch die folgenden Fragen gestellt: Was zeichnet Lynch, den Designer, aus? Was den Musiker? Den Maler und den Fotografen? Was den Sounddesigner?

Und obwohl wir uns der Kontroverse bewusst sind, ein Kunstwerk mittels biografischer Versatzstücke des Künstlers zu interpretieren, haben wir uns dafür entschieden, die intensive Betrachtung seines Werkes mit Biografischem anzureichern. Seine Weltanschauung durch den Filter seiner Kunst hindurch zu begreifen. Und andersrum.

Wenn Lynch zum Beispiel in einem Interview sagt, dass er regelmäßig betet, dann verändert das den Blick auf seine Kunst. Religiöse Symbole und Motive in seinem Werk sind jetzt womöglich anders zu gewichten. Selbstredend, dass es sich hierbei nur um *einen* von vielen Blickwinkeln handelt. Und doch ist es erst das Einnehmen dieser Perspektiven, die sich aus einer Wechselwirkung von Biografischem und Interpretatorischem eröffnen, das eine erweiterte Meditation über Lynch ermöglicht, der nicht nur Künstler, sondern auch Mensch ist.

Von diesem Menschen etwas zu lernen, das lag uns am Herzen, und ist daher zentrales Anliegen dieses Buches. Dieser Zugang resultiert in einem Text, der Elemente einer wissenschaftlichen Abhandlung, eines Handbuchs und einer Biografie in sich vereint. In einem Buch, das einen ganzheitlichen Blick auf Lynch zulässt, ohne sich in ein Genre-Korsett zu zwängen. In einem Buch, das Bezüge innerhalb Lynchs Werk, zu anderen Künstlern und zur Lebenswelt herstellt und eine essayistische Entdeckungsreise durch sein Leben, kreatives Schaffen und Denken darstellt, die nicht beim Film endet, sondern dort erst beginnt.

David Lynch verstehen – es gibt nicht wenige, die sagen, dass das gar nicht möglich sei. Und damit haben sie wohl teils recht. Und doch ist es legitim, die Frage zu stellen, was ein Künstler mit seiner Kunst ausdrücken will: Warum Lynchs Kunst auf uns so wirkt, wie sie eben wirkt.

Fragen dieser Art beschäftigen die Fans, das Feuilleton und die Wissenschaft, seit Lynch in den 1970er Jahren die Bühne betrat. Und noch stärker, seit er mit seinem ersten Langfilm *Eraserhead* (1977) auf sich aufmerksam machte und mit *The Elephant Man* (1980) weltberühmt wurde. Dass diese Fragen in jeder Generation aufs Neue gestellt werden, liegt vor allem daran, dass Lynchs Werk eine

Chiffriertheit zugrunde liegt, die überdurchschnittlich viele Deutungsmöglichkeiten in sich trägt. Und daher auf eine Weise zeitlos ist. Sich niemals vollständig auflösen lässt. Und genau das ist das Interessante an ihm.

Eine zentrale These unseres Textes lautet, die Deutungsvielfalt und die Unauflösbarkeit der Verrätselung akzeptieren zu müssen, um mit Lynch und seinem Werk in eine fruchtbare Beziehung zu treten. Das schließt ein, zu akzeptieren, dass Lynch nicht vollständig zu verstehen ist. Und dieses Akzeptieren führt zur Erkenntnis, Lynch nicht verstehen zu müssen, um sein Werk schätzen zu können. Zur Erkenntnis, dass Empfinden und Intuition eine oft viel wichtigere Rolle spielen als eine allgemeingültige Deutung.

Ultimatives Verstehen ist auch aus unserer Sicht nicht möglich. Und deshalb haben wir uns dazu entschieden, den Begriff des Verstehens aus dem Zentrum unseres Konzepts zu verbannen, um auf diese Weise einen neuen Zugang zu Lynch, seinem Werk und seiner Rezeption zu finden. Stattdessen wollen wir *David Lynch begreifen.* Und zwar im Sinne des Wortes: mit Begriffen (ähnlich wie Lynch es selbst in *Catching the Big Fish* getan hat), die es uns und unseren Lesern erlauben, Lynch besser greifen zu können. Das, was er macht, fühlen zu können, ohne es zerdenken zu müssen.

Die von uns gewählten Begriffe lassen sich in zwei Kategorien unterteilen: Entweder handelt es sich um solche, denen es immanent ist, Lynch zu beschreiben, weil sie spezifisch auf seine Person oder sein Werk anwendbar sind. Der Begriff *BOB* etwa, der in Lynchs TV-Serie *Twin Peaks* (1990–1991; 2017) einen bösen Geist bezeichnet und mittels dem wir im gleichnamigen Begriffskapitel Lynchs Verständnis vom Bösen und dessen Abbildungsspektrum beschreiben. Zum einen handelt es sich also um Begriffe, die Lynch beschreiben.

Begriffe der zweiten Kategorie helfen uns dabei, Lynch zu beschreiben, ohne dass sie stellvertretend für ihn oder Teile seines Werkes stehen. Denn hypothetisch sind sie auch auf andere Personen oder Sachverhalte anwendbar. Sie sind universeller Natur. *Körper* oder *Frau* zählen zu diesen Begriffen. Zum anderen handelt es sich also um Begriffe, mit denen wir Lynch beschreiben.

In der Praxis stellte sich heraus, dass sich die meisten Begriffe nicht vollständig in nur eine der beiden Kategorien einordnen lassen. Viele von ihnen sind Mischformen. Zum Beispiel, wenn sie einerseits klar universell zu verstehen sind, andererseits aber eng mit Lynch verzahnt sind: der Begriff der *Idee* etwa, der im universellen Sinne einen Einfall meint, bei Lynch aber auch für eine Methode zur Beschreibung der Reflexion auf seine künstlerische Praxis steht.

Je länger wir die Begriffe gegeneinander abgewogen haben, desto klarer wurde, dass es nicht sinnvoll ist, eine strikte Zweiteilung der Begriffe vorzunehmen, weshalb wir uns dazu entschieden haben, die Begriffe zu clustern. Das Ergebnis ist eine Gliederung unserer Begriffe in fünf Kapitel, die wir je mit einem kurzen Einleitungsgedanken versehen haben. Im ersten Kapitel greifen wir nach Lynch, dem Künstler und Menschen. In Kapitel 2 besuchen wir seine Wirkungsstätten. In Kapitel 3 betrachten wir sein mannigfaltiges Schaffen und seine Praxis als Künstler, wobei wir nicht explizit, also in Form eines eigenen Begriffs, auf den Film eingehen werden – dieser kommt an anderen Stellen bereits ausreichend zur Geltung. Seine Werbefilme, seine Designarbeiten, seine Musik, seine Gemälde und seine Fotografien bilden wir hingegen vollumfassend ab, indem wir sie nach stilistischen Motiven gliedern. Anders bei seinem lithografischen Werk, das sehr umfassend ist und wir daher punktuell beleuchten. In Kapitel 4 liefern wir interpretatorische Ansätze und in Kapitel 5 reflektieren wir das Geschriebene, indem wir die Wirkung seines Schaffens in einen Raum außerhalb der bloßen Fiktion fließen lassen: die Lebenswelt.

Die von uns gewählten Begriffe bilden Lynch selbstverständlich nicht objektiv oder ganzheitlich ab. Vielmehr formieren sie sich gemeinsam zu einem persönlichen Zugang, um Lynch zu begreifen. Und dieser individuelle Zugriff ist es auch, mit dem wir unseren Lesern in diesem Buch eine ausgewogene Mischung aus Information, Interpretation und Reflexion präsentieren können.

Unser Stil ist ein essayistischer. Ein erforschender, bemüht um Dichte und Informativität, manchmal ein tastender: Ausgehend von einer Fragestellung bewegen wir uns stilistisch frei über das Feld, das sich durch den jeweiligen Begriff abstecken lässt.

Zwar ist es aus unserer Sicht sinnvoll, das Buch einmal von vorne bis hinten durchzulesen. Uns war es aber zudem ein Anliegen, jeden Begriff autark zu gestalten. Das bedeutet, dass jeder Begriff auch für sich steht und auch jedes Kapitel für sich gelesen werden kann. Das schließt nicht aus, die Begriffe miteinander in Beziehung zu setzen – im Gegenteil: Unter jedem Begriff werden unsere Leser Querverweise auf andere Begriffe entdecken, die wir mit dem Symbol (→) markieren. Und so bildet der Aufbau unseres Buches zwar einerseits ein Cluster, das punktuelles Lesen zulässt. Bei der Lektüre aber offenbart sich ein Netz, das begrifflich gesponnen ist. Und indem wir Lynch in dieses begriffliche Netz hüllen, verleihen wir ihm eine Gestalt, die wir selbst gezeichnet haben. Und zwar ohne uns akademische Zwänge aufzuerlegen. Auf saubere Zitation und Quellenangaben achten wir dabei genau.

Dadurch, dass wir unkonventionelle Zusammenhänge in unseren Gedankengängen nicht kappen, sondern verdrahten, versuchen wir, Lynch selbst gerecht zu werden. Denn so wie er es in seinem Leben als Künstler praktiziert, wollen auch wir unseren Ideen bedingungslos nachspüren. Ideen, die uns durch Intuition und Assoziation in den Sinn kommen, wenn wir uns durch sein Werk wühlen. Sie werden von uns in Begriffen abgebildet und vernetzt – und erst in dieser Form können sie uns dabei helfen, Lynch und sein Werk zu begreifen.

Kapitel 1: Mensch und Künstler

Wer ist David Lynch? Woher kommt er und was treibt ihn an? Was sind seine Bedürfnisse, was fasziniert ihn? Und was macht ihn zu dem, der er ist: ein leidenschaftlicher Künstler und ein faszinierender Mensch. Um diese Fragen zu beantworten, wollen wir zunächst ein Panorama zeichnen, in dem seine Herkunft, sein Alltag gleichermaßen zur Geltung kommen wie die vielen Menschen, mit denen er arbeitet und die ihn inspirieren. Aus diesen biografisch gefärbten Grundlagen leiten wir dann motivische Tendenzen ab, die seinem Werk zugrunde liegen und deren Ausprägungen es sind, denen wir in Lynchs Werk immer wieder begegnen. Da wären die Frauen, denen er in seinen Darstellungen stets eine enorme Bedeutung beimisst. Da ist der Genuss in sämtlichen Ausprägungen, der auch ihn als Menschen auszeichnet, dessen Markenzeichen es ist, eine Zigarette im Mund und einen Kaffee in der Hand zu haben. Nicht zu vergessen sind Motive wie der Vorhang, den Lynch in seinem Werk zu einem Fetisch erhebt. Oder die Bedeutung der eigenen vier Wände und dass sich das, was sich hinter ihnen abspielt – die wahre Natur des Menschen – unserem Blick meist entzieht. Und dass wir nach der Erklärung für das Unheimliche bei uns selbst suchen müssen.

Berufung

»For an artist to be interesting to us he must have been interesting to himself. He must have been capable of intense feeling, and capable of profound contemplation.«

ROBERT HENRI

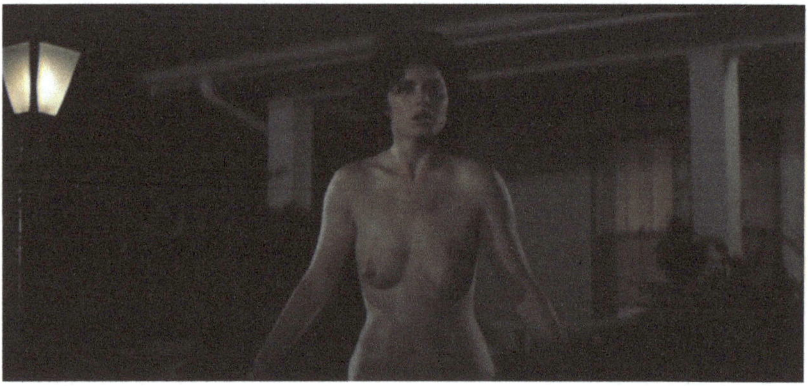

Es war schon ziemlich spät, aber an diesem Abend, irgendwann Mitte der 1950er Jahre, war der kleine David Lynch noch draußen unterwegs. Dunkel war es und bis heute weiß er nicht genau, warum – aber an diesem Abend hat sein Vater nicht nach ihm und seinem Bruder gerufen. »John! David!« Nein, keine Ermahnung, ins Haus zu kommen. Lynch hatte deshalb ein komisches Gefühl.

War sein Dad noch auf der Arbeit?

Knapp 70 Jahre später spricht er von diesem Abend, als würde er von einem Alptraum erzählen: »I don't know what we were doing, but across Shoshone Avenue out of the darkness comes this … kind of like a strangest dream.« Heute ist er ein alter Mann, aber das, was er an jenem Abend in Alexandria im Bundesstaat Virginia erlebt hatte, das beschäftigt ihn immer noch. An jenem Abend, als er zum ersten Mal in seinem Leben eine nackte Frau sah. (→ Frau)
Lynch erinnert sich an ihre blasse, weiße Haut – »the color of milk«. Sie war schön, sagt er. »I think her mouth was bloodied«[1]. Es schaudert einen, als er das Wort »bloodied« ausspricht. Auf eine ganz seltsame Weise sei sie dann die Straße entlang gewandelt, auf der sich die beiden Jungs herumtrieben. Und Lynch kam es so vor, als sei sie eine Riesin. »She came closer and closer and my brother started to cry.«

Heute glaubt Lynch, sich daran zu erinnern, dass die Frau sich auf den Bordstein gesetzt und geweint hat. »It was very mysterious like we were seeing something other-worldly.« Und obwohl die Gestalt so unheimlich war, wollte Lynch ihr helfen. Er wollte, dass es ihr wieder gut geht. Doch er war klein und er wusste nicht, was zu tun war.

An diesem Punkt hat Lynchs Geschichte ein Ende. Er weiß nicht mehr, wie sie weitergeht, und wir stellen uns die Frage: Begegnete er dieser Frau, die ihm wie eine Erscheinung aus einer anderen Welt vorkam, etwa doch nur im Traum?

Unabhängig davon, ob die Geschichte wahr ist oder nicht: Während Lynch von der nackten Frau erzählt, kommen uns die Frauenfiguren in den Sinn, die er in seinem Werk so schrecklicher Gewalt ausgesetzt hat. Wir denken an Laura Palmer (Sheryl Lee) aus der Serie *Twin Peaks* (1990–1991), die von ihrem Vater vergewaltigt und ermordet wurde. An Rita (Laura Harring) aus *Mulholland Drive* (2001), die nur knapp einen Autounfall überlebt. An Dorothy Vallens (Isabella

1 Die Episode aus Lynchs Kindheit wird auch in seiner Biografie *Room to Dream* (2018) beschrieben.

Rossellini) aus *Blue Velvet* (1986), die vom psychopathischen Gangster Frank Booth (Dennis Hopper) brutal misshandelt wird. Auch an seine Lithografien: *Murdered Woman In Burning Car* (2012) heißt eine zum Beispiel. Oder *Falling Woman* (ca. 2008–2009). Die Titel sprechen für sich. Und auch an *I Take You to My House* (2013), das Lynch auf koreanisches Papier gezeichnet hat und auf dem ein Mann zu sehen ist, der eine regungslose, nackte Frau davonträgt.[2]

Und obwohl Lynch Generalisierungen nicht mag – »it's dangerous, I think, to say that a woman in a film represents all women, or a man in a film represents all men« – in all diesen Frauen scheint jene Frau mit dem blutverschmierten Mund angelegt zu sein. Diese jenseitige Erscheinung, die sich in den 1950ern vor den Augen zweier heillos überforderter Kinder manifestierte und sich auf einen Bordstein in der Shoshone Avenue setzte.

Ob Lynch mit all diesen Frauenfiguren bewusst oder unbewusst ein Gefühl zum Ausdruck brachte, das seit dieser Begegnung mit der nackten Frau in ihm schlummerte? Ob sich Lynch dazu berufen fühlte, ihr Trauma und das Schicksal so vieler Frauen, die Gewalt erfahren haben, in seiner Kunst abzubilden? (→ Frau) Als Lynch den Filmemachern Olivia Neergaard-Holm, Rick Barnes und Jon Nguyen für *David Lynch. The Art Life* (2016) die Geschichte von der nackten Frau erzählt, sitzt er in einem Raum aus Steinwänden in seinem Haus in Los Angeles, Kalifornien. Ein silbernes Mikrofon hängt vor ihm von der Decke herab. Die Wände im Raum sehen aus, als wären sie gespachtelt, und vor ihm glüht eine blutorangene Lampe, die eher aussieht wie ein Lampion. Durch die hohen Fenster mit den schwarzen Rahmen hindurch filmt die Kamera Lynch dabei, wie er alleine in diesem Kämmerlein sitzt, seine Hände zu einem Kreis geformt hat und in seiner eigenen Vergangenheit wühlt. Wie werden aus gewöhnlichen Menschen Künstler, fragen wir uns, wenn wir Lynch da so sitzen sehen. Wie werden aus ihnen bedeutende Maler, Schriftsteller, Regisseure, die auch nach ihrem Tod weiterleben, weil sie sich in ihrer Kunst verewigt haben?

Natürlich gibt es da diejenigen von ihnen, die kreativ wurden, weil sie Traumatisches erlebt haben. Der große Regisseur Alfred Hitchcock etwa, der für Filme wie *Vertigo* (1958) oder *Marnie* (1964) bekannt ist, war ein einsames Kind. In der Schule war er ein Einzelgänger und seine Kreativität kam in der

---

2 All diese Lithografien sind in David Lynchs Bildband *Someone Is in My House* (2016) abgebildet.

Not zum Ausdruck, der harten Wirklichkeit zu entkommen. Schon damals war er von etwas dicklicher Statur und zeichnete lieber Karten, erfand lieber selbst Spiele, als mit seinen Mitschülern zu spielen. Und als ihn sein Vater einmal mit dem Hinweis, seinen Sohn für fünf Minuten in einer Zelle einzusperren, in eine Polizeistation brachte, schädigte das den kleinen Alfred so sehr, dass er seine Angst vor Ordnungshütern später in vielen seiner Filme verarbeiten musste. Aus dieser Angst heraus entwickelt sich womöglich auch der Wunsch, diese Angst an den Zuschauer weiterzugeben. Schön zu sehen in der Szene aus seinem Film *Psycho* (1960), in der Marion Crane (Janet Leigh), auf dem Highway in Richtung ihrer finalen Destination Bates Motel unterwegs, von einem grimmig dreinschauenden Polizisten mit Sonnenbrille kontrolliert wird.

Ja, solche Geschichten gibt es. Und sie verkaufen sich gut. Denn solche Geschichten erklären scheinbar leicht, warum Künstler so ticken, wie sie ticken. Warum sie in ihrer Kunst so seltsame Sachen machen: Jemand, der einen Film wie *Psycho* dreht, muss doch selbst ein Psycho sein! Ergibt Sinn. Oder?

Nein, natürlich nicht. Kausalitäten zwischen dem Trauma des Künstlers und seinem Werk herzustellen, ist reine Spekulation. Nichts beweist solche Zusammenhänge. Und interessanter wird es ohnehin, wenn sich die Stimmung der Werke von Künstlern biografisch kaum erklären lässt. Von Künstlern etwa, die eine tolle Kindheit hatten und deren Kunst von abgründiger Ästhetik geprägt ist. Die zwar einschneidende Erlebnisse hatten, die negativ waren – als Kind einer nackten Frau mit blutverschmiertem Mund zu begegnen, zum Beispiel –, deren früheres Leben aber ansonsten recht glücklich verlief.

Lynch beschreibt seine Kindheit selbst als eine »mixture of darkness and light«. Dieses Spannungsverhältnis schildert er dem Herausgeber des Interviewbandes *Lynch on Lynch* (1993), Chris Rodley, der ihm die Frage stellt, warum sich seine ersten Kurzfilme *The Alphabet* (1968) und *The Grandmother* (1970) so anfühlen, als würde Lynch sich auf etwas Reales beziehen – als ob er etwas zu verarbeiten hätte: »Ich hatte eine idyllische Kindheit. Mich stört dabei nur, dass viele Psychopathen behaupten, sie hätten eine glückliche Kindheit gehabt. Dann sage ich mir, ›Moment mal, hatte ich wirklich eine glückliche Kindheit?‹ Die Antwort ist ziemlich einfach: Ich hatte eine sehr glückliche Kindheit.«

Hat Lynch also vielmehr die Befürchtung, in sich selbst Düsteres zu entdecken, gerade weil er eine glückliche Kindheit hatte? Denn eine glückliche Kindheit scheint Menschen Lynchs Erfahrung nach ja nicht vor psychopathischen Wesenszügen zu schützen. Doch der Reihe nach: Woran denkt Lynch überhaupt, wenn er von einer idyllischen Kindheit spricht?

Als David Keith Lynch am 20. Januar 1946 in der Stadt Missoula im Bundesstaat Montana im Nordwesten der USA geboren wurde, war kein halbes Jahr vergangen, seit der amtierende US-Präsident Harry S. Truman je eine Atombombe über den japanischen Städten Nagasaki und Hiroshima abwerfen ließ. (→ BOB) Der Zweite Weltkrieg war vorbei und die hohe Nachfrage an Konsumprodukten sicherte den USA einen Wohlstand, von dem fast jeder Bürger profitierte. Dieser Wohlstand zeigte sich in Form einer gelebten Leichtigkeit, die von der Bevölkerung ausging, und die Leichtigkeit wiederum war der Nährboden für eine idyllische Vorstellung des amerikanischen Traumes, die bis heute das kulturelle Wesen der westlichen Gesellschaft prägt. Lynchs Biografin Kristine McKenna beschreibt die ästhetische Ausprägung dieses Zeitgeists wie folgt: »Moms in cotton shirtwaist dresses smiling as they pull freshly baked pies out of ovens; broad-chested dads in sport shirts cooking meat on a barbecue or heading off to work in suits; the ubiquitous cigarettes – everybody smoked in the 1950s; classic rock n roll; diner waitresses wearing cute little caps; girls in bobby sox and saddle shoes, sweaters and pleated plaid skirts.«

Nein, seine Kindheit war keine Kindheit, wie Hitchcock sie hatte. Lynch wuchs in einem Paradies auf: »Das Leben schien so optimistisch und hoffnungsvoll, die Autos sahen fabelhaft aus – und es war die Geburtsstunde des Rock 'n' Roll«, schwärmte er 2013 in einem Interview mit dem Magazin der Süddeutschen Zeitung und in *Lynch on Lynch* ist dann auch nachzulesen, wie Lynch dieser Zeit nachtrauert: »Es lag etwas in der Luft, das heute völlig fehlt. Es war ein irres Gefühl, und nicht nur, weil ich ein Kind war. Es war wirklich eine Zeit voller Hoffnung, und es ging aufwärts statt abwärts. Man hatte das Gefühl, dass einem alle Türen offenstehen. Die Zukunft leuchtete.«

Als besonders prägend empfand Lynch die Zeit in Boise, Idaho. Hier, am Parke Circle Drive wuchs er gemeinsam mit seinen Geschwistern John und Martha in den Jahren zwischen 1955 und 1960 auf. Seine Mutter war Edwina (1919–2004) und sein Vater Donald Walton Lynch (1915–2007). Und Lynch schwärmt von ihnen allen.

Seine Eltern hatten sich während des Studiums in North Carolina an der Duke University kennengelernt. Edwina, die vorher Sundholm hieß und finnische Wurzeln hatte, arbeitete als Sprachlehrerin und blieb später zu Hause bei den Kindern. Sein Vater war ein bekannter Agrarwissenschaftler.

Doch wie im Leben eines jeden Jugendlichen gab es auch schwierigere Phasen. Das Jahr, in dem Lynch die neunte Klasse der High School besuchte, war für ihn das schlimmste Jahr seines Lebens, sagt er. Er war mit seiner Familie von Boise nach Alexandria in Virginia gezogen – »I can't explain how upset I was, and it was the end of an era«. Die neue Umgebung gefiel ihm nicht: »Virginia seemed very dark.« Er vermisste die Natur in Boise, die einen an die von Twin Peaks erinnert[3]. Und er vermisste seine Freunde. Es war eine Zäsur in seinem Leben. Die Idylle von damals konnte Lynch nur noch nostalgisch greifen und von nun an sollte nichts mehr sein, wie es war.

In Alexandria traf sich Lynch eine Zeit lang mit einem Jungen, der eher in die Kategorie »bad guy« fiel. Als Anführertyp beschreibt ihn Lynch. Als eine kleine Version des in den 50er und 60er Jahren berühmten Schauspielers Rock Hudson. Als »Mr. Cool«, der viele Freundinnen hatte und die Zigarettenpackung im Ärmel seines T-Shirts einwickelte. Gemeinsam tranken sie Alkohol und in der Nacht schlich Lynch sich aus dem Haus, um sich mit ihm herumzutreiben. Einmal, da trank er so viel Gin, dass er einen Filmriss hatte. Er lag auf dem Rücken im Garten eines Nachbarn, als er zu sich kam. Wie er nach Hause kam, weiß er nicht.

Diese Zeit mit Mr. Cool war für Lynch eine Zeit, die von Ziellosigkeit geprägt war. Und das hatte einen Grund: Lynch konnte sein Leben zu diesem Zeitpunkt nicht ausstehen – »I didn't like my life, and I liked the idea of doing strange things, sort of. I liked it and I didn't like it.« Je älter Lynch wurde, desto chaotischer nahm er die Welt um sich herum wahr. Er selbst sagt später: »the world outside, it's too random. I lose a bit of control thinking of the word [sic!]

3 Der fiktive Ort Twin Peaks, in dem die gleichnamige Serie vorwiegend angesiedelt ist, liegt im Bundesstaat Washington im Nordwesten der USA. Washington grenzt im Norden an Kanada und im Westen an den Bundesstaat Idaho, in dem auch Boise liegt. Die Natur in beiden Bundesstaaten zeichnet sich durch riesige Nationalparks aus, in denen es bis zu 50 Meter hohe Bäume, schäumende Wasserfälle und ein Wanderwegenetz gibt, das tausende Kilometer fasst.

outside.« Sich diesem Chaos hingeben, das einen zu erdrücken droht? Seltsame Dinge tun, anstatt sein Leben in Ordnung zu bringen und auf ein Ziel auszurichten? Auch Lynch blieb in seiner Pubertät nicht davor verschont.

Es war die Malerei, die ihm den Weg aus der Krise zeigte. Sie war wie ein innerer Drang, der Übermacht des Lebens da draußen, dem Chaos mit Papier und Pinsel Einhalt zu gebieten. Ein Drang, als erstes an die Oberfläche gebracht dank einer Ausschreibung für einen Malwettbewerb in einem Magazin. Lynch wollte sich selbst etwas beweisen, malte etwas und sendete das Bild ein.

Das Ergebnis gefiel dem Magazin so gut, dass ein Mitarbeiter der Familie Lynch eines Abends einen Besuch abstattete, um ihnen die frohe Botschaft von Davids Sieg zu überbringen. Zwar war der Gewinn, dieses »fake scholarship«, wie Lynch das Stipendium später nennt, nicht viel wert. Doch es hatte symbolischen Charakter. Für Lynch selbst, vor allem aber für seine Eltern, die längst begriffen hatten, dass es ihrem Sohn in dieser Zeit nicht gut ging. Und so unterhielten sie sich mit dem Magazin-Mann über das Talent ihres Sohnes und wie sie ihn dabei unterstützen können, den richtigen Weg einzuschlagen. Einen Weg ohne die bösen Jungs und den Alkohol. Stattdessen einen Weg, auf dem seine Kreativität voll zur Geltung kommen könnte.

Lynchs erste Ehefrau Peggy Reavey (*1947) sagt etwas sehr Bemerkenswertes über Donald und Edwina Lynch: »[I]f any of their kids had an idea for something they wanted to make or learn about, it was taken absolutely seriously.« Es ist etwas Besonderes, wenn Kinder in einer Gesellschaft, deren Normen von Erwachsenen vorgegeben sind, als deren gleichwertige Mitglieder angesehen werden. Wenn das, was sie hervorbringen, nicht als kindisch abgetan, sondern wertgeschätzt wird. Dadurch schöpfen Kinder Selbstvertrauen, von dem sie auch im Erwachsenenalter zehren. Die für die Kreativität hinderliche Mauer, die für gewöhnlich zwischen einer Idee und deren Umsetzung steht, wird durch die Ernsthaftigkeit gegenüber der kindlichen Kreation eingerissen (→ Idee): »It moved from being in your head to something out in the world real fast.« Dass Lynch damals wie später dazu in der Lage war, seine Ideen, ohne von äußeren Zwängen beeinflusst zu werden, durch die Malerei auszudrücken, ist also auch ein Resultat dieses elterlichen Zugeständnisses gegenüber seinem Schaffen, als er noch ein Kind war. Denn egal, was es war, es wurde umgesetzt: »Projects! The word ›project‹ was so thrilling to everyone in my family. You get an idea for a project, and you get your tools together, and tools are some of the greatest things in the world.«

Ein weiterer wichtiger Baustein dieser künstlerischen Selbstsicherheit waren die moralischen Werte, die ihm sein Vater vermittelte. Regel Nummer eins: Du behandelst die Menschen nicht schlecht! Und Regel Nummer zwei: Wenn du etwas tust, dann musst du es gut tun! Diese Werte sickerten tief in Lynchs Person und seine Arbeitspraxis ein, da ist sich Reavey sicher: »David has impeccable standards when it comes to craft, and I'm sure his father had something to do with that.«

Sein Vater, der Wissenschaftler, war es auch, der Lynch dazu ermutigte, der Beschaffenheit der Dinge auf den Grund zu gehen. Lynch erzählt: »Ich erkannte, dass man bei genauerem Hinsehen unter dieser Idylle *immer* rote Ameisen entdeckt. Weil ich in einer heilen Welt aufwuchs, empfand ich das andere als Kontrast.« (→ Kontrast) Aus Lynch wurde kein Wissenschaftler. Trotzdem scheut er sich nicht davor, unter die Oberfläche zu schauen, von der er dank seines Vaters wusste, dass sie nicht unbedingt darüber Aufschluss gibt, was sich darunter verbirgt. Er verschloss seine Augen nicht vor dem Unbekannten. Oder vor der dunklen Seite der Existenz, die er bereits in seiner Kindheit wahrnahm und als »wild pain and decay« beschreibt. Stattdessen versuchte Lynch schon als Kind, dieses Unbekannte an die Oberfläche zu befördern: »Ich erkannte, daß es unter der Oberfläche eine zweite Welt gibt, und noch mehr andere Welten, wenn man tiefer gräbt. Ich wußte es als Kind, aber ich konnte es nicht beweisen. Es war nur so ein Gefühl. Ein blauer Himmel und Blumen sind etwas Friedvolles, doch daneben gibt es eine zweite Macht – wilder Schmerz und Verwesung.«

Es handelt sich bei der Zutat der »darkness« in Lynchs Kindheitsmixtur also weniger um verborgene psychopathische Wesenszüge in seinem Innern, von denen Lynch befürchtet, dass sie an die Oberfläche gelangen. Vielmehr geht es ihm darum, den Stein hochzuheben, um das krabbelnde Getier darunter zu sehen. Darum, die Blume nach dem Verblühen nicht wegzuwerfen, sondern ihr dabei zuzusehen, wie sie zerfällt. Es ist die Neugier eines Kindes, die das Dunkle in Lynchs Werk aus biografischer Perspektive erklären kann: der Verfall und der Schmerz, den Lynch bereits in jungen Jahren in seiner Umgebung als essenziellen Bestandteil des Lebens auf dieser Welt wahrnimmt. Phänomene, von denen er weiß, dass es sie gibt, obwohl sie sich vor seinem Blick verbergen.

Doch nicht nur sein Vater war wichtig für Lynchs Entwicklung. Auch seine Mutter Edwina tat ihr Bestes, um seine Kreativität zu fördern. Zum Beispiel hat sie sich immer geweigert, dem kleinen David Malbücher vorzulegen, in denen er nur in den vorgefertigten Formen malen konnte. Sie dachte offensichtlich, das würde seine Kreativität einschränken. Sie hatte gesehen, dass David viel malte, dafür ein Talent hatte. Sie erkannte seine natürliche Begabung und das wollte sie unterstützen, indem sie ihm die maximale Freiheit dafür einräumte: »I had the feeling, she thought, I had something really good in me. You know, a high potential«, sagt Lynch über seine Mutter. Mit anderen Worten: Edwina Lynch hatte erkannt, wozu ihr Sohn in der Lage ist – wozu er berufen ist.

Lynch wusste, dass Donald und Edwina ihn bei allem unterstützten, was er tat. Und das gab ihm die Freiheit, alles zu tun. Nichts, was er tat, wurde belächelt oder infrage gestellt. Stattdessen bekam er für all das, woran er arbeitete, Zuspruch und uneingeschränktes Vertrauen. Beide, sein Vater und seine Mutter, haben seine Begabung erkannt und wollten ihm alles bieten, damit er seiner Berufung folgen konnte.

Die Schule? Die half ihm dabei nicht. Im Gegenteil. Es kam seiner Malerei zugute, dass er die Schule vernachlässigte. »I never studied«, erzählt er in *David Lynch. The Art Life.* »I never did anything. I hated it so much. I hated it – like powerful hate.« Er hasste diese strenge Institution. Er wollte nicht wiederholen, was die Lehrer ihm vorplapperten. Er wollte kein Malen nach Zahlen. Er wollte malen. Sein Freund Jack Fisk erinnert sich, wie er Lynch Mitte der 1960er besuchte, als dieser an der Boston's School of the Museum of Fine Arts studierte. In seinem Appartement hingen massenhaft Bilder, die er gemalt hatte. Für Fisk war klar: »One reason he was able to produce so much was because he stayed home and painted instead of going to school. School was a distraction for him.«

Viel wichtiger als die Schule waren für seine Karriere sein Freund Toby Keeler und dessen Vater Bushnell Keeler (1924–2012), der in Georgetown, einem Stadtteil von Washington D.C. Virginia, ein Malerstudio hatte. Lynch sagt: »[Toby] erzählte mir, sein Vater sei Maler – was mein Leben völlig veränderte.« Und weiter: »He was living the art life and painting all the time.« Eine Begegnung, die wie ein Katalysator war (→ Künstlerleben): Bushnell Keeler bot Lynch an, einen Raum in seinem Studio anzumieten. Lynchs Vater zahlte ihm die Hälfte der Miete, wenn Lynch sich einen Job suchte, um die andere Hälfte zu bezahlen.

Und zusammen mit seinem Freund Jack Fisk begann er, dort zu malen – laut Lynch trotz der vielen Kakerlaken »a great place to paint«.

Wer oder was Lynch zum Malen berufen hat – und später auch zum Filmemachen? Dass sich darauf in der Biografie keine eindeutige Antwort finden lässt, das hat schon McKenna aufgeschrieben: »You can dissect someone's childhood searching for clues that explain the person the child grew up to be, but more often than not there is no inciting incident, no Rosebud[4].« Kein hermeneutisches Heureka. Auch bei Lynch nicht. Kein großes Leitmotiv, das die Stränge seines Werks und seines Lebens zusammenhält. Das seine Kreativität mit seiner Biografie kausal verkettet.

Vielmehr ist seine künstlerische Berufung ein Resultat sozialer und kultureller Wechselwirkungen: die blutende Frau, die fürsorglichen Eltern, der Mann vom Malwettbewerb. Lynch sagt über den Autor Robert Henri, dessen Buch *The Art Spirit* (1923) er auf Empfehlung von Bush Keeler las: »It was great finding somebody who wrote about being a painter – suddenly you didn't feel alone anymore.« Wer Lynch damals war? Um es mit der Allegorie von McKenna zu halten: »He wasn't one of the boys buying a T-shirt with an irrelevant drawing on it. He was the boy who was making them.« Und das ist noch Jahrzehnte später so.

Über den Verstand eines Kindes sagte Lynch einmal: »Da sind vielleicht 75 Prozent Phantasie und 25 Prozent Wirklichkeit.« Rückt das die Geschichte mit der blutenden Frau in ein anderes Licht? Sicher ist: Nicht nur seine Kunst ist verrätselt. Auch Lynch selbst ist es. Eine einfache Antwort gibt es nicht bei ihm. Auch nicht, wenn wir nach seiner Berufung fragen.

---

4 Rosebud ist der Schlüsselbegriff in Orson Welles' Film *Citizen Kane*, der auf die verlorene Kindheit des Protagonisten verweist.

Künstlerleben

»The art life means a freedom to have time for the good things to happen.«

David Lynch

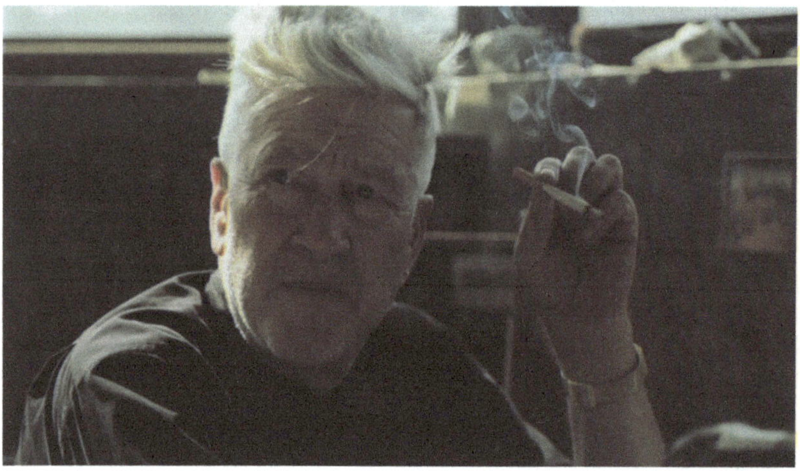

Die Wand, vor der Lynch in seinem Atelier in Los Angeles steht, schimmert golden. Eine klebrige, zähe Masse aus nassem Papier wölbt sich aus ihr. Ein Knubbel, an dem Lynch pausenlos herumpult. Er gibt gerade ein Interview, das kurze Zeit später Teil der Dokumentation über ihn sein wird: *David Lynch. The Art Life* (2016). Der Mann mit den weißen Haaren trägt ein schwarzes Hemd, das er zurückgekrempelt hat.

»Zigaretten rauchen, Kaffee trinken, nicht heiraten und auf keinen Fall Kinder haben.« Hat man Lynch rund ein halbes Jahrhundert zuvor nach dem perfekten Leben gefragt, war das seine Antwort. Ein Leben in Freiheit und ohne Regulierung von außen. Alles, was zählte, war die Motivation aus dem Inneren. Ein Künstlerleben eben. »The art life – the way I saw it then – it didn't have room for a family life«, sagte er der Journalistin Terry Gross in einem Radiointerview im Jahr 1994. Dass er Künstler werden wollte, wusste er, sobald ihm klar wurde, dass so etwas möglich ist: von der Kunst zu leben. (→ Berufung) Doch was war dieses Künstlerleben, das sich Lynch da ausmalte?

Zigaretten, Kaffee, die für ihn Freiheit und Kunst symbolisieren – gut und schön. Im Mittelpunkt aber stand seine Arbeit. Das Malen, das er lange vor seiner Leidenschaft für den Film entdeckte und das er so sehr liebt und für das er gelegentlich sogar die Dusche vernachlässigt: »Ich will keine Zeit dafür aufwenden, mich zu waschen und anzukleiden«, erzählte er in einem Interview mit dem Magazin Playboy. Keine Zeit verlieren. Lieber etwas malen. Lieber etwas erschaffen. Und sei es nur, das verrunzelte Stück Schaumstoff auf der goldenen Wand mit einer zähen Paste einreiben.

Doch auch der Genuss (→ Genuss) kommt in seinem Leben als Künstler nicht zu kurz: »For seven years [every single day] I ate at Bob's Big Boy. I would go at 2:30, after the lunch rush. I ate a chocolate shake and four, five, six, seven cups of coffee with lots of sugar.« Zucker in großen Mengen, den Lynch übrigens als »granulated happiness« beschreibt. Und der ihm dabei hilft, kreativ zu sein, wie er sagt. Der Genuss einerseits und die Routine andererseits: Warum jeden Tag in dasselbe Diner gehen, dasselbe essen und trinken? Lynch: »There's a safety in thinking in a diner. You can have your coffee or your milk shake, and you can go off into strange dark areas, and always come back to the safety of the diner.«

Lynch liebt also nicht nur den Genuss und die Freiheit, sondern auch die Sicherheit. Denn die Routine im Alltag verleiht seinem Künstlerleben Stabilität. Dieser gefestigte Alltag äußert sich rituell: Zum Frühstück trinkt Lynch einen Cappuccino, zum Mittagessen isst er Tomaten, Thunfisch, dazu Fetakäse mit Olivenöl. Jeden Tag. Und zum Abendessen dann Hühnchen mit Broccoli und dazu ein wenig Sojasoße. Und hin und wieder verändern sich diese Rituale. Um beim Essen zu bleiben: Lynch entwickelte einmal eine Faszination für Quinoa. Er mag es so gern, dass er dem nährstoffreichen Pseudogetreide einen 21-minütigen experimentellen Kurzfilm widmete: *Quinoa* (2007). Eine betörende Kochsession. Gefilmt in Schwarz-Weiß, untermalt mit sanften, aber treibenden Jazzklängen. Bevor er die in Meersalzwasser gekochten Quinoasamen mit Broccoli, der Sojasoßenalternative Liquid Aminos der Marke Braggs und Olivenöl aus einer Schüssel isst, erinnert sich Lynch an seine Europareise im Jahr 1965 mit Jack Fisk, mit dem Lynch später unter anderem in *Eraserhead* zusammenarbeiten wird. Lynch raucht eine Zigarette und erzählt von Fisks damaliger Freundin, die noch nie Coca Cola getrunken hatte und der er deshalb am Bahnhof in Venedig eine eiskalte Cola kaufte. Und er erzählt von »frog-moths«, die er in Jugoslawien sah – froschähnlichen Motten, die davonflogen und ihn dazu inspirierten, eine Kreatur zu erschaffen, die in Episode 8 von *Twin Peaks: The Return* (2017) einem Mädchen[5] in den Mund krabbelt und darin verschwindet. (→ BOB)

Groteske Ideen wie diese zeichnen sich im Gegensatz zu seinen Essgewohnheiten nicht durch Routine aus, denn Lynchs Kreativität bewegt sich außerhalb fester Vorgaben. Doch die Routine ist es, die die Kreativität ermöglicht: Dank dem rituellen Verhalten dürfen seine Ideen verrückt sein. Sie können disruptiv, unheimlich und absurd sein. Die Existenz hinterfragen und chaotische Welten erschaffen. Innerhalb seines kontrollierten Safespaces, der sich durch Routine manifestiert, ist er frei.

Greg Olson beschreibt Lynchs künstlerische Praxis in seinem Buch *David Lynch. Beautiful Dark* folgendermaßen: »Control is a key concept in Lynch's psychology. The process of his life organizes the chaotic fragments of existence into artistic forms, thus dealing with explosive, threatening actions and emotions in a manageable way. An abstract, invasive force of irrational, haphazard disorder

---

5 Twin Peaks-Co-Autor Mark Frost liefert in seinem Buch *Twin Peaks: The Final Dossier* (2017) Hinweise darauf, dass dieses Mädchen Sarah Palmer, die Mutter der ermordeten Laura Palmer, sein könnte.

is out beyond his carefully structured zone of safety, hungry to harm him and everything he loves.« Das Unkontrollierbare macht Lynch Angst und nur durch die Kunst kann er diese Angst eindämmen.

Um seine Haut zu schützen, hat sich Lynch jetzt Gummihandschuhe angezogen und krempelt die Ärmel seines Hemdes zurück. Er malt das Schaumstoffstück an. Dass die Kamera läuft und ihn dabei filmt, stört ihn nicht. Er bespachtelt das Stück Stoff, klebt es auf eine Leinwand und geht einen Schritt zurück.

Als Lynch in der High School war, war das Buch *The Art Spirit* (1923) von Robert Henri so etwas wie die Heilige Schrift für ihn. Bushnell Keeler (1924–2012), selbst Künstler und Vater eines damaligen Freundes, hatte es ihm empfohlen. Er war es auch, der ihm den Rat gab: »If you want to get one hour of good painting in, you have to have four hours of uninterrupted time.« Lynch stellte sich die Frage, ob das nicht selbstsüchtig sei. Kam allerdings zu dem Schluss: Nein, es bedeutet einfach, dass er sich diese Zeit zugestehen muss. Zeit für sich und Zeit für das Malen. In seinem Buch *Catching the Big Fish* schrieb er hierzu eindeutig: »So anything that distracts from that path of discovery is not part of the art life«.

Um Künstler zu sein, benötigt Lynch also Zeit. Und das geeignete Material, damit aus seinen Ideen auch Kunstwerke werden können. Pinsel, Farbe, Papier. Oder eben ein Stück Schaumstoff, das er auf die Leinwand klebt. Und er benötigt mentale Vorbereitung: »You don't just start painting. You have to sit for a while and get some kind of mental idea in order to go and make the right moves.« Ist die Idee real, dann legt er los. Doch bis sie real ist, kann es dauern: »It can take a long time just to prepare something to paint on. And then you go to work.«

Den künstlerischen Schaffensprozess selbst beschreibt Lynch als einen Prozess von Aktion und Reaktion: »It's always a process of building and then destroying. And then, out of this destruction, discovering a thing and building on it.« Bauen und zerstören. Und wieder neu bauen. Die perfekte Kunst, die nur aus Ruinen entstehen kann. Die Natur (→ Natur) spielt dabei eine große Rolle. Sie fungiert als eine morphologische Stütze. Lynch orientiert sich an der Struktur biologischer Organismen und ist dadurch in der Lage, verschiedenartige Materialien zusammenzubringen und in einem neuen Licht erstrahlen zu lassen – »like baking something in sunlight«. Es sind Materialien, die von Natur aus gegeneinander kämpfen. Die auf den ersten Blick nichts gemeinsam haben. Sich eher abstoßen als anziehen.

Lynchs Verständnis von natürlicher Materie und Reaktionsvermögen ist es, die diese Neukreationen organisch erscheinen lassen. Und er selbst versteht dieses Verständnis als eine Fähigkeit, die er sich als Künstler erst aneignen musste. Wie er das machte? Indem er einen Schritt zurückging. Vom rot bemalten Schaumstoffstück zurücktritt und dann das soeben geschaffene, organische Zusammenspiel studiert – »and suddenly, you find you're leaping up out of your chair and going in and doing the next thing. That's action and reaction.«

Im Hintergrund der Leinwand in seinem Studio ist der Wald in den Hollywood Hills zu sehen. Lynch übt jetzt mit seiner Hand Druck auf den zähen Knubbel aus. Zieht die klebrige Masse auseinander. Er versucht, den perfekten Ort auf der Leinwand zu finden, an dem die Masse gut haftet. Er teilt sie, formt sie neu, drapiert sie zu zwei Haufen. Als Zuschauer wird uns klar: Es ist einer dieser Momente, in dem man Lynch dabei zusehen kann, wie er eine Idee aus seinem Kopf in die Welt übersetzt, indem er das Material formt. In dem er agiert und reagiert. Zerstört und wieder aufbaut. Hier in diesem Augenblick ist ein Künstler zugange, der sich Zeit nimmt für sein Werk. Und für nichts anderes: »If you know that you've got to be somewhere in half an hour, there's no way you can achieve that. So the art life means a freedom to have time for the good things to happen.« Viel Zeit. Eben wie es ihm Bush Keeler damals vor vielen Jahrzehnten geraten hatte. Lynch widmete ihm seinen ersten Kurzfilm: *Sailing with Bushnell Keeler* (1967).

Es gibt Aufnahmen von Lynch, die ihn dabei zeigen, wie er inmitten von leeren Coca-Cola-Flaschen drei bunt bemalten Spielzeugvögelchen dabei zusieht, wie sie im Chor zwitschern. Mechanisch klingen sie, aber irgendwie auch liebenswürdig. Die ganze Zeit über lächelt er, erfreut sich an den Plastiktierchen. Zwischendurch schaut er immer wieder für ein paar Sekunden in die Kamera, die ihn filmt. Und dann wieder auf das fiepende Schauspiel der künstlichen Vögel. So, als würde es ihn interessieren, ob wir, die ihm dabei zusehen, das Ganze auch so toll finden wie er selbst. Als das Vogelkonzert zu Ende ist, klatscht er in die Hände wie ein kleines Kind. Sein Lächeln, das erweckt der Eindruck, könnte in diesem Moment nicht ehrlicher sein. Obwohl dieses Konzert infantil ist, hat er sich ihm voll hingegeben. Jedes Detail, die Schnäbelchen, die fiependen Töne, all das bedeutet ihm in diesem Moment alles. (→ Humor)

Lynch lebt seine Kreativität also nicht nur im Performativen, sondern auch im Rezeptiven. Ist er von etwas begeistert, dann nimmt er sich Zeit dafür. Er lässt es andere wissen, dass er begeistert ist. Auch das beschreibt sein Künstlerleben: mit Hingabe und frei von Konventionen im Hier und Jetzt bei der Sache zu sein.

Mit den Plastikhandschuhen an seinen Händen formt und knetet Lynch weiter an dem Knubbel. Wir sehen eine absolute Hingabe, über die er In *Catching the Big Fish* schreibt: »For me, living the art life meant a dedication to painting — a complete dedication to it, making everything else secondary.« Mit sämtlichen Fasern seines Körpers gibt er sich der Kunst hin, um diese zu ihrem vollen Ausdruck bringen zu können. Und um überhaupt verstehen zu können. Aus der Sicht von Lynch ist ein Leben durch die Kunst und mit der Kunst nämlich die einzige Möglichkeit, tief in die Materie der Welt einzutauchen und dort Dinge zu entdecken, die denjenigen verborgen bleiben, die sich nicht künstlerisch zur Welt verhalten. Sein Plädoyer lautet: sich der Kunst vollends hingeben und alles, was den Künstler daran hindert, in die Materie einzutauchen, eliminieren – alles Hinderliche kann und darf nicht Teil des Künstlerlebens sein: »Really, the art life means a freedom. And it seems, I think, a hair selfish. But it doesn't have to be selfish; it just means that you need time.«

Für dieses Leben als Künstler, für die Freiheit, Filme zu drehen und Bilder malen zu können, musste Lynch kämpfen. Einmal, erinnert er sich, seien sein Bruder und sein Vater zu Besuch gewesen. Zu der Zeit, als er in Kalifornien an *Eraserhead* arbeitete – unter anderem in der Graystone Mansion, einem dem Tudorstil nachempfundenen Anwesen in Beverly Hills, in dem Lynch während der Dreharbeiten wohnte. Sinngemäß sagten Vater und Bruder: »Hör auf mit dem Filmzeug und mit der Kunst! Du hast ein Kind, besorge dir einen richtigen Job! Du verschwendest deine Zeit!«

War er also doch selbstsüchtig? Lynch trafen diese Maßregelungen dermaßen hart, dass ihm die Tränen kamen. Es erschütterte ihn in seinem Innersten, dass seine Familie nicht erkannte, dass er endlich das gefunden hatte, was ihn vollends erfüllte. Dass sie glaubten, er wäre egoistisch. Dass sie nicht sahen, dass das Künstlerleben einen Sinn hatte für ihn und dass es sich gut anfühlte.

Nein, dass seine Eltern an ihm zweifelten, das kannte er aus seiner Kindheit nicht. (→ Berufung) Und auch mit dem Blick von außen erscheinen diese Reaktionen des Vaters und des Bruders merkwürdig. Insbesondere von den Eltern zur Zeit seiner Kindheit zeichnet Lynch ja ein äußerst warmes Bild: Fürsorglich waren sie und sie unterstützten ihn bei allem, was er tat.

Für Lynch war dieser Moment des inneren Strauchelns, ausgelöst durch das Unverständnis seiner Familie, nun ein Moment, der ihm verdeutlichte, was er schon als Kind ahnte, dass es das Beste für ihn war: Sein Leben als Künstler vom Leben, das er mit seiner Familie führte, voneinander zu trennen. Nicht zuletzt, weil er wusste, dass die Ehe seines Vorbilds Bush Keeler an dessen Entscheidung scheiterte, Künstler werden zu wollen.

Jon Nguyen, einer der Regisseure von *David Lynch. The Art Life*, erzählt zu diesem Entschluss Lynchs aus seiner Perspektive: »He was like ›I talked a certain way in the painting studio and I talked a separate way with my parents‹, and he didn't want his parents to go to his graduation and his friends never came over. He kept everything separate, which is kind of special.« Ähnliches erzählt Mary Fisk, die in den 1970ern und 1980ern mit David Lynch verheiratet war, als sie vom Set von *The Elephant Man* (1980) berichtet: »David made it clear that he didn't want me on the set [of *The Elephant Man*] and wanted to keep his creative life separate.«

Doch diese Trennung von Kunst und Familie bedeutete nicht, dass Lynch keine Familie wollte oder nicht für ein Familienleben geeignet gewesen sei. Seine Tochter Jennifer Lynch (*1968) ordnet im Jahr 2004 Lynchs Verständnis dieser strikten Trennung deutlich ein: »I don't think he was wrong for that, but there's a part of him that feels a marriage is a dangerous place for him to be.« Gefährlich? Ja, und zwar insofern die Ehe ein Korsett bedeutet, das Lynch in seiner künstlerischen Entfaltung einschränkt. Familienleben, Rituale, Routine, ja. Abhängigkeit? Nein, niemals. Das wäre Gift für seine Kreativität. Jennifer Lynch sagt, für ihren Vater sei die Essenz von Freiheit, jeden Tag machen zu können, was er möchte. Im wahrhaften Sinn und im hypothetischen. Sein Künstlerleben ist durchzogen von der Handlungsfreiheit – mindestens aber von der bewusstgemachten Illusion der Handlungsfreiheit, den Ablauf eines jeden Tages neu entscheiden zu dürfen. Auch wenn das nur bedeutet, jeden Tag dasselbe Diner zu besuchen, mittags immer Thunfisch zu essen und am Abend dann Hühnchen mit Broccoli.

Lynchs Leben als Künstler ist also von einer Doppelidentität geprägt. Sein Verhältnis zur Kunst wiederum ist gekennzeichnet durch das Spannungsverhältnis Familie und Kunst, das sich oft auch in seinem Werk ausdrückt. (→ Identität) Denken wir nur mal an *Lost Highway* (1997) oder *Mulholland Drive* (2001). Filme, die von Figuren handeln, deren Persönlichkeiten gespalten sind und die aber mehrere Identitäten besitzen. Fred Madison (Bill Pullman), der sich in *Lost Highway* nach dem Mord an seiner Frau in eine psychogene Fugue gesogen wird und die Identität des jüngeren und potenteren Pete Dayton (Balthazar Getty) annimmt. Oder eben Naomi Watts, die in *Mulholland Drive* gleich zwei Figuren mimt, Betty Elms und Diane Selwyn. In diesem Fall: Persönlichkeitsspaltung, ausgelöst durch das Scheitern, in Hollywood groß rauszukommen.

Aufhören mit dem Filmzeug? Nein, niemals. David Lynch konnte nicht anders, als weiterzumachen. (→ Film) Denn endlich hatte er eine Ausdrucksform gefunden, mit der er seinen Ideen Ausdruck verleihen konnte. Mit der er auch innere Widersprüche und Spannungsverhältnisse ästhetisch abbilden konnte.

Keine Frage: Er liebte das Malen, sein Studio. Alles daran. Und Lynch ist zeit seines Lebens ein Maler geblieben. Das Kino aber, sagt er, das war eine noch intensivere und zugleich universellere Erfahrung: »Cinema is a language. It can say things — big, abstract things. And I love that about it.« (→ Sprache) Und durch den Film macht sich Lynch auch die Grenzen seiner künstlerischen Fähigkeiten bewusst: »I'm not always good with words. Some people are poets and have a beautiful way of saying things with words.«

Durch den Film kann Lynch viel mehr und viel intensiver ausdrücken als mit statischen Bildern. Film ist für ihn eine Ausdrucksform, die seiner Kunst zusätzliche Dimensionen verleiht: die Zeit etwa. Im Film gibt es Szenen in zeitlicher Abfolge. Es gibt Dialoge, es gibt Musik, Geräusche und Soundeffekte. Es gibt räumliche Dimensionen: »Cinema is its own language«, sagt Lynch und freut sich darüber, durch den Film jene Ideen Gestalt werden zu lassen, die er durch andere Kunstformen nicht an die Welt vermitteln könnte.

Was also ist der Film für Lynch? Was macht die Liebe für dieses Medium aus, die seit seinen ersten Kurzfilmen *Sailing with Bushnell Keeler* (1967) und *Six Men Getting Sick (Six Times)* (1967) über die nächsten fünfzig Jahre bis *Twin Peaks: The Return* (2017) immer größer geworden ist?

»It's a magical medium«, sagt Lynch. Magisch deshalb, weil allein die Gedanken an die filmischen Bilder ein synästhetisches Erleben in ihm auslösen: »For me, it's so beautiful to think about these pictures and sounds flowing together in time and in sequence, making something that can be done only through cinema.« Nicht die Wörter allein sind es, nicht die Musik – ein ganzes Gemenge medialer Elemente kommt durch den Film zum Vorschein. Sie berühren sich und ergeben in ihrer Beziehung zueinander etwas, das zuvor nicht existiert hat und außerhalb des Kinos nicht existieren kann. Organisches, zum Leben erweckt durch die bewegte Natur des Films. Erweckt durch Zerstören und erneutes Aufbauen.

Lynch hat das Leben gewählt, das er braucht, um leben zu können. Selbst dann, wenn er keinen Pinsel, keine Kamera in der Hand hält, wählt er dieses Leben. Ruhig, aber nicht untätig sitzt er dann da. Zieht an seiner Zigarette, pult ein Stück des restlichen Schaumstoffs, das es nicht auf die Leinwand geschafft hat, mit seinen Fingern zurecht. Zu jedem Moment scheint er das Leben des Künstlers zu leben. Und dabei wirkt es so, als wäre etwas in seinem Innern ständig in Bewegung. (→ Geist) Getrieben von dem Drang, Ideen reifen zu lassen und nach Außen zu bringen, wo sie sich manifestieren können.

Kommt ihm eine dieser Ideen, dann beginnt er zu erzählen. Detailliert spricht er seine Gedanken aus und formt dabei das Gesagte gestisch, indem er seine flache Hand mit wackelnden Bewegungen durch die Luft manövriert. In diesen Momenten sieht es dann so aus, als hätte Lynch einen Fisch an der Angel – eine Idee, die in seinem Denken bereits vollendet ist und die nur noch in die Welt der Wahrnehmung übersetzt werden muss: ein großer Fisch, der jetzt noch gefangen werden muss. (→ Idee)

»David is constantly creating. If he's not painting, he's carving wood. If he's not carving wood, he's making music. If he's not making music, he's shooting a film. His passion and his energy all goes into creating non-stop«, beschreibt Nguyen Lynchs Wesen als Künstler. Erik Crary, der Anfang der 2000er für Lynch arbeitete, klingt ähnlich, wenn er über Lynchs Künstlerleben spricht: »David's daily life is very busy even when there's not a film going on. He's shooting photos, painting, writing, building things — he does a lot.«

Vergleichen wir Lynchs Leben als Künstler mit anderen seiner Zunft, so fällt auf: Nie war er in Skandale verwickelt. Liegt es an diesem Einklang aus Lust und Pflicht, der sich in seiner Arbeit zeigt? An seiner behüteten Kindheit? An seiner Entscheidung, Kunst und Familie zu trennen? Vermutlich eine Mischung aus alledem. Fest steht: Lynch wurde nicht vollends von der Maschinerie Hollywoods zermalmt, wenngleich er mit ihr auch schlechte Erfahrungen machte. Denken wir etwa an *Dune* (1984), als ihm das Filmstudio von Universal die Rechte am sogenannten Final Cut entzog und den Film in der Postproduktion von 180 auf 135 Minuten kürzte. Lynch traumatisierte das Erlebnis so sehr, dass er den Film bis heute verleugnet und nicht mehr darüber sprechen will. Für ihn bedeutet *Dune* ein eigenes Versagen.

Auch bei *Mulholland Drive* (2001), der ursprünglich als Pilotfilm für eine Serie für den amerikanischen Fernsehsender ABC gedreht wurde, musste Lynch von seiner Version abweichen. Zwei Stunden dauerte der Film und er musste ihn kürzen, weil ihn die Verantwortlichen bei ABC zu lang fanden. Nur, um feststellen zu müssen, dass sie auch die gekürzte Fassung nicht akzeptierten und das Projekt auf Eis legten. Bekanntermaßen gab Lynch nicht auf: Er kaufte ABC den Film ab, verkaufte den Film an den französischen Bezahlsender Canal+, die aus dem Pilotfilm der angedachten Serie einen Spielfilm machten. Auf Hollywood konnte sich Lynch also nie verlassen und trotzdem lebt er gerne dort. (→ Los Angeles) Er mag die Freiheit dort und fühlt sich wohl in der Gegenwart der vielen anderen Filmemacher, dort in seinem Haus in der Senalda Road in West Hollywood. Sehr wohl sogar: »I don't like going out anyway. I like to stay at home. Of course I do think it's important sometimes to go out and see new things and feel the so-called reality. And that can conjure ideas.«

Und Drogenprobleme? Gerüchte kursieren, dass Lynch Erfahrungen mit Drogen gesammelt hat. In welcher Form, darüber können wir nur spekulieren. Nur das Folgende wissen wir: »I have smoked marijuana, but I no longer do. I went to art school in the 1960s, so you can imagine what was going on. Yet my friends were the ones who said, ›No, no, no, David, don't you take those drugs.‹ I was pretty lucky.« Ohne den Einfluss von Drogen, sagt er, gelangt er zu viel tiefgreifenderen Einsichten und meint hier auch seine Erfahrungen während der Transzendentalen Meditation (→ Meditation): »When your consciousness starts expanding, those experiences are there. All those things can be seen. It's just a matter of expanding that ball of consciousness. And the ball of consciousness can expand to be infinite and unbounded. It's totality. You can have totality. So all those experiences are there for you, without the side effects of drugs.«

Bemerkenswert ist auch Lynchs Gespür für gesellschaftliche und technologische Entwicklungen und welchen künstlerischen Mehrwert sie mit sich bringen: »David was one of the first people I knew who got involved with the Internet, and when he started doing programming it was like he was starting his own TV station«, erzählt Neal Edelstein, der Produzent von *Mulholland Drive*. Lynch betreibt noch heute seinen Youtube-Kanal DAVID LYNCH THEATER, auf dem er seine Videoreihen wie *David Lynch's Weather Report* oder *What Is David Working on Today* veröffentlichte. In diesen Videos zeigt sich Lynch der Welt als ein Künstler, der ein Arbeiten in völliger Freiheit genießt: »Today I'm working on repairing the holes on the knees of my pants«, bereitet er etwa sein Publikum in einer Folge von *What Is David Working on Today* auf die jetzt folgenden Minuten vor. Und so gelingt es ihm durch seine exzentrische Art, selbst dem Alltäglichen einen künstlerischen Anstrich zu verleihen.

Lynch ist ein Künstler, der sich nicht auf ein Medium reduzieren lässt. Ein kreativer Mensch, der seine Werkzeuge einzusetzen weiß. Ein Denker im Abstrakten, der klar formuliert, zu Konkretem in der Lage ist und das durch die Kunst: »Most of the time the thinking exists on an abstract level. You don't worry about what things you've done before. You're just going along and catching this fantastic train that leads to a new world and another story.« Die düsteren Geschichten, die grotesken Welten, die Idee, das Eintauchen in die Materie. All das fußt auf der Freiheit und der Routine, die Lynch in seinem Alltag lebt. Sie sind der fruchtbare Boden für seine Kreativität, die sein Künstlerleben zu etwas macht, das ihn als Künstler überleben lässt.

Inspiration

»Today I was thinking about Lana del Rey and her song *Video Games* from 2011.«

David Lynch

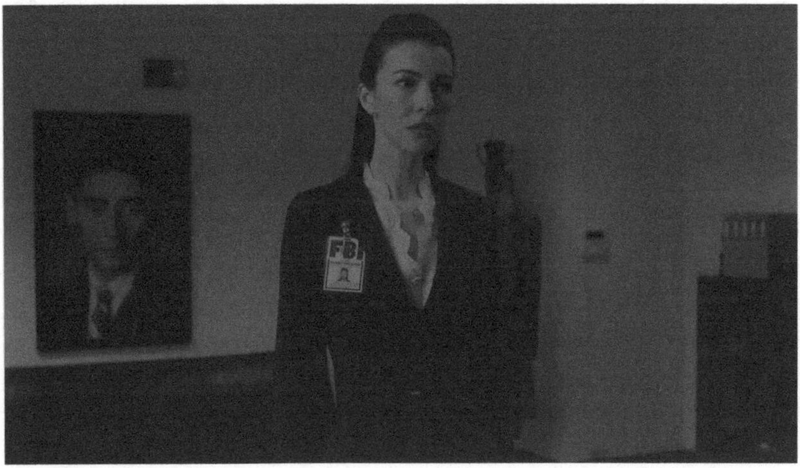

Mithilfe des Begriffs der Inspiration finden wir heraus, welche Künstler die Arbeit von Lynch beeinflusst haben. Einige von ihnen sind Filmemacher, andere sind Schriftsteller und wieder andere sind bildende Künstler. Sie inspirierten Lynch und halfen ihm, in seiner Kunst die Welt so zu beschreiben, wie er sie wahrnahm. Traumhaftes, Alptraumhaftes und Groteskes sind darin zentrale Elemente. Sie sind Teil von Lynchs Kunst, die wiederum andere Künstler inspirierte, ihr Werk mit Elementen seiner Kunst anzureichern.

Der irisch-britische Künstler Francis Bacon (1909–1992; *Three Studies for Figures at the Base of a Crucification*, 1944) sah die Aufgabe eines Malers darin, in seiner Kunst Ventile für Gefühle zu öffnen. Das Gemälde soll die Betrachter auf das Leben zurückwerfen – auch, wenn das einen gewaltvollen Akt darstellt. Doch Leben bedeutet Chaos. Und Chaos bedeutet für den Menschen Kontrollverlust, den es zu bewältigen gilt. Bacon selbst verwendete die Kunst daher als eine Praxis, das Chaos der Welt zu ordnen (→ Berufung) – und zwar in Form von Bildern: »Paintings are safe containers for mayhem.«

»Wenn man seine Bilder sieht, kommt man sofort ins Träumen«, schwärmt Lynch von Bacon – einem der wenigen Künstler, von denen er sagt, dass er maßgeblichen Einfluss auf seine Kunst hatte: »Die Nummer eins, mein persönlicher Held. Ich kann mit vielen Malern etwas anfangen, aber der Thrill beim Anblick eines Gemäldes … Ich habe in den 60er Jahren die Bacon-Ausstellung der Marlborough Gallery besucht, sie gehört zum Eindrucksvollsten, was ich je im Leben gesehen habe.«

Beiden Künstlern, Lynch und Bacon, gefällt die Idee, dass ein Energiefeld existiert, auf dem alles Lebendige ihren Ursprung hat. In ihren Werken ausgedrückt: Körpergrenzen, die sich auflösen. Lebewesen, deren Grenzen sich aufheben und deren Körper ineinander übergehen. (→ Körper) Körperteile, die ins hellste Weiß und dunkelste Schwarz verlaufen. Diese Darstellungen lassen sich unter einen weiteren gemeinsamen Nenner fassen: das Aufzeigen der Verwundbarkeit der Situation des Menschen durch einen Stil, der sich durch Verwischungen auszeichnet. Bacon sagt: »The men I painted were all in extreme situation, and the scream is a transcription of their pain.« Für Bacon stellen diese Extremsituationen die Bedingung dafür dar, dass ein Kunstwerk das Potenzial besitzt, ein großartiges Kunstwerk zu sein.

Viele von Lynchs unbetitelten Frühwerken aus den 1960ern, die er mit Bleistift oder Kugelschreiber auf Papier gezeichnet hatte, sind für diese Bedingung Paradebeispiele.[6] Eine Graphitzeichnung (ca. 1965–67) etwa, die einen Mann mit Hemd und Binder zeigt, dessen Schädel in der Mitte eine breite Furche hat, dessen rechte Gesichtshälfte ins weiße Nichts entschwindet und dessen rechte Hand ohne Arm aus dem Grau des Jackets entwächst. Ein Mann, der seine Form verliert und in seine Einzelteile zerfällt.

Über sich selbst als Künstler sagt Lynch, er könne keine Figuren malen, sondern nur Teile von ihnen – »Fragmente von Körpern«, die sich in Gliedern zeigen. Oft unkonventionell arrangiert oder aus dem Nichts aufploppend. (→ Körper) Bacon dagegen sei dazu in der Lage, den Körper im Ganzen abzubilden. In seiner figurativen Darstellung lässt er körperliche Deformierungen zu und erhebt sie zum stilbildenden Element seiner Werke. Fragmentierte Körper, die er im Ganzen abzubilden vermag – im Gegensatz zu Lynch: »[Er] konnte Figuren malen, ich bin dazu nicht imstande. Manchmal male ich zu viele davon und muss dann eine Menge vernichten.«

Mit Bacon viel gemeinsam hat der Environment-Künstler Edward Kienholz (1924–1997), den Lynch ebenso verehrt wie Bacon. Dessen Artworks wiederum erinnern teils stark an Lynchs Kunst. *The Illegal Operation* (1962) etwa, eine Montage, in der Kienholz einen Operationssaal zeigt, der für illegale Abtreibungen verwendet wird: Bettpfannen sind darauf zu sehen, rostige medizinische Instrumente und dreckige Decken. Links neben dem Stuhl ist eine Lampe mit großem vergilbtem Schirm aufgestellt. Zentral sind Lampen auch in *Still Life with Little Bird* (1974), ein Arrangement, das Kienholz gemeinsam mit seiner damaligen Ehefrau Nancy Reddin Kienholz (1943–2019) errichtete. Darauf ist eine Kommode zu sehen, auf der auf einem Bein die gipserne Körperhälfte eines Menschen steht. Das andere Bein ist abgetrennt und aus dem Stumpen hängt eine Lampe herab. Das ist makaber und skurril. Eine ähnliche Atmosphäre entsteht, wie wir sie von Lynchs Werken kennen.

Dank ihm, dank Bacon, dank dessen Freund und Künstlerkollegen Lucian Freud (1922–2011), auch dank der Maler Julian Schnabel (*1951) und Edward Hopper (1882–1967, *Nighthawks*) und dank dem Bildhauer Alexan-

6 Zahlreiche seiner *Works on Paper* sind im Bildband *Someone Is in My House* auf den Seiten 42 bis 131 abgebildet.

der Calder (1889–1976) kam Lynch zum Kino. Über die Kunst also und das ist er nicht müde zu betonen:

> »I didn't really know anything about cinema. But, coming into art from painting, it just seemed like it was always kind of like a moving painting [...] with a story.«

Lynch ist sich darüber im Klaren, was er kann und was er nicht kann. Er weiß, welche Inspirationsquellen seiner Sache dienen und welche nicht. Er weiß, wo die Grenzen seiner Fähigkeiten liegen, und er weiß die verschiedenen medialen Formate für seine Kunst einzusetzen.

Dieses Bewusstsein über seine Stärken und Schwächen lässt er auch erkennen, wenn er sich von anderen Künstlern abgrenzt, die er bewundert. Wenn er von der Kunst und den Menschen spricht, die ihn inspirieren. Wenn er über Bacons Fähigkeiten spricht, zum Beispiel. Oder wenn er von seinem inneren Verhältnis zum Schriftsteller Franz Kafka (1883–1924) erzählt: »Einige seiner Sachen gehören zu den spannendsten Wortgebilden, die ich je gelesen habe.« Lynch fühlt sich Kafka, aus dessen Werk Klassiker der Literaturgeschichte wie *Der Prozess* (1925) oder *Das Urteil* (1912–1913) hervorgingen, auf besondere Weise verbunden. »Der einzige Künstler, bei dem ich das Gefühl habe, dass er mein Bruder sein könnte, ist Franz Kafka.«

Es verwundert deshalb nicht, dass Lynch ein Skript zu Kafkas wohl berühmtester Erzählung *Die Verwandlung* (1912) geschrieben hat – ein Drehbuch, bereit, verfilmt zu werden. Doch Lynch befürchtete, der Film würde einerseits zu teuer werden und andererseits kaum Geld einbringen und somit erst gar nicht produziert werden: »Es gibt zahlreiche Dialoge, auch viele *unverständliche* Dialoge, die ich untertiteln müsste.«

Aus heutiger Perspektive erscheint diese Befürchtung als unbegründet. Denn Lynchs Kultstatus als Filmemacher allein dürfte *David Lynch's Verwandlung* zum Erfolg verhelfen. Wie dieser Film wohl aussehen würde? Wie würde es wirken, wenn Lynch die vielen kafkaesken Motive, die er allein in *Eraserhead* (1977) so zahlreich platzierte, wieder aufgreifen würde, um sie dorthin zurückzulegen, wo sie herkommen: Ins Zimmer des Prokuristen Gregor Samsa, der eines Morgens aus unruhigen Träumen erwachte und sich in seinem Bett zu einem ungeheuren

Ungeziefer verwandelt fand. Er würde die Motive dort platzieren und mit der für ihn typischen Ästhetik anreichern. Kafkaeskes würde zu Lyncheskem: »Ich würde mich ans Buch halten, aber ich würde es in die 50er Jahre verlegen – '55 oder '56. Es ist eigentlich eine Osteuropäische Version von '56, auch wenn sie in Amerika spielen würde. Der Rock'n'Roll käme als Randgeschehen vor. Mit Kafka ist es wie mit allem anderen: Wenn zehn Leute dieselbe Geschichte erzählen, erhält man zehn verschiedene Blickwinkel. Meiner ist der richtige!« USA, 1950er Jahre, Rock'n'Roll, die Verwandlung. Kafka und Lynch. Das passt.

Wenn Lynch die Werke anderer Künstler wirklich liebt, flicht er sie in sein Werk ein – manchmal als direkt zuzuordnende und sichtbare Referenz wie das Porträt Kafkas, das im Büro des FBI-Direktors Gordon Cole in *Twin Peaks: The Return* (2017) an der Wand hängt. Manchmal implizit, wenn es etwa um kafkaeske Erzählmotive geht: Identitätskrise, Vater-Kind-Konflikt, Entfremdung im Beruf und im Privaten. Und handelt es sich bei diesen Inspirationsquellen um die Werke noch wirkender Künstler, dann profitieren diese nicht selten von Lynchs Referenzen ihrer Kunst. Die deutsche Band Rammstein zum Beispiel, deren Gitarrist Richard Kruspe Lynch und seinen Film *Lost Highway* (1997) in der Dokumentation *Rammstein in Amerika* (2015) einen Türöffner nannte, um in den USA Fuß zu fassen – und nicht nur für den Mainstream interessant zu werden, sondern dank Lynchs Rang im Arthaus auch für das Intellektuellen- und Kunstpublikum.

Wie es dazu kam? Als Rammstein in Deutschland Mitte der 1990er Jahre der Durchbruch gelang, arbeitete Lynch gerade an seinem Film *Lost Highway*. Gemeinsam mit dem Nine Inch Nails-Sänger Trent Reznor produzierte er den Soundtrack und war auf der Suche nach Songs, die seiner Vision dieses düsteren, sexuell aufgeladenen und abgründigen Neo-Noir-Thrillers entsprachen. Und er wurde fündig. In Deutschland.

»Schon seit Jahren schickt mir die Band ihre CDs. Ich habe sie nie angehört. Aber dann habe ich zufällig ihr [...] Album aufgelegt – und es war genau das, was ich für »Lost Highway« brauchte. Das ganze Team war verrückt danach: Rammstein mußte 70 CDs losschicken – eine für jeden in der Filmcrew«, erzählt Lynch in einem Interview mit dem Spiegel im April 1997. Lynch spricht hier von Rammsteins Debütalbum *Herzeleid*, das 1995 erschien. Lynch wählte daraus die beiden Songs *Rammstein* und *Heirate Mich* aus. *Lost Highway* feierte in den USA am 21. Februar 1997 Premiere, darin untermalt der Song *Rammstein* eine Gewaltexplosion von Fred Madison und eine Psychose seines Alter Egos Pete Dayton, der gerade einen Menschen getötet hat. Seine Identität droht sich in dieser Situation rückaufzulösen. Lynch vermischt Kafkaeskes mit harten Metalriffs und auch hier entsteht Lyncheskes: Unter dem finsteren Grollen des Rammstein-Sängers Till Lindemann erwischt Dayton/Madison seine Geliebte (Patricia Arquette) im Bett mit einem anderen. »Rammstein«, donnert Lindemann und im Film blitzt und flackert es: »Ein Mensch brennt.« Die Hölle auf Erden, aus der es für Dayton/Madison kein Entrinnen mehr gibt.

»At that point David Lynch and Trent Reznor were like demigods«, erzählt der US-amerikanische Sänger Moby[7] in der Dokumentation. Als Lynch und Reznor verkündeten, dass sie Rammstein gut fanden und ihre Songs in *Lost Highway* zu hören sein werden, war für die Amerikaner klar: Rammstein ist jetzt cool. Dieser Meinung ist Lynch auch dann noch, als er rund zwanzig Jahre später *Twin Peaks: The Return* dreht und er in Folge 7 in der Rolle des FBI-Direktors Gordon Cole auf einem Schreibtischstuhl sitzt und Rammsteins Song *Engel* pfeift.

Auch durch den Soundtrack kreiert Lynch in *Lost Highway* eine Parallelwelt, die der Realität entrückt ist. Und Variationen solcher Parallelwelten sind auch in anderen seiner Filme zu finden: der rote Raum in der Serie *Twin Peaks*, der mysteriöse Silencio-Club in *Mulholland Drive* (2001), die Wohnung der Nachtclubsängerin Dorothy Vallens in *Blue Velvet* (1986). Dass Lynch den Film *Der Zauberer von Oz* (1939) von Victor Fleming zu seinen Lieblingsfilmen zählt, verwundert insofern nicht, als hier die Geschichte der kleinen Dorothy Gale (Judy Garland) erzählt wird, die durch einen Wirbelsturm ins magische Land Oz katapultiert wird. Lynch sagt:

> »*The Wizard of Oz* is a cosmic film and meaningful on many, many different levels, and *Somewhere Over the Rainbow* is one of the most beautiful songs ever.«

---

7 Für Mobys Song *Shot in the Back of the Head* drehte Lynch 2009 ein Musikvideo in grober Zeichentricktechnik. Es handelt von einem Mann, dessen Liebhaberin ein weiblicher Kopf ist. Nachdem der Mann von hinten erschossen wird, rächt ihn die Liebhaberin, indem sie auf den Mörder springt und diesen tötet.

Der Zauberer von Oz wurde das erste Mal im amerikanischen Fernsehen ausgestrahlt, als Lynch zehn Jahre alt war. Der Film ist für ihn deshalb so interessant, weil darin die Emotion der Angst so stark zum Ausdruck kommt – es ist der Stoff, aus dem die Alpträume sind: »Er muss sich bei mir festgesetzt haben, als ich ihn zum ersten Mal sah.« Der Film inspirierte Lynch stark und 2022 erschien eine Dokumentation mit dem Titel *Lynch/Oz* des Schweizer Regisseurs Alexandre O. Philippe, die sich genau mit diesem Verhältnis zwischen Lynch und dem Kultfilm von 1939 beschäftigt. Im Film versuchen eine Filmkritikerin und sechs Filmemacher, unter anderem David Lowery (*1980; *The Green Knight, A Ghost Story*) und John Waters (*1946; *Pink Flamingos, Polyester*), zu zeigen, wie *Der Zauberer von Oz* die Art von Lynch, Geschichten zu erzählen, beeinflusst hat.

Über die motivisch und thematisch enge Verbindung seines Films *Wild at Heart* (1990), mit Nicolas Cage und Laura Dern in den Hauptrollen, und *Der Zauberer von Oz* sagt er: »Ich liebe THE WIZARD OF OZ, und irgendwann kam mir, daß Sailor und Lula zu der Art von Leuten gehören, die sich ein solches Märchen aneignen und was echt Cooles draus machen. Die Welt in dem Film war furchtbar brutal, daher war es schön, daß Sailor ein Rebell war, aber ein Rebell, der von THE WIZARD OF OZ träumt. Und der gemeinsame Traum machte Sailor und Lula zu sympathischen Figuren.«

Im Roadmovie *Wild at Heart – Die Geschichte von Sailor und Lula* geht es um das Liebespaar Sailor (Nicolas Cage) und Lula (Laura Dern), die auf der Flucht vor dem Detektiv Johnnie Farragut (Harry Dean Stanton), der im Auftrag von Lulas Mutter Marietta (Diane Ladd) handelt, und dem Gangster Marcello Santos (J. E. Freeman) sind. Mysteriös und noch bedrohlicher wird es, als Bobby Peru (Willem Dafoe) auf den Plan tritt – ein Krimineller, der Lula traumatisiert, indem er sie zwingt, ihn zu fragen, ob er Sex mit ihr haben möchte. Lynch mag es, wie sich *Der Zauberer von Oz* immer wieder in *Wild at Heart* hinein und dann wieder hinaus schleicht: »Am Schluß verschwindet Mariettas Bild; wenn Bobby Peru Lula besucht, schlägt sie die roten Absätze zusammen; und am Ende [erscheint] die gute Fee.«

Neben *Der Zauberer von Oz* zählt Lynch zu seinen Lieblingsfilmen häufig Filme aus den 1950er Jahren. Alfred Hitchcocks *Das Fenster zum Hof* (1954) zum Beispiel – »weil es die gleiche Atmosphäre hat [wie Henrys Wohnung in *Eraser-*

head], und obwohl ich weiß, was passiert, bin ich gern in diesem Zimmer und spüre diese Zeit. Ich kann sie fast riechen.« Oder *Sunset Boulevard* (1950) von Billy Wilder. Ein Film über das verblassende goldene Zeitalter Hollywoods, das Ende der 1920er Jahre begann und Ende der 1960er mit der New Hollywood-Bewegung endete: »Ich liebe Hollywood und seine Goldene Zeit, und SUNSET BOULEVARD hat das so grandios eingefangen. Ich liebe diese Welt einfach, ich liebe sie. Ich liebe es, wenn William Holden und Nancy Olsen einen nächtlichen Spaziergang über das Studiogelände machen. [...] Überstunden bis spät in die Nacht in diesen Quartieren für die Drehbuchautoren.« Allein der Titel von Lynchs Film *Mulholland Drive* (2001) lässt sich als eine direkte Referenz auf *Sunset Boulevard* begreifen: Beide Titel – in Deutschland wird *Sunset Boulevard* auch unter dem Namen *Straße der Dämmerung* vertrieben und *Mulholland Drive* besitzt den Zusatztitel *Straße der Finsternis* – beschreiben einerseits große, ikonische Straßen in der Metropole Los Angeles (→ Los Angeles). Andererseits zeigen beide Filme die Schattenseiten der Traumfabrik Hollywood.

Siedelte Wilder seinen Film einige Zeit nach der Stummfilmära an und zeichnete das Porträt einer alternden Schauspielerin Norma Desmond (Gloria Swanson), die sich verzweifelt zurück ins Rampenlicht früherer Tage sehnt, fokussiert Lynch die Jahrtausendwende. In seinem Mysterythriller gerät Betty Elms (Naomi Watts), eine mäßig erfolgreiche Schauspielaspirantin, in den Sog der gnadenlosen Machtdynamiken Hollywoods. Wer ist sie in dieser Stadt, wo es so viele ihresgleichen gibt? Träumer, die ihre Lebensenergie aus dem Scheinwerferlicht ziehen. Sie trifft Rita, die nach einem Autounfall ihr Gedächtnis und ihre Identität verloren hat, will ihr helfen, herauszufinden, wer sie ist. Betty und Rita verlieben sich ineinander. Nach dem gemeinsamen Besuch im mysteriösen Club Silencio hat der Film einen Bruch. Eine Dissoziation: Betty heißt jetzt Diane und Rita nennt sich nun Camilla. Aus Liebe wurde Liebeskummer. Und am Ende wartet auf beide der Tod.

In beiden Filmen wird ein Hollywood skizziert, das unbarmherzig ist. Das seine Protagonisten – Regisseure, Schauspieler, Autoren – ausspuckt, wenn es sie nicht mehr benötigt. Wenn sie zu alt sind. Wenn sie nicht dem Ideal entsprechen. Sich unglücklich verlieben und sich nicht von den Mächtigen herumkommandieren lassen. Lynchs Liebe für *Sunset Boulevard* zeigt sich auch in einer Hommage in Form der Figur des Gordon Cole in der Serie *Twin Peaks*. Eine Figur, die Lynch selbst verkörpert und nach der Figur eines Studioleiters in Wilders Film benannt ist. In der 15. Folge von *Twin Peaks: The Return* zeigt Lynch einen Filmausschnitt aus *Sunset Boulevard* – die einzige Szene, in der der Name Gordon Cole ausgesprochen wird. Warum Lynch die Referenz erst jetzt expliziert, ist unklar. Sie funktioniert in dieser Situation in der Serie allerdings auf einer weiteren Ebene: Als der FBI-Agent Dale Cooper, einer der Hauptfiguren in *Twin Peaks*, den Namen hört, erinnert er sich an die alten Tage zurück, als Gordon Cole sein Chef war. Die Szene wird in Nostalgie getaucht und Cooper wirkt hier wie Norma Desmond, die sich in *Sunset Boulevard* die vergangene Zeit ins Gedächtnis ruft, als sie noch eine Ikone in Hollywood war.

Fragt man Lynch nach Regisseuren, die ihn inspirieren, nennt er Stanley Kubrick, zweifellos einer der größten Filmemacher. »Kubrick is one of my all-time favorite filmmakers, and he did me a great honor early in my career that really encouraged me.« Lynchs Lieblingsfilm von Kubrick ist *Lolita* (1962). Eine umstrittene Tragikomödie, die Kubrick nach dem gleichnamigen Buch von Vladimir Nabokov verfilmte. »I just like the world. I like the characters. I love the performances. James Mason is phenomenal beyond the beyond in this film.«

Kubrick selbst hat Lynch beinahe einmal persönlich getroffen. Und es überraschte Lynch, dass Kubrick ihn zu diesem Zeitpunkt auch kannte: Es war Ende der 1970er Jahre, als Lynch hörte, dass Kubrick in der Nähe war – hier in den Lee International Studios in England, in denen Kubrick gerade *Shining* (1980) drehte und Lynch begann, an *The Elephant Man* (1980) zu arbeiten. Lynch traf dort zufällig ein paar Leute, die mit *Star Wars*-Schöpfer George Lucas zusammenarbeiteten.[8] »They've got a story for you«, sagte Jonathan Sanger, Associate Produzent von *The Elephant Man*. Die Lucas-Kollegen erzählten davon, dass sie am Tag zuvor in den Elstree Studios waren und dort Stanley Kubrick getroffen haben. »How would you fellas like to come up to my house tonight and see my favorite film?«, fragte sie Kubrick. Alle waren begeistert und neugierig – was ist wohl der Lieblingsfilm von Kubrick, der bereits zu diesem Zeitpunkt Meisterwerke wie *2001: A Space Odyssey* (1968) und *Barry Lyndon* (1975) auf die Leinwand gebracht hatte?

8 Später bekam Lynch von George Lucas den Regieposten für den dritten Film der *Star-Wars*-Trilogie *Die Rückkehr der Jedi-Ritter* (1983) angeboten. Lynch lehnte ab.

Es war unglaublich für Lynch, der damals 33 Jahre alt war und noch am Anfang seiner Karriere stand: »They went up, and Stanley Kubrick showed them *Eraserhead*.« Als er das gehört hatte, war Lynch »peaceful and happy«. Auch hier war es der Fall, dass Lynch nicht nur inspiriert wurde, sondern auch Kubrick mit seinem Werk inspirierte. Dieser zeigte *Eraserhead* nämlich seiner *Shining*-Crew, noch bevor sie zu drehen begannen. Er wollte mittels Lynchs Film das Gefühl von Angst greifbar machen, das Kubrick mit der Hilfe von Jack Nicholson als Jack Torrance in *Shining* so eindrucksvoll zum Ausdruck brachte. Ein Gefühl, das Lynch selbst schon in *Der Zauberer von Oz* vorfand und in seine Kunst einfließen ließ.

Ein weiterer großer Regisseur, den Lynch verehrt, ist der Italiener Federico Fellini. Sein Film *La Strada* (1954) ist einer von Lynchs Lieblingsfilmen: »A road, I've been thinking, is a moving forward into the unknown, and that's compelling to me. That's also what films are – the lights go down, the curtain opens and away we go, but we don't know where we're going.« Und auch *Achteinhalb* (*Otto e mezzo*, 1963) zählt zu Lynchs Favoriten – 2018 hat er dem Film eine Lithografienreihe gewidmet, die zehn Bilder umfasst: *8 ½ Suite I – X*. Eine der Lithografien zeigt den Hauptdarsteller Marcello Mastroianni als Guido Anselmi in bekannter Pose mit Sonnenbrille, weißem Hemd und schwarzem Anzug – »Federico Fellini is one of the all-time great film-makers and *8½* is maybe my favourite of his – I did a whole series of lithographs based on the last scenes in that movie.«

Lynch traf Fellini im Jahr 1993. Er war gerade in Rom, um dort einen Werbefilm zu drehen. (→ Werbung) Wieder eine Begegnung dank günstiger Umstände, denn am Set des Werbedrehs waren zufällig zwei Menschen vor Ort, die mit Fellini zusammenarbeiteten. Fellini selbst war nicht anwesend, denn er lag zu der Zeit im Krankenhaus. Lynch fragte seine Kollegen: »Do you think it'd be possible to go over and say hello to him?« Die Antwort war »ja«.

An einem Freitagabend klappte es dann: Lynch traf Fellini. Es war ein Sommer – »a beautiful, warm evening«. Lynch wurde in Begleitung einer seiner Kollegen in Fellinis Zimmer gebracht und dort wartete der Regisseur bereits auf sie. »Fellini had me sit down. He was in a little wheelchair between the two beds, and he took my hand, and we sat and talked for half an hour. I don't think I asked him much. I just listened a lot.« Fellini habe dann über die alten Tage gesprochen – »how things were«. Er hat Geschichten erzählt und Lynch hat das sehr genossen.

Als sie Fellinis Zimmer wieder verließen, war es schon Nacht. Fellinis Zustand sollte sich in den nächsten Stunden rapide verschlechtern und am Sonntag fiel der große Regisseur von *La Dolce Vita* (1960) ins Koma, aus dem er nicht wieder erwachte. Lynch war einer der letzten Menschen, die mit Fellini sprachen.

Regisseure, Maler – und natürlich inspirierten auch Musiker Lynch bei seiner Arbeit. Elvis Presley zum Beispiel, dessen Lieder *Love Me* und *Love Me Tender* Nicolas Cage in Lynchs *Wild at Heart* singt. Oder David Bowie, über den Lynch sagt: »He was unique, like Elvis was unique. There's something about him that's so different from everybody else. I only met him during the time I worked with him and just a couple of other times, but he was such a good guy, so easy to talk to and regular. I just wish he was still around and that I could work with him again.« Bowie spielte nicht nur die Rolle als verschollener FBI-Agent Phillip Jeffries in Lynchs *Twin Peaks: Fire Walk With Me* (1992) und *Twin Peaks: The Missing Pieces*[9] (2014). Auch seinen Song *I'm Deranged* (1995) verwendete Lynch für seinen Soundtrack von *Lost Highway*.

In Lynchs Werk fließen viele Kunstformen ein. In seinem Werk, seinen Filmen, Bildern leben die Künstler weiter, die ihn inspirierten. Lynchs Kunst ist dann wie ein Orchester, das Lynch selbst kuratiert. Er bestimmt, welche Instrumente darin spielen dürfen, wer singen darf. Das Resultat ist ein einzigartiges Stück, das durch die vielen einzelnen Stimmen der Künstler eine eigene Stimme hervorbringt. Ein Anspruch, den Lynch an sich selbst stellt, wenn es um Inspiration durch andere Künstler geht: »Everyone should find their own voice. It's not about copying.«

Lynchs Werk hilft anderen Künstlern, genau diese Sprache zu finden, die individuell ist und dennoch Akzente der Sprache aufweisen dürfen, die andere Künstler sprechen. Lynch hat Kubrick inspiriert, ja. Aber er hat auch viele Menschen inspiriert, die nicht als Ikonen ihres Metiers in die Geschichte eingegangen sind: allein der *Twin Peaks*-Kosmos, in dem es Conventions, Fanfilme, tausende Theorien gibt. Und er inspirierte Menschen, die mit solchen Medien arbeiten,

---

9 Bei *Twin Peaks. The Missing Pieces* handelt es sich um eine 91-minütige Sammlung von Szenen, die zwar für das Serienprequel *Twin Peaks. Der Film* (1992) gedreht wurden, es aber nicht in den Final Cut geschafft haben.

die Lynch in seinem Werk nicht berührt: Die französischen Indie-Games-Entwickler Lucas Guibert und Jean Manzoni etwa, die in einer Playstation 1-Optik das Computerspiel *Twin Peaks: Into the Night*, das stark an die horrorlastige *Silent Hill*-Reihe erinnert, entwickelten.

Auch das Videospiel *Control* aus dem Jahr 2019 trägt eindeutig eine von Lynch inspirierte Handschrift. Oder die Videospielreihe *Alan Wake*, die stark von *Twin Peaks* beeinflusst ist. Auch hier sind die Hauptfiguren zeitweise eingekerkert in einer Zwischenwelt. Der finnische Schriftsteller Sam Lake, der sich die Geschichte von Alan Wake ausdachte, sagte in einem Interview über Lynch: »Not giving the answers doesn't mean that you wouldn't have answers to give. This is how I feel when watching Lynch's work. It's never an accident, it's never there just for its own sake. It always feels like there's an idea here.« Und das ist der künstlerische Idealfall: Wenn andere Künstler die Idee erkennen, der Lynch nachspürte und in seine Kunst übersetzte. Und wenn diese Idee für sie Anlass dafür ist, eigenen Ideen zu folgen, die Lynch selbst nicht erreichten.

Lynch-Mob

»David doesn't feel like a dark person to me.«

Patricia Arquette

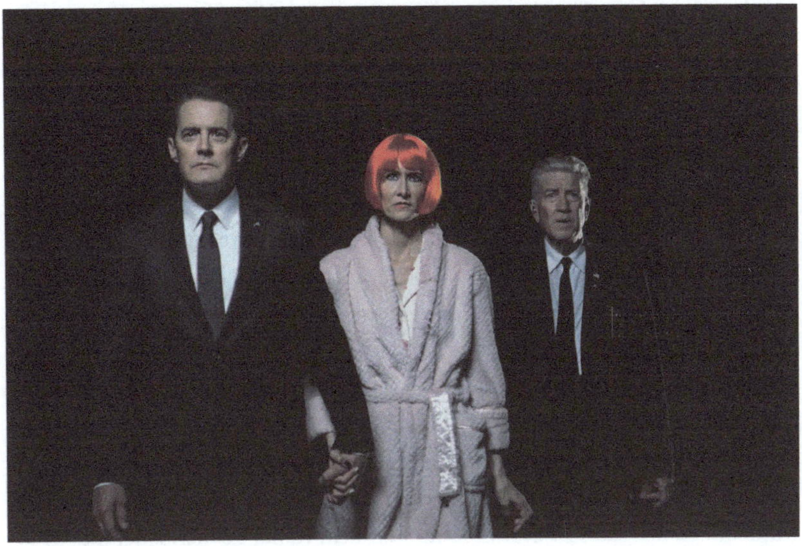

Das Porträt eines Menschen ist wohl erst dann ein redliches, wenn darin auch die Menschen zu Wort kommen, die diesen Menschen gut kennen. Einige von ihnen werden wir unter diesem Begriff vorstellen. Sie haben intensiv mit Lynch zusammengearbeitet. Sie sind seine Entourage, sein *Lynch-Mob*, wie sein Künstler-Ensemble schon genannt wurde, ohne das er nicht das wäre, was er heute ist. Unser Ziel: Lynch kennenlernen, indem wir diejenigen kennenlernen, die er selbst schätzt.

Beginnen wir mit Alan Splet (1939–1994), »a kind of freelance genius of sound«, wie Lynchs Biografin Kristine McKenna ihn beschreibt. Ihn lernte Lynch während der Zeit kennen, als er an seinem Kurzfilm *The Grandmother* (1970) arbeitete. Lynchs damalige Frau Peggy Reavey charakterisiert Splet als exzentrisch und liebenswürdig. Leicht zu glauben also, dass er und Lynch sich auf Anhieb verstanden hatten. Die erste Begegnung mit ihm beschreibt Lynch folgendermaßen:

> »My heart kind of dropped and I look over and see this guy — pale, skinny as a rail, old shiny black suit — and Al comes up wearing Coke-bottle glasses and smiles and shakes my hand, and I feel the bones in his arm rattle. That's Al.«

Bei ihm, der sich optisch irgendwo zwischen dem Schauspieler Donald Sutherland (*Klute, Wenn die Gondeln Trauer tragen*) und dem Musiker Geezer Butler (*Black Sabbath*) der 1970er bewegt, hatte Lynch kurz gewohnt, als er nach LA zog. (→ Los Angeles) Als sie dann gemeinsam an *The Grandmother* arbeiteten, wurde ihnen klar, dass zu diesem Zeitpunkt kein Klang existierte, der die Atmosphäre des Films auditiv repräsentieren konnte. Und so produzierten sie ihren eigenen Sound, der alles war, nur nicht konventionell. Denn dort wabert es, dort heult und wimmert es. Sirenen, Surren, Dröhnen, Rascheln. Klassische Motive, die in experimentelle Klänge übergehen. Und auch die Art und Weise, wie sie diese Sounds erstellten, war unkonventionell. Zum Beispiel verwendeten sie den Kanal einer Klimaanlage, um das angsteinflößende Pfeifen der Großmutter zu erzeugen. Lynch pfiff dafür selbst in das Rohr und dieses hallende Pfeifen nahmen sie auf. Diese Aufnahme ließen sie wieder durch das Rohr tönen. Und nahmen es wieder auf. Splet und Lynch machten das so lange, bis ihnen der Sound gruselig genug war. Wenig verwunderlich also, dass sie an den Toneffekten des Films ganze 63 Tagen je neun bis fünfzehn Stunden arbeiteten. Es war im Übrigen auch Splet, der mit Lynchs Idee in Verbindung steht, dass im mysteriösen Roten Raum in *Twin Peaks* rückwärts gesprochen wird (→ Sprache): Lynch hatte ihn für eine Szene in *Eraserhead*, die nie gedreht wurde, gebeten, es aufzunehmen, wenn er »I want pencils« rückwärts spricht.

> »Alan ist ein großartiger Tontechniker mit einer sehr seltenen Sensibilität, da er blind ist. Es ist schwer, unsere Arbeitsweise zu beschreiben, aber er weiß immer, was ich will, und es ist so wichtig, jemanden zu haben, der auf derselben Wellenlänge ist. Er ist ein sehr guter Freund von mir.«

Eine Frau, die Lynch während seiner gesamten Laufbahn als Filmemacher begleitet hat, war die amerikanische Schauspielerin Catherine E. Coulson (1943–2015). 1974 spielte sie in seinem vierten Kurzfilm *The Amputee* eine Frau, deren Beine amputiert wurden. Sie liest in den neun Minuten des Films einen langen Brief vor, während eine Krankenschwester versucht, die übriggebliebenen Stümpfe ihrer Beine zu pflegen.

Ihre größte Rolle in Lynchs Kosmos hatte Coulson als Margaret Lanterman, besser bekannt als die Log Lady, in der Fernsehserie *Twin Peaks* und im Film *Twin Peaks: Fire Walk with Me*. Auf die Idee dieser äußerst schrulligen Figur, die immer mit einem Holzscheit herumläuft, kamen beide ebenfalls am Set von *Eraserhead*. Für Coulson ist die Log Lady »the only normal girl in the town.« Und über Lynch und seine Arbeit an *Twin Peaks* sagte sie: »I think David changed the face of TV in many ways by being unabashedly innovative, without really being conscious about it […] To be honest, I can't imagine how television would be, if there had been no *Twin Peaks*.« Und mit dieser Meinung ist sie nicht alleine.

Coulson war von 1968 bis 1976 mit Jack Nance (1943–1996) verheiratet, der in *Eraserhead* die Hauptrolle spielte. Auch ihn zählen wir zum Lynch-Mob. Zwischen 1977 und 1997 war er in sieben von zwölf[10] von Lynchs größeren filmischen Projekten involviert: *Eraserhead*, *Dune* (1984), *Blue Velvet* (1986), *The Cowboy and the Frenchman* (1988), *Twin Peaks*, *Wild at Heart* (1990) und *Lost Highway* (1997). Während der Dreharbeiten zu *Eraserhead* hörten er und Lynch ausgiebig

10 Die Szenen, in denen er als Pete Martell in *Twin Peaks: Fire Walk with Me* zu sehen ist, wurden aus dem Final Cut entfernt.

die Musik von Richard Wagner und die *Mondscheinsonate* (1801) von Ludwig van Beethoven – auf voller Lautstärke. Sie waren buchstäblich auf einer Wellenlänge, obwohl es nach dem ersten Treffen der beiden nicht danach aussah, wie Lynch später erzählte: Nance hatte nämlich erst gar keine Lust auf *Eraserhead*. Er dachte, es sei ein dummer Studentenfilm. Das Vorstellungsgespräch verlief zwar höflich, aber es machte lange Zeit nicht »Klick«. So lange, bis sie nach dem Gespräch zum Parkplatz gingen und Nance den 59er Volkswagen von Lynch entdeckte. Er war begeistert von dem Auto und Lynch erzählte ihm, dass er das Auto mit seinem Bruder zusammengeschraubt hatte. In diesem Moment änderte sich die Dynamik zwischen den beiden und Lynch und Nance begannen, über allen möglichen Unsinn zu sprechen. Plötzlich verstanden sie sich und Nance bekam die Rolle des Henry Spencer.

Ein weiterer Mensch, mit dem Lynch bereits früh zusammenarbeitete, ist der amerikanische Produktionsdesigner Jack Fisk (*1945). Er kannte Lynch, seit er neun Jahre alt war, und beide waren lange Zeit die besten Freunde, sind sogar gemeinsam durch Europa gereist. Noch bevor er mit Lynch an *Eraserhead* arbeitete, hatte Fisk bereits mit großen Regisseuren zusammengearbeitet: als Art Director mit Brian de Palma bei der Stephen-King-Verfilmung *Carrie* (1976). Und zuvor schon mit Terrence Malick bei *Badlands* (1973), wo er seine spätere Frau Sissy Spacek kennenlernte – sie wird später in Lynchs Film *The Straight Story* die Figur der Rose Straight spielen.

Als Kinder haben Lynch und Fisk jeden Tag nach der Schule gemeinsam gemalt und sind später nach Philadelphia gezogen, um dort Kunst zu studieren. (→ Philadelphia) Und als Lynch am American Film Institute in Los Angeles zugelassen wurde, mieteten sie einen Van und fuhren nach Hollywood – ein Roadtrip wie in *Easy Rider* (1969), erinnert sich Fisk.

In *Eraserhead* hatte Fisk dann einen kleinen Auftritt als Man in the Planet, weil Alan Splet, der die Rolle eigentlich übernehmen sollte, zu diesem Zeitpunkt krank war. Er erinnert sich an Lynchs improvisatorische Fähigkeiten in Sachen Make-up: »He started putting plastic in my beard to get texture and I looked suitably bad for the film, but when I went home and tried to get the plastic out of my beard it wouldn't come out! We came from a Fine Arts background, David didn't know and I didn't know about any kind of movie make-up. I remember sitting in a hot tub steaming my face and using a razor trying to get it off.«

Mit Lynch arbeitete Fisk noch zwei weitere Male zusammen: in *The Straight Story* (1999) und *Mulholland Drive* (2001), dieses Mal als Produktionsdesigner. In *Mulholland Drive* baute er den berühmten Club Silencio mit den roten Vorhängen und den gemusterten Böden. Wenn Lynch einen Film dreht, dann habe er in seinem Kopf bereits alles visualisiert, sagt Fisk: »All these images are images that David loves.« Und der Trick sei es dann, ins Innere seines Kopfes zu gelangen und ihm dabei zu helfen, eine dreidimensionale Version seiner Idee zu verwirklichen: »Working with David more than any other director, I'm trying to create physically something that he's already designed in his head.«

Den Schnitt bei *Mulholland Drive* übernahm Mary Sweeney (*1953), die wir auch zum Lynch-Mob zählen. Denn nicht nur hatten beide eine längere intime Beziehung, aus der im Jahr 1992 der gemeinsame Sohn Riley hervorging, und waren 2006 ein knappes Jahr miteinander verheiratet, auch haben sie über zwei Jahrzehnte zusammengearbeitet: Sweeney war ebenso für den Schnitt verantwortlich bei Episode 7 der zweiten Staffel von *Twin Peaks*, bei *Twin Peaks: Fire Walk With Me*, bei Lynchs und Monty Montgomerys HBO-Anthologieserie *Hotel Room* (1993), bei *Lost Highway* und bei *The Straight Story*. Sie war außerdem Schnittassistentin bei *Blue Velvet* und *Wild at Heart*, schrieb am Drehbuch von *The Straight Story* mit und produzierte diesen ebenso wie *Lost Highway*, *Mulholland Drive* und *Inland Empire*.

Über die Zusammenarbeit und den künstlerischen Vibe zwischen ihr und Lynch erzählt sie: »I know what the script says, what David shot, how he shot it, and then I just dive in for the feeling. I understand David's version of anxiety, romance, sex and things like that. I'm not saying that because we were in a relationship together. I worked with him for a long time before then. We were in sync in certain emotional ways, and obviously not in other ways.«

Und nun zu Angelo Badalamenti (1937–2022), der bis zu seinem Tod Lynchs Stammkomponist war. Ein hochbegabter Musiker aus Brooklyn, New York City, dessen Vater aus Sizilien in die USA kam und sich unter anderem von der Musik des *Dreigroschenoper*-Komponisten Kurt Weill inspirieren ließ. Mit Lynch arbeitete er das erste Mal in *Blue Velvet* zusammen, wo er Isabella Rossellini, die Darstellerin der Figur Dorothy Vallens, Gesangsunterricht für den Titelsong *Blue Velvet* gab: »I worked with her for two or three hours straight until we got a good take on a small recorder.« Für den Film komponierte Badalamenti den Score – allem voran den großartigen Song *Mysteries of Love*, für den Julee Cruise (1956–2022) die von Lynch geschriebenen Vocals einsang. Badalamenti erinnerte sich an die Reaktion Lynchs auf das Lied: »When I played him the music, David just loved it. He asked me to find a singer who had a unique voice, someone who could sing like an angel. That's when I made a few calls and found Julee Cruise. We went to the studio and I had her whisper the song. She made that song float and David went absolutely nuts. And then he asked me to do the score for the film.«

Berühmt geworden ist Badalamenti für die Musik von *Twin Peaks*. Für sein *Twin Peaks Theme* gewann er 1990 den Grammy Award für die beste Pop Instrumental Performance. Viral ging vor einigen Jahren ein Video, das aus der Dokumentation *Secrets from Another Place: Creating Twin Peaks* (2007) stammt und auf Youtube hochgeladen wurde. Darin beschreibt Badalamenti auf fesselnde Art und Weise, wie er *Laura Palmer's Theme* komponierte. Zuerst erzählt er, wie Lynch ihm die Atmosphäre von Twin Peaks beschrieb: dunkle Wälder, ein sanfter Wind, die rauschenden Blätter der Maulbeerfeigenbäume (auf Englisch: Sycamore Trees, nach denen auch ein Song aus dem Soundtrack von *Twin Peaks: Fire Walk with Me* benannt ist), der blasse Mond, der Ruf einer Eule und das einsame, traurige Mädchen Laura Palmer, das hinter den Bäumen auf die Kamera zukommt. Badalamenti beginnt langsam, auf dem Keyboard zu spielen und die beschriebene Atmosphäre mit sanften, melancholischen Klängen einzufangen: »He would go through details, walking me through each scene, and he would get me on a track. We would get into this space. Every project of David's that I've done has been like that.« Es ist ein emotionales Video, das das Zusammenspiel zwischen Musik und Bildern und die Intensität der Zusammenarbeit von Lynch und Badalamenti großartig beschreibt und hunderttausende Male geklickt wurde. Und es ist bemerkenswert, dass Badalamenti, der die Musik ja selbst komponierte, über Lynch sagt:

> »It is quite obvious that there is only one David Lynch. And the music of David Lynch films is its own unique creation.«

Er spricht Lynch demnach teils das Urheberrecht seiner eigenen Kreationen zu. Lynch wiederum beschreibt die Zusammenarbeit mit Badalamenti folgendermaßen:

> »How it always works with Angelo and me, I know the mood of a thing and the feel of a thing. So, sitting with Angelo, I sit next to him on a bench or close to him always, and I say, »Angelo it's gotta have this kind of a feel«. And he closes his eyes and he plays something, and then I say, »no it's gotta be lower, or slower, or more mystery in there«, and then he starts playing something else. And then I say, »no that's still too fast, it's not dark enough, it's not heavy and foreboding enough«. And then he starts playing something, and it all just comes over him, and I say »that's beautiful Angelo«, and I try to psychically pull out the next stuff. But because he caught the first thing, then in the world of music it's logical that these other things follow, and he knows that and there they are and he brings them out, and there it is – no two ways about it.«

Ab *Blue Velvet* komponierte Badalamenti den Score für alle großen (und manche kleinen: *Rabbits* von 2002) filmischen Projekte von Lynch: *Wild at Heart* (1990), *Twin Peaks: Fire Walk with Me* (1992), *Lost Highway* (1997), *The Straight Story* (1999), *Mulholland Drive* (2001) und *Twin Peaks: The Return* (2017). Und am 2. November 2018 veröffentlichten sie gemeinsam unter dem Label Thought Gang ein Album, das ebenso heißt und sich stilistisch zwischen den Genres Free Jazz, Experimental und Spoken Word bewegt: »We took our collaborative process and expanded it; we gathered a bunch of fantastic Los Angeles–based studio musicians and we laid down some instrumental tracks. They had a jazzed, improvised feel about them. David came with some storytelling lyrics.« Den Song *A Real Indication*, der aus diesem Projekt hervorging und dessen Lyrics Badalamenti improvisierte und selbst einsprach, ist sogar bereits Teil des Soundtracks von *Twin Peaks: Fire Walk with Me*.

Im Jahr 2015 orchestrierte Badalamenti für ein TV-Special das Benefizkonzert *The Music of David Lynch*, das als Doppel-LP erschien und in dem zahlreiche Künstler auftraten, die mit Lynch über die Jahre musikalisch zusammengearbeitet hatten. Darunter die schwedische Sängerin Lykke Li, die bereits für Lynchs drittes Studioalbum *The Big Dream* (2013) den Song *I'm Waiting Here* gesungen hatte, die amerikanische Sängerin Sky Ferreira, die *Blue Velvet* sang, oder Chrysta Bell, die den Song *Swing with Me* performte, der im Album *This Train* (2011) erschienen war, das sie gemeinsam mit Lynch veröffentlichte.

Auch Bell ist Teil des Lynch-Mobs. Ihre elegische Stimme und ihre verträumte Art zu singen hat sie zu ihren musikalischen Markenzeichen gemacht. In der Musikszene ist sie keine Unbekannte: Zum Beispiel hat sie für ihr Album *We Dissolve* (2017) mit dem amerikanischen Avantgarde-Musiker Stephen O'Malley (*1974), einem Mitglied der Drone-Doom-Band *Sunn O)))*, zusammengearbeitet.

Mit Lynch in Kontakt kam sie im Jahr 2000 durch einen Musikagenten. Beide hatten sofort einen Draht zueinander und bereits am Tag, an dem sie Lynch in seinem Studio in Los Angeles zum ersten Mal besuchte, schrieben sie gemeinsam den Song *Right Down to You*. Aus ihrer weiteren Zusammenarbeit entstanden zwei Alben: *This Train* (2011), das neben dem bereits genannten *Swing with Me* und neun weiteren Songs auch *Polish Poem* beinhaltet, das Lynch in den Soundtrack von *Inland Empire* einbaute. Das zweite Album ist eine EP mit dem Titel *Somewhere in the Nowhere* (2016), die fünf Songs enthält. Was sie an Lynch so schätzt? »David's one of those people—if intuition were a muscle, his would be really big and strong.«

Bell bekam von den Medien das Label »David Lynch's Muse« aufgedrückt. Für sie selbst, die verheiratet ist und eine elfjährige Stieftochter hat, ist Lynch eher ein Mentor in Sachen Kunst, Musik und Leben. Und in Sachen Transzendentale Meditation (→ Meditation): »I think part of that is what David has imbued in me, because I see him do everything he does with such grace. And I see the tools that he uses to do it, which is the meditation. I don't know how I would have done all of this without the meditation.«

Bell war von Lynch und seinem Schaffen bereits vor ihrer gemeinsamen Arbeit angetan. Sie liebte zum Beispiel *Twin Peaks*: »What I did get was how the music connected to the visuals and, in particular, the theme song was expansive for my little bean. So that was a really precious association that I had with David's art.« Dass sie später in *Twin Peaks: The Return* die Rolle der FBI-Agentin Tammy Preston spielen sollte, hat sie sich damals wohl nicht erträumt.

> »Chrysta Bell is round and fully packed, and what comes out of her reminds me of a light blue songbird with extended wings, and a shining beak.«
> (Lynch über Chrysta Bell)

Auch Naomi Watts, die von Lynch herzlich »Buttercup« genannt wird und wie Bell Transzendentale Meditation praktiziert, ist Teil des Lynch-Mobs. Sie spielte in *Mulholland Drive, Inland Empire, Rabbits* und *Twin Peaks: The Return* wichtige Figuren und gilt neben Justin Theroux (*Mulholland Drive, Inland Empire*), Bill Pullmann und Balthazar Getty (beide *Lost Highway*) als eines *der* Gesichter von Lynchs filmischem Werk um die Jahrtausendwende. Watts hatte zunächst Probleme, in Hollywood Fuß zu fassen: »I wasn't getting parts. I was giving myself away. My soul was being destroyed.« Zehn Jahre lang hatte sie unzählige Vorsprechen. Ohne Erfolg. Bis Lynch kam: »He was just genuinely interested.« Er gab Watts die Hauptrolle in *Mulholland Drive*, die sogar eine Doppelrolle war: Sie sollte Betty Elms und Diane Selwyn spielen. Lynchs Begründung: »I saw someone that I felt had a tremendous talent, and I saw someone who had a beautiful soul.« Watts gelang der Durchbruch und *Mulholland Drive* wurde 2016 von 177 Filmkritikern bei der BBC Culture zum besten Film des 21. Jahrhunderts gewählt.

Lynch und Watts blieben über die Jahre in Kontakt und Watts spielte in *Twin Peaks: The Return* (2017) die Rolle der Janey-E. Am 19. Juli 2017 veröffentlichte sie auf ihrem Instagram-Kanal einen persönlichen SMS-Verlauf mit Lynch, der ironisch auf ihre Rolle der Janey-E und deren Ehemann Dougie (Kyle MacLachlan) anspielt und ihr spezielles und inniges Verhältnis gut beschreibt:

> Lynch: 1:00 is great. No need to call Michael. See you then buttercup.
>
> Watts: I'm Janey E and I will come when I want to!!!!
>
> Lynch: Of course. Jeez what was I thinking – please don't be mad at me.
>
> Watts: I'm going to serve you your ass
>
> Lynch: Should I go up with Dougie to say goodnight to sonny Jim[11]
>
> Watts: Yes and give him a PBJ[12]
>
> Lynch: Yes ma'am- can I meditate now first – PLEASE.
>
> Watts: Haha x
>
> Lynch: ❤
>
> Watts: I know you're meditating but… Just sending a buzzing sound to remind you I can mess with you because I'm Janey E.
>
> Lynch: Dear sweet Janey-E. I'm trying to meditate now. I'm sorry darling but this is sort of trying my patience – STOP IT BITCH !!!!!!

11 Die Figur Sonny Jim ist der Sohn von Dougie und Janey-E in *Twin Peaks: The Return*.

12 Wir nehmen an, dass Watts mit der Abkürzung PBJ ein »peanut butter jelly sandwich« meint, also ein Sandwich mit Erdnussbutter und Gelee.

Was Naomi Watts mit Laura Dern und Kyle MacLachlan gemeinsam hat? Alle drei werden von Lynch mit einem Kosenamen angesprochen – ein valides Kriterium, um in den Lynch-Mob aufgenommen zu werden. Lynch nennt Dern »Tidbit« (zu Deutsch: Leckerbissen), und MacLachlan nennt er »Kale«, das Grünkohl bedeutet, vor allem aber durch die phonetische Ähnlichkeit zu dessen Vornamen »Kyle« Sinn ergibt. Dern und MacLachlan lernten sich kennen, als Lynch sie in das Diner Bob's Big Boy in Los Angeles (→ Los Angeles) einlud, um herauszufinden, ob die Chemie zwischen den beiden stimmte: Er plante mit ihnen für die Hauptrollen in *Blue Velvet*. Die Chemie stimmte sogar so gut, dass Lynch die beiden rund dreißig Jahre später noch einmal unter Vertrag nahm: In *Twin Peaks: The Return* sind sie als Special Agents Dale Cooper und Diane Evans zu sehen.

2006 nahm Lynch Derns Oscar-Promotion für ihre Rolle in *Inland Empire* persönlich in die Hand: »If you wanna see the greatest performance of 2006 check out Laura Derns performance in *Inland Empire*«, sagt er, während er am Rand einer Straße mitten in Hollywood auf einem Stuhl sitzt. Bei seiner Aktion wird er von Schaulustigen gefilmt. Rechts neben ihm hat er ein kleines Plakat aufgestellt, auf dem zu lesen ist: »Without cheese there wouldn't be an Inland Empire.« Was das bedeutet? Unklar. Wie so oft bei Lynch. Vielleicht bringt die lebende Kuh, die wiederum neben dem Plakat steht, Licht ins Dunkel. Oder Lynchs Bemerkung: »Cheese is made from milk.« Er sagt das und muss lachen – »You get it?« Nein, nicht wirklich. Einzig das riesige Plakat mit einer Großaufnahme von Laura Dern ist unmissverständlich: »For your consideration Laura Dern«. Geholfen hat diese Aktion am Ende wenig. Denn Dern wurde nur von der National Society of Film Critics für diese Rolle nominiert. Einen Oscar bekam sie nicht. Dern sagt aber über Lynchs Kunst: »I know it will make my life better.«

Während sie in *Wild at Heart* neben Nicolas Cage bereits eine Hauptrolle spielte, hatte MacLachlan schon zwei Jahre vor *Blue Velvet* mit Lynch für *Dune* zusammengearbeitet: in der Rolle des Paul Atreides. Beim Vorsprechen zu *Dune* war MacLachlan Anfang zwanzig und als Schauspieler unerfahren. Während einer Szene sollte er direkt in die Kamera sprechen, wurde nervös und dachte, er hätte es vergeigt. Doch dann kam Lynch zu ihm und sagte, dass er an ihn glaube: »Kyle, I know you can do this. You got this. Just relax, breathe. Take your time.«

Lynchs Fähigkeit, immer zu wissen, was zu tun ist, schätzt MacLachlan besonders an ihm: »He just said all the right things that kind of chilled me down. He recognized immediately what I needed as an actor.«

Ähnlich wie Badalamenti als Filmkomponist wurde auch MacLachlan 1990 weltberühmt, als er in besagter Rolle des Dale Cooper den Mord an Laura Palmer in *Twin Peaks* aufklärt. Sein erster Auftritt in der Serie ist legendär, als er den folgenden Satz in sein stetig mitgeführtes Aufnahmegerät spricht: »Diane, 11:30 am, February 24. Entering town of Twin Peaks. Five miles south of the Canadian border, twelve miles west of the state line. Never seen so many trees in my life.«

Nun könnte man glauben, die Menschen, die mit Lynch zusammenarbeiten, hätten einen besseren Einblick in seine Gedankenwelten. Könnten Szenen erklären, die für uns Zuschauer besonders schwer zu enträtseln sind. Dieser Illusion beraubt uns MacLachlan, der die Arbeit mit ihm aber genau aus diesem Grund so schätzt: »I don't pretend to understand much of what David does, but I do recognize that I'm his conduit through these worlds, and that's a challenge – and also, I feel pretty good about that. There's a confidence that I understand what's necessary for me to do with David.«

Die Lehre daraus könnte lauten: Was immer wir von Lynchs verrätselten Werken verstehen – und ist es auch noch so wenig –, es ist genug. Und was wir nicht verstehen, von dem glauben wir vielleicht nur, dass wir es nicht verstehen. Denn warum sollte unser Zugang zu seinem Werk kein Ausdruck eines Verständnisses sein? Eines, das wir zulassen müssen und keinem angeblichen Konsens über sein Werk unterordnen sollen.

Auch der Kameramann Peter Deming (*1957), der *Lost Highway*, *Mulholland Drive* und *Twin Peaks: The Return* für Lynch filmte, schätzt dieses Im-Dunkeln-Tappen, wenn er mit Lynch zusammenarbeitet. Er berichtet etwa vom Set von *Twin Peaks: The Return*: »There's no real explaining of narrative at all [...] You don't really go out of your way stylistically to make connections between scenes, unless there was something David conscientiously wanted to connect.« Im Drehbuch habe es kaum Beschreibungen gegeben, die ihm dabei geholfen haben zu verstehen, was die Szene zu bedeuten hat. Und das macht Lynch nicht nur mit seinen Kameramännern: In der Regel hat niemand am Filmset eine Vorstellung davon, wie das Ganze am Ende aussehen wird. Außer Lynch selbst.

Wie er das anstellt? Die Reihenfolge, in der die Szenen gedreht werden, entspricht nicht der Reihenfolge, wie sie am Ende im fertigen Film zu sehen sind. Deming, der Kameramann, etwa liefert die Puzzlestücke: »I'm just converting that to visuals.« Und Lynch fügt sie am Ende zusammen. Und das erinnert an das, was Fisk sagt, der Produktionsdesigner, wenn er beschreibt, dass er lediglich dasjenige in die Realität umsetzt, das Lynch in seinem Kopf bereits konzeptionalisiert hat. Und das wiederum erinnert an Badalamentis Ausführungen, der sich von Lynch vor der Komposition des Scores mit Worten ausmalen lässt, welche Atmosphäre dasjenige besitzt, das er in Musik übersetzen soll.

Was diese Menschen beschreiben, dieses Zusammenspiel mit Lynch, ja, das erinnert an ein Orchester. Und nichts anderes ist der Lynch-Mob: ein Orchester, das Lynch virtuos dirigiert und in dem jedes Mitglied seinen Platz hat. (→ Inspiration)

Es ließen sich an dieser Stelle noch einige mehr Menschen nennen: der großartige Schauspieler Harry Dean Stanton etwa, der in sieben Filmen von Lynch mitwirkte. Oder die Schauspielerin Alicia Witt (*1975), die von Lynch entdeckt wurde, als sie 1980 in der TV-Show *That's Incredible!* Shakespeares *Romeo and Juliet* rezitierte. Sie spielte in *Dune* Paul Atreides' kleine Schwester Alia. Doch am schönsten schließen lässt sich dieser Begriff mit den Worten von Lynchs Biografin McKenna, die Lynch lange Zeit begleitete und mit vielen Menschen aus seinem Umfeld sprach. Am Ende steht das umfangreiche und intime Buch *Room to Dream* (2018), das sie mit den folgenden Worten beendet: »A surprising thing happened during the making of this book on David, in that the closer I got the better he looked. David is an extraordinary and generous man who's helped many people. I am one of them.«

Genuss

»Shelly Johnson: Would you like some pie?

Gordon Cole: Massive, massive quantities. And a glass of water, sweetheart! My socks are on fire!«

(aus *Twin Peaks*)

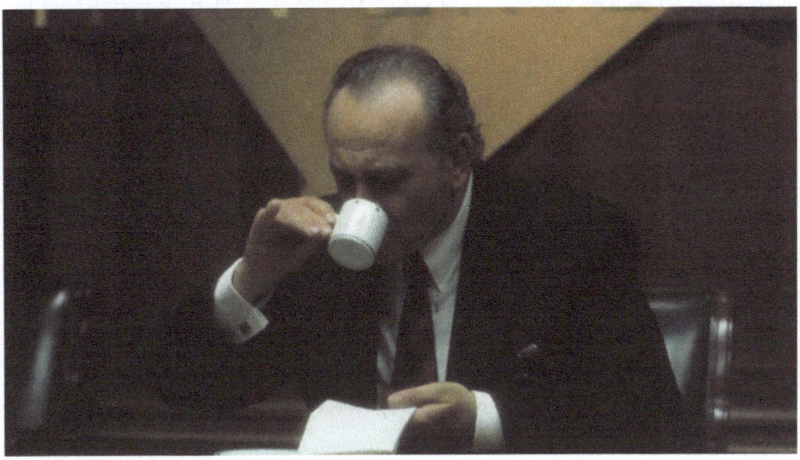

Lynch ist ein Genussmensch und besonderes Vergnügen bereiten ihm die drei folgenden Dinge: Kaffee, Zigaretten und Gebäck – hier vor allem Donuts und Kirschkuchen. Sie sind Teil seiner exzentrischen Persönlichkeit und haben die öffentliche Wahrnehmung seiner Person maßgeblich geprägt. Koffein durchströmt seine Adern, Tabak klebt ihm an der Lippe und Zucker glänzt in seinen Augen.

Stellvertretend für diese Vorlieben steht seine Serie *Twin Peaks* (1990–1991; 2017): In allen drei Staffeln wird literweise Kaffee getrunken, es werden Berge von Donuts und Kirschkuchen verschlungen und viele Zigaretten und Zigarren geraucht. Für die beiden ersten Staffeln wurde dieser Konsum empirisch ausgewertet: 216 Tassen Kaffee, 163 Donuts, 42 Stück Kuchen, 38 Zigaretten, 30 Zigarren, 46 Kannen Kaffee, 20 ganze Kuchen und 55 Schachteln Donuts kamen im Plot vor. Lynch sagt dazu: »In *Twin Peaks* spielen Kaffee, Donuts und Kuchen eine wichtige Rolle. [...] Die Oberflächenstruktur eines Kirschkuchens zu untersuchen oder einen neugierigen Blick in eine Kaffeetasse werfen, während jemand irgendetwas erzählt – so etwas kann man sich nur in einer Soap Opera leisten.« Damit hat er Recht behalten, denn in seinen nachfolgenden Werken, die vom Genre der Soap Opera meist weit entfernt sind, kommen diese Genussmittel deutlich seltener vor. Doch der Reihe nach. Nähern wir uns dem Genuss, indem wir die von Lynch geschätzten Leckereien nacheinander betrachten.

Da wäre einmal die Zigarette. (→ Künstlerleben) Lynch, der vom Duft der Zigaretten bereits in seiner Kindheit beeinflusst wurde und mit zehn Jahren die erste Zigarette geraucht hat, schwärmt von den Glimmstängeln:

> »I was absolutely born to smoke. I loved to watch my grandfather Lynch smoke cigarettes. I could hardly wait. I loved the taste of tobacco. Being addicted to it was one thing, but I really and truly loved every part of smoking: the texture of the smoke, all the business, the lighters and matches. The taste of it, particularly.«

Bald wurde Lynch selbst zum Raucher. Bis er Anfang der 1970er Jahre im Zuge der Transzendentalen Meditation aufhörte. Diese Tabakabstinenz hielt über 20 Jahre lang an und erst 1992 griff er wieder zur Zigarette. Dahinter steckte vermutlich zum einen Stress, ausgelöst durch die vielen Parallelprojekte und die äußerst negative Rezeption von *Twin Peaks: Fire Walk With Me* (1992). Zum anderen könnte auch die Schaffenskrise nach dem *Twin Peaks*-Film kurze Zeit später dahinterstecken. Fest steht: Seitdem hat Lynch von der Zigarette nicht mehr abgelassen. Und das, obwohl seine Lebensgefährtin Mary Sweeney immer wieder versucht hatte, ihn dazu zu bewegen: »I was always after him to get some exercise and stop smoking, but no luck there. He's like a teenager about smoking.«

Für Lynch ist die Zigarette und das Rauchen selbst etwas Essenzielles, beinahe Existenzielles. Es gehört zum von ihm imaginierten Künstlerleben und das seit seiner Jugend. Lynch, der das Rauchen zwar nicht als meditativ sieht, höchstens als Ideentreiber, gibt in diesem Kontext Einblicke in seine Vergangenheit und erklärt: »Smoking to me though is beautiful. I grew up when doctors were telling us on TV how great cigarettes were. […] I was in the ninth grade and in the front yard at my girlfriend's house when I met a kid from another school who happened to say that his father was a painter. […] A bomb went off in my head and that's all I wanted to do from that moment on. He took me to his father's studio. I was already smoking at that point, but his father smoked as well, and he made incredible, strong coffee. I started equating smoking and coffee to the art life—they became integral. Looking at a painting, stepping back, taking a smoke, looking at it, getting the next idea to go. It was so beautiful.«

Kaffee ist also der zweite wichtige Bestandteil des so sehr geliebten Künstlerlebens. Cineasten kommt an dieser Stelle womöglich Jim Jarmuschs Episodenfilm *Coffee & Cigarettes* (2003) in den Sinn, der auch aus Lynchs Feder hätte stammen können, so übersteigert wird dort der Konsum von Zigaretten und Kaffee in den verschiedensten Formen glorifiziert. Jarmusch scheint sowieso eine besondere Bewunderung für Lynch zu haben, denn im Zuge von *Twin Peaks: The Return* (2017) ließ er einen Journalisten wissen: »Oh, the best of American cinema of the last decade, probably, for me, is Twin Peaks: The Return, an 18-hour film that is incomprehensible and dreamlike in the most beautiful, adventurous way. That is a masterpiece. Why can't they just give David Lynch whatever money he needs?«

Lynchs Zigarettenfilm, den er wirklich gedreht hat, ist *Wild at Heart* (1990): Die Kippe ist darin omnipräsent und dient auch mal dazu, ästhetische Übergänge zwischen verschiedenen Szenen zu inszenieren: Nachdem Lula und Sailor miteinander Sex hatten, dienen das Aufflammen von Streichhölzern und eine glühende Zigarette in Nahaufnahme als Transition in die nächste Szene, in der beide schwitzend im Bett liegen. Die Zigarette ist der Treibstoff für ihre Abenteuerlust, sie steckt quasi ständig zwischen ihren Lippen. Sie symbolisiert die Freiheit und das Feuer, das in den beiden die Wildheit der Natur entfesselt und ihre Liebe entflammt.

Auch in einem von ihm inszenierten Werbespot (→ Werbung) hat sich Lynch den Zigaretten gewidmet: der 1998 entstandene Clip für die Zigarettenmarke *Parisienne*. Lynchs Film war Teil einer aufwendig produzierten Werbekampagne mit dem Titel *Parisienne People*, in der jeweils ein Spot von einem namhaften Filmemacher stammte. Andere Mitwirkende waren Jean-Luc Godard, die Coen-Brüder, Roman Polanski oder Emir Kusturica.

Lynchs Beitrag setzt zwei Afroamerikaner in Szene, die aus einem Convenience Store in einer leblosen Einöde kommen und mit bizarren Phänomenen konfrontiert werden: Flammen stechen aus dem Boden, Fische fallen vom Himmel und ein Teil des Stores bricht zusammen. Lynch spielt einige Szenen rückwärts ab, was an den Roten Raum in *Twin Peaks* erinnert. Zusätzlich tauchen zwei Motive auf, die Lynch heilig sind und mit der Zigarette in direkter Verbindung stehen: Feuer und Rauch. (→ BOB)

Wenn es um das Rauchen geht, verliert Lynch auch mal die Nerven: Über die Jahre, vor allem in den 2010er Jahren, ist er immer intoleranter gegenüber Rauchverboten geworden. 2011 zum Beispiel beschwerte er sich über die strengen, aggressiven Anti-Raucher-Initiativen des damaligen New Yorker Bürgermeisters Michael Bloomberg: »Now people like Bloomberg have made animals out of smokers, and they think that if they stop smoking everyone will live forever.« Und in einem Interview mit *Vulture* im Jahr 2018 lässt er wissen: »I smoke cigarettes and it's an unfriendly world for smokers. Smokers are like animals; they put 'em outside. I know smoking is not good for a person but I don't believe in the secondhand-smoke thing. There's so many things in the air that are way worse than cigarette smoke. […] I feel sad that smoking can't be part of life out there; the lawmakers could make it possible for smokers. But these lawmakers put propositions out there and there've always been more nonsmokers than smokers, so in a democracy smokers are screwed.« Allein diese Aussagen sind höchst kontrovers.

Doch schon wenige Augenblicke später setzte Lynch noch einen drauf und beschwerte sich über den Zustand von Jazzclubs, die ohne den Rauch der Zigaretten die für sie bezeichnende Atmosphäre verloren hätten. Diese Stimmung hat Lynch filmisch in *Lost Highway* festgehalten, als Fred am Anfang des Films schwitzend in Rauch und rotes Licht gehüllt in einem solchen Jazzclub in sein Saxophon bläst. Die Ästhetik der Clubs beschreibt Lynch wie folgt: »Jazz clubs were always smoky and now there's no smoke and the atmosphere is different. Without smoke you see everything in a jazz club clearly and you smell the urine and beer and sweat.« Auch damit sagt Lynch: Zigaretten sind für ihn nicht nur Genuss. Vielmehr sind sie Teil seines Künstlerlebens, in seine Identität eingeschrieben und so auch Teil seiner Ästhetik: Sie verstärken die geheimnisvolle Atmosphäre, die Lynchs Werke als solche auszeichnen. Der Zigarettenrauch überdeckt das Abgründige, Unangenehme. Er verschleiert die »wirklichen« Vorgänge, die sonst zu offensichtlich werden.

Nun aber wirklich zum Kaffee: Den assoziiert Lynch stark mit Zigaretten und beide formen gemeinsam so etwas wie sein künstlerisches Genussideal: »I always associated smoking and drinking coffee with the art life. They go hand in hand. There's something about drinking coffee and smoking that makes me happy and facilitates thinking. I just really love those things.«

Wie das Rauchen hat das Kaffeetrinken Lynch sehr früh geprägt – er selbst glaubt, im Alter von drei Jahren das erste Mal Kaffee probiert zu haben. Ob gefälschte Erinnerung oder nicht, plausibler erscheint diese Aussage: »Als Kind habe ich immer den Geruch des Kaffeeröstens und -brauens (brühens) geliebt.«

Lynch, der einmal sagte, bis zu 20 Tassen am Tag zu trinken – wohlgemerkt amerikanischen, also schwächeren Kaffee – bezeichnet Kaffee als eine »beautiful addiction«, einen »guten Freund« oder einfach eine »schöne Welt«. Er sei dem kreativen Prozess förderlich, lasse ihn auf Ideen kommen. Wie er ihn am liebsten trinkt? Lynch schwärmt von seinen La Marzoccos Wasserbad-Espresso-Maschinen und erzählt gerne von seiner eigenen Kaffeemarke *David Lynch Signature Cup Coffee*. Die Geschichte dahinter: »A couple of years ago, my friend Erik who worked with me asked me why I didn't get my own line of coffee. I thought it would be a good idea and I began to test many different types of coffee. I finally found a coffee that I loved more than all the rest. And during blind tests I would always pick that one coffee. I contacted the company that made it and together we worked on slight variations for a house roast, a decaf, and an espresso blend. This became the *David Lynch Signature Cup Coffee.*«

Trotz dieser fanatischen Begeisterung für den Kaffee hat Lynch sich kein Fachvokabular angeeignet. Er bleibt bodenständig und sagt auf die Frage, wie er »verdammt guten Kaffee«, wie Agent Cooper in *Twin Peaks* sagt, beschreiben würde: »Du kennst bestimmt diese Weinexperten, die eine Milliarde Wörter verwenden [lacht]. Aber es läuft darauf hinaus, was du wirklich magst. Wenn du also etwas beschreibst und ›sehr guter Geschmack‹ das ist, wonach du suchst, und der Kaffee auch einfach gut schmeckt, dann sag doch kurz und simpel ›sehr guter Kaffee‹.«

Apropos Cooper: In der Welt von *Twin Peaks* ist Kaffee omnipräsent und es ist auch dieses Getränk, das den FBI-Agenten dazu motiviert, den Fall von Laura Palmer zu lösen. Und auch in anderen seiner Filme, *Mulholland Drive* etwa, kommt Kaffee zum Einsatz. In einer Szene, in der zwei Männer der Mafiafamilie Castigliane den Filmproduzenten und den Regisseur Adam Kesher dazu »überreden« möchten, die Hauptrolle in einem Film mit einer bestimmten Schauspielerin zu besetzen, spielt eine Tasse Espresso eine zentrale Rolle: Einer der Männer, Luigi (übrigens gespielt von Lynchs Stammkomponisten Angelo Badalamenti), fordert diesen konzentrierten Kaffee mit seiner dichten Schaumschicht an – er ist dafür bekannt, dass er dabei sehr anspruchsvoll ist. Man hat sich aus diesem Grund umgehört und den besten Espresso der Stadt ausfindig gemacht, um ihm den besten Kaffee servieren zu können. Doch einmal serviert und probiert, schon spuckt Luigi Castigliane den Kaffee in seine Serviette. Ekelhaft sei es! Die Situation eskaliert: Die Stimmung, die Atmosphäre, sie alle hängen von einem klitzekleinen Espresso ab. Dass Lynch dieser Meinung auch im echten Leben ist, davon ist auszugehen.

Twin Peaks ist vielleicht der beste Grund, warum einem Lynch als Kaffeeliebhaber in Erinnerung bleibt. In den 1990er Jahren engagierte ihn so *Georgia Coffee*, eine japanische Kaffeemarke im Besitz des Coca-Cola-Konzerns, mit der Produktion einer vierteiligen Werbespot-Serie im Stil von *Twin Peaks.* Viele der Darsteller aus der Serie wirkten darin mit. Im ersten von vier Clips trifft sich Agent Cooper beispielsweise mit dem Japaner Ken im Twin Peaks Sheriff's Department, um mit ihm über dessen vermisste Frau Asami zu sprechen. Nachdem Ken ihm ein Foto von ihr und einem Hirschkopf gezeigt hat, den er in ihrem Zimmer gefunden hat, schlägt Cooper vor, einen Kaffee zu trinken, um über das weitere Vorgehen nachzudenken. Lucy und Andy bringen also Kaffeetassen herbei, aber Cooper und Ken überraschen sie mit eigenen Dosen von *Georgia Coffee*. Nachdem sie einen Schluck getrunken haben, lobt Cooper die Qualität des Kaffees und die Log Lady stimmt ihm zu. Sie bemerken ein Symbol auf dem Hirschkopf, das zu Big Ed's Gas Farm führt … Es darf angezweifelt werden, dass Lynch den Dosenkaffee selbst getrunken hätte! Obwohl, wer weiß, denn Lynch fühlte sich genötigt zu erklären: »But even a bad cup of coffee is better than no coffee at all.«

Man kann Lynchs Begeisterung für Kaffee, die seiner Wahrnehmung nach sowohl ästhetisch – »goldene(r) Schaum« –, sinnlich – »sanfter und voller Geschmack« – als auch intellektuell – »förderlich für den kreativen Prozess« – zu verstehen ist, auch sehr gut mit der Traummotivik verbinden, die in vielen seiner Werke bedeutsam ist: (→ Traum) Von Lynchs exzessiven Kaffeekonsum stammt vielleicht auch das Gefühl eines eigenwilligen Wachtraums oder einer verstörenden Schlaflosigkeit, die sich durch sein gesamtes Kunstwerk zieht, und auch die Inszenierung des *Diners* als Raum für Grenzüberschreitungen und Kreativität – denn letztendlich ist es vor allem dort, wo Lynchs Protagonisten Kaffee zu sich nehmen – ganz in der Tradition ihres Schöpfers (→ Los Angeles).

Auch in Lynchs bildender Kunst kommen Kaffee und Zigaretten vor – wenn auch nur indirekt. In einem von ihm beschriebenen Zettel, der im Buch *David Lynch: Works On Paper* (2011) abgedruckt ist, ist zu lesen: »I love to draw and drink coffee. I have been drawing off and on since I was real little.« Und nicht nur Zigaretten – auch Streichholzschachteln und -briefchen liebt Lynch. Auf letztere hat er während einer frühen Phase in Los Angeles gerne gezeichnet. Daraus entstand eine rätselhafte Serie an Diptychen.[13] Rätselhaft, weil nie so ganz klar ist, was auf den kleinen Schachteln eigentlich zu sehen ist. Bühnen? Träume? Abstraktionen? Auch existieren Zeichnungen mit Symbolen auf kleinen Papierstücken, auf die »Coffee« geschrieben steht oder auch Filzstiftgekritzel und in der Mitte das Wort »Cigarette«.

---

13 Diptychen sind Kunstwerke, die aus zwei zusammengehörigen Tafeln bestehen, die oft durch Scharniere miteinander verbunden sind und wie ein Buch geöffnet und geschlossen werden können. Sie wurden in der Antike und im Mittelalter häufig für religiöse Darstellungen oder als tragbare Altarbilder verwendet.

Und es lässt sich noch mehr finden: Eine von Lynchs sehr frühen Bleistiftzeichnungen von 1965 zeigt einen einäugigen Mann, der eine Zigarette zwischen den Lippen hat. Auch die Lithografie *Smoking* (2008) behandelt das Rauchen; dort scheint es, als ob eine Zigarette in die Hände eines Affen geraten wäre, dessen bleiches Gesicht sich gegen den pechschwarzen Hintergrund abzeichnet. Und den Rauch, der von Zigaretten stammen könnte, verwendet Lynch ebenfalls in den Aktfotografien, um für eine geheimnisvolle, gesteigerte erotische Atmosphäre zu sorgen (→ Frau). Lynch hat auch eine Epson-Digigraphie-Serie[14] mit dem Titel *Light Cigarette* (2008/9) geschaffen. Sie zeigt mehrere Drucke in Schwarzweiß mit den leicht verschwommenen Formen von Frauen, in deren Münder Zigaretten stecken und die sie sich anzünden. Dabei sorgt das Streichholz für ein grelles Licht, das im Kontrast zur dunklen Umgebung steht. In jeder Digigraphie sind die Worte »Light Cigarette« zu finden: Streichholz und Zigarette bringen Licht zurück in die Finsternis.

Neben Nikotin und Koffein ist die dritte Glückssubstanz für Lynch der Zucker. Lynch, der Zucker einmal als »granulated happiness« bezeichnete, erklärt: »Der Genuß großer Mengen Zucker bringt mich in eine Art Euphorie, ein Glücksgefühl. […] Das ist mir eine große Hilfe. Ein Freund.« (→ Künstlerleben)

Donuts, die es in *Twin Peaks* reichlich gibt, verwendet Lynch oftmals als Metapher: In einem Video zur Transzendentalen Meditation (→ Meditation) zieht er eine Parallele zwischen dem Essen von Donuts und dem Meditieren. Während er einen der süßen Kringel in der Hand hält, erklärt er: »This is a donut. It is very sweet and very good but if you've never tasted a donut you wouldn't really know how sweet and how good a donut is. If you've never had that experience. TM [d.i. Transzendentale Meditation] is like that. TM gives an experience much sweeter than the sweetness of this donut. It gives the experience of the sweetest nectar of life: pure bliss consciousness.«

---

14 Digigraphie ist eine hochwertige digitale Drucktechnik, die 2003 von dem japanischen Unternehmen Epson entwickelt wurde. Sie ermöglicht die Erstellung von Reproduktionen von Kunstwerken unter Verwendung von pigmentierten Tinten auf Wasserbasis und hochwertigen Kunstdruckpapieren, die eine außergewöhnliche Haltbarkeit, Lichtbeständigkeit und Druckqualität bieten. Die Digigraphie wird von vielen Künstlern genutzt, um Drucke ihrer digitalen oder traditionellen Kunstwerke in limitierten Auflagen oder Sondereditionen zu erstellen.

Eine andere Donut-Metapher, die einigen Lynch-Kennern im Kopf geblieben sein dürfte: »Keep your eye on the donut, not hole!« Hier umschreibt Lynch Teile des kreativen Prozesses, den Künstler durchlaufen, und meint damit: Statt sich auf die negativen Aspekte zu konzentrieren, die oft überwältigend und entmutigend sind, ist es essenziell, die Aufmerksamkeit auf das Positive zu lenken: Die Konzentration voll auf den Donut richten. Nicht auf das Loch in ihm. Denn das Loch steht für alle Hindernisse und Ablenkungen, die die Kreativität beeinträchtigen können – Arbeit, Familie (ja auch!), Finanzen oder mangelnde Expertise. Im Gegensatz dazu repräsentiert der Donut die Idee und die Vision. (→ Idee) Sie sind zwar stets von potenziellen Ablenkungen umgeben, die die Suche nach den Ideen erschweren könnte – doch der Donut enthält die notwendigen Zutaten, um die Aufmerksamkeit wieder auf die Vision lenken zu können.

Einer der Teaser zu *Twin Peaks: The Return* zeigt Lynch in seiner Rolle als Gordon Cole, wie er 25 Sekunden lang einen Donut isst. Während der Dreharbeiten entdeckte Lynch eine Abwandlung des Donuts, die ihm sehr zu gefallen schien – vielleicht auch, weil er darin eine geschmackliche Spur Frankreichs entdeckte (→ Paris): »This time, I discovered ›cronuts‹ and that is a new thing, and they are really good. They are incredible. A cross between a croissant and a donut.« Und diese Begeisterung erlaubte sich Lynch, obwohl er in den 2000er Jahren immer wieder Diäten machte und auf Donuts verzichtete, da sie seinen Insulinspiegel in die Höhe trieben. Einem Journalisten muss er diesen Nebeneffekt der Donuts so anschaulich mit seinen Händen nachgeformt haben, dass dieser in seinem Artikel – wohl ironisch – schrieb: »He makes it so sinister that I haven't eaten a doughnut since.« Doch dieses ernährungsbezogene Umdenken in den 2000ern hielt Lynch nicht davon ab, Donuts und Kirschkuchen in die dritte *Twin-Peaks*-Staffel einzubauen. Darin wird Dougie Jones (Kyle MacLachlan) buchstäblich von einem Kirschkuchen vor dem Tod gerettet. In der entsprechenden Szene wird er in die Wüste gefahren, in den Händen einen großen Pappkarton, dessen Inhalt niemand kennt. Die verbrecherischen Mitchum-Brüder warten an einem abgelegenen Ort darauf, ihn zu töten – ihn, der sie in den finanziellen Bankrott treiben könnte.

Doch einer der Brüder, Bradley, merkt rechtzeitig, dass sich ein Traum, den er in der Nacht zuvor hatte, nun direkt vor seiner Nase abspielt. Alles hängt davon ab, was sich in Dougies Karton befindet. Wenn es das ist, was er aus seinem Traum kennt, dann, so erklärt er seinem Bruder, müssten sie Dougie am

Leben lassen. Und wer hätte es gedacht: Im Karton ruht ein verdammter Kirschkuchen – exakt, wie ihn Bradley sich erträumt hatte. Dougie Jones ist gerettet.

Kirschkuchen steht in *Twin Peaks* für einen Moment des Genusses, einen Moment der Ruhe, einen Moment der Liebe! In *Twin Peaks: The Return* kommt ihm noch eine wichtigere Rolle zu, denn er dient zudem als Katalysator für die charakterliche Veränderung der Figuren: Seien es die Mitchum-Brüder, die von Gaunern zu gutmütigen Menschen werden. Oder Dougie Jones, der durch den Kirschkuchen an seine eigentliche Identität des Agent Dale Cooper erinnert wird, der von diesem Kuchen wie besessen ist.

Kaffee, Zigaretten und Süßes zählen zu Lynchs Markenzeichen und sind eng verbunden mit seinem Stil, sich in der Kunst auszudrücken. Sie sind wiederkehrendes Motiv in seiner Kunst und zugleich kreative Antriebskraft und Ausdruck einer bestimmten Lebensweise.

Heim

»What's the most frightening thing about you[15] home? It's a place where things can go wrong.«

DAVID LYNCHS Antwort auf die Frage der Journalistin Kristine McKenna

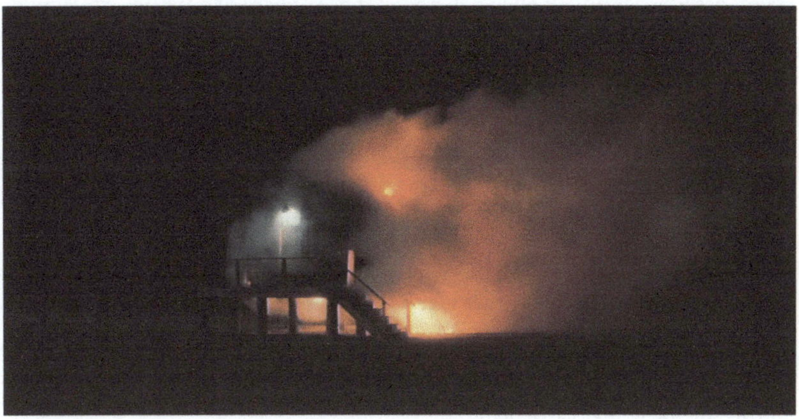

15 Anmerkung der Autoren: Hier wurde in der Originalquelle nach dem »you« entweder ein ›r‹ vergessen (»your«) oder aber »you« sollte die Abkürzung von »you being« sein.

Someone Is In My House hieß eine David-Lynch-Ausstellung, die vom 30. November 2018 bis zum 28. April 2019 im Bonnefantenmuseum von Maastricht zu sehen war. Der Name geht auf eine von Lynchs Lithografien von 2014 zurück, die schemenhaft ein Haus zeigt und davor eine übergroße Figur, die eine Pistole in der Hand hält und sich einem Haus nähert. Bedrohlich wirkt das und löst Unbehagen aus – was hat das zu bedeuten?

Ist die Person mit der Pistole der Hausbesitzer, der glaubt, dass sich ein Fremder in seinem Haus aufhält? Oder ist die Person jener »Someone« aus dem Titel, der sich bald im Haus befinden wird? Sicher ist: Gewalt kann nicht ausgeschlossen werden.

Was löst es in uns aus, wenn jemand in unser Haus eindringt? In unser Heim, das unser intimes Leben beherbergt. Unser Heim, das für uns ein Symbol der Sicherheit ist. Und wenn jemand eindringt, wenn unsere Privatsphäre von fremden Menschen verletzt wird, dann fühlen wir uns nicht mehr sicher. Wir fühlen uns nackt – schutzlos der Gesellschaft ausgeliefert. Unsere Intimsphäre? Ist verletzt. Und auch das Haus selbst ist nicht mehr das, was es war, denn ein Fremder besetzt es.

Das Unbehagen, die Verletzung der Intimsphäre und die Möglichkeit einer gewaltsamen Auseinandersetzung; diese Elemente sind die roten Fäden Werken in den Werken von Lynch, die das Heim thematisieren. Es sind Motive, die nicht nur in seinen Lithografien, Gemälden und Mixed Media zu finden sind. Man könnte sagen: Das Heim als vielfältiges Motiv ist tief in die Ästhetik seiner Kunst im Allgemeinen eingeschrieben.

Los ging es mit einer Öl- und Mixed-Media-Bildserie Ende der 1980er und Anfang der 1990er Jahre: In *Shadow of a Twisted Hand across My House* (1988) etwa zeigt Lynch ein Haus vor dunkelgrauem Hintergrund, über dem jemand seine riesige Hand ausbreitet. Sie schwebt über den Dächern und es entsteht der Eindruck, als könnte sie das Haus jeden Augenblick unter sich begraben. Oder *That's Me in Front of My House* (1988), auf dem ein riesengroßes Strichmännchen zu sehen ist. Die Journalistin Kristine McKenna hatte Lynch zu diesem Bild die Frage gestellt: »In Ihren Bildern aus den 1980er und 1990er Jahren taucht immer wieder eine Art krallenartige Gestalt auf. Wer ist diese Person?« Und Lynch antwortete: »Das bin ich.« Na gut, dann Lynch, das Strohmännchen, das neben einem Haus steht, das er selbst skizziert hat. Die Umgebung ist in tiefes Schwarz getaucht. Die proportionalen Unterschiede zwischen dem kleinen Haus und dem riesigen Strichmännchen sind immens. Das ist grotesk par excellence. (→ Groteske)

Im selben Jahr entstand auch *Oww God, Mom, the Dog he Bited Me* (1988). Wieder ein schwarzes Gemälde (wobei das verwischte Schwarz schon fast an einen falsch eingestellten Fernsehkanal aus den 1980er Jahren erinnert), auf dem ein Haus zu sehen ist, vor dem ein großes Strichmännchen steht – dieses Mal steht es da gemeinsam mit einem Hund. Verrät der Titel das, was zwischen Tier und Mensch vorgefallen ist? Zeigt das Bild, dass auch im Haus, wenn wir glauben, alles sei in Ordnung, unangenehme Dinge passieren können? Schmerzhafte und brutale Dinge?

Auf Fragen dieser Art verweist auch *She Was Crying Just outside the House* (1990). Lynch gibt Hinweise darauf, dass hier etwas Tragisches vorgefallen ist. In diesem Fall vor dem Haus. Und in *Here I Am – Me as a House* (1990) bildet er in einer beklemmenden, grau-nebligen Umgebung ein schwarzes Haus ab, aus dem eine seltsame Entität herauskommt. Ein Mensch, ein Geist? Auch in *Suddenly My House Became a Tree of Sores* (1990) realisiert Lynch eine düstere Vision seines Hausmotivs: ein mit pechschwarzer Farbe gemaltes Haus. Es ist beschädigt und aus den Fenstern schießen Äste eines Baumes. Ein nackter Baum, der symbolisch für den Schmerz stehen könnte, den die Menschen in dem Haus erlebt haben: der Baum als Eindringling im Haus, der darin Wurzeln schlägt und dem Heim tiefe Wunden zufügt.

Aus den Jahren 2008 und 2009 stammen eine ganze Menge weiterer Lithografien und Gemälde, in denen das Haus sowohl als Szenerie als auch als Protagonist auftritt. In *Magic Man outside My House* (2008) werden wir erneut mit einer Skizze eines Hauses auf schwarzem Hintergrund konfrontiert. Davor steht ein Mann, der sehr bedrohlich wirkt. Er scheint das Haus mit magischen Kräften zu attackieren. Wegen Lynchs kindlichem Malstil könnte das Bild genauso gut der Fantasie eines Jungen entstammen, der Angst hat, ein Räuber könnte in das Haus einbrechen, in dem er mit seinen Eltern lebt.

Und *Who Is in My House* (2008/9, Aquarell) stellt die Frage nach der ständigen Möglichkeit einer Verletzung der Intimsphäre: Wer befindet sich in meinem Haus? Wer ist in mein Heim eingedrungen?

Ein ähnliches Szenario wie im eingangs erwähnten *Someone Is in My House* existiert in *Going to Visit Ur House* (2008/9, Aquarell): Ein grotesk wirkender Mann (groß) mit Gewehr kommt auf ein Haus (klein) zu. Oder *I Burn Pinecone and Throw in Your House* (2009, Mixed Media) – Gefahr (also hier: brennende Tannenzapfen, die ins Haus geworfen werden) dringt von außen ins Innere des Hauses. Oder *Pete Goes to His Girlfriend's House* (2009, Mixed Media): die Gefahr kommt in Form des bedrohlichen Pete, der sich bewaffnet mit Pistole und Messer von außerhalb des Hauses seiner ängstlichen Freundin nähert.

Eines ist klar: Stets dringt etwas Gefährliches und Brutales von außen ins Haus ein. Und das bedeutet, bei Lynch bleibt niemand mit Sicherheit Herr im eigenen Haus. Und sicher darin ist man selbst schon gar nicht.

Es gibt Momente in seinen Häuserdarstellungen, da kombiniert Lynch das Motiv der sich auflösenden Sicherheit des Heims mit dem des Feuers. (→ BOB) In *Fire in My House* (2009, Aquarell) und *House Burning with Dead Man* (2009) etwa ergreift es Besitz von den Häusern, jagt die Personen nach draußen. In ersterem ist ein Mann zu sehen, der schreiend davonläuft, und in zweiterem ist es eine Leiche, die vor dem brennenden Haus liegt.

Und auch in den Jahren darauf entstanden Kunstwerke, die von Häusern handeln: 2012 zeigt Lynch in dem äußerst düsteren Aquarell *There Is Nothing Here, Please Go Away* ein Haus mit einem Fenster, hinter dem sich eine Lichtquelle erahnen lässt. Ob sich jemand im Zimmer aufhält? Lynch warnt mit seiner Beschriftung: Lieber weitergehen, hier gibt es nichts zu sehen. Das lässt an die Phrase denken, mit der die Polizei gerne Schaulustige vom Tatort fernhalten will. Was aber auch bedeutet, dass es da auf jeden Fall etwas zu sehen gibt! Am besten den Blick erst gar nicht riskieren. Hinter den Hausmauern lauert wohl nichts Gutes und das bleibt der Fantasie des Publikums überlassen. Die Augen vor dem Unheil verschließen, das im eigenen Haus lauert – meint er das ironisch?

In *I Take You to My House* (2013, Lithografie) trägt ein Mann eine nackte Frau in seinen Händen. Auf dem Bild ist das im Titel angekündigte Haus noch nicht zu sehen und der Mann wirft seiner Umgebung verstohlene Blicke zu. Mehr gibt uns Lynch nicht. Er lässt uns das Unheil lediglich erahnen und erweckt durch die Blicke des Mannes in uns den Eindruck, dass er die schrecklichsten Absichten verfolgt.

Und in *She Was Walking to Her House and Then There Was Someone* (2014, Tinte auf Papier) schließlich wird der Alptraum thematisiert, ja eigentlich nur suggeriert, den wohl einige Menschen fürchten: nach Hause kommen und dort von einem Fremden überrascht werden. Diese lauernde Gefahr, die Unterwanderung der geglaubten Sicherheit in den eigenen vier Wänden, unterstreicht Lynch mit knallroter Farbe. Interessant: Er stellt auf diesem Bild zwei Szenen nebeneinander: In der ersten sehen wir eine Frau, die nach Hause geht. Und in der zweiten nichts mehr davon. Allein das pechschwarze Haus ist übriggeblieben. Ist die Frau im Haus verschwunden? Wurde ihr dort also aufgelauert? Das bleibt für den Zuschauer Spekulation – obwohl der Titel dies stark andeutet.

Lynch gibt in seiner visuellen Kunst viele Beispiele dafür, wie er das Heim wahrnimmt: Oft sind es Häuser, in die eingedrungen wird. Die eingenommen werden vom Unheil, das sich sowohl von innen als auch außen nähern kann. Ein Unheil, das meist nicht näher bestimmt ist. Das Haus steht dabei in der Regel als Sinnbild für familiäre Geborgenheit und Schutz, die korrumpiert werden kann. Und das Eindringen in das Haus ist als eine Unterwanderung der Sicherheit zu verstehen, die umso stärker ausgeprägt ist, je mehr Interpretationsspielraum Lynch seinem Publikum eingesteht. Die emotionale Wirkung dieser Motive auf uns lässt sich als tiefes Unbehagen beschreiben. Warum sie das in uns auslösen? Jeder besitzt eine Form von Heim und so ist jeder potenziell davon betroffen, eine solche Unterwanderung zu erfahren.

Wo hat Lynchs Wahrnehmung einer ständigen Möglichkeit einer sich auflösenden Sicherheit, die auch das Haus betrifft, ihren Ursprung? Einen Hinweis darauf gibt er, als er einmal von seiner Kindheit erzählt: »When I was out after dark and going around on my bike, some houses had lights on inside that were kind of warm, or I knew the people who lived in the house. Other houses, the lights were dim, and with some houses they were almost out and I didn't know the people who lived there. I'd get a feeling from these houses of stuff going on that wasn't happy. I didn't dwell on it, but I knew there were things going on behind those doors and windows.« Hinter der Fassade des Hauses vermutete Lynch also etwas Unheimliches. Ein Unbehagen, das sich hinter der Idylle verbarg und in ihm ein Gefühl der Angst auslöste, das er später auf seinen Bildern und Gemälden in eine ganz persönliche Bildsprache übersetzte. (→ Sprache) Und zwar in einem recht groben, fast kindlichen Stil.

Lynchs Zitat erklärt auch teils die Intention hinter einer realistischen Fotoreihe von Schneemännern, deren einzelne Fotos er in den Vorgärten von Boise, Idaho, aufnahm – er hatte dort einige seiner Jugendjahre verbracht. Halb geschmolzene Schneemänner im Vordergrund, die Häuser im Hintergrund. Und dazwischen existiert eine eigenartige Spannung, die nicht vollends greifbar ist. Diese Spannung wird verstärkt durch die Abwesenheit von etwas, das man in diesem Kontext erwarten würde: die Familien, die Kinder, die diese Schneemänner gebaut haben.

Man fragt sich: Was ist hier geschehen? Wer hat diese Schneemänner gebaut, wenn nicht die Kinder? Doch Lynch gibt auf sie keine Hinweise. Nicht mal in den Häusern gibt es Hinweise, denn die Fenster sind schwarz, sie sind ohne Dekoration und die Vorhänge sind zugezogen. Was sich dahinter verbirgt? Niemand weiß es. Die Fassade bröckelt nicht und es lässt sich nur vermuten, was sich dahinter abspielt. Möchte es niemand wissen?

Und die nächsten Fragen: Greift Lynch hier auf Erlebnisse aus seiner Jugend zurück? Spielte er auf die zahlreichen schrecklichen Kriminalfälle an, in denen Häuser zum Ort grauenvoller Verbrechen wurden? Man muss an die Fälle von Jaycee Lee Dugard[16] oder Tanya Nicole Kach[17] denken, die als Mädchen entführt und in die hintersten Ecken der Häuser ihrer Peiniger gesperrt wurden. Häuser, die nach außen ganz normal aussahen. Einfamilienhäuser, die in Wirklichkeit Häuser des Grauens waren. Kellerabteile, Dachböden oder Gartenhäuser dienten den Schändern, die mal unbekannter Entführer, mal der eigene Vater waren, dazu, ihre Opfer von der Außenwelt abzuschotten: Niemand ahnte etwas von dem Verbrechen, nicht einmal die Nachbarn.

Die Frage, ob Lynch mittels seiner Gemälde und Fotografien direkt auf solche Fälle verweist, lässt sich nicht endgültig beantworten. Fest steht allerdings, dass er damit Fragen evoziert, die sich Menschen stellen, die mit Verbrechen dieser Art konfrontiert werden. Sei es über die Medien oder aus dem unmittelbaren

---

16 Jaycee Lee Dugard wurde achtzehn Jahre lang, vom 10. Juni 1991 (sie war elf Jahre alt) bis zum 26. August 2009, von dem Ehepaar Phillip und Nancy Garrido in deren Gartenhaus festgehalten.

17 Die US-Amerikanerin Tanya Nicole Kach-McCrum wurde zehn Jahre lang von dem Wachmann Thomas Hose, der an der von ihr besuchten Schule arbeitete, gefangen gehalten.

Umfeld. Er pflanzt uns durch Fiktion Gedanken ein, die uns mit einem Teil der Wirklichkeit konfrontieren, den wir verdrängen. Und so kann es gut sein, dass Lynch daran Anteil hat, wenn wir uns bei einem Spaziergang in einem scheinbar idyllischen Wohnviertel fragen: Was passiert wirklich hinter diesen Mauern? Und bin ich gerade unwissentlich an einem dieser Häuser des Grauens vorbei gegangen? Und noch wichtiger: Werde ich es vielleicht niemals erfahren, dass es so ist?

> »Wir wissen, dass etwas vor sich geht. Nicht in jedem Haus, aber in vielen. Sogar Dinge, die unsere Vorstellung übersteigen.« (David Lynch)

Betrachten wir Häuser durch Lynchs Augen, dann stehen sie auch stellvertretend für eine Idylle, die sich als Schein herausstellen könnte. Und doch ist der Horror meist zentral. Horror, der sich konkret in Form von häuslicher Gewalt zeigt, die unter Ausschluss der Öffentlichkeit stattfindet. Gewalt, die oft nicht geahndet wird, weil sie der Gesellschaft und somit den richtenden Instanzen verborgen bleibt. Das Mixed Media *Do You Want to Know What I Really Think* (2003) ist ein gutes Beispiel dafür: Ein Mann, der ein Messer in der Hand hält, und eine Frau, die aufgefordert wird, sich weiter auszuziehen. Ihre Antwort auf die titelgebende Frage lautet: »No«. Nein, sie möchte nicht wissen, was er wirklich denkt – weil sie von ihm nicht auch noch in Worten wissen will, was er denkt, sie weiß es schon! Lynch sagt über dieses Bild: »There is so much stress in the world and we can only imagine the kind of domestic violence that goes on in houses across the land. That's what that painting is about.«

Eine weitere Illustration einer bizarren Lynch-Szene hinter verschlossenen Türen zeigt sich in *Change The Fuckin' Channel Fuckface* (2008–9, Mixed Media). Die Handlung steht buchstäblich ins Bild geschrieben: »Woman with broken neck and electric knife speaks to her husband.« Ironisch beschriftet Lynch das Bild im rechten oberen Bereich mit dem Wort »heaven« und verweist in diesen Himmel mit einem Pfeil, der nach oben zeigt. Was möchte er damit sagen? Zeigt Lynch hier auf das Paradies im Gegensatz zur häuslichen Hölle? Die heile Welt, die so weit entfernt ist von der kranken Welt mitsamt ihren Horrorhäusern, dass es einen Wegweiser benötigt, der erstens die Richtung weist und zweitens aussagt, dass es ihn überhaupt gibt: den Himmel.

Häuser dienen Lynch als Schauplatz und Symbol für zwischenmenschliche Dramen. Mehr noch: Sie werden zu Akteuren dieser Tragödien. Zu Figuren, mit denen der Mensch interagiert, und so kommt es auch, dass sich der Mensch in Lynchs Werk stark mit Häusern identifiziert. Und durch das Haus das eigene Innenleben reflektieren kann, dessen Innenraum von außen abgeschirmt ist und sich wie der mentale Zustand von Menschen nur erahnen lässt.

> »Die Menschen spüren, dass es außerhalb der eigenen vier Wände – in vielen Fällen leider sogar innerhalb – Probleme gibt, mit denen man sich auseinandersetzen muss, die man sich nicht einfach wegwünschen kann.« (David Lynch)

Dass zwischenmenschliche Spannungsverhältnisse, die sich in Häusern abspielen, bei Lynch eine wesentliche Rolle spielen, verdeutlicht auch der Comic-Streifen *The Angriest Dog in the World*, dessen Ausgaben er von 1983 bis 1992 wöchentlich in der 1996 eingestellten Zeitung *LA Reader* veröffentlicht hat. Darin wird ein im Garten des Hauses festgebundener Hund mit wütender Miene dazu gezwungen, die Dialoge seiner Herrchen, die es mal mit Humor nehmen und mal verzweifelt sind, zuzuhören. Lynchs Message, verpackt in absurder Form: die angespannte Atmosphäre, die innerhalb eines Hauses herrscht, in dem der sprichwörtliche Haussegen schiefhängt. (→ Tier)

Das Haus und das Zwischenmenschliche, das sich darin abspielt, nehmen auch in Lynchs Filmen einen wichtigen Platz ein. In den 1960er und 1970er Jahre spielen diese fast ausschließlich in Häusern oder Wohnungen. Das Paradebeispiel: *The Grandmother* (1970), ein Kurzfilm, der in den eigens dafür schwarz angemalten Zimmern in Lynchs damaligem Haus in Philadelphia spielt. (→ Philadelphia) Der Film zeigt genau das, was spätere Gemälde und Lithografien andeuten: ein Horrorhaus. In *The Grandmother* ist es der Ort, an dem Misshandlung stattfindet. Es geht um den Missbrauch eines Kindes durch seine eigenen Eltern. Das Haus ist schwarz und die Seelen der Eltern, die darin wohnen, sind noch schwärzer. Die niederen Taten der Menschen hüllen ihre Charaktereigenschaften in eine Dunkelheit, die abfärbt auf die Wände des Hauses, in dem sie leben.

Für *Eraserhead* (1977) versetzt Lynch den Horror des gesamten Hauses in eine einzelne Wohnung. Abwegig ist das nicht, denkt man etwa an Horrorappartements wie das des Serienmörders Jeffrey Dahmer, in das er junge Männer lockte, um sie dann zu töten. Von solchen Gräueltaten ist das winzige Apartment des Protagnisten Henry Spencer zum Glück weit entfernt; der Horror dort ist nämlich ein ganz anderer: In Henrys Heim lebt eine grässliche Missgeburt – sein eigenes Baby –, die ihn nicht mehr in Ruhe lässt und ihm das Leben zur Hölle macht.

Häuser spielen dann wieder in *Twin Peaks* (1990–1991; 2017) eine wichtige Rolle. In der Serie und im Film *Twin Peaks: Fire Walk With Me* (1992) ist es das Palmer-Haus, das für all das Grauen, die häusliche Gewalt und das Böse im Verborgenen steht. Hier sind die Abgründe Realität, die die meisten nur aus Alpträumen kennen. Und es sind nicht die einzigen vier Wände in der fiktiven Stadt im Nordwesten der USA, hinter denen kaputte Familien leben und dysfunktionale Beziehungen geführt werden – in allen Häusern kriselt es: Nichts passt mehr zwischen Nadine und Ed Hurley. Leo Johnson, der seine Frau Shelly schlägt. Die von Macht zerfressene Familie Horne oder die Familie Briggs mit ihrer überstarken Vaterfigur Major Garland Briggs. Untreue, Gewalt, Drogen. Das Böse ist in jedem Haus.

Am schlimmsten aber geht es im Haus der Palmers zu. Lynch wählte dafür ein Gebäude, das auf einem Plateau neben der Straße gebaut wurde. Dort oben ist es schon von weitem sichtbar. Eine lange Treppe führt hinauf und allein durch diese Erhöhung ist Lynch imstande, zu verdeutlichen, welche übergeordnete Rolle dieses Haus im Leben von Laura Palmer und somit der ganzen Serie einnimmt. So wirkt es umso bedrohlicher, wenn Lauras Vater Leland seine Tochter von der Veranda herab beobachtet, als sie unten auf der Straße von Freunden abgeholt wird.

Mithilfe der Treppe inszeniert Lynch den Übergang zwischen privatem und öffentlichem Raum als einen Übergang seiner Figuren von der öffentlichen zur privaten Person. Dieser Übergang spielt in der Palmer-Familie durch den krassen Unterschied zwischen verdorbenem Innenleben und frommem Außenleben eine noch größere Rolle als in den anderen Familien in Twin Peaks. Die Treppe erst einmal erklommen, geht es durch die Haustüre in den ersten Stock in Lauras Kinderzimmer, einem Ort, an dem sie sich sicher fühlen sollte, an dem aber das Grauen einen Namen hat: der böse Geist BOB, der von ihrem Vater Besitz ergriffen hat und der sie durch ihn hindurch missbraucht und vergewaltigt.

(→ BOB) Das Grauen kommt zu Laura über die Treppe gekrochen und kündigt sich durch den eingeschalteten Ventilator an, der an der Decke über den Stufen montiert ist.

25 Jahre nach dem Film kehrt Lynch in *Twin Peaks: The Return* (2017) noch einmal zum selben Haus zurück, das in der alternativen Realität innerhalb der Geschichte allerdings nicht mehr das Palmer-Haus ist, sondern nur so aussieht. Er setzt einen starken Schlusspunkt, indem er Laura in der letzten Episode aus Leibeskräften schreien lässt. Auf diese Weise erinnert er uns noch einmal an die grauenvollen Taten von Leland Palmer und den Horror, den diese Taten für Laura bedeutet haben. Taten, die längst vergangen und aus einer anderen Realität sind, aber dennoch niemals in Vergessenheit geraten sollten. Die Prominenz, die Lynch dem Haus zukommen lässt, ist erstaunlich: Ist es der Dreh- und Angelpunkt von *Twin Peaks*? Das Portal zwischen Innenleben und Außenleben? Das Objekt, an dem sich die verschiedenen Realitäten und Wahrnehmungen begegnen?

Auch im Film *Lost Highway* (1997) ist das Heim zentral. Lynch drehte den Film zu großen Teilen in seinem eigenen Haus – die erste halbe Stunde des Films spielt darin. Und das macht den *Lost Highway* buchstäblich zu Lynchs privatem Hausfilm. Auch hier sind die beschriebenen Motive und Thematiken aus seinen Gemälden und Lithografien enthalten:

1. Die Bedrohung von außen, die in Person des Mystery Man (Robert Blake) ins Innere des Hauses vordringt.
2. Die verletzte Intimsphäre und gesteigerte Unsicherheit der Figuren, die sich durch Videokassetten mit Aufnahmen der beiden Hauptfiguren Fred Madison und seine Frau Renée in intimen Momenten zeigt.
3. Das Haus, das den Bewohnern fremd und schließlich zum Verhängnis wird (Freds Wandlung hin zum Mörder passiert in den dunkelsten Stellen des Hauses. Die schattigen Ecken und Enden des Gebäudes verschlucken ihn regelrecht).

Es ist schon beachtlich: Lynch verwendet sein eigenes Zuhause, um schwere Themen wie Mord, Traumata und Überwachung zu erforschen. Er setzt sein Haus kreativ ein, indem er sein Verständnis von Raumgestaltung maßgeblich mit einfließen lässt. (→ Design) Schon Lynchs Haus an sich und ohne filmische

Inszenierung hat etwas Unbehagliches an sich: ein Betonbau aus dem Jahr 1957 ohne farbigen Anstrich, wie es scheint, und mit drei schmalen, vertikalen, fiesen Fensterschlitzen.

Und im Innenbereich? Ungewöhnliche Möbelstücke im Wohnzimmer, die Lynch selbst entworfen hat: der TV-Schrank mit dem Videorekorder, der auch in *Lost Highway* zu sehen ist. Ein kleiner Tisch mit orangefarbenem Dreieck an der Wand des Salons. Die Kunstwerke, die an der Wand hinter dem Sofa hängen, stammen von seiner Ex-Frau Peggy Reavey. Und so strahlt das Wohnzimmer eine außergewöhnliche Atmosphäre aus, verstärkt durch zwei asymmetrische Kästen, die den Fernseher tragen, und ein ungerades Sofa mit einem leichten Knick an einem der Enden. Das Schlafzimmer in Lynchs Haus wiederum ist umgeben von dicken Vorhängen. Das Bett ist ausgestattet mit schwarzer Seidenbettwäsche und rotem Kopfteil. Lynch selbst beschreibt in Gesprächen seine Vorliebe für minimalistisch ausgestattete Räume mit gewissen Divergenzen: Die klaren Linien und glatten Formen, die Lynchs Innenarchitektur auszeichnen, werden durch von ihm bewusst platzierte Unregelmäßigkeiten, wie eben im Haus von *Lost Highway* vorhanden, durchbrochen. (→ Design)

In *Lost Highway* setzt Lynch die Eigenheiten seines Heims geschickt ein: Dessen unheimliche Aura verschlingt Fred und treibt ihn in finstere Welten, die physischer und mentaler Natur sind. Während einer seiner Erkundungen in den immer düster werdenden Räumen des Hauses sind zwei Schatten deutlich zu erkennen. Sie werden durch das Wohnzimmer geworfen, ohne dass ein sie verursachender Körper zu sehen wäre, und werfen sogleich die Frage auf: Sind Fred und Renée allein in ihrem Haus oder ist jemand in ihr Heim eingedrungen? Und weil wir Zuschauer von der Alarmanlage, die ohne sichtbaren Grund ausgelöst wird, und von den Videokassetten, die Aufnahmen von ihrem Schlafzimmer zeigen, wissen, fragen auch wir uns: Wer oder was befindet sich im Haus der Madisons?

Bezeichnend für die bedrohliche Atmosphäre in diesem Haus ist eine Szene, als Fred darin einen langen, dunklen Gang entlang geht. Dieser wird immer dunkler und ist am Ende so dunkel, dass es so aussieht, als würde er Madison verschlucken. Es folgt eine lange Schwarzblende – Madison ist verschwunden. Die Dunkelheit, die sich in seinem Haus ausgebreitet hat, die er selbst ins Haus ließ, hat ihn absorbiert und in sich aufgenommen. Und diese Dunkelheit hat in

Lost Highway einen Namen: Mystery Man – ein grotesk anmutender Mann mit kreideweißem Gesicht. Er erklärt Madison noch: »Sie haben mich eingeladen. Es ist nicht meine Art, dort hinzugehen, wo ich nicht erwünscht bin.« Madison hat ihn hereingebeten und nun ist es zu spät: Er wird nie wieder verschwinden. Er wird Madison immer daran erinnern, dass er hier in diesen Räumen seine Frau Renée umgebracht hat: Die Tat und das Haus, in dem die Tat stattfand, sind auf ewig miteinander verschmolzen und in dieser Form in Madisons Gedächtnis eingeschrieben.

Lost Highway erinnert in diesem Sinne auch an Goethes *Faust*: Madison, unbefriedigt und von Wahnvorstellungen verfolgt, schließt mit dem Teufel einen Pakt und überlässt ihm seine Seele bzw. sein Schicksal. Und die Gegenleistung des Teufels? Er verhilft ihm zum Mord an seiner Frau (wohlbemerkt: nicht nur an seiner Frau, mehrere Leichen sind die Folge).

> »[Home is] a place where things can go wrong. When I was a child home seemed claustrophobic to me but that wasn't because I had a bad family. A home is like a nest – it's only useful for so long and then you can't [wait] to get out.« (David Lynch)

Madison beschreibt sein Haus bei zunehmendem Abdriften in die psychogene Fugue als »claustrophobic«: Die Dinge, die darin vor sich gehen, fühlen sich falsch an – er kann sie nicht mehr kontrollieren. Er möchte raus aus diesem Haus.

In seinen filmischen Werken gelingt es Lynch ebenso wie in seiner bildenden Kunst, die potentiell bedrohliche Atmosphäre eines Heims einzufangen, das nicht in der Lage ist, das zu geben, was es zu geben in der Lage sein sollte: Sicherheit. Eindringlinge und Überwachung sind tägliche Begleiter, die die Sicherheit des Heimes gefährden. Die Wahrung der Intimität steht auf dem Spiel und damit die Wahrung der Existenz, deren essenzieller Teil die Intimität ist. Das bedeutet, Lynchs Heime formen sich häufig durch eine Projektion des Innenlebens ihrer Bewohner auf das Objekt: Der mentale Zustand der Menschen prägt die Erscheinung des Hauses. Haus und Mensch verschmelzen zu einer Identität, oder mit den Worten von Lynch, die er auf sein Gemälde geschrieben hat, das ebenso heißt: *Here I Am – Me as a House* (1988).

Fetisch

»Samt ist ein echter Fetisch? Das hab ich nicht gewußt. Bei mir stimmt es jedenfalls. Ich hab immer ein Stückchen einstecken. Doch vieles auf diesem Gebiet liegt auf der Hand. Diverse Gewebe sind bei den Leuten immer beliebt. Und dann gibt es diejenigen, die sie ein wenig zu sehr lieben! Ich kann verstehen, daß es Samtfetischisten gibt.«

DAVID LYNCH

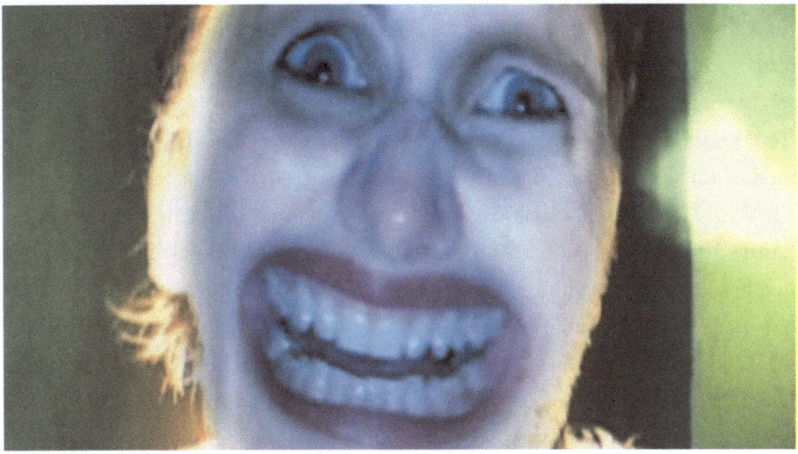

Wer sich mit Lynch beschäftigt, dem dürfte sein Interesse an nischigen Themen und Objekten aufgefallen sein. Ein Interesse, das oft an Fetischismus grenzt. Gemeint ist hier kein rein sexueller Fetischismus, sondern die Verehrung mancher Gegenstände und Szenerien. Dinge, die Lynch immer wieder erwähnt, verwendet und zelebriert.

Als Grund für die Faszination an diesen Dingen nennt Lynch ihre Schönheit: »Ich weiß nicht, ob sich hinter den Dingen, die ich als schön empfinde, eine Idealvorstellung versteckt. Ich finde sehr verschiedene Sachen schön: den Anblick von zerbrochenem Glas zum Beispiel oder eine Öllache am Boden. Haut – gibt es etwas Schöneres? Nur Rauch[18] im Himmel ist fast so schön. Oder Draht. Auch Zähne.« Wir sprechen ab hier von einem Motivfetischismus, denn bei genauerem Hinsehen offenbaren sich in Lynchs Werk wiederkehrende Motive, an die er sich fetischhaft klammert. Motive, die sich etwa in Lynchs Leidenschaft zeigen, Frauen auf Sofas zu inszenieren – nicht nur bei den Aktfotografien, sondern auch in *Blue Velvet* (1986), *Mulholland Drive* (2001) oder *Twin Peaks: The Return* (2017). Oder seine in der Kunst gelebte Freude an Vorhängen, seine Begeisterung für Fabriken und Industrieanlagen. Oder seine Faszination für die Elektrizität und das Feuer. Auch das Motiv der Straße ist bei Lynch omnipräsent, sehr gerne setzt er es in seinen Filmen ein, man denke an *Wild at Heart* (1989), *Lost Highway* (1997) oder *The Straight Story* (2000). »Noch dazu ist Fellinis LA STRADA einer meiner Lieblingsfilme!«, stellt Lynch ironisch fest. »Ich denke, dass eine Straße ein Weg nach vorne darstellt, in das Unbekannte, und das zieht mich in seinen Bann.« Ein weiterer Fetisch sind Frauenschuhe, genauer: Stöckelschuhe. In seinen Filmen gibt es nicht nur viele Zooms und Nahaufnahmen von solchen Schuhen (z. B. wenn die Füße von Perdita Durango [gespielt von Isabella Rossellini] in *Wild at Heart* in bestimmten Szenen ausführlich gefilmt werden), sondern Lynch hat diesem Motiv auch eine ganze Reihe erotisch anmutender Fotografien gewidmet, als er eine Anfrage des Designers Christian Louboutin akzeptierte, dessen Schuhe in Szene zu setzen. »Da seine Filme extrem codiert sind, wollte

18 Lynch schwärmt vom Phänomen des Rauches: »Rauch ist etwas ungeheuer Lebendiges: er steht nie still, reagiert auf den kleinsten Windhauch, verändert sich ständig. Die Photokamera lässt ihn erstarren. […] Von einer Millionen Rauchphotos wäre jedes einzelne spannend. Und einige wenige wären besonders merkwürdig oder besonders schön.«

ich fetischistische Schuhe, deren Fantasie ebenfalls Codes gehorcht. […] Wenn es ein Element des Fetischs in der Garderobe gibt, dann ist es der Frauenschuh, auch ohne Absätze. Er hat die Ausstrahlung eines Totems. Er ist ein Kultobjekt, das nach einem Ritual verlangt«, schildert Louboutin. »David Lynch stimmte mir sofort zu. Er sah ein Sofa, große Rosen, eine Lampe und ein Mädchen. Er sah, was ich nicht sah. Er hatte das Bild bereits im Kopf.« Das Shooting fand im Jahr 2007 über zwei Tage lang in Paris mit Tänzerinnen des bekannten Kabaretts Crazy Horse statt. Das Ergebnis war danach unter dem Titel FETISH in einer Galerie in der französischen Hauptstadt zu sehen, ein Jahr später dann auch in Hong Kong. Louboutin über Lynchs Modells und Bilder: »Ihre sehr weiße Haut, ihre sehr dunklen Augen und ihre glänzenden Münder passten zu Lynchs Ästhetik, die alles in allem durch und durch fetischistische Züge trägt: Isabella Rosselinis geschändeter Körper in *Blue Velvet* oder eine Atmosphäre der Angst, in der nie Blut vergossen wird. Oder die geraden Faltenvorhänge, die stramm zu stehen scheinen und die ich in den Fotos wiedergefunden habe. Das Sofa [aus *Blue Velvet*] hat sich in einen Wiener Bordellstuhl von Adolf Loos verwandelt, der einen Teppich in den Farben einer fleischfressenden Pflanze zerdrückt.«

Wenn Lynch über diese Dinge spricht, dann klingt er wie ein kleines Kind, das sich unheimlich freut über etwas. Freut über Dinge, die »gewöhnlichen« Erwachsenen eher egal sind. Was Lynch begeistert? Das lässt sich nicht in eine Kategorie fassen. Und es sind kuriose Dinge darunter.

Spätestens seit Lynchs 1994 erschienenem Buch *Images*, das Fotos, Gemälde, Zeichnungen, Screenshots aus Lynchs Filmen und Texte enthält, ist klar: Lynch hat ein Faible für Zähne und Zahnheilkunde. Ganze 14 Seiten in diesem Buch sind dem Thema Dentalhygiene gewidmet. In Fotos stellt Lynch zunächst einige Werkzeuge vor, die man in einer Zahnarztpraxis findet, um anschließend den Arbeitsalltag eines Zahnarztes zu schildern. Er zeigt Aufnahmen von einem Patienten, der den Mund geöffnet hat und dessen Zähne vom Arzt mit seinen Instrumenten bearbeitet werden. Dazu schreibt er trocken – klinisch: »First the hygienist examines the flesh and the teeth of the mouth for any sores, lumps or other problems. Next the hygienist uses the tools to scrape the plaque off all the teeth. The hygienist uses a red cleaning paste and electrical buffer to polish the surfaces of the teeth. The technician then uses dental floss to clean in between all the teeth. The technician encourages the patient to floss regularly at home.«

Auf den letzten beiden Seiten dieser Passage, einer Doppelseite, verdonnert uns Lynch dazu, eine Zahnärztin anzustarren. Sie verbirgt sich hinter einer doppelten Maske aus Stoff und Plastik und neben ihr sind die tröstlichen Worte zu lesen, die einen sarkastischen Beigeschmack haben ob der Omnipräsenz der Ärztin an dieser Stelle: »The dental hygienist protects you and herself.«

Drei Jahre später erwähnt Lynch diese Fotoserie erneut und auch, warum er darin Zähne in dieser Form inszeniert hat: »I was very interested in dental hygiene because as a kid, you know… soft, bad teeth and always visiting the dentist. […] I enjoy the dental, uh… the different machines and textures of dentistry and so I did some photos to reflect that enjoyment.« Und in einem Gespräch von 2011 geht Lynch auf seine Dentalfaszination noch einmal genauer ein: »I don't know where it was I got so interested in teeth and dental instruments and drilling and the idea of drilling, and then nerves, and different dimensions of a tooth, the roots […] I love the shape of a tooth, when you pull 'em out. They're little hard rocks that grow uniquely next to something soft, the tongue. I mean it's incredible.« Klingt fast, als würde man einem kleinen Jungen zuhören, der von seinem neuesten Lego-Set schwärmt, nicht wahr? Er klingt so begeistert. Ist das schon ein Fetisch?

Sehen wir uns Lynchs Werk im Hinblick auf seinen Zahnfetisch genauer an. Es fallen etwa die Buchstaben auf, die er in seine Gemälde aneinandergereiht einbaut und mit aneinander gereihten Zähnen vergleicht: Warum? »Es sieht einfach gut aus, wenn sie wie Zähne in Reih und Glied stehen.« In der Tat sind die in die Gemälde der 1980er Jahre geklebten Buchstaben, die dann ganze Wörter formen, nicht fern von Gebissen. (→ Malerei)

Über seine Gemälde sagte Lynch einmal: »I like to feel that you could bite my paintings. Not to eat them, to hurt them. I like to feel like I'm painting with my teeth.« Und auch in seiner Kunst selbst ist der Zahn Programm: *I Pull Your Tooth Out* (2010, Lithografie) etwa oder *All I Want for Christmas is My Two Front Teeth* (2012, Gemälde). In der Lithografie von 2010 zeigt Lynch, wie eine schwarze Gestalt einer nackten Frau einen Zahn herausreißt, der dem Publikum überdimensional groß ins Gesicht gestreckt wird. Das ist brutal, das sieht schmerzhaft aus. Man fühlt mit dieser armen Frau.

Auch in Lynchs filmischem Werk taucht der Zahn auf: In einer Folge der acht Episoden umfassenden Webserie *Dumbland* (2002) schreit ein kleiner Junge die ganze Zeit über die nervtötenden Worte: »My teeth are bleeding.« Und in Lynchs Songs: In *Strange and Unproductive Thinking* aus dem Album *Crazy Clown Time* (2011) etwa heißt es:

> »Bringing our discussion to the realm of practical considerations, it is
> Interesting to note the possibilities of dental hygiene and the remarkable
> Idea of a world free of tooth-decay and all other problems associated with
> The teeth, tongue, or oral cavity, which would, in fact, become a prime
> Motivator for a certain disappearance of fears associated with pain
> Connected with dental applications, and even the idea that plaque could
> Appear upon the surface of the teeth, and the negative occurrences which
> Follow such as the hideous odors emitted from the oral cavity and the
> Discolorations and the resulted perforation of the once beautiful mental
> Images, and the possibility of the breaking of relationships based upon the
> Idea of negative distortion of the mouth, for teeth, while not necessarily
> Considered one of the primary building blocks of happiness, can in fact
> Become a small sore, festering and transferring negative energies to the
> Once quiet and peaceful mind, giving it over to strange and unproductive
> Thinking.«

In diesem Kontext sei auch der Kurzfilm *Out Yonder: Teeth* (2007) erwähnt, den Lynch auf seiner damaligen Webseite (davidlynch.com) veröffentlichte. Darin führen er und sein Sohn Austin Jack Lynch (*1982) in dem 14-minütigen Film Gespräche in einem eigenartigen Dialekt, fast einer privaten Sprache. Dabei versuchen sie, Austins physische Beschwerden zu ergründen. Und sie finden heraus: Die Ursache liegt in seiner Mundhöhle. Hervorgerufen durch Vernachlässigung der Zahnpflege. Am Ende kommen Vater und Sohn zu dem Schluss, dass eine Operation unvermeidlich ist. Das ist herrlich skurril und Lynch beweist einmal mehr Humor. (→ Humor)

Nahaufnahmen von Zähnen und offenen Mündern tauchen immer wieder in Lynchs filmischen Werk auf. In *The Alphabet* (1968) zum Beispiel. Lynchs Kurzfilm ist eine Mischung aus animierten Bildern und Live-Action-Sequenzen, die von einem Alptraum inspiriert sind, den die Nichte von Lynchs erster Ehefrau Peggy Reavey hatte. Das Kind rezitierte in seinem Traum immer wieder das Alphabet, das in diesem Film stellvertretend für die Angst vor dem Lernen steht. Eine besonders beunruhigende Szene zeigt in Nahaufnahme das Gesicht des Mädchens, welches von den »Alphabet«-Alpträumen geplagt wird, mit purpurroten Lippen, auf dem ihre Zunge über die Zähne gleitet, während sie ein Wimmern von sich gibt.

Es lassen sich weitere Beispiele in Lynchs Filmen finden. In *Twin Peaks: Fire Walk With Me* (1992) etwa hält einer der sogenannten Woodsman im Raum über dem Convenience Store seine dreckigen Zähne direkt in die Kamera. (→ BOB) In *Inland Empire* (2006) gibt es Großaufnahmen einer zähnefletschenden Laura Dern. Und in der letzten Episode der zweiten *Twin-Peaks*-Staffel findet man die bösartige Version von Dale Cooper bei der letzten Einstellung beim Zähneputzen wieder. Und es ist besonders bizarr, wie Lynch hier so etwas Banales wie das Zähneputzen mit etwas höchst Groteskem, dem verrückt grinsenden Cooper, kombiniert.

Der US-Schriftsteller David Foster Wallace (*Infinite Jest*, 1996), der anlässlich von *Lost Highway* einen Text über Lynch verfasste, geht darin auf dessen Obsession für Zahnheilkunde ein. Er erzählt die Anekdote, dass das Titelfoto des Drehbuchs für *Lost Highway* einen Mann mit einer normalen Gesichtshälfte und einer überdehnten, geschwollenen Gesichtshälfte zeige, welches aus einem Handbuch für zahnmedizinische Extremfälle stammt. In Lynchs filmischem und visuellem Werk dient die Inszenierung von Zähnen, wie in diesem Fall, also vornehmlich dazu, im Zuschauer bzw. Betrachter ein tiefes Unbehagen hervorzurufen.

Um uns Lynchs Hang zum Fetisch weiter zu nähern, sehen wir uns die bereits erwähnten Vorhänge genauer an. Vor allem Samtvorhänge, meist in Rot oder Blau, sind im Werk von Lynch allgegenwärtig. Man denke an *Mulholland Drive*, *Twin Peaks* oder *Blue Velvet*. In letzterem sind Vorhänge direkt zu Beginn zu sehen: Im Vorspann zeigt Lynch einen samtenen blau glitzernden Vorhang, der danach den Weg frei für das geheimnisvolle Schauspiel macht, das nun folgen wird. Lynch erzeugt hier eine Atmosphäre wie im Theater.

Auch später im Film, im *The Slow Club*, in dem die Figur Dorothy Vallens den Titelsong *Blue Velvet* singt, befinden sich auf der Bühne massive, riesige Vorhänge. Sie ziehen einen mit ihrem tiefen Rot in den Bann, denn sie nehmen in dieser Szene den gesamten Hintergrund ein. Und durch die blauen Scheinwerfer, die Dorothy anstrahlen, erhalten sie noch mehr farbliche Facetten.

In Dorothys Wohnung hängen ebenfalls lange dunkelrote Vorhänge aus Samt vor den Fenstern von der Decke herab. Lynch kürt sie an dieser Stelle zum visuellen Leitmotiv, indem er sie mehrmals in der Nahaufnahme zeigt, wenn sie vom Wind gestreift werden, der durch das Fenster in die Wohnung weht.

In *Mulholland Drive* gibt es zwei eindrucksvolle Momente, in denen Lynch Vorhänge in den Vordergrund rückt. Der erste ist der Raum von Mr. Roque (Michael J. Anderson), der kleingewachsene, aber mächtige Mann, der die Entscheidungen trifft, welche Filme produziert werden und welche nicht. In ihm finden wir klassische Lynch-Architektur vor, denn der Raum ist groß, dunkel, nur spärlich ausgeleuchtet. Darin befinden sich nur wenige Möbelstücke: eine Couch und ein Stuhl, auf dem Mr. Roque sitzt. (→ Design) Ansonsten: knallige Farben. Die Ecken des Raumes sind beleuchtet. Und rote Vorhänge hängen von der Decke. Sie rahmen diesen Raum. Sie sind seine Wände und erinnern an den Roten Raum (Red Room) in *Twin Peaks*. Nicht zuletzt deshalb, weil dort der Schauspieler Michael J. Anderson ebenfalls auftritt – als »der Mann von einem anderen Ort«.

Der zweite Moment im Film ist eine lange Sequenz im Nachtclub *Silencio*, der aussieht wie ein altes Theater. Die Bühne ist teils von roten Vorhängen verhüllt, die sich hinter den Darstellern befinden. Dadurch bekommt die ganze Szenerie eine träumerische, theaterhafte Aura, die noch von den Sängern und Musikern unterstützt wird: Der Ansager erklärt zunächst noch in verschiedenen Sprachen, dass alles eine Illusion sei, worauf Rebekah Del Rio einen Song auf Spanisch zu singen beginnt, dann aber zusammenbricht, während ihr Gesang im Playback jedoch weiterläuft.

Wie so viele Darstellungen von Lynchs Lieblingsdingen wird auch die Verwendung von Vorhängen in seiner Serie *Twin Peaks* auf die Spitze getrieben. Dort gibt es nicht nur Kaffee und Kirschkuchen im Übermaß. (→ Genuss) Auch Vorhänge finden wir zuhauf. Einerseits als rote Vorhänge im besagten (metaphysischen) roten Raum. Doch sie sind dort auch in der echten Welt auffällig eingesetzt: Nadine Hurley ist in der ersten Staffel besessen von der Idee, mittels geräuschloser Gardinengleiter Vorhänge zu erfinden, die sich lautlos auf- und zuziehen lassen. Zunächst fällt ihr das schwer, doch fünfundzwanzig Jahre später in *Twin Peaks: The Return* ist klar, dass es ihr doch gelungen ist, denn sie bietet nun diese Vorhänge in ihrem Shop »Run Silent, Run Drapes« an. Im verruchten

Roadhouse schließlich treten die Sänger vor großen Überhängen auf. Und rote Vorhänge sind auch im Wald zu finden, in dem sie wie eine dichte Wand zwischen Bäumen bilden, die den Übergang zur Schwarzen Hütte markieren.

Weniger berühmt sind Lynchs Darstellungen von Vorhängen in seinen Lithografien, Gemälden oder Zeichnungen. In *Third Ray* (1974) ist der zentrale Baum etwa von roten Vorhängen umgeben. In der Bleistiftzeichnung *Family* (1974) enthüllen zur Seite gezogene Vorhänge ebenfalls die zentrale Szene im Bild: Ein großer Raum mit typischer spärlicher Lynch-Inneneinrichtung (Sofa, Sessel, Stehlampen) kommt zum Vorschein, bevölkert mit bizarren Wesen, halb Mensch, halb Tier. Die Lithografie *I See Myself* (2007) zeigt Vorhänge an den Rändern links und rechts – genau wie auch die weiteren Lithografien *Head and Heart in House* (2008), *Dancing Machines Create Image* (2008), *Angel on Stage* (2009), *Dance of Light* (2009), *Hand of Dreams* (2009) oder *Head on Stage* (2010). Sie alle zeigen jeweils Figuren oder Objekte in einem Raum, der einem Theater ähnelt und von Vorhängen gerahmt ist. Der lithografische Stein ist bei Lynch wie eine Theaterbühne, ein leerer Raum, der mit Licht (Weiß) und Schatten (Schwarz) aufgeladen wird. Die Tinte belebt theatralisch die Mikroszene, die sich auf dem Stein entfaltet. (→ Lithografie)

Girl Dancing (2008) und *Fire on Stage* (2008) sind zum Beispiel beide auf demselben Stein entstanden und vermitteln ein Gefühl der Bewegung, wenn man sie gegenüberstellt: In *Girl Dancing* wird eine Frau dargestellt, die energisch tanzt, während sie sich in *Fire on Stage* in eine magische Flamme verwandelt.

Auf eine ähnliche Weise zeigt Lynch in *I See Myself* einen von Vorhängen eingerahmten Theaterraum mit einem weißen, nackten Körper auf der Bühne. Ein zweiter, schwarzer Körper schwebt darüber und ist mit dem ersten durch eine hybride Substanz aus Feuer und Elektrizität verbunden. Diese eine Lithografie fasst im Grunde Lynchs sämtliche in dieser Kunstform wiederkehrende Themen wie Dualität, Komplementarität, Körper (→ Körper), Energie, Interaktion, Innerlichkeit, Perspektive und Inszenierung (hier im Sinne von Inszenierung im Theater) zusammen. Die zur Seite geschobenen Vorhänge in den Lithografien offenbaren nicht nur die Szenen, sondern geben ihnen einen Rahmen, eine Fläche und auch eine Symmetrie.

Die Wasserfarbenzeichnung *Fire* (undatiert) zeigt ebenfalls eine Bühne mit Feuer. Und auch hier sind die Vorhänge zur Seite geschoben. Diesen Eindruck von einer Bühne vermitteln auch die Streichholzbriefchen, die Lynch Anfang der 1970er Jahre anfertigte und deren Gegenstände und Figuren so inszeniert sind, als ob sie sich auf einer Theaterbühne befänden. Und das riesige Gemälde *Small Boy in his Room* (2009) ist komplett von roten Vorhängen oder ähnlichem Stoff umgeben. So umfassend, dass man nur noch das kräftige, hypnotische Rot sieht.

Bei Lynch dienen Vorhänge als eine Art Portal in eine andere Welt. Die Vorhänge zeigen, dass hinter dem Sichtbaren, hinter dem Verhüllten etwas Verborgenes und Unbekanntes ist. Sie sind ein Schlüsselelement in Lynchs visueller Erzählung und tragen zu der traumhaften, surrealen Qualität seiner Arbeit bei. Sie schaffen eine spannungsgeladene Kluft zwischen dem, was vor der Bühne und was hinter der Bühne geschieht.

Ähnlich wie bei den Zähnen kennt Lynch keine Zurückhaltung, wenn er über seine Liebe zu den Vorhängen spricht: »I love curtains. Are you kidding me? I love them because they're beautiful in and on themselves, but also because they hide something. There's something behind the curtain and you don't know if it's good or bad.« Woher dieser »Vorhang-Fetisch« kommt, weiß er nicht genau: »I don't know where it came from, but I love curtains. There is something so incredibly cosmically magical about curtains opening and revealing a new world. It resonates on a deep level with people.«

Für Lynch ist es gerade das Zusammenspiel aus Enthüllung und Verhüllung, das Vorhänge so faszinierend macht: »Curtains are both hiding and revealing. Sometimes it's so beautiful that they're hiding; it gets your imagination going. But in the theatre, when the curtains open, you have this fantastic euphoria that you're going to see something new, something will be revealed.« Vielleicht kommt Lynchs Faszination ja von seinen Erfahrungen im Kino beziehungsweise im Theater. Dazu schrieb er einmal: »It's magical – I don't know why – to go into a theater and have the lights go down. It's very quiet, and then the curtains start to open. Maybe they're red. And you go into a world.«

Lynch klammert sich fetischhaft an bestimmte Gegenstände, die er schön findet. Er bildet sie dann in seiner Kunst ab und erhebt sie zu Motiven, die sich in seinem ganzen Werk wiederfinden. Wer kann jetzt bitte noch Zähne und Vorhänge sehen, ohne an Lynch denken zu müssen?

Frau

»Out of the darkness – it was so incredible – came this nude woman with white skin.«

David Lynch

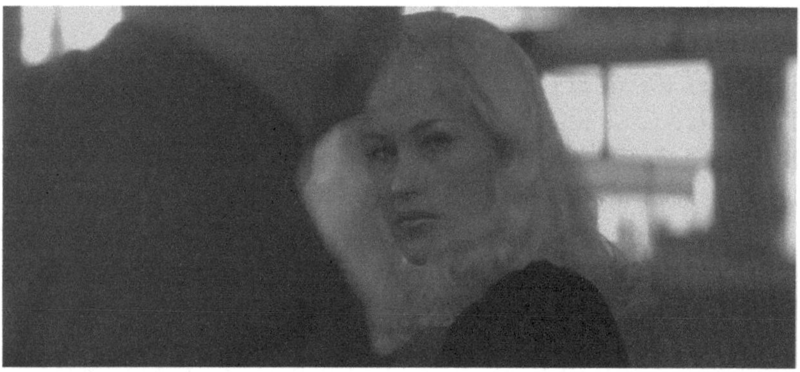

Die Frau ist bei Lynch Sinnbild für das Mysterium schlechthin. Sie ist ein Rätsel, sie ist ein Geheimnis, sie ist aber auch der Schlüssel und der Übergang in eine andere Welt, die Männern verborgen bleibt. Lynch erklärt, er selbst sei besonders vom Frauentyp einer Marilyn Monroe angezogen: »It's hard to say exactly what it is about Marilyn Monroe, but the woman-in-trouble thing is part of it. It's not just the woman-in-trouble thing that pulls you in, though. It's more that some women are real mysterious […] You could say that Laura Palmer is Marilyn Monroe, and that *Mulholland Drive* is about Marilyn Monroe, too. Everything is about Marilyn Monroe.« Zum Mysterium, das diese Frauen umgibt, fügt Lynch also auch noch den Aspekt der Opferrolle hinzu (beide Aspekte werden im Folgenden erörtert). Nach diesem Zitat verwundert es nicht mehr, dass sich das Motiv der attraktiven Frau, die sich in Schwierigkeiten befindet, im filmischen Werk von Lynch häufig beobachten lässt – er scheint wie besessen von diesem Frauentyp: Dorothy Vallens (Isabella Rossellini) in *Blue Velvet*, Laura Palmer (Sheryl Lee) in der Serie *Twin Peaks*, Diane/Betty (Naomi Watts) in *Mulholland Drive* oder Nikki Grace (Laura Dern) in *Inland Empire* sind Beispiele hierfür. Der Zusatz im deutschen Titel des letztgenannten Films, *A Woman in Trouble*, hätte zu jedem anderen dieser Filme auch gepasst.

Doch nicht nur auf der Leinwand findet man bei Lynch Frauen in Not. Auch in seinem malerischen und fotografischen Werk kommt dieses Thema zum Ausdruck: In der *Distorted Nudes* Fotoserie von 2004, für die Lynch Fotos aus dem TASCHEN-Klassiker *1000 Nudes* (Sammlung von Nacktbildern von Frauen aus den Jahren 1839–1939) mit einem digitalen Programm bearbeitet hat, sind gequälte und deformierte Frauenkörper zu sehen, die eben diesen Ansatz einer Frau in Not widerspiegeln. Ihre Körper sind verdreht, amputiert, zerschnitten, transformieren sich manchmal: eine Metamorphose ins Monströse. Die Aufnahmen sind von einer Radikalität gekennzeichnet, die hier noch stärker zum Ausdruck kommt als in seinen Filmen. Stellenweise erinnert das an die makabren, schwarzweißen Leichenfotografien von Joel-Peter Witkin. (→ Fotografie)

Auch die Aufnahme *Emily Scream* (2008, Epson-Digigraphie) deutet auf eine Frau in Not hin: Schreiend und hilferufend scheint sie an einer Fensterscheibe zu kleben. Das prachtvolle Farbenspiel aus strahlenden Blau- und Rottönen verleiht dem Ganzen gleichzeitig eine besonders schöne Ästhetik – und steht damit im Kontrast zu der Frau, die nach Hilfe zu rufen scheint.

Lynch liefert seine Frauen in vielen Gemälden, Lithografien und Zeichnungen alptraumhaften und bedrohlichen Situationen aus: *Bob Loves Sally Until She Is Blue in the Face* (2000), *Do You Want to Know What I Really Think?* (2003), *I Hold You Tight* (2009), *Pete Goes to His Girlfriend's House* (2009), *Oh Oh Oh I Got Good News For You* (2009–10), *On My Way to BBQ I saw Sally Waiting for Me* (undatiert, vermutlich 2009), *Billy Touches Sally* (2010), *Pete's Heart Swelled When He Saw Her* (2010), *All I Want for Christmas Is My Two Front Teeth* (2012) oder *I Take You to My House* (2013). Die Gefahr in diesen visuellen Werken geht dabei fast immer von Männern aus, die Lynch prominent im Bild platziert und als aggressiv darstellt: Mal hat der Mann ein Messer in der Hand, mal eine Pistole, mal nur die Hände zu Fäusten geballt, aber immer hat er es auf die Frau abgesehen. In der Aquarellzeichnung *Man Thinking of Woman* (2009) scheint all das Obsessive und all die Blindheit enthalten zu sein, die viele Männer für Frauen in Lynchs Welt übrighaben: Sie sind besessen von ihnen und Lynch zeigt, was Männer Frauen physisch und psychisch antun können.

Doch Lynch zeigt auch die Kehrseite der Medaille – sprich unbefriedigte Frauen. Dies wird in seinem Film *Lost Highway* (1997) sichtbar, der den impotenten Fred zur Hauptfigur hat, der seine Frau nicht befriedigen kann. Darin schildert Lynch, was es Traumatisches an sich haben kann, ein Mann zu sein, der seiner scheinbar erwarteten Rolle nicht gerecht wird – und selbstredend wie traumatisch dann auch all die Auswirkungen davon sind, die dann die Frauen auszubügeln haben. Etwas weniger drastisch geschieht dies auch in *Twin Peaks: The Return* mit der Figur der unzufriedenen Janey-E Jones. In *Mulholland Drive* wiederum legt Lynch anschaulich dar, was es bedeuten kann, einen weiblichen Körper zu haben, der sich in einer von Männern dominierten Industrie bewegt, die diesen Körper zu kapitalistischen Zwecken ausbeuten wollen. (→ Körper)

Lynch mag es, Körperteile und einzelne Ausschnitte von Frauen zu zeigen. Etwa in seinen frühen Werken *Woman with Striped Leg* (1968) und *Woman with Screaming Head* (1968). Oder in seinen späteren wie *Woman in Parts* (2007, Lithografie), *Torso* (2010, Lithografie), *Woman's Head* (2011, Mixed Media auf Papier) und *Woman's Hip Area* (2011, Mixed Media auf Papier). Dies mag einerseits Lynchs Kritik an der objektifizierten Darstellung von Frauenkörpern (in Hollywood, aber auch in der Gesellschaft an sich) darstellen, andererseits spiegelt es aber auch die mysteriöse Erscheinung und Anziehungskraft wider, die er im Frauenkörper sieht (durch das Nicht-Zeigen der gesamten Frau).

Diesen Mystery-Aspekt nimmt sich Lynch bei seiner visuellen Darstellung der Frau sehr zu Herzen. In Arbeiten wie *Factory at Night with Nude* (2007, Lithografie), *Girl Dancing* (2008, Lithografie) oder *Woman and Tree near House* (2011, Lithografie) erscheinen nackte Frauen in der Düsternis und erzeugen dadurch ein in Dunkelheit gehülltes Mysterium voll ästhetischer Anmut. Was machen sie dort in der Finsternis? Was möchte Lynch mit diesem Kontrast zwischen der schwarzen Umgebung und dem meist weißen nackten Körper aussagen?

Im Zusammenhang mit Frauen verwendet Lynch Motive, die nicht unmittelbar mit ihnen in Verbindung stehen: die Couch etwa. Bereits in frühen Zeichnungen lassen sich schemenhaft nackte Frauen auf diversen Sofas erkennen. 2008 folgte eine *Couch Series* (Epson-Digigraphie), in der entblößte weibliche Körper in Schwarzweiß und in grellem Licht verzerrt und verschwommen auf Polstern zu sehen sind. Das Ergebnis ist gleichermaßen verstörend wie faszinierend.

Auch Lynchs Aktfotografien verschiedener Frauen in Los Angeles (→ Los Angeles) und Polen (→ Łódź) sind auf Sofas inszeniert. In einigen von ihnen kombiniert er die Motive der nackten Frau und der Couch mit den Motiven Zigaretten und Zigarettenrauch. Diese Aufnahmen gehören zu seinen aussagekräftigsten Aktfotografien: Die Frau lasziv auf der Couch liegend ist in Rauch und Nebel gehüllt und man erkennt nur einige wenige ihrer körperlichen Rundungen explizit – meist sind die Formen auf dem Bild verschwommen. Lynch hat diese Fotos sowohl in Schwarzweiß als auch in Farbe ausgedruckt. Bei dieser Fotoarbeit entstand vielleicht eine der mysteriösesten Szenen überhaupt in Lynchs Fotografie (bestehend aus zwei namenlosen Bildern): Ein Mädchen, abgebildet in einer Ganzkörperaufnahme, liegt auf einem Sofa – dann das Sofa, aber anstatt des Mädchens sehen wir eine Rauchwolke. Ist hier Magie im Spiel, mit der das Mädchen weggezaubert wurde? Gab es eine Entführung?

Der motivischen Verbindung von Frau und Couch näherte sich Lynch auch in *Twin Peaks: The Return* an. Besonders in einer Szene, in der FBI-Agent Gordon Cole (gespielt von Lynch selbst) von einer Französin Besuch in seinem Hotelzimmer bekommt und beide auf der Couch sitzen und turteln. (→ Paris) Frau und Couch werden minutenlang überstilisiert, beinahe fetischhaft in Szene gesetzt. (→ Fetisch)

Zurück zu Lynchs Aktfotografien, denn sie helfen dabei, noch mehr über Lynchs Blick auf Frauen aussagen zu können. Die Fotos sind oft abstrakte Darstellungen des weiblichen Körpers. Sie sind meist in Schwarzweiß gehalten, manchmal in Farbe. Der abstrakte Effekt rührt daher, dass Lynch ausgewählte Bereiche des Körpers in Nahaufnahme in ungewöhnlichen Posen und aus unkonventionellen Blickwinkeln zeigt, die den gesamten Bildrahmen ausfüllen. Erst bei genauem Hinsehen lassen sich menschliche Körper erkennen oder, um welches Körperteil es sich überhaupt handelt.

Lynchs ungewöhnliche, ein Mysterium der Frau evozierende Perspektive, die er gegenüber ihr einnimmt, wird in diesen Fotografien zudem verstärkt durch Kontraste zwischen Licht und Schatten. Dabei schildert Lynch eine sanfte und vorsichtige Erkundung des weiblichen Körpers durch die Kamera und erzeugt auf diese Weise eine Intimität – oder zumindest die Illusion davon. Durch die extremen Nahaufnahmen entsteht eine Körperlichkeit, die beinahe taktil fassbar wird: Wenn ein nackter Oberschenkel oder Arm aus unmittelbarer Nähe zu sehen sind. Interessant: Lynchs Frauen posieren dabei in einem undefinierbaren, kaum sichtbaren Raum. Das bedeutet, der Raum spielt keine Rolle, denn die Körper der Frauen allein möchte Lynch hier in Szene setzen.

Die kaleidoskopischen Visionen, die zerstückelten, erotischen Versionen des weiblichen Körpers, abgebildet in Fotografien, lassen Lynchs Faszination für die unendliche Vielfalt des weiblichen Körpers erahnen. Er inszeniert die Körperteile wie Puzzleteile, die erst durch das Zusammensetzen vor dem inneren Auge ein Gesamtbild ergeben: Erst, wenn der Betrachter all die Fotos der einzelnen Körperteile in ihren Köpfen sinnvoll angeordnet und die Körperteile zu einem Körper formiert hat, ist die Frau zu erkennen, die für Lynch Modell stand. Lynchs Faszination für die Vielfalt des weiblichen Körpers spiegelt sich in seinen Fotografien also besonders gut wider. Lynch sagt selbst: »I like to photograph naked women. The infinite variety of the human body is fascinating: it is amazing and magic to see how different women are.« Und weiter erklärt er: »Just a human face, if you look at it really close, becomes rather strange. And if you look at it real close, it becomes grotesque, even the most beautiful woman's face. It's all in such a tender state, all this flesh, and it's an imperfect world.« (→ Groteske) Und genau das macht Lynch mit seiner Kamera: Er geht mit ihr so nahe an die

Frauen heran, dass in der fertigen Aufnahme die feinsten Poren, die kleinsten Härchen, Falten und Unreinheiten zu sehen sind.

Bisher haben wir bei Lynch also zwei wichtige Arten identifiziert, wie er Frauen sieht und inszeniert: als Mysterium und als Opfer. Immer wieder musste sich Lynch deshalb anhören, seine Darstellungen von Frauen seien misogyn. Besonders bei Kritiken seiner populären Filme und Fernsehprojekte, beginnend mit *Blue Velvet* (als »misogynes, nur die Polarität Heilige oder Hure kennendes Frauenbild« resümiert Robert Fischer passend die Kritiken) über *Twin Peaks* (»a wide range of characters, women and girls, in a town that the feminist revolution had seemingly skipped over« [Anat Sela-Inbar]) bis hin zu *Twin Peaks: The Return*.[19] Dabei wird die Opferrolle der Frauen als Verherrlichung der Gewalt gegenüber der Frau gedeutet und Lynchs Blick auf die Frau wird als ein voyeuristischer Blick auf den nackten Frauenkörper interpretiert.

Lynch selbst entgegnet seinen Kritikern – gerade im Hinblick auf *Blue Velvet* –, dass sie auf absurde Weise verallgemeinert hätten. Und er begründet das auch: »Because people have an idea that Dorothy was Everywoman, instead of just being Dorothy. That's where the problem starts. If it's just Dorothy, and it's her story – which it is to me – then everything else is fine. If Dorothy is Everywoman, it doesn't make any sense. It doesn't add up. It's completely false, and they'd be right to be upset. […] When you start talking about ›women‹ versus ›a woman‹, then you're getting into this area of generalizations, and you can't win. There is no generalization. There's a billion different stories […].«

Wenn man bei Lynch nach persönlichen Beweggründen sucht, wie sich dieses zweidimensionale Frauenbild aus Opfer und Mysterium geformt haben könnte, könnte man auf das Folgende aufmerksam werden: das Zusammentreffen mit einer nackten Frau auf offener Straße in Virginia, als Lynch noch ein Kind war (→ Berufung), und Lynchs Auffassung von Sexualität.

Zunächst das Erlebnis in Virginia – eine Episode in Lynchs Kindheit, die ihn sehr beunruhigt hat und auch später noch begleitete: Mit seinem kleinen Bruder,

---

19 So schreibt Anat Sela-Inbar in der israelischen Tageszeitung *Haaretz* zum Beispiel: »The new season of the series returns us to the world in which the protagonists, the good and the bad, are men, while the women are shown once again in the manner of the femme fatale on one hand, or as the victims of male violence on the other – while presenting them as aesthetic objects with a sensual nature, even in death.«

den er an der Hand hält, spaziert Lynch abends in der Dunkelheit durch das Nachbarviertel, als sie auf offener Straße plötzlich einer nackten Frau begegnen, die offenbar Opfer von Gewalt geworden ist. Für Lynch ist diese Begegnung »sehr mysteriös« (Lynch in *The Art Life*) und er versteht es als einen bizarren Traum: »[…] out of the darkness – it was so incredible – came this nude woman with white skin. […] and she had a bloodied mouth. She couldn't walk very well and she was coming towards us […] My brother started to cry […] I wanted to help her but I was young and didn't know what to do […] even though she was traumatized, she was beautiful.«

Der zweite Aspekt ist Lynchs Verständnis von Sex, den er als heterosexueller Mann eng mit Frauen verbindet. Er erinnert sich an seine Jugend: »Sex was like a dream. It was like a world that was so mysterious to me that I really couldn't believe that there was this fantastic texture to life that I was getting to do. It was so fantastic, and I could see a world opening – this sexual dream. […] And it kept on going, because I see that the vast realm of sex has all these different levels, from lust and fearful, violent sex to the real spiritual thing at the other end. It's the key to some fantastic mystery of life.« Immer wieder bezeichnet Lynch über die Jahre Sex als »troubling«, »powerful« und eben als »such a mystery«, das eng verbunden ist mit dem Mysterium der Frau.

Diese zwei Elemente bestimmen also Lynchs Frauenbild – und sein Werk weist über diese Zweidimensionalität hinaus. Lynchs Frauen besitzen nämlich auch eine Kraft, die übernatürlich, göttlich-tyrannisch sein kann: Frauen, die Männern mit ihren Kräften Einhalt gebieten – und diese Macht teils missbrauchen. In Filmen wie *Eraserhead* und *Wild at Heart* etwa erleben männliche Figuren sexuelle Belästigung durch die Mütter ihrer Geliebten. In anderen Filmen gibt es einen ödipalen Konflikt: Männer erfahren entweder eine spirituelle Wiedervereinigung mit der verlorenen Mutter (*Elephant Man* oder *Eraserhead*) oder sie vollziehen eine Form von Sex mit der Mutter (*Blue Velvet*). In diesem Fall sind Männer die Marionetten der Frauen.

Oftmals verbindet Lynch die Farbe Rot mit Frauenfiguren. Als Aggressivität, Liebe und Leidenschaft kann diese Farbe gedeutet werden: In Lynchs Aktfotografien in Farbe etwa haben Frauen strahlend rote Lippen und Fingernägel – in *Wild at Heart* beschmiert sich Diane Ladd das komplette Gesicht mit Lippenstift; in *Blue Velvet* hat Isabella Rossellini kraftvoll strahlende Lippen und trägt ein rotes Kleid; in der Zeichnung *Oh Donna* (undatiert, inspiriert von dem Song *Donna* von Ritchie Valens, 1958) sind rote Frauenlippen zu sehen, die durchgestrichen sind; in *Twin Peaks* sind Frauen häufig in Rot gekleidet.

Diese Farbe unterstreicht die Kraft und die Leidenschaft dieser Frauen. Und neben ihnen gibt es Frauen, die klassische Erlöserfiguren sind: In *Eraserhead*, *Wild at Heart* und *Twin Peaks: Fire Walk With Me* erscheinen Frauen in Engelsgestalt oder als Feen, die die Protagonisten erlösen wollen. Auch in *Angel on Stage* (2009, Lithografie) oder *The Angel of Totality* (2009, Mixed Media) lassen sich weibliche Engelserscheinungen beobachten, die den Blick des Betrachters hypnotisch auf sich ziehen.

Lynchs Frauen haben also zahlreiche Erscheinungen: Als Erlöserfiguren, als mysteriöse Wesen oder leidende Menschen mit gequälten Körpern. Das macht ihren Auftritt in seinem Werk facettenreich. Auf diese Weise offenbart sich die Liebe Lynchs zu den Frauen, von denen er jede einzelne als etwas besonderes betrachtet. Etwas, was auch Naomi Watts bestätigt: »David loves women, and not just in the obvious way. He creates some of the best, fully complex female characters: They're three-dimensional and true to life, and reality is sometimes violent and ugly.«

Nicht zuletzt spiegelt sich in Lynchs Frauenfiguren zudem eine gewisse Nostalgie wider; ein Gefühl, das Lynch an die 1950er Jahre erinnert, die ihn stark beeinflusst haben (→ Los Angeles). So denkt er zurück, wodurch sich das Frauenbild auszeichnete, als er noch ein Kind war: »Damals gab es eine Menge Anzeigen in den Illustrierten, in denen eine propere Hausfrau gerade einen Kuchen aus dem Backrohr zieht, und zwar mit diesem gewissen Lächeln im Gesicht, oder man sah ein lächelndes Ehepaar vor dem Gartenzaun seines Eigenheims.«

Lynchs Sexualität wurde in diesen Jahren geprägt und was für ihn eine attraktive Frau ausmacht. Die Anziehung, die er gegenüber sogenannten Pullovermädchen verspürte, die in hochhackigen Schuhen mit blutrotem Lippenstift im Gesicht herumliefen, spielt darin eine tragende Rolle. Als Pullovermädchen (im Engl. *sweater girls*) wurden in den 1940er und 1950er Jahren Frauen beschrieben, die enganliegende Pullover trugen, die die weibliche Oberweite betonten (inspiriert vom Stil von Hollywood-Schauspielerinnen wie Lana Turner oder Jayne Mansfield, die in echt übrigens, *Twin Peaks*-Fans aufgepasst, Vera Jayne Palmer [!] hieß). Es verwundert daher nicht, dass Lynchs Fotomodels oft ebenfalls High-

Heels tragen, die auf einigen Bildern prominent inszeniert sind. Stöckelschuhe sind auch in *Wild at Heart* zu sehen – in Szenen mit Perdita Durango etwa, gespielt von Lynchs damaliger Lebensgefährtin Isabella Rossellini. Diese Figur wird mehrmals mittels Aufnahmen ihrer leuchtend roten High-Heels angekündigt. Erst danach fährt die Kamera hinauf zu ihrem Gesicht.

In den 1950er Jahren war die amerikanische Frau selbst ein großes Mysterium, das vor allem die Männer der US-Gesellschaft damals nicht enträtseln konnten. Aus heutiger Sicht kann man sagen: Dieses Mysterium war der unter der Oberfläche brodelnde »Weiblichkeitswahn« (Betty Friedan: »The Feminine Mystique«, 1963; dt. »Der Weiblichkeitswahn«, 1966). Eine unbestimmte Unzufriedenheit der zum häuslichen »Glück« verdammten Hausfrauen also, deren vorgesehene Rolle lediglich darin bestand, Kinder zu bekommen und groß zu ziehen (diese Unzufriedenheit schoben Soziologen und Psychologen zunächst auf die simple Überlastung der Hausfrauen, wie den Alltagsärger mit Handwerkern und den weiten Schulweg der Kinder). Friedan schrieb dazu: »Wenn das Geheimnis der weiblichen Erfüllung darin besteht, Kinder zu haben, so muß man sagen, daß niemals so viele Frauen […] bereitwillig in so wenigen Jahren so viele Kinder zur Welt gebracht haben (wie die amerikanischen).« Das Mysterium, das »Geheimnis der weiblichen Erfüllung« musste also woanders gesucht werden – und Lynch hat dieses Motiv der damals »unbegreiflichen« Frau aufgegriffen, gibt aber seinerseits keine klare Antwort.

Dieses Mysterium der Frau findet sich auch in *Twin Peaks* wieder. In der vierten Episode der ersten Staffel sprechen Cooper, Andy und Sheriff Truman über die Geheimnisse, die Frauen umgeben, und die Unmöglichkeit, diese als Mann zu verstehen. Cooper sagt zu Andy: »Suffice it to say you're up against the oldest unsolvable mystery known to man.« Und Truman spitzt zu: »It's weird. The mystery is what I like the most … and the less I know the more interested I get.« Genau das trifft auch auf Lynch zu, der Frauen nicht nur als Mysterium betrachtet, sondern sie als solche inszeniert. Er reproduziert das Mysterium auf diese Weise und verstärkt dessen kulturelle Bedeutung für die Gesellschaft.

Kapitel 2: Wirkungsstätten

Orte sind für Lynch nicht nur Orte. Für ihn besitzen sie eine Aura. Sie formen seine Wahrnehmung, seine Kreativität und damit seine Kunst. Sie wirken durch ihre Atmosphäre auf ihn ein – und er wirkt durch sein Schaffen an diesen Orten auf sie: Aktion – Reaktion. Die vier von uns beschriebenen Orte in diesem Kapitel sind stark mit Lynchs Namen verbunden. Weil die Verbindung Lynchs zu bestimmten Orten in der Rezeption bislang nur teilweise herausgearbeitet wurde, haben wir uns dazu entschlossen, dies nun detailliert zu tun. Wer nun New York City in unserer Aufzählung vermisst, dem sagen wir: Obwohl die Metropole durchaus Einfluss auf Lynch ausübte und wir Spuren von ihr in seinem Werk entdecken können, konnte er ihr in Wahrheit nie viel abgewinnen. Warum? Er hatte eine Heidenangst vor der Stadt, in der er ab und zu zu Besuch war, weil seine Großeltern dort lebten. »Ich weiß noch, wenn in der Subway der Zug einfuhr, kam als erstes ein Windstoß, dann ein Geruch und ein Geräusch«, erzählt Lynch. Jedes Mal habe ihn der Horror gepackt. Er hat die Stadt eher gemieden, als dass er sich gern dort aufhielt. Und das unterscheidet New York City von denjenigen Städten, in die wir nun gemeinsam mit Lynch reisen wollen: Philadelphia, Los Angeles, Paris und Łódź.

Philadelphia

»It wasn't a normal city [...] The fear, insanity, corruption, filth, despair, violence in the air was so beautiful to me.«

DAVID LYNCH

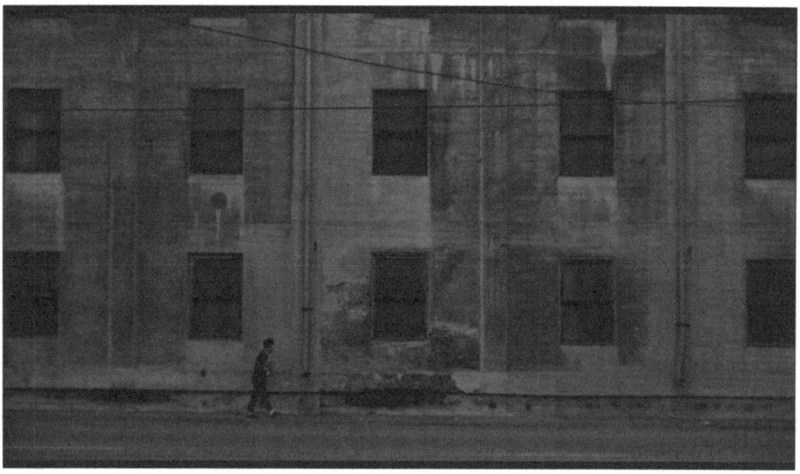

Philadelphia ist für Lynch vielleicht der prägendste der Orte, an denen er gelebt hat. Er wohnte dort zwischen Ende 1965 und Sommer 1970 und so erlebte er die Stadt an der Ostküste der Vereinigten Staaten als eine politisch hochexplosive: In den 1960er Jahren trafen dort militante Studenten, Drogendealer, Gangs, eine große afroamerikanische Community, Hippies und Polizeikräfte aufeinander. Rassenkrawalle waren gang und gäbe, genauso wie Bürgerrechts- und Antikriegsdemonstrationen: Studenten besetzten das Community College of Philadelphia, im Holmesburg-Gefängnis kam es zu Rassenunruhen und bei einem Aufstand schwarzer Bürger in der West Columbia Avenue im Jahr 1964 kamen zwei Menschen ums Leben und mehr als 300 wurden verletzt. Die Kriminalität wurde 1970 zum größten Problem der Stadt, Bandenkriege tobten, Gerichte und Polizei waren überfordert.

Diese brutale Welt bildete den Gegensatz zu Lynchs Kindheit, die er in amerikanischen Bilderbuch-Vorstädten verbrachte. In ruhigen Gegenden mit Einfamilienhäusern. In Boise, Idaho, etwa. Die Zeit beschreibt Lynch selbst als friedlich und er spricht von einer »most beautiful golden era«. Diese Atmosphäre wird er später in seinem Film *Blue Velvet* (1986) einfangen: »Meine Kindheit bestand aus eleganten Einfamilienhäusern, Alleen, dem Milchmann, […] blauem Himmel, Gartenzäunen, grünem Gras und Kirschbäumen.«

Lynch zog Ende 1965 nach Philadelphia, nachdem er sich an der Pennsylvania Academy of Fine Arts eingeschrieben hatte. Er wusste zu diesem Zeitpunkt nicht, was ihn dort erwarten würde und kam zunächst bei seinem Freund Jack Fisk unter, der in einem winzigen Zimmer hauste. Gemeinsam hielten es die beiden dort nur zwei Monate aus. Und so zogen sie in ein Haus, das sie für wenig Geld mieteten. Der Nachteil: die Lage. Das Haus stand in einem Industriegebiet von Philadelphia, das als besonders düster galt. Für Lynch natürlich der absolute Traum.

Rauchende Fabriken, dampfende Industriekessel. Schäbige Diner und finstere Gestalten darin. Lynch war beeindruckt: »Den Leuten waren Geschichten ins Gesicht gebrannt, und ich sah Bilder, die mich nicht mehr losließen – mit Heftpflaster zusammengehaltene Plastikvorhänge, mit Lumpen zugestopfte Fensterscheiben«. Und es wurde noch besser. Gegenüber von seinem Haus stand ein Leichenschauhaus. Ein Angestellter, den Lynch im Pop's Diner um die Ecke kennengelernt hatte, zeigte ihm das Gebäude eines Nachts von innen – und ließ

ihn sogar die Leichen anschauen. Lynch erinnert sich noch Jahre später ganz genau an dieses Erlebnis: »They'd all been in some kind of accident or experienced some violence, and they had injuries and cuts – not bleeding cuts, but they were open wounds. I spent a long time in there, and I thought about each one of them and what they must've experienced.«

Auch in der Leichenhalle also, mit all den Menschen, die vor ihrem Tod Gewalt erfuhren, zeigte sich Philadelphia von seiner unerbittlichen Seite. Eine erbarmungslose Stadt. Hinter dem Haus wurden die Leichensäcke an einer Leine zum Trocknen aufgehängt. Die Reißverschlüsse wurden dafür geöffnet und für Lynch sah das so aus, als würden die Säcke grinsen: »Smiling bags of death.« Solche lächelnden Leichensäcke inszeniert Lynch Jahre später in seiner Serie *Twin Peaks* (1990–1991, 2017), in der sie dem FBI-Agenten Dale Cooper als wichtige Hinweise im Fall der ermordeten Laura Palmer dienen.

Und immer verstörender wurde es für Lynch ab diesem Zeitpunkt: Zum Beispiel als er einer Frau begegnete, die sich an die Brüste fasste und wie ein Baby sprach. Sie beklagte sich dann, dass ihre Brustwarzen wehtaten. Lynch, ungläubig, so etwas auf offener Straße gesehen zu haben, urteilt später: »This kind of thing will set you back.« Auch seltsam: sein Erlebnis mit einem Nachbarshund, der von seinem Herrchen überfüttert worden war. Ein fetter Hund mit kurzen Beinen, der nicht mehr richtig laufen konnte und dessen Äußeres Lynch mit einem Wasserballon vergleicht – »[t]his was another image I'll never forget«.

So seltsam, so gut. Doch das wahre Grauen lauerte draußen auf den Straßen Philadelphias. Lynchs Freunde und Bekannte beschreiben das Viertel, in dem Lynch wohnte, mit folgenden Worten: »a terrifying place« (Fisk), »a scary industrial part« (Fisk), »Philadelphia was very rough then« (James Havard, ein Kommilitone) oder »I didn't like it when somebody got shot outside our house« (Peggy Reavey, Lynchs erste Frau).

Lynch lernte Reavey auf dem Campus der Academy in Philadelphia kennen. Sie heirateten 1967, als Peggy bereits schwanger war. Am 7. April 1968 brachte sie die gemeinsame Tochter Jennifer zur Welt. Diese hatte Klumpfüße, die nach der Geburt in Gips gepackt wurden. Nichts Gravierendes zwar, aber einen Schrecken dürfte die Krankheit den jungen Eltern dennoch eingejagt haben. Und es liegt recht nahe, Lynchs alptraumhafte Babykreatur aus seinem späteren Film *Eraserhead* (1977) als Reaktion auf dieses Erlebnis zu deuten.

Nach Jennifers Geburt zog die junge Familie aus Platzgründen in ein Haus mit zwölf Zimmern, das Lynch für nur 3.500 US-Dollar gekauft hatte. Es war ziemlich heruntergekommen und stand in einer Gegend, die als arm galt. Und als unsicher: Mehrmals wurde in das Haus eingebrochen. Wie einmal eines Nachts, als Lynch laut brüllend mit einem alten Schwert in der Hand – Reaveys Vater hatte es ihm geschenkt – nach unten stürmte und die Eindringlinge, die bereits im Haus waren, in die Flucht schlug. (→ Heim)

Der traurige Höhepunkt in dieser Zeit und in dieser Gegend war ein Mord, der direkt vor der Haustür auf offener Straße passierte: »Auf der anderen Straßenseite war eine große Familie auf dem Weg zu einer Taufe. Plötzlich tauchte eine Gruppe auf und griff die Familie an. Zu der Familie gehörte dieser Junge, ein Teenager, der versuchte, seine Leute zu beschützen. Den schlugen sie nieder, und dann jagten sie ihm eine Kugel in den Hinterkopf. So ein Vorfall verdirbt natürlich die Atmosphäre – für immer. Und macht die Gegend kaputt. Und man selbst wird dankbar dafür, dass man überhaupt am Leben ist.« Grauenhaft. Auch dieses Erlebnis prägte Lynch und machte Philadelphia für ihn zu einem Lebensabschnitt, in dem zwar Schönes passierte, aber auch viel Schlimmes. Düsteres. Abgründiges, das nicht unbedingt schlecht war – für seine Kunst wenigstens, denn die Fabriken mit ihren schwarzen Rauchwolken und die Gewalt, die in der Luft lag, bereicherten sein Schaffen mehr als sie es einschränkten. Viele seiner für ihn heute typischen Ideen haben ihren Ursprung in dieser Zeit. Für Lynch war die Stadt eine riesengroße, wenn auch ambivalente Inspirationsquelle.

Einmal sagte Lynch, Philadelphia sei in ihn eingesickert. Kein Wunder: »Um uns herum gab es Gewalt, Hass und Dreck. Trotzdem ging der stärkste Einfluss in meinem Leben von dieser Stadt aus. Und das Timing war perfekt. Ich habe furchtbare Dinge gesehen, aber es war auch ungeheuer spannend.« Und selbst Jahrzehnte später lebt Philadelphia in ihm weiter: »I just have to think of Philadelphia now, and I get ideas, I hear the wind, and I'm off into the darkness somewhere.« Absolut verständlich also, dass es Lynch als schade empfand, als die Stadt ab Ende der 1960er Jahre erneuert wurde. Von da an sei in ihr die Magie verloren gegangen. Zu sauber, zu clean. Zu wenig Dampf, zu wenig Rauch. Für seinen Geschmack jedenfalls.

Auf die Frage, was die größte Inspirationsquelle für seinen Film *Eraserhead* war, antwortete Lynch, ohne zu zögern: Philadelphia. Und das sieht man. Denn der Film ist wie eine entsetzte Reaktion Lynchs auf eine Stadt mit einer schwindenden Industrie, den ausufernden Rassenkonflikten, der heruntergekommenen Infrastruktur und den mit kaputten Reihenhäusern gesäumten Straßen. Wer herausfinden möchte, wie sich Philadelphia in den 1960er Jahren für Lynch angefühlt hat, braucht sich also nur *Eraserhead* anzusehen – Lynchs filmische Vision dieser düsteren Stadt: »[*Eraserhead*] ist ausschließlich inspiriert von Philadelphia und meinen Erfahrungen in dieser Stadt. Philadelphia war eine korrupte, verfallene, dunkle Stadt, voller Angst. Als ich in Philadelphia war und merkte, wie die Dinge verfallen, und dann wieder zu malen anfing, da wurden meine Gemälde alle wirklich dunkel.«

Lynchs erste große künstlerische Phase lässt sich in den Jahren zwischen 1965 und 1970 verorten. In dieser Zeit überträgt er das von ihm in Philadelphia Erlebte in seine Kunst. Er zeichnet und malt. Entwirft um 1966/67 etwa schwarzweiße Bilder von mechanischen Frauen, die sich aus Prothesen, Körperteilen, Hautfetzen, metallischen Kleinteilen und geometrischen Formen zusammensetzen. In diesen Zeichnungen setzt er die Farbe Schwarz besonders prominent ein. Die Motive ranken sich stets um Maschinen und Industrie. Für Lynch sind das die ästhetischen Bauteile von Philadelphia: »Wenn man ein fabrikneues Stück Metall auf einer Freifläche aufstellt, ist es zu Anfang nicht sehr attraktiv [...] Dann macht sich die Natur ans Werk, und ziemlich schnell wird daraus etwas Phantastisches. Für mich begann alles in Philadelphia [...] Das Zusammenspiel von Chemie und Natur.« Und in Lynchs mechanischen Frauen greifen Mensch und Maschine auf groteske Weise ineinander.

In einigen seiner Werke aus den Jahren 1965 bis 1967 malte Lynch einen Mann, der nur ein Auge besitzt. Er taucht auf mehreren Bildern auf. Mal übergibt er sich und das Erbrochene strömt ihm aus Mund und Nase. Mal hält er sich verzweifelt den Kopf. Dieser Kopf ist dann verzerrt und deformiert. Im Innern, das scheint Lynch hier sagen zu wollen, ist der Mann am Ende. Psychisch zersetzt. Doch die Krawatte sitzt perfekt. Schön den Schein wahren. Doch dann kotzt er sich sprichwörtlich die Seele aus dem Leib.

Interessant sind auch einige titellose Bilder (1965–69), die Lynch auf großen Malblöcken gezeichnet hat. Pechschwarz sind diese Zeichnungen und nur an manchen Stellen ist ein weißes Gesicht zu erkennen. Deformiert ist es dann. Scheint zu schreien. Und wo die bleichen Köpfe sitzen, da lässt Lynch rote Farbe fließen. Der Kontrast zwischen diesem roten Schwall und dem alles Licht verschluckenden Schwarz auf dem Rest des Bildes ist beeindruckend. Was die roten Flecken zu bedeuten haben? »Das sind Schüsse«, sagt Lynch unverhohlen. Und als Betrachter muss man an den Schuss in den Kopf des Jugendlichen denken, den Lynch vor seinem Haus in Philadelphia mitansehen musste.

Schüsse und Blut. Auch das ist Lynchs Philadelphia. Und es zeigt sich ganz deutlich in seiner Malerei. Eines dieser Bilder ist auf dem Cover des Katalogs zur Ausstellung *David Lynch: Someone is in My House* zu sehen, die vom 30. November 2018 bis zum 28. April 2019 im Bonnefantenmuseum in Maastricht zu sehen war. Auch der gewählte Titel der Ausstellung passt zu Lynchs Erfahrungen in Philadelphia: »Bei uns wurde zweimal eingebrochen, man hat uns die Fenster zerschossen.«

Eines der ersten dieser schwarzen Bilder, die Lynchs Malstil maßgeblich formen sollten, war *The Bride.* Leider gilt das Gemälde heute als verschollen. Doch nicht minder wirkt die Beschreibung dessen, was auf dem Bild zu sehen ist, zeigt es doch eine abstrakte Darstellung einer Braut, die ihr Kind eigenhändig abtreibt. Das Bild ist für Lynch wie eine Initialzündung, denn es folgt eine ganze Reihe von riesigen Bildern (zwischen 122 x 101,6 cm und 175 x 175 cm groß), die vor allem durch ihre tiefe Schwärze bestechen. Darauf zu sehen: Gesichter, die Leid ausdrücken. Verzerrte, deformierte Gestalten. Körper in der Dunkelheit, deren organische Formen lediglich zu erahnen sind. Beispiele: *Woman with Tree Branch* (1968), *Sick Man with Elephantine Arm* (1968), *Man Throwing Up* (1968), *Flying Bird* (1968) oder *Garden Back* (1968–70).

1967 hatte Lynch in Philadelphia ein Schlüsselerlebnis, von dem er über die Jahre immer wieder erzählen wird: Beim Malen in einem Saal der Academy arbeitete er einmal mehr an einem dieser schwarzen Gemälde. Auch eine weiße Figur sollte darauf zu sehen sein. Plötzlich hörte er etwas, das wie ein Atem klang. Einen leisen Wind, dessen Hauch er plötzlich sah. Und zwar leibhaftig vor sich auf seinem eigenen Bild: Das Bild bewegte sich. Besser gesagt, die Farben darauf. Ein Bild, das sich bewegt? A moving painting? In Lynch war in diesem Moment die Idee geboren, Filme zu machen. Und die ersten drei Filme drehte er direkt in Philadelphia:

- *Six Men Getting Sick (Six Times)* (1967), ein animierter Kurzfilm, der sechs missgestaltete Figuren zeigt, die nacheinander immer wieder erbrechen.
- *The Alphabet* (1968), ein Kurzfilm über die Schrecken des Lernens und das Leben als Person mit Logophobie.
- *The Grandmother* (1970), ein halbstündiger Film, der die Geschichte eines Jungen erzählt, der sich sprichwörtlich eine Großmutter heranwachsen lässt, um den schrecklichen Eltern zu entkommen.

Während dieser Phase, im Dezember 1968, besuchte Lynch im nahe gelegenen New York in der Marlborough-Gerson Gallery eine Ausstellung des Malers Francis Bacon (1909–1992). Lynch war begeistert: »Sie gehört zum Eindrucksvollsten, was ich je im Leben gesehen habe.« Und Bacon wurde zu dem Künstler, der Lynch beeinflusst hat wie kein anderer (→ Inspiration): »[Die Gemälde] wurden alle in großen goldenen Rahmen unter Glas präsentiert. Ich wollte immer, dass meine Werke auf die gleiche Weise gerahmt werden.«

Im November 1969 schließlich ging für Lynch ein Traum in Erfüllung, der seit dem Erlebnis mit dem sich bewegenden Bild herangewachsen war: Er wurde beim American Film Institute (AFI) angenommen. In Los Angeles (→ Los Angeles). Sein Semester dort begann im September 1970 und das bedeutete: Raus aus diesem Philadelphia, zu dem er eine Hassliebe pflegte. Raus aus der Stadt, die ihn fast fünf Jahre lang gefangen gehalten hatte. Ja, Lynch war dort in eine Welt eingetaucht, die er in der Form bis dahin noch nicht kannte. Die aus Armut und Gewalt resultierenden bizarren Erlebnisse hatten Lynch verändert. Für immer. Denn von da an machte er es sich zur Aufgabe, zwei sich kontrastierende Welten in seiner Kunst abzubilden, die nicht in Einklang zu bringen sind: die Vorstadt-Idylle, die er aus seiner Kindheit kannte, und die düstere Welt dahinter, die er in Philadelphia so intensiv erlebte wie nirgendwo sonst.

Los Angeles

»Los Angeles besteht aus viel mehr als nur Hollywood.«

David Lynch

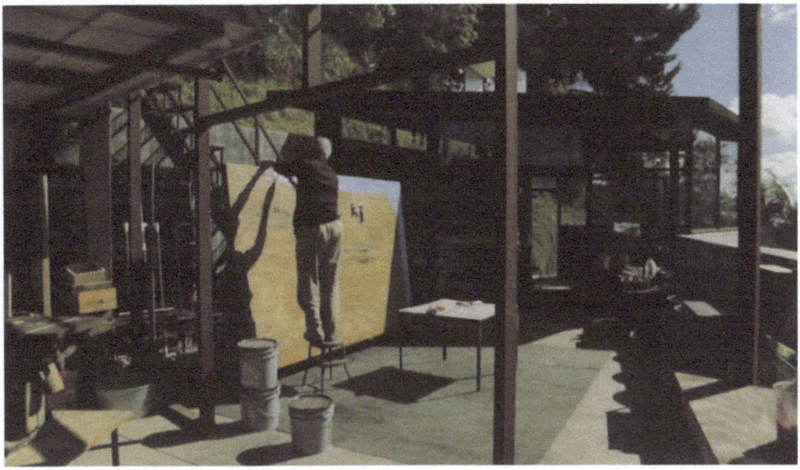

Als Lynch im August 1970 in Los Angeles ankommt, ist die Sonne bereits untergegangen. Es ist dunkel und die Straßenlaternen und die erleuchteten Häuser sind die einzigen Lichtquellen. Lynch hat ein Ziel: die Hauptverkehrsader San Vicente im Westen der Stadt. Denn dort ist die Wohnung seines guten Freundes Alan Splet (1939–1994), der einen Monat zuvor nach Los Angeles gezogen ist. Dort angekommen fällt er erschöpft von der langen Fahrt in die Kissen eines Bettes. Er schläft ein. Und was er am Vorabend noch vermisst hat, das weckt ihn am nächsten Morgen recht unsanft auf: das Licht, das hier in Los Angeles unglaublich intensiv und hell ist. Lynch läuft hinaus auf den Boulevard und schaut in den blauen Himmel. Er ist so fasziniert davon und von dieser strahlenden Stadt, dass er fast von einem Auto angefahren wird, das er übersehen hat. Dort am 950 San Vicente Boulevard, an dem Lynch 1970 sein erstes Zuhause in Los Angeles bezieht.

Der Kontrast zum düsteren Philadelphia (→ Philadelphia), wo Lynch in den Jahren zuvor gelebt hatte, muss für ihn überwältigend gewesen sein. Für ihn stand Los Angeles im krassen Gegensatz zu Philadelphia, das auf der anderen Seite des Landes, im Osten im Staat Pennsylvania liegt. »It was like stepping out of a dark closet into shimmering sunshine«, sagt Lynch und erwähnt oft, wie sehr ihn dieser Ortswechsel geprägt hat. Er spricht von einem »Gefühl von kreativer Freiheit«. Von »beautiful light«, »healing light«, das ihn glücklich gemacht hat.

Das Geheimnis dieser Stadt liegt in der Kombination aus »light and freedom«, meint Lynch. Die Stadt war für ihn auch das leuchtende Gegenteil des von ihm verhassten, als klaustrophobisch empfundenen New York City, das er aus seiner Kindheit kannte. Lynch zählt sich selbst zu denjenigen Menschen, die das ausgedehnte Los Angeles mit seiner großen Fläche mehr lieben als das kosmopolitische enge New York. Und stets aufs Neue gibt er zu verstehen, dass er sich direkt am ersten Tag »Hals über Kopf in diese Stadt verliebt« hat. Und seine Liebe wuchs. Zum Beispiel, als er das beeindruckende Gebäude des American Film Institutes (AFI) (er selbst spricht von einer »Mansion«, also einem Herrenhaus oder einer Villa) zum ersten Mal sah, dort, an dem er seine Filmkarriere endlich so richtig in Angriff nehmen konnte.

Lynch war glücklich. In Los Angeles würde er bleiben. Und er blieb dort – noch 53 Jahre später ist er der Stadt treu und meint: »Hoffentlich findet jeder Mensch einen Ort, wo er sich wohlfühlt und gerne ist – einen Ort, der etwas in ihm auslöst. Für mich ist das Los Angeles.« Zwar gibt Lynch zu, dass Los Angeles einem auch Angst einjagen kann. Aber weit weniger als zum Beispiel Philadelphia oder New York City. Denn die Stadt ist in den 1970ern genauso von politischen Protesten geprägt. Einschneidend waren etwa die Ausschreitungen vom 29. April bis zum 2. Mai 1992, die eine der größten Rassenunruhen in der Geschichte der USA darstellten. Auslöser war der Freispruch von vier Polizisten weißer Hautfarbe, die der Misshandlung des Afroamerikaners Rodney King angeklagt waren. Ja, auch Los Angeles besitzt seine düsteren Seiten. Und so erinnerte sich Lynch an seine Zeit in Philadelphia und merkte erst zu diesem Zeitpunkt, wie sehr ihm diese Stadt zugesetzt hatte.

Doch hier an der Westküste war alles besser. Hier in Los Angeles hatte er keine Angst mehr, auf der Straße überfallen zu werden. Den grausigen Schatten Philadelphias hatte er weit hinter sich gelassen. Los Angeles hatte ihn erlöst, das wie ein Paradies für Lynch war, obwohl die demografischen Fakten etwas anderes aussagten:

In den 1980er Jahren, zu einer Zeit, als sich Lynch in der Stadt schon eingelebt hatte, dominierten Gangs Los Angeles. Banden, die mit Crack und Kokain dealten. Auch wurde die soziale und wirtschaftliche Ungleichheit immer extremer und drohte in einen sozialen Verfall auszuarten. Und selbstverständlich nahm auch Lynch das wahr: »There were drugs on Hollywood Boulevard and it was scary to go down there at night; there were gangs out in the Valley and you'd hear gunshots every night – the world was going insane.« Auch problematisch: Hollywood. Die Traumfabrik hat Los Angeles zwar zu einem Ort des Glamours verwandelt, denn auch viele große Stars wohnen hier. Doch ist es ebenso einer dieser Orte, an dem Träume schnell zerplatzen, geprägt von starken Machtgefällen. Und von Korruption.

Das alles prägte Lynchs Blick auf Los Angeles und in künstlerischer Form ist dieser Blick am besten an seiner inoffiziellen Los Angeles-Trilogie zu sehen, die aus *Lost Highway* (1997), *Mulholland Drive* (2001) und *Inland Empire* (2006) besteht. Dieser Blick ist auch Ausdruck seiner eigenen Lebensauffassung: Das Gute existiert nicht ohne das Böse. Und andersherum. Das bedeutet im Fall von Hollywood, dass auch der Glamour und die Träume nicht ohne das Elend und die Alpträume existieren.

Doch zunächst zurück an den Anfang der 1970er, als Lynch in Los Angeles ankam und am AFI so richtig aufblühte. Und schon bald hatte er die Möglichkeit, einen Spielfilm zu drehen: *Eraserhead.* Die Vorbereitungen für den Film begannen 1972. Zum Produktionsteam zählten spätere Lynch-Veteranen (→ Lynch-Mob) wie der Sounddesigner Alan Splet, bei dem Lynch in seiner ersten Nacht in Los Angeles untergekommen war. Oder die Kameramänner Herbert Cardwell und Frederick Elmes. Auch seine Freunde Jack Nance und Jack Fisk waren am Start – sie standen vor der Kamera. Musik, Dekor, Szenenbild und Schnitt übernahm Lynch selbst.

Lynch verarbeitete in *Eraserhead* den urbanen Alptraum, den er in Philadelphia erlebt hatte. Auch der Eindruck, den die Industrie dort in ihm hinterlassen hatte, ist sichtbar, denn der Film spielt in einem verwahrlosten Industrieviertel. Aber auch die geschlagene Brücke nach Los Angeles wollte Lynch im Film abgebildet haben: Er führte kurz vor Drehbeginn der gesamten Filmcrew den Filmklassiker *Sunset Boulevard* von Billy Wilder) vor, einer seiner absoluten Lieblingsfilme. Sein Ziel: Das »Schwarzweißerlebnis einer bestimmten Atmosphäre« zu zeigen, das für *Eraserhead* maßgeblich und stilprägend sein sollte.

Dass er der Crew *Sunset Boulevard* vorführte, ist ein Hinweis auf Lynchs Sehnsucht nach dem Goldenen Zeitalter Hollywoods zwischen den frühen 1930ern und späten 1950ern. Nicht zufällig ist Lynchs späterer Film *Mulholland Drive* eine direkte Hommage an Wilders Klassiker. An diesem alten Hollywood mag Lynch vor allem die Geschichten, die zum Träumen einladen. Besonders *Sunset Boulevard,* von dem Lynch sagt: »Der Film ist wie eine Straße in diese andere Welt, eine wunderschöne Straße.« (→ Inspiration) Und so sollte auch *Eraserhead* sein: wie eine Reise in eine andere Welt. Doch seine Straße ist eine alptraumhafte Straße, an deren Ende Fabriken und ein heruntergekommenes Arbeiterviertel wartet.

Die Dreharbeiten zu *Eraserhead* dauerten länger als geplant, denn die Produktionsbedingungen stellten sich als äußerst schwierig heraus. Als das Geld vom AFI aufgebraucht war, wollte man Lynchs Projekt keine weiteren Zuschüsse gewähren. Erst im Mai 1974 und nach einjähriger Drehpause konnte die Produktion fortgesetzt werden. Und auch nur, weil Lynch sich Geld von Freunden und von seiner Familie lieh. Zudem war er jede Nacht zwei Stunden lang als Zeitungsbote unterwegs und trug das Wall Street Journal aus. Für 48 Dollar die Woche.

Fertig war *Eraserhead* dann im Sommer 1976. Vier Jahre hatte Lynch daran gearbeitet. Die Entstehungsgeschichte von Lynchs erstem Spielfilm ist sagenumwoben und gehört wohl zu den spannendsten der Filmgeschichte. Zum Beispiel ist bis heute nicht geklärt, wie genau Lynch das »Horror-Baby« im Film kreiert hat. Keiner aus der Crew hat je ein Wort darüber verloren. Und so lässt sich nur darüber spekulieren, ob Lynch von einem Kalbsfötus inspiriert worden war. Oder er dafür eine Katze seziert hat, um das innere Organisationsmuster eines Lebewesens zu untersuchen. Und die krasseste Theorie lautet, dass Lynch bei der Erschaffung des Babys menschliche Nabelschnüre verwendet hat, die ihm ein Freund besorgt hatte.

Während der Dreharbeiten zu *Eraserhead* entwickelte Lynch sehr spezielle Angewohnheiten, wie man sie auf diese Weise wohl nur in Los Angeles entwickeln konnte. 1973 zum Beispiel begann er, sich für Meditation zu interessieren. Verantwortlich dafür war seine Schwester Martha Levacy, die im Jahr zuvor mit Transzendentaler Meditation begonnen hatte. (→ Meditation) Das kam Lynch gelegen, der sich in einer sehr stressigen Phase seines Lebens befand. Dreharbeiten, Geldsorgen, Probleme mit der Familie. Vielleicht würde das Meditieren helfen. Und so besuchte Lynch eines der Zentren für Transzendentale Meditation in Santa Monica, wo er regelmäßig auf den Geschäftsmann Charlie Lutes traf, der TM in den USA zu größerer Bekanntheit verhalf.

Die beiden freundeten sich an. Und so wie Lynch mit dem Meditieren begann, änderte sich sein Verhalten. Alle Personen in Lynchs Umfeld bezeugen das: Peggy Reavey, Jack und Mary Fisk. Er sei ruhiger geworden, habe weniger rumgeschrien. Seine finsteren Gedanken seien weniger geworden. Hätten sich aufgehellt. Er sei konservativer geworden und habe sogar aufgehört zu rauchen. Ja, das Meditieren und der Tapetenwechsel begannen, erste Früchte zu tragen. Zum Vorschein kam ein neuer Lynch, der spiritueller war als der alte Lynch. Das wird auch durch *Eraserhead* deutlich, dessen Motive geprägt sind von Spiritualität und Erlösung. Da wäre etwa die feenhafte Frau im Heizkörper im Apartment des Protagonisten Henry Spencer (Jack Nance), in deren Armen dieser letztendlich eine Erlösung findet.

Wie die Journalistin und Lynch-Biografin Kristine McKenna erwähnt, kann man diese Veränderung Lynchs auch an einigen seiner Zeichnungen feststellen. Denn im Vergleich zu seinen früheren Zeichnungen verwendet Lynch jetzt mehr Farben. Nicht nur das tiefe Rot, das er in seinen Philadelphia-Bildern für die Blutspritzer verwendete. Lynchs Bilder sind jetzt teils farbenfroh. Schön zu sehen bei den Zeichnungen *Infusing the Being* (1974) oder *Third Ray* (1974). Teils, denn die Zeichnungen und Skizzen zu *Eraserhead*, die Lynch auf Zettel und Papierfetzen kritzelte, waren nur Schwarz und Weiß.

Anfang der 1970er Jahre begann Lynch, die Innenseiten von Streichholzbriefchen zu bemalen. Auch einige Farbzeichnungen gehörten dazu. Viele solcher bemalten Briefchen entstanden damals, doch einen großen Teil hat Lynch verloren. Diese Diptychen zeigen Szenen, wie wir sie aus dem Film oder dem Theater kennen. Oft kontextlose Szenen, die ein Rätsel in sich tragen. Lynch bemalte aber nicht nur Streichholzbriefchen. Auch Servietten bekritzelte er.

Die meisten dieser Servietten hatte er aus dem Restaurant Bob's Big Boy in Los Angeles, in dem er ab 1974 jeden Nachmittag war, um Schoko-Milchshakes zu schlürfen, sich vom Zucker berauschen zu lassen und Unmengen an Kaffee zu trinken. (→ Genuss) Und die Servietten? »Im Restaurant Bob's Big Boy hatten sie […] einen Spender für Papierservietten aus Chrom und Metall. Man brauchte also nur die Hand auszustrecken, eine Serviette zu nehmen und mit dem Zeichnen zu beginnen. Ich nahm meine Ausrüstung mit, meine Filzstifte in verschiedenen Farben, trank meinen Kaffee und meinen Milchshake, und das war die Art von Zeichnungen, die ich machte.« Ziemlich praktisch. Nein, an Material fehlte es ihm nicht.

Wie Fotos aus dieser Zeit zeigen, begleitete ihn seine Tochter Jennifer ab und zu ins Restaurant. Wie lange diese genüssliche Gewohnheit andauerte? Lynch meint: »Acht, neun Jahre. Das Ende von DUNE war so ziemlich das Ende von Bob's.« Auf den bekritzelten Servietten sind vor allem geometrische Formen zu sehen. Sie sind schwarz und oft gefüllt mit den Farben Rot oder Gelb. Auch mal mit beiden Farben. Doch es blieb nicht bei den Servietten und den Streichholzbriefchen. Lynch mochte es, auf verschiedenen Materialien zu zeichnen. Post-its, Hotel-Briefpapier, Flugzeug-Servietten. Alles war ihm recht, damit er seine Ideen festhalten konnte.

Anfang der 1980er Jahre weckte Los Angeles in Lynch die Neugierde zur Fotografie. Es war die Zeit, als er mit seinem zweiten Film *The Elephant Man* (1980) seinen ersten großen Erfolg feierte. Während der Dreharbeiten in Großbritannien hatte er zum ersten Mal ein paar Industrieaufnahmen gemacht. Es sollten nicht die letzten sein.

Seine erste Fotoserie erstellte Lynch von einer stillgelegten Ölquelle. Die Aufnahmen in Schwarzweiß zeigen Rohre, Hähne, Schläuche, kaputte Fensterscheiben und verlassene Räume. Erneut scheint Lynch das einzufangen, was ihn in Philadelphia so mitgenommen hatte. Und Jahre später, in Łódź in Polen (→ Łódź), sollte er in verwahrlosten Fabriken seine Serie von Industrieaufnahmen fortsetzen. Der Stil der Fotografien von Los Angeles scheint hier noch immer durch. Und doch ist klar, dass Lynch seinen Stil über die Jahre perfektioniert hat. Denn in der Zwischenzeit fotografierte er weitere Fabriken. In Deutschland, in New Jersey und im Bundesstaat New York. Lynch ist fasziniert von den Ruinen dieser industriellen Landschaften:

> »Sehen Sie sich die Bilder an, sie sehen aus wie Aquarelle, nicht wahr? Die Art und Weise, wie die Natur den Stahl, die Ziegel und den Beton bearbeitet hat. Es ist unglaublich schön! Eine Fabrik, die aufgrund der vielen Arbeit, die in ihr verrichtet wurde, gealtert ist ... Die Arbeit erzeugt viele Flecken, Veränderungen und all das zusammen mit dem Werk der Natur ergibt eine phänomenale Textur.«

In Los Angeles beließ es Lynch natürlich nicht bei Fotografien. Sein Verhältnis zur Stadt der Engel spiegelt sich am besten in seiner inoffiziellen Filmtrilogie wider, die er der Stadt gewidmet hat: *Lost Highway*, *Mulholland Drive* und *Inland Empire*. Alle drei Filme bilden gemeinsam einen einzigartigen Filmzyklus.

In den Filmen zeigt Lynch die vielen Facetten von Los Angeles und wie er sie wahrnimmt. Nicht zuletzt setzt er sich darin mit der Filmindustrie in Hollywood auseinander, mit der er in einer Form der Hassliebe verbunden scheint. Und so ist Lynchs Los Angeles ein Ort, der einen in den Wahnsinn treiben kann: die Frauen darin, verzweifelt und mysteriös. Sie wirken wie Filmstars aus der Vergangenheit. Erinnern etwa an den Stummfilmstar Norma Desmond (Gloria Swanson) aus *Sunset Boulevard.* Männliches Begehren dominiert das Geschehen. Stets sind dubiose Geschäfte am Laufen, Knebelfilmverträge, falsche Versprechungen. Gruselige Gestalten tauchen auf und Träume von einer großen Filmkarriere werden in der Unterhaltungsfabrik am Fließband zerstört.

Alle drei Filme erzählen von Menschen, die einen Nervenzusammenbruch erleiden und dabei eine andere Persönlichkeit annehmen, um der Realität zu entkommen. Lynchs Setting eines düsteren Los Angeles erinnert auch deshalb stark an den sogenannten Film Noir, einer düsteren Filmströmung aus der Nachkriegszeit, deren Motive sich um Wahnsinn, Geldgier, Eifersucht und Mord ranken. Meist platziert in einer urbanen Umgebung.

Lynchs Trilogie kommt nicht ohne die typischen Aufnahmen von Los Angeles aus. Doch bei ihm haben diese Bilder einen bitteren Beigeschmack: Ja, er zeigt das Hollywood-Schild oder den Walk of Fame. Doch vielmehr interessieren ihn die dunkel beleuchteten Nachtclubs oder die Hinterhöfe, die den Blicken der Touristen in der Regel verborgen bleiben.

In *Lost Highway* zum Beispiel spielt die Hauptfigur Fred Madison (Bill Pullman) Saxophon in einem zwielichtigen Nachtclub. In *Mulholland Drive* besuchen Betty Elms (Naomi Watts) und Rita (Laura Harring) ein bizarres Hinterhoftheater. Und in *Inland Empire* besucht Nikki Grace (Laura Dern) mitten in der Nacht eine groteske Burlesque-Show.

Lynchs Filme werfen einen zynischen Blick auf Hollywood und stehen dabei in der Tradition von Filmen wie, klar, *Sunset Boulevard* (1950). Aber auch von *The Player* (1992) von Robert Altman, der einen kritischen Blick auf die Machenschaften und die Oberflächlichkeit der Filmindustrie in Hollywood wirft. Und Lynchs sicherer Umgang mit dieser Welt zeigt: Er scheint bestens mit den Gerüchten, Skandalen und Geheimnissen der Filmindustrie vertraut. Und darin sieht er einen Reiz. Nicht nur für sein künstlerisches Schaffen, sondern auch für sich selbst: In der Stadt vergangener Filmträume zu leben – ein Traum: »Ich liebe Hollywood und seine Goldene Zeit […] Los Angeles besteht aus viel mehr als nur Hollywood, aber Hollywood spielt nun einmal eine wichtige Rolle.« Das Goldene Zeitalter Hollywoods ist es also, das ihn so fasziniert. Eine Zeit, in der Lynch vermutlich gerne in Los Angeles gelebt hätte: »Es dauert länger als bei anderen Städten, bis man LA zu schätzen lernt, weil es so weitläufig ist und jede Gegend ihre eigene Atmosphäre hat. Was ich an dieser Stadt wirklich mag: wenn man ab und zu herumfährt – vor allem abends. Es weht der Wind der großen Zeit des Silver Screen. Die Erinnerung erwacht zum Leben. Man wünscht sich einfach, damals gelebt zu haben.«

Lost Highway von 1997 ist Lynchs erster Film, der in Los Angeles spielt. Und somit der erste Film, der nicht im Kleinstadt-Amerika spielt. Der Schriftsteller David Wallace Forster, der das Set einige Tage lang begleitet hat, bemerkte:

»L. A. im Januar hat aber schon von sich aus viel von David Lynch. Surreale/ banale Gegenüberstellungen und Verflechtungen, wohin das Auge schaut.«

Ein besonderes Element von Lost Highway ist, dass die erste halbe Stunde in Lynchs eigenem Haus in den Hollywood Hills an der Senalda Road gedreht wurde. Es verleiht so dem Film eine seltsam persönliche Note. Und Lynch fängt den Zeitgeist Ende der 1990er wunderbar ein. Da ist zum Beispiel der ausufernde Gebrauch von Handys. Gefühlt an jeder Straßenecke wurde telefoniert. Auf die Spitze treibt Lynch diesen Trend in der berühmten Szene, in der Madison mit dem sogenannten Mystery Man telefoniert, obwohl dieser direkt vor ihm steht. Auch die Verfolgungsszene mit Mr. Eddy auf dem Mulholland Drive ist bezeichnend. Dabei schafft Lynch es, seinen absurden Stil auf die Stadt zu übertragen. Oder andersherum: Lynch offenbart das Lyncheske in der Stadt, das an jeder Ecke lauert, durch seinen Film.

Das Los Angeles von *Lost Highway* ist auch in den Psychen seiner Figuren verankert. Elementar darin ist die Verwandlung der Hauptfigur Fred Madison in den jüngeren Pete Dayton. Eine Metamorphose, die sich im Laufe des Films auch in der Stadt selbst zeigt. So schafft Lynch auch keine echte Stadtkulisse, sondern imaginiert Los Angeles durch eine künstliche Abimisierung[20], die den wandelbaren Charakter der Stadt darstellt. Die Stadt im Film ist wie der Film selbst stark fragmentiert: Beide lassen sich nicht so einfach charakterisieren, denn in ihnen leben viele Figuren. Auch lassen sie sich nicht in eine Einheit pressen. Und doch existieren beide paradoxerweise als Ganzes. An der starken Verrätselung des Films selbst arbeiten sich die Menschen ab, seit er damals in die Kinos kam. Doch am besten beschreiben Crewmitglieder, was Lynch mit dem Film über Los Angeles aussagen wollte. Einer sagt: »David will quasi so eine dystopische Vision von LA drehen. Man könnte eine dystopische Vision von New York drehen, aber wen juckt das. Für New York gibt's das schon.« Ein anderer:

---

20 Abimisierung bezeichnet einen Effekt der Verdoppelung oder Spiegelung, der auftritt, wenn innerhalb einer Erzählung eine Figur eine Geschichte erzählt. Dies kann sich über mehrere Ebenen erstrecken, beispielsweise wenn eine Figur von einer Geschichte berichtet, in der wiederum eine andere Figur von einem Traum erzählt. Das Wort leitet sich von dem literarischen und künstlerischen Begriff französischen Ursprungs »Mise en abyme« ab, der wörtlich »in den Abgrund gestellt« bedeutet. Er beschreibt eine Technik, bei der ein Bild, eine Erzählung oder ein Motiv innerhalb sich selbst wiederholt, quasi wie ein Spiegelbild in einem Spiegel, das sich endlos reflektiert.

»Er dreht eine Diane-Arbus-Nummer[21] über LA und zeigt die schleimigen Schattenseiten der Traumstadt.«

Vier Jahre nach *Lost Highway* kam *Mulholland Drive* in die Kinos. Lynch rückt darin das Thema Hollywood noch einmal stärker ins Zentrum. Und Los Angeles, dieses Mal mitsamt Stadtkulisse, wird um die verworrene Traumfabrik errichtet. Der urbane Raum wirkt so wie ein Labyrinth. Die Lebensader und Namensgeber des Films ist der Mulholland Drive, eine Panoramastraße in den Hollywood Hills, die sich direkt über Lynchs Anwesen in der Senalda Road befindet. Eine Straße, von der Lynch schwärmt:

> »I picture Mulholland Drive at night. Anybody who's driven on that road knows that there's not a lot of traffic, and it's filled with coyotes and owls and who knows what. You hear stories about things that happen on MD. It's a road of mystery and danger. And it's riding on top of the world, looking down on the Valley and Los Angeles. You get these incredible vistas, so it's pretty dreamy as well as mysterious.«

Während der Mulholland Drive das Fundament des Films darstellt, ist Hollywood seine Hauptfigur. Lynch zeigt den Tod des alten Hollywoods und den Schock, der damit einhergeht. Ein Schock, den seine Figuren erleiden und vermutlich auch er selbst hat erleiden müssen. Doch Lynch verändert auch im Laufe des Films den Blickwinkel auf die Stadt, um auch die dunklen Gassen und Hinterhöfe auszuleuchten, die sich fernab des Ruhms von Hollywood befinden.

Die große Fläche, die Weite und die Vielschichtigkeit der Stadt ist in jeder Aufnahme spürbar. Und die Vermengung von Vergangenheit und Gegenwart: Zwar spielt *Mulholland Drive* eindeutig im Jetzt, also Anfang der 2000er. Gleichzeitig vermittelt Lynch ein Gefühl davon, wie es in den 1950er und 1940er Jahren dort gewesen sein muss. Was Lynch sagt, erklärt diese Vermengung: »Mehrmals

---

21 Diane Arbus (1923–1971) war eine amerikanische Fotografin, die vor allem durch ihre absonderlichen Aufnahmen bekannt wurde. Ihr Werk *Identical Twins, Roselle, New Jersey, 1967*, das zwei junge Zwillingsschwestern zeigt, die Seite an Seite stehen, als ob sie verbunden wären, gehört zu den bekanntesten und hat Stanley Kubrick zu den Zwillingsmädchen in *The Shining* (1980) inspiriert. Lynch selbst ist ein großer Fan von Arbus und hat gar Fotografien von ihr erworben.

am Tag planen wir für die Zukunft, und mehrmals am Tag denken wir an die Vergangenheit. Wir hören Oldies im Radio an und schauen alte Filme im Fernsehen. Es gibt so viele Möglichkeiten, die Vergangenheit noch einmal zu durchleben [...] Noch gibt es viele Orte in Los Angeles, wo man das Goldene Zeitalter erahnen kann.«

Der letzte Teil der Trilogie, *Inland Empire*, handelt von der Schauspielerin Nikki Grace, die mit einem reichen und pathologisch eifersüchtigen polnischen Tycoon verheiratet ist, der in Los Angeles lebt. Der Name des Films ist Programm: Inland Empire ist die südkalifornische Metropolregion, die wiederum Teil der Greater Los Angeles Area ist. Doch der Titel ist doppeldeutig. Denn er verweist auch auf das facettenreiche Innenleben seiner Protagonisten.

Ähnlich wie in *Mulholland Drive* erzählt Lynch in *Inland Empire* eine Geschichte einer Schauspielerin, die eine Rolle in einem Film bekommt, der verflucht zu sein scheint. Wie eine Meditation über die uneingestandene Gnadenlosigkeit Hollywoods und die Eigendynamik des Filmemachens wirkt *Inland Empire*. Das Ergebnis ist ein dreistündiger filmischer Alptraum, der sowohl seine Form als auch seinen Inhalt aus der zersplitterten Psyche seiner gestörten Hauptfigur bezieht.

Besonders beeindruckend ist die Sequenz, in der Grace auf dem Hollywood Walk of Fame am Ende des Films erstochen wird. Wie wahnsinnig stolpert sie über die Sterne der Stars und zieht sich plötzlich ein Messer aus ihrem Bauch. Sie schreit und fällt auf einen Stein, der den Namen der Schauspielerin Dorothy Lamour (1914–1996) trägt, einer der großen weiblichen Stars des Goldenen Zeitalters. Grace schleppt sich über den Walk of Fame und sieht dabei ein Straßenschild Richtung Hollywood. Sie fährt herum. Geht wieder in die andere Richtung und fällt dann zu den Obdachlosen auf die Straße, auf der sie langsam stirbt. Nicht nur der Traum von Hollywood ist tot. Sie selbst ist es, die durch diesen zerstörten Traum zugrunde geht, ist er doch eng mit ihrer Identität verwoben.

Eine weitere eindrucksvolle Sequenz ist eine besonders groteske: Wie auf einer Theaterbühne sitzt eine Familie von Menschen im Wohnzimmer. Doch statt menschlicher Köpfe haben sie Kaninchenköpfe (hierbei handelt es such um Auszüge von Lynchs Internet-Sitcom *Rabbits* [2002], eine vermeintliche Familienidylle inszeniert als surreales Theaterstück). Der Raum sieht aus, als entstammte er aus Lynchs Zeichnungen – Lynch merkt an: »Ich mag diese kleinen Räume und ich habe eine ganze Reihe von Zeichnungen von kleinen Räumen gemacht. [...] Es ist eher wie in den 1940er Jahren [er spricht über die Kaninchensequenzen] [...] Ich würde nicht gerne in dieser Art von Interieur wohnen, aber ich würde gerne einen Film darin drehen. Ich mag es, in diese Art von Welt einzutreten.«

Auch hier offenbart sich Lynchs Nostalgie. Seine Liebe zur Vergangenheit. Eine Vergangenheit, die er in Los Angeles gefunden hat. Eine Stadt, von der er noch heute schwärmt. Eine Stadt, die zu ihm spricht und ihm Ideen, Inspiration und Intuition ins Ohr flüstert. Was die Schönheit dieser Stadt anbelangt, weiß Lynch über die Kontroverse. Doch er selbst hat sie überwunden:

> »I know a lot of people go there and they see just a huge sprawl of sameness. But when you're there for a while, you realize that each section has its own mood. The golden age of cinema is still alive there, in the smell of jasmine at night and the beautiful weather. And the light is inspiring and energizing. [...] It fills me with the feeling that all possibilities are available.«

Paris

»Paris is I think the most beautiful city in the world. It's inspiring to me. It's a place that's just packed with all the arts.«

David Lynch

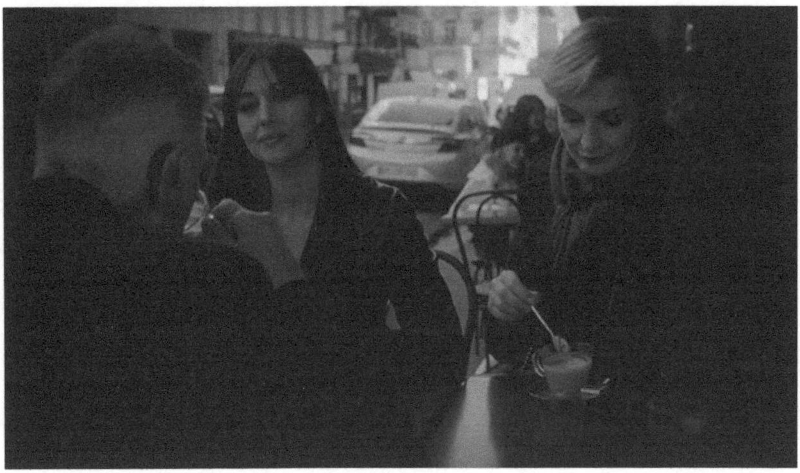

Für Lynch ist Paris die einzige Stadt auf der Welt, die sich mit Los Angeles messen kann. Die französische Hauptstadt, einer der meistbesuchten Orte der Welt und Symbolstadt der Liebe, fand ihren Platz im Herzen des Künstlers in den 2000er Jahren. Und war von da an Lynchs jährliches Refugium, in dem sich seine künstlerische Leidenschaft in vollem Maße entfaltete. Das erste Mal mit Frankreich in Berührung kam Lynch bereits Jahrzehnte zuvor: 1965, als er mit seinem Freund Jack Fisk einen Europatrip machte. (→ Lynch-Mob)

Lynch war damals 19 Jahre alt. Der Plan: Fisk und er wollten in Salzburg beim österreichischen Expressionisten Oskar Kokoschka (1886–1980) studieren. Doch bei dessen Sommerakademie bekammen sie keinen Platz. Und Salzburg selbst war für den Geschmack der beiden sowieso viel zu sauber. Sie überlegten es sich anders – und fuhren mit dem Orientexpress durch Europa. Lynch dazu: »I was kind of lost and just travelling around.«

Nach nur wenigen Wochen brachen sie das europäische Abenteuer allerdings ab. Wollten zurück an die US-Ostküste. Von Paris aus. Fisk, dessen Familie ein Ticket für ihn besorgt hatte, war bereits zurückgeflogen. Lynch allerdings fiel erst da auf, dass er selbst kein Geld mehr hatte für den Flug. Seine Rettung war eine Lehrerin aus Paris, die er im Zug kennengelernt hatte. Mit ihrer Hilfe gelang es ihm, seinen Großvater in den USA anzurufen und der ihm Geld für den Rückflug schickte.

15 Jahre später kam Lynch erneut nach Europa: zu den Dreharbeiten von *Elephant Man* (1980) in London. Direkt nach dem Dreh verbrachten er und seine damalige Ehefrau, die Schwester von Jack Fisk, Mary Fisk, eine Woche in Paris. In dic Stadt verliebt hatte sich Lynch zu der Zeit allerdings noch nicht, wie sich Mary Fisk erinnert: »The first night was terrible [...] because David is a penny-pincher and I was always nervous about spending money on anything, so I got a hotel he was horrified by. The neighborhood didn't seem bad to me, but he said, ›I'm not going out of the room!‹« Lynch selbst produzierte noch im selben Jahr die abstrakte Schwarzweißzeichnung *Paris Industry*, die mit ihren geometrischen Mustern und Formeln die verspielte *The Paris Suite* von 2007 vorwegnahm.

Erst 1988 schien der Funke bei Lynch übergesprungen zu sein. Das *Le Figaro Magazine* suchte zu seinem zehnjährigen Jubiläum internationale Filmemacher, die einen Beitrag zum Thema »Frankreich aus der Sicht von ...« leisten wollten.

Per Zufall stieß Lynch auf den Wettbewerb, als er gerade mit der Schauspielerin Isabella Rossellini in Paris war: »We were taken to a restaurant by this Frenchman. That restaurant was really, really good! […] So this guy said he was interested in doing this thing [Filmbeiträge für das *Le Figaro Magazine* Jubiläum] […] And I was going to be the American director. So I said, ›I'm flattered that you asked me, but I don't have an idea about it right now. And I'm busy. But if I get an idea in the next two weeks, I'll call‹.«

Doch bereits in der Nacht sprudelten die Ideen und kurz darauf drehte Lynch einen 20-minütigen Kurzfilm, obwohl sich die ursprüngliche Zeitvorgabe auf lediglich vier Minuten belief. Der Inhalt: Ein verlorener Franzose trifft im ländlichen Amerika auf ein paar Cowboys. Der Titel – offensichtlich: *The Cowboy and the Frenchman.*

Der Film steht etwas außerhalb des gewohnten Rahmens von Lynchs filmischem Schaffen und weist eher den trockenen, absurden Humor auf, der an die etwas in Vergessenheit geratene Mini-Fernsehserie *On The Air* (1992) erinnert, die Lynch zusammen mit seinem Co-Drehbuchautor und Produzenten bei *Twin Peaks*, Mark Frost, realisiert hatte. (→ Humor) Trotzdem transportiert er jene Traumhaftigkeit, die praktisch jeden Lynch-Film durchzieht. Und er präsentiert ein regelrechtes Feuerwerk an Klischees. Dabei bedient er nicht nur die gängigen Stereotypen, die mit Frankreich in Verbindung gebracht werden, sondern auch solche, die für die USA typisch sind.

Der Film präsentiert eine Reihe von Szenarien. Da sind ländliche Cowboys, die einen Franzosen mit einem Lasso fangen, der in seiner Reisetasche das ganze Bilderbuch-Frankreich zu tragen scheint: Rotwein, Baguette, Zigaretten, Käse, den Eiffelturm, Schnecken und mehr. Die Cowboys erkennen jedoch erst, dass es sich um einen echten Franzosen handelt, als sie French Fries (die ja eigentlich belgischen Ursprungs sind und nur in den USA so heißen!) aus seiner Tasche fischen. Nach einer nächtlichen Feier trägt einer der Cowboys dann eine Baskenmütze auf dem Kopf und holt eine Schnecke aus seiner Achsel hervor. Gegen Ende des Films erklingt in einem nächtlichen Gesang ein euphorisches »Vive la France!« und es wirkt, als habe der Film die aufkommende »Liebesgeschichte« zwischen Lynch und Frankreich vorweggenommen.

Nachdem Dino De Laurentiis' Filmproduktionsfirma im Jahr 1987 in finanzielle Schwierigkeiten geraten war, führte das nach *Dune* und *Blue Velvet* zum

Ende der Beziehung zwischen dem Produzenten und Lynch. Durch diesen Umstand und den abrupten Abschluss von *Twin Peaks* im Jahr 1991 zeigte sich plötzlich Frankreich als vielversprechende Option. Eines der Vorzeichen dafür war neben *The Cowboy and the Frenchman* die Goldene Palme in Cannes, die Lynch 1990 für seinen Film *Wild at Heart* gewann. Ab da nahm Lynchs »Liebesaffäre« mit Frankreich und Paris immer mehr an Fahrt auf.

Eine zentrale Rolle spielte dabei Pierre Edelmann, ein Franzose, der zunächst als Filmjournalist tätig war, dann aber die Seiten wechselte und sich den Produzenten anschloss. Er brachte Lynch, der von den Einschränkungen des amerikanischen Produktionssystems genug hatte, mit dem französischen Geschäftsmann Francis Bouygues in Kontakt, der die Filmproduktionsfirma Ciby 2000 betrieb, die er erst 1990 gegründet hatte. Das Treffen fand in Paris statt, wo Bouygues, mit dem Lynch sich später anfreundete, dem Filmprojekt *Ronnie Rocket* grünes Licht gab.

Ein für Lynch vorteilhafter Vertrag über drei Filme wurde unterzeichnet. Allerdings verlor er das Interesse an *Ronnie Rocket* und strebte stattdessen einen *Twin Peaks*-Film an. Und so entstand unter der Produktion von Ciby 2000 *Twin Peaks: Fire Walk With Me* (1992), der erste Film unter diesem Vertrag. Bouygues starb 1993, doch sein Nachfolger Jean-François Fonlupt produzierte weiterhin Lynchs Filme. Dank der finanziellen Unterstützung von Fonlupt entstanden *Lost Highway* (1997) und *The Straight Story* (1999). Neben Lynch profitierten übrigens auch andere Filmemacher wie Jane Campion (*Das Piano*, 1993), Emir Kusturica (*Schwarze Katze, weißer Kater*, 1998) und Pedro Almodovar (*Mein blühendes Geheimnis*, 1995) von Ciby 2000.

Ein nächster Wendepunkt in Lynchs Verbindung mit Frankreich war das Jahr 1992. Nach der Vollendung des Films *Twin Peaks* widmete er sich zunächst den Vorbereitungen für die Cannes-Premiere des Films, wobei er sich zuvor in Paris aufhielt. Diese Phase künstlerischer Anspannung fand unmittelbar vor einem persönlichen Meilenstein statt: Mary Sweeney, nicht nur seine Cutterin, sondern auch neue Lebensgefährtin, brachte am 22. Mai in Paris den gemeinsamen Sohn Riley zur Welt. Auf das Schöne jedoch folgte das Hässliche: *Twin Peaks: Fire Walks With Me* wurde von der Kritik verrissen. Und das verletzte Lynch zutiefst.

Nach diesem Rückschlag ließ Lynch einige Jahre verstreichen, ehe er sich wieder dem Film zuwandte. In der Zwischenzeit erlebte er jedoch eine neue

Begegnung mit Frankreich: Zum 100-jährigen Jubiläum der Erfindung des Cinématographen durch die Brüder Lumière beteiligte er sich 1995 mit 40 weiteren Regisseuren an dem Projekt *Lumière et compagnie*. Diese Initiative faszinierte Lynch, der es als Ehre empfand, mit der originalen Kamera aus dem 19. Jahrhundert einen Kurzfilm drehen zu dürfen. Die Idee für diese Hommage stammte von Philippe Poulet, der zu der Zeit im Kinomuseum in Lyon forschte: Jeder Film durfte maximal 52 Sekunden lang sein und musste ohne Schnitte, künstliches Licht und nachsynchronisierten Ton auskommen.

Lynchs Beitrag für das Lumière-Jubiläum trägt den Titel *Premonitions Following an Evil Deed* und erscheint wie die Essenz eines Lynch-Films – komprimiert auf weniger als eine Minute: alptraumhafte, surreale Bilder begleitet von äußerst unheimlichen, verstörenden Klängen und einer einschüchternden Musik. Um aus diesem Kurzfilm eine wie auch immer geartete Geschichte zu entnehmen, bedarf es mehrerer Betrachtungen: Eine Szene zeigt die Entdeckung eines toten Mädchens und die besorgte Mutter, die auf Neuigkeiten zu dem Unglück wartet. Schließlich überbringt ein Polizist den Eltern die traurige Todesnachricht. Zwischen diesen Ereignissen werden zwei Visionen beschrieben: Eine vermittelt Harmonie (drei Frauen, vereint in der Natur), während die andere Vision Terror und Chaos andeutet (Männer, die anscheinend an einer Frau in einem Glasbehälter experimentieren).

Nachdem Lynch *Lost Highway* und *The Straight Story* gedreht und Ciby 2000 1998/1999 wegen finanzieller Schwierigkeiten schließen musste, brachte Edelmann Lynch mit dem französischen Filmproduzenten Alain Sarde und später mit der Filmproduktionsfirma StudioCanal zusammen. Zum Glück, denn als der amerikanische Fernsehsender ABC das von Lynch ursprünglich als Serie konzipierte *Mulholland Drive*-Projekt nach der Pilotfolge absetzte, war es StudioCanal, das die weitere Umsetzung des später preisgekrönten gleichnamigen Films übernahm. Das französische Unternehmen finanzierte einige Jahre danach auch Lynchs Film *Inland Empire*.

Das Jahr 2001 brachte Lynch eine Versöhnung mit dem Filmfestival in Cannes, als er dort mit *Mulholland Drive* den Regiepreis gewann – gemeinsam übrigens mit Joel Coen, der mit *The Man Who Wasn't There* gewann. Ein Jahr später übernahm er als Präsident selbst den Jury-Sitz des Festivals. Zusätzlich wurde Lynch im Jahr 2002 der französische Verdienstorden Légion d'honneur (Cheva-

lier) verliehen. Der damalige französische Kulturminister Jean-Jacques Aillagon kommentierte dies: »It's a way for France to show its admiration and its gratitude to him and at the same time highlight the exceptional relationship he has with the Cannes Festival. The homage we are giving to David Lynch is an expression of our country's very strong conviction that cinema is something essential to culture.«

Eine weitere Erlösung war, als 2017 zwei Folgen von *Twin Peaks: The Return* auf dem Festival gezeigt wurden und der Saal stehende Ovationen gab: Lynch, damals 71 Jahre alt, war tief berührt und den Tränen nahe. Die durchweg positive und beinahe schicksalhaften Erfahrungen im französischen Filmsektor veranlassten Lynch zu folgenden Worten:

> »I love the French. They're the biggest film buffs and protectors of cinema in the world. They really look out for the filmmaker and the rights of the filmmaker, and they believe in final cut. I've been very lucky that I've been in with some French companies that have backed me.«

Die Zuneigung Lynchs zu Frankreich und einigen herausragenden Persönlichkeiten in diesem Land war bereits zu diesem Zeitpunkt etwas Besonderes. Doch was inspirierte ihn dazu, über Paris zu sagen: »Paris is I think the most beautiful city in the world. It's inspiring to me. It's a place that's just packed with all the arts. It's a great, great celebration of all the arts. It's just got the feel«? Wann begann diese Liebesaffäre zwischen Lynch und der Stadt?

Die innige Verbindung zwischen Lynch und Paris formte sich ab 2006. Zuvor hatte er die Stadt sporadisch besucht, beispielsweise im November 2002 für eine Live-Performance von Songs seines Albums *BlueBOB*, das er zusammen mit John Neff aufgenommen hatte. Ein Auftritt als Nachband in der Pariser Konzerthalle Olympia während des Festivals »Les Inrocks« hinterließ eine unvergessliche (aber nicht unbedingt positive) Erinnerung bei Lynch: »It was a night to remember, like the Titanic going down.« (→ Musik) Aber erst die Planung einer Ausstellung mit dem Titel *The Air Is On Fire* in der Fondation Cartier weckte seine Leidenschaft für die Stadt.

Diese Ausstellung vom 3. März bis zum 27. Mai 2007 war es, die dem französischen und auch europäischen Publikum Lynch, den Künstler, näherbrachte,

indem darin eine umfangreiche Kollektion seiner Kunstwerke aus dem Zeitraum zwischen 1960 und 2006 präsentiert wurde. Die Schau zeigte Gemälde, Fotografien sowie zahlreiche Zeichnungen und Skizzen, die Lynch seit seiner Jugend sorgfältig aufbewahrt hatte. Ein besonders herausragendes Stück war eine lebensgroße Nachbildung einer rätselhaften Raumzeichnung in kräftigen Farben. Zusätzlich bot ein kleines Kino, das an das Theater aus *Eraserhead* (1977) erinnerte, den Besuchern die Möglichkeit, die ersten Kurzfilme des Künstlers zu erleben. Des Weiteren hatte Lynch ein umfangreiches Begleitprogramm mit Aufführungen, Konzerten und Filmvorführungen für die Ausstellung vorbereitet.

2007 erhielt Lynch den Verdienstorden Officier de la Légion d'honneur – fünf Jahre, nachdem ihm der Légion d'honneur Chevalier verliehen worden war. Persönlich überreicht vom damaligen französischen Präsidenten Nicolas Sarkozy, der seine Bewunderung äußerte: »Ich mag auch diesen Willen, den Sie haben, alles auszuprobieren, Kino, Malerei, Fotografie, sogar Möbel. Wenn ich daran denke, dass man mich hier den kannibalischen Präsidenten nennt, treffe ich endlich einen Typen, der mehr machen will als ich.«

Während der Vorbereitungen für diese Ausstellung lernte Lynch Patrice Forest kennen, den Eigentümer der *Idem*-Studios, einer renommierten Kunstdruckerei im Pariser Stadtteil Montparnasse, die vor allem auf Lithografien spezialisiert ist. (→ Lithografie) Lynch war sofort fasziniert von dem Atelier: »I walked in and smelled that printer's ink, and I caught the mood and the vibe of that place and instantly fell deeply in love.«

Und so begann er unverzüglich damit, drei Lithografien zu entwerfen, die in der Cartier-Ausstellung zu sehen waren. Unmittelbar danach erweiterte er diese um neun weitere Lithografien, die gemeinsam die zwölf Werke umfassende Serie *The Paris Suite* bildeten. Dabei spielte er ausschließlich mit den Farben Rot, Schwarz und Cremeweiß. In den verschiedenen geometrischen und kryptischen Darstellungen brachte er ein abstraktes Paris aufs Papier, das äußerst verspielt und lebendig erscheint. Die Schlüsselbegriffe sind Chaos, Kreativität, Asymmetrie, organische Elemente und Muster. Diese Serie an Lithografien stellte bis dahin bis auf wenige Ausnahmen Lynchs einzige lithografische Arbeit in Farbe dar. In den folgenden Jahren sollten noch viele weitere Lithografien in Schwarzweiß folgen. Forest bemerkt dazu: »Since that time we've made more than two hundred lithos, and when he comes to Paris he has as much time in the studio as

he wants.« Das Atelier verzeichnet (Stand: 2023) auf der offiziellen Webseite 272 Lithografien von Lynch, der sich zu dieser Kunstform folgendermaßen äußert: »A lithograph is something you can have [...] and when you have it you see the beauty of the paper and you smell the ink. It's so different from a digital image.«

Etwa fünf Jahre später drehte Lynch einen kurzen Film in Schwarzweiß, *Idem Paris* (2013), in dem er das Atelier und dessen Druckmaschinen in Aktion zeigt. Die Aufnahmen erinnern an Lynchs Industriefotos und an die Bilder und den Sound seiner beiden Schwarzweißfilme *Eraserhead* und *The Elephant Man*. Das ist kein Zufall, denn die Laute der Maschinen im Atelier erinnerten ihn selbst stark an seine eigens für *Eraserhead* geschaffene, düstere Industriewelt. Er sagt über Idem: »Everybody that comes to this place, they feel it... I can feel the past. I can feel the whole art of life going on here. [...] I like the way the French people live. They protect the arts more than any other country. Here, almost every avenue of life is like an art form.« Und weiter über das Pariser Atelier, welches sein »home away from home« wurde: »This is totally Parisian. In people's dream of Paris, this place would fit in that dream perfectly.«

Diesen Traum-Aspekt nimmt sich Lynch zu Herzen, denn nur wenige Jahre später baut er ihn in diesem Kontext in *Twin Peaks: The Return* ein. Jeder, der die dritte Staffel *Twin Peaks* gesehen hat, weiß, wovon die Rede ist: vom Monica-Bellucci-Traum, von dem Gordon Cole seinen FBI-Kollegen Tammy Preston und Albert Rosenfield erzählt und der in Paris in der Straße vor den Türen des Idem-Ateliers spielt.

> »I was in Paris on a case. Monica called and asked me to meet her at a certain cafe. She said she needed to talk to me. We met at the café, Cooper was there. But I couldn't see his face. Monica was very pleasant. She had brought friends. We all had a coffee. And then she said the ancient phrase: ›We're like the dreamer, who dreams and then lives inside the dream.‹ I told her I understood. And then she said: ›But who is the dreamer?‹ A very powerful uneasy feeling came over me.«
> (Gordon Cole in *Twin Peaks: The Return*, Folge 14)

In einer Szene in Episode 12 der dritten *Twin Peaks*-Staffel gibt es eine weitere unvergessliche Hommage an Frankreich. Gordon Cole empfängt eine exzentri-

sche Französin, gespielt von Bérénice Marlohe, in seinem Hotelzimmer. Gemeinsam genießen sie auf der Couch einen edlen Bordeaux. Während Cole ihr eine Geschichte aus dem FBI-Alltag erzählt, platzt plötzlich FBI-Agent Rosenfield herein und bittet Cole um ein privates Gespräch. Der bittet die namenlose Französin daraufhin, an der Bar auf ihn zu warten. Es dauert fast drei Minuten, bis sie ihre Sachen zusammenpackt, bevor sie kokett posierend den Raum verlässt und Cole zum Abschied einen Handkuss zuhaucht. Diese Szene ist ebenso erotisch wie komisch.

Lynch drehte 2010 einen 16-minütigen Web-Werbespot namens *Lady Blue Shanghai* für eine Handtasche des französischen Luxuslabels Dior. Darin spielte die französische Schauspielerin und Oscar-Gewinnerin Marion Cotillard eine tragende Rolle. Die Inszenierung lässt Cotillard ebenso verführerisch und mysteriös wirken wie Marlohe in *Twin Peaks*. Visuell erinnert der Kurzfilm stark an *Inland Empire*, der ebenfalls digital gedreht wurde. Außerdem zeigt der Film für Lynch typische Motive und Symbole wie die Blaue Rose oder Traumsequenzen. Lynch vermittelt dabei den Eindruck, als würden Cotillard und ihr asiatischer Partner nicht durch das moderne Shanghai, sondern durch ein Paris der 1920er Jahre flanieren – begleitet vom Musikstück *Tango-Fate (Valentino)* von 1930.

Die Cartier-Ausstellung von 2007 in Paris markierte einen Wendepunkt für Lynch: Von diesem Moment an öffneten sich für ihn in der französischen Hauptstadt neue Türen. In den folgenden Jahren kehrte er nicht nur regelmäßig zurück, um Lithografien anzufertigen. Ein besonderer Moment war im Jahr 2008, als er in einem Café namens Les Deux Magots in Paris seiner Freundin Emily Stofle einen Heiratsantrag machte.

Lynch war äußerst engagiert in Paris. Im Jahr 2007 hatte er gleich zwei weitere Ausstellungen in der Stadt: Eine namens *Fetish* in der Galerie Passage, in der Lynch erotisch anmutende Fotos präsentierte – zu sehen waren von Designer Christian Louboutin entworfene Frauenschuhe, getragen von leichtbekleideten Frauen (zwei Modells aus dem berühmten Pariser Kabarett Crazy Horse). (→ Fetisch) Die zweite Ausstellung, *INLAND EMPIRE*, fand in der Galerie du Jour agnès b statt, benannt nach der französischen Modedesignerin, für die Lynch später eine T-Shirt-Kollektion entwarf.

2009 gestaltete Lynch die Herbstschaufenster der Galeries Lafayette am Boulevard Haussmann in Paris. Die Gestaltung der elf Fenster des traditionellen

Pariser Kaufhauses war eine prachtvolle Inszenierung. (→ Design) Lynch sagt: »Für mich sind diese Vitrinen wie Schmuckkästchen. Sie zeigen Szenen mit Landschaften und Figuren, die an Maschinen, Abstraktion und Frauen erinnern, mit Klängen, animierten Figuren und Lichtern. Ich hoffe, dass sie ihre eigene Magie haben und dem Traum Raum geben.«

Die Pariser konnten in den Schaufenstern Lynchs Faszination für das Monströse, das Spektakuläre, das Maschinelle sowie für Frauen und ihre Körperteile entdecken. (→ Körper) Lynch inszenierte alles in abstrakten Räumen mit Bühnenbeleuchtung und Soundeffekten und in schwebenden Zuständen. Diese einzigartigen Schaufensterkonstruktionen wurden später im Auktionshaus Christie's für wohltätige Zwecke versteigert.

Parallel dazu präsentierte Lynch dort eine Ausstellung mit dem Titel *I See Myself* mit 60 Lithografien. In einem eigens eingerichteten Kino innerhalb der Galerie wurde eine Auswahl seiner früheren Kurzfilme gezeigt.

Im August 2011 eröffnete in Paris im 2. Arrondissement der Nachtclub Silencio, eine von Lynch entworfene Location, die ihren Namen dem geheimnisvollen Club Silencio aus dem Film *Mulholland Drive* verdankt. Der Ort, an dem der Privatclub entstand, hat eine bedeutende Geschichte in Paris: Man sagt, der Dramatiker Molière sei dort begraben, Émile Zola habe seinen berühmten Brief *J'accuse…!* im Keller unter dem Gebäude gedruckt und der Politiker Jean Jaurès sei im gegenüberliegenden Café ermordet worden.

Lynch arbeitete über einen Zeitraum von zwei Jahren eng mit dem Clubbesitzer Arnaud Frisch und dem Designer Raphaël Navot zusammen, wobei er klassische Papierentwürfe anfertigte, die später digitalisiert wurden. Das Ergebnis ist ein beeindruckender 7000 Quadratmeter großer Privatclub, bestehend aus miteinander verbundenen, kleinen Räumen mit niedrigen, gewölbten Decken und einem integrierten Theater- bzw. Kinosaal. Jeder Aspekt der Inneneinrichtung wurde von Lynch persönlich ausgewählt – von den Toiletten über die Möbel bis hin zu seinen eigens designten Sofas und Sesseln, die vom Stil der 1950er Jahren inspiriert zu sein scheinen.[22]

---

22 2023 eröffnete in New York ein weiterer Silencio-Nachtclub (wieder unter Arnaud Frisch); diesmal war Lynch aber nicht direkt beteiligt. Stattdessen sorgte der Designer Harry Nuriev für die Gestaltung des Ortes. Dabei tauchte er den Club von oben bis unten in verführerische Rottöne und schimmernde Goldakzente und blieb damit

Auf die Frage, warum er dieses Projekt auf sich genommen habe, antwortete Lynch: »I wanted to create an intimate space where all the arts could come together. There won't be a Warhol-like guru, but it will be open to celebrated artists of all disciplines to come here to programme or create what they want. [...] I have the feeling that I have coaxed out some of the atmosphere and the characters from my films, and even from my music.« Die Einrichtung im Club beschreibt er mit den folgenden Worten:

> »Man muss sich dort wie in einem Mutterleib fühlen, der auf eine bevorstehende Geburt wartet. Der Ort mit seinen Windungen, seiner labyrinthischen und unterirdischen Architektur war dafür wie geschaffen. Alle Räume drehen sich um einen Bartresen, der mit reflektierendem, goldenem Metall verkleidet ist. Ich habe Originalelemente wie die Metallstrukturen aus dem frühen 20. Jahrhundert, aus der Zeit Eiffels, belassen. [...] Die Decke und die Wände sind mit Blattgold überzogenen ineinandergreifenden Quadraten aus unbehandeltem Holz gespickt. Der Raucherraum ist eine Art Fantasiewald mit wellenförmigen elfenbeinfarbenen Säulen und schwebenden schwarzen Sitzen. Die Farben und Formen sind von Art déco und Primitivismus beeinflusst.«

Im darauffolgenden Jahr entwarf Lynch ein Zimmer im Pariser Luxushotel Lutetia, das für ihn über die Jahre zu einer Art zweiten Heimat geworden war. Hier begannen seine Tage stets mit einem Café au lait, Zigaretten und Meditation, bevor er sich in sein Atelier in der Nähe von Montparnasse begab. Die von Lynch gestaltete Suite (Zimmer 111), die einen Blick auf den Garten bietet und mit mehreren seiner Lithografien, darunter Werke aus der Paris Suite, sowie Aquarellen, Fotografien und Zeichnungen, geschmückt ist, verströmt ein Ambiente, das zwischen den Themen Liebe, Tod, Traum und Erotik oszilliert. Auch hier ist die Inneneinrichtung von Elementen des Art déco inspiriert.

Im Jahr 2012 kuratierte Lynch auch einen Teil der Bilder, die auf der internationalen Fotomesse *Paris Photo* zu sehen waren. Die von ihm handverlesenen Bilder wurden an den Ständen der ausstellenden Galerien mit schwarzen Kärtchen

---

dem Lynch-Stil treu. Nuriev erklärt, bei der Umsetzung des Designs von der Ästhetik von *Twin Peaks* beeinflusst gewesen zu sein, und erläutert: »Ich wollte die Codes von Lynch fortsetzen, aber mit meiner eigenen Note.«

markiert und bildeten einen eigenen Weg innerhalb der Messe. Ein Buch, das seine Auswahl an Fotografien präsentierte, wurde später vom Steidl Verlag veröffentlicht. In seinem Vorwort schreibt Lynch: »I, David Lynch, selected for you at Paris Photo 2012 100 images that striked me. Did you know an image worth a thousand words?« Die ausgewählten Bilder tragen unverkennbar Lynchs Handschrift und fordern uns dazu auf, durch die Linse des Amerikaners zu blicken: Szenen von Bombenexplosionen, Figuren in surrealen Umgebungen, makabre Kompositionen à la Joel-Peter Witkin[23] (→ Groteske), nackte Frauen, Mysterien und eine dominierende Schwarz-Weiß-Ästhetik (→ Kontrast).

Abschließend lässt sich sagen, dass die Franzosen eine bedeutende Rolle in Lynchs künstlerischer Laufbahn einnehmen. Sie waren nicht nur ein wichtiges Publikum für seine Filme und kreative Arbeit, sondern auch entscheidender Geldgeber für seine vielfältigen Projekte. Lynch brachte seine Dankbarkeit für ihre Unterstützung unter anderem mit den Worten »Thank God for the French« (*Interviews*, xiv) zum Ausdruck. Unternehmen wie Ciby 2000, Canal Plus und StudioCanal spielten eine maßgebliche Rolle bei der Produktion einiger ikonischer Lynch-Filme im Zeitraum zwischen *Twin Peaks: Fire Walk With Me* (1992) und *Inland Empire* (2006). Lynch hatte oft Schwierigkeiten, die Finanzierung seiner Projekte in den USA zu sichern, daher wäre es wohl kaum vorstellbar, dass Lynchs Filme ohne die beträchtliche Unterstützung durch die Franzosen überhaupt realisiert worden wären.

Seit der umfassenden Ausstellung in Paris im Jahr 2007 hat die kreative Arbeit des Künstlers möglicherweise eine der wichtigsten Wendungen in seinem Leben erfahren. Er war nicht mehr nur ein weltweit gefeierter Filmemacher, sondern auch ein angesehener bildender Künstler. Und Lynch selbst weiß das und kann Paris und Frankreich daher nicht genug loben: »I love France because everything they do there is art. The buildings, the chairs, plates, glasses, railroads, cars, tools, food, drinks, fashion – everything is an art form, and they believe in good-quality materials and great craftmanship and killer design. […] I like the hotel I stay in in Paris, and the people, and I like foie gras, and Bordeaux, and croque madame.«

---

23 US-Fotograf (*1939), der in seinen Werken in Schwarzweiß meist deformierte menschliche Leichen oder Leichenteile in Szene setzt.

Łódź

»It was based on a Polish-Gypsy folk-tale. The title in German was ›Vier-Sieben: 47‹. And it was said to be cursed.«

KINGSLEY STEWART (in *Inland Empire*)

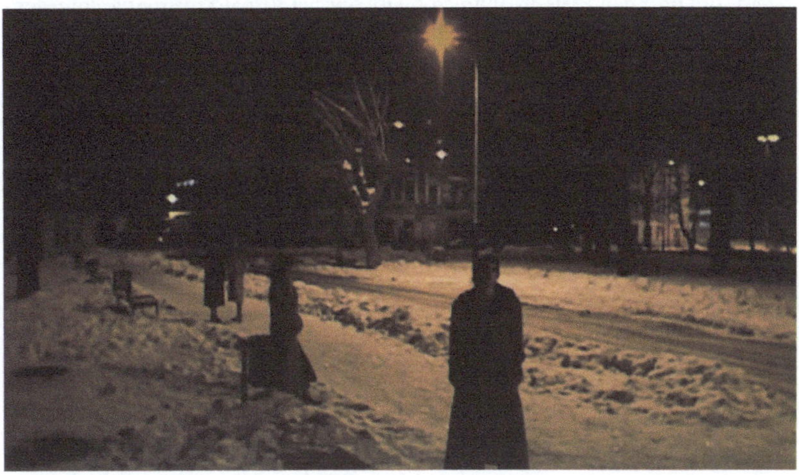

Nach der Vorführung von *Inland Empire* in einem der wenigen deutschen Kinos, die den Film 2006 zeigten, dürfte sich so mancher Zuschauer gefragt haben: Was um alles in der Welt hat Lynch plötzlich mit Polen am Hut? Eine mysteriöse Frau, die ein polnisches Volkslied singt, ein scheinbar verfluchter Film mit dem Titel *47 (Viersieben)*, der auf einem polnischen Volksmärchen basiert, Szenen mit Prostituierten und Zuhältern in der polnischen Stadt Łódź im Winter der 1930er Jahre, ein Prostitutionsring im Osteuropa der Gegenwart und sogar ein polnischer Zirkus – was hatte das zu bedeuten?

Wer Lynchs Entwicklung aber genau verfolgt, also nicht nur dessen Filme gesehen hat, dem war die Antwort schnell klar. War er doch schon im Rahmen des polnischen Camerimage-Filmfestivals im Jahr 2000 das erste Mal nach Łódź gereist, um dort den Preis als »Director with Special Visual Sensitivity« entgegenzunehmen. Das von Marek Zydowicz 1993 in Toruń gegründete Festival findet jedes Jahr im November eine Woche lang statt – und für die 2000er Ausgabe war man gerade nach Łódź umgezogen. Der Gründer und Direktor des Festivals erinnert sich noch gut daran, wie er versuchte, Lynch als Aushängeschild für das Festival zu gewinnen: »When I first came to Los Angeles, I phoned Lynch right away. I wasn't sure if it was his number. He answered my call and invited me to drop by – I couldn't believe it! After a two-hour-long conversation, he agreed to come to Poland and said that I'm his older brother. […] However, he did it under one condition: he had heard of the old factories in Łódź and wanted to do a photo shoot there.«

Łódź hätte in der Tat direkt aus Lynchs entworfenen Industrielandschaften in *Eraserhead* oder *Elephant Man* entstammen können. Denn ihre Blüte erlebte die Stadt im Zentrum Polens, nur 120 Kilometer südwestlich von Warschau, mit der zweiten Industriellen Revolution in den 1870er Jahren – eine rasant wachsende Textilindustrie entwickelte sich. Łódź zählte immer mehr Einwohner, darunter auch viele Migranten, und entwickelte eine starke soziale Ungleichheit, die sich auch noch heute in der Architektur der Stadt widerspiegelt: Villen und prächtige Häuser stehen neben Fabriken aus rotem Backstein und baufälligen Mietshäusern. Die einst als Hochburg der Textilindustrie bekannte Stadt ist gegenwärtig aber weit mehr als nur ein Ort mit hoch aufragenden Schornsteinen und sich im Verfall befindenden Fabriken. Der Zerfall des Ostblocks hatte Łódź zwar zunächst wieder verarmen lassen, doch seit gut fünfzehn Jahren hat sich die Stadt sichtlich erholt und ist jetzt wieder wichtiger Wirtschafts- und Kulturstandort. Bekannt ist sie aber vor allem auch wegen der staatlichen Hochschule für Film, Fernsehen und Theater »Leon Schiller«, die es seit 1948 gibt. Filmemacher wie Andrzej Wajda (*Der Mann aus Marmor* [1977]; *Danton*, [1983]), Janusz Morgenstern (*Auf Wiedersehen bis morgen*, 1960) oder Roman Polanski (*Chinatown* [1974]; *Der Pianist* [2002]) zählen zu den Absolventen.

Lynch hatte mit Łódź also den perfekten Ort gefunden: Industriegebäude aus vergangener Zeit, ein damals noch recht unberührter Ort im Wandel der Moderne und vor allem stark durch Film und Künstler geprägt. Mit den Worten von Zydowicz: »A city of dark secrets, devastated factories, fog, shadows, broken streetlamps, and eerie noises [...] a mood of mystery evocative of a violent dream where things have an odd, alluring logic.«

Im Jahr 2000 entstanden bei Lynchs erstem Besuch in Łódź eine Menge Fotografien von Fabriken und anderen »dreamy« Orten, wie er gern sagt. Lynch lichtete alle möglichen Ecken der heruntergekommenen Gebäude ab, nahm mit seiner Kamera jede vorstellbare Perspektive und Position ein. Mal ist sie nah an den von der Zeit gezeichneten Wänden und Rohren dran, berührt sie fast. Mal ist sie weit weg oder steht frontal gegen das Fensterlicht – stark kontrastieren die Konturen und Formen der pechschwarzen Fabriken den weißen Hintergrund.

Auf diese Weise inszeniert Lynch die einst so wichtigen Fabriken beinahe wie Kirchen. Heilige Orte eines vergangenen Industriezeitalters. Der Kontrast spielt dabei eine entscheidende Rolle (→ Kontrast), ist er es doch, der Anzeichen des Sakralen aufkommen lässt. Alle diese Bilder sind in Schwarzweiß entwickelt, wie wir es von Lynch oft gewohnt sind – Erinnerungen an die oben genannten Filme *Eraserhead* und *Elephant Man* werden wach. Und es wirkt gar so, als würden wir mit den Bildern durch eine Art Portal marschieren und direkt in einer lynchesken Landschaft landen. Es sind labyrinthische Gänge zu sehen. Verfallene Mauern füllen das Bild aus. Industrieabfälle übersäen den Boden. Gerümpel, wohin das Auge reicht. Die von Menschenhand geschaffenen Bauten und Strukturen werden dem Menschen hier von der Natur (→ Natur) wieder entzogen: Die Natur bekommt die Oberhand und nimmt sich zurück, was ihr schon immer gehört hat.

Lynchs Industriefotografien, die er Ende 2003 noch einmal mit tausenden Aufnahmen von verfallenen Gebäuden in Łódź ergänzte, waren aber nur ein

Teil seiner fotografischen Arbeit in der Stadt – der zweite Teil der Aufnahmen umfasste nackte Frauen (→ Frau): »In the daytime we'd shoot factories, and at night we'd shoot nudes.«

Łódź ist einer der drei Orte, an denen sich Lynch an der Aktfotografie versucht hat. Und den einzigen Hinweis darauf finden wir zu Beginn seines *Nudes*-Bandes (2017), denn dort schreibt Lynch in gewohnt enigmatischem Stil und mit seiner unverkennbar kindlichen Handschrift: »Photographs of Nudes taken in Los Angeles CA., Łódź Poland, and one other place.« Besonders dieser »eine andere Ort« fällt hier auf. Wovon spricht Lynch? Von Paris? Oder ist es einer dieser vielen »unkonkreten« Orte, also die mystischen, jenseitigen Gegenden, auf die Lynch hier anspielt? Traum-Orte, die sich zunächst einmal nur in seinem Kopf manifestieren? Wir wissen es nicht.

Auch bleibt unklar, wer die Models waren und wann genau die Fotos gemacht wurden – sie sind stets undatiert. Eine Ausstellung gibt hier jedoch Hinweise: *Saul Leiter. David Lynch. Helmut Newton: Nudes* (Berlin, 1. Dezember 2018 – 19. Mai 2019). Dort nämlich sind einige der 25 von Lynch ausgewählten Frauenfotografien in Łódź entstanden – und sie sind auch auf das Jahr genau datiert: 2000. Ein Journalist fragte Lynch einmal, wer die Frauen seien. Und äußerte dabei den Verdacht, es handle sich um Prostituierte. Doch Lynch verneint: »No, no they're not prostitutes. They're girls who don't have a problem being photographed and they're very good girls. I think you could say that throughout time, the female figure has been pretty extraordinarily loved but it's an inexhaustible realm, and the way the light plays, it's just a continual thrill, it's unbelievable. [...] [It's] the same with the factories, the light that plays inside these buildings, it's really a spiritual experience.«

Bei den Aktfotografien handelt es sich um abstrakte Körperbilder. Oft in extremer Nahaufnahme, die wir erst auf den zweiten (oder dritten) Blick mit einem menschlichen Körper (und einer Frau) assoziieren (→ Frau und → Körper). Die Parallelen zwischen den Fabrik- und den Frauenfotografieren sind deshalb deutlicher, als man denken würde. Nicht nur sind beide in Schwarzweiß und vermitteln damit eine bestimmte aus der Zeit gefallene Atmosphäre und ein ähnliches Schattenspiel, sondern oftmals sind die Industrieaufnahmen genauso sehr Nahaufnahmen wie die Frauenkörper. Lynch hat dabei eine Vorliebe für Kurven und Verläufe, Oberflächen und Texturen: Körperform versus Fabrikarchitektur,

Hautporen (in Nahaufnahme) versus Gegenstandstexturen (in Nahaufnahme). Lynch dazu: »It's the mood, shapes and textures – it's something that thrills my soul. The way the light can fall on a factory is the same way the light can fall on a body.«

Nach diesem ersten Aufenthalt in der polnischen Stadt kurz nach der Jahrtausendwende und dem Erfolg von *Mulholland Drive* (2001) zog es Lynch über die Jahre für diverse Projekte immer wieder nach Łódź zurück – seltener zwar als nach Paris, aber immerhin: Die französische Hauptstadt und Łódź waren in den 2000er Jahren die zwei vielleicht wichtigsten Städte für Lynch nach Los Angeles. In jedem Fall äußerte sich der Künstler begeistert: »I fell in love with that place like you can't believe. In the summer it's not so good, but in the winter it's got a mood and it's got these beautiful factories and there was this feeling in the air that you could do anything.« Und 2007, nach dem Erscheinen von *Inland Empire* (Lynchs durch und durch polnisch geprägtem Film), erklärte er einem amerikanischen Journalisten enthusiastisch und mit der Begeisterung eines Kindes, das etwas Neues entdeckt hat und es am liebsten mit der ganzen Welt teilen möchte: »I was in Łódź, Poland. It's spelled L-O-D-Z, but it's pronounced ›Wootch‹. There's a famous film school there, and it was the textile capital of the world, so there are huge old factories that were built in the 1800s. Incredible. The weather was pretty good when I was there, but they had two days of fog that shut down the airports in Warsaw and a lot of Poland. It has beautiful winter light, low-hanging grey clouds. The architecture and factories and leafless trees – it's beautiful.«

Lynch hat in Łódź also das für sich entdeckt, das er ansonsten immer stark kritisiert hat: »But now all the cities are looking more and more the same. The real treasures are going away; the mood they create is going away. Graffiti is one of the worst things that ever happened to a city.«

In Polen lernte der von Musik (→ Musik) begeisterte Lynch auch den Komponisten Marek Zebrowski kennen. Daraus entwickelte sich eine Freundschaft, wodurch Zebrowski auch an der Musik von *Inland Empire* mitwirkte. Lynch lud den Polen auch in sein Studio nach Los Angeles ein, um gemeinsam an einer Reihe von musikalischen Experimenten zu arbeiten. Zunächst aus Spaß, später für wichtigere Projekte. Aus dieser Zusammenarbeit entstand dann eine atmosphärische Melodie, die zu dem 2007 unter dem Label *David Lynch Music Company* veröffentlichten Album *Polish Night Music* führte. Sie war inspiriert von den einzigartigen und unterschiedlichen Verbindungen der beiden zu Polen. Am Ende standen vier minimalistische und rein instrumentale Musikstücke, die sich über eine Länge von einer Stunde und siebzehn Minuten erstrecken. »I see them as definitely scenes that play in the mind. […] The image [Poland at night] is of Łódź at night and the mystery it holds«, erklärte Lynch bezüglich des Albums. Und Zebrowski ließ über Polen und Lynch wissen: »[Poland] is a landscape that continues to remain at once familiar and completely alien to me. […] Every time I am there, I am surprised by something, and I think for David, Poland certainly represents the process of discovery.«

Apropos *Inland Empire*. Der Film, der das Herzstück der Beziehung Lynchs zu Łódź ist. Ein Großteil der Szenen wurde dort gedreht und die winterliche Atmosphäre, verlassene Fabriken und opulente Residenzen aus dem späten 19. Jahrhundert tragen viel zur mysteriösen Aura des Films bei. Als Schauplätze wählte Lynch das Grand Hotel (speziell die Rubenstein-Suite im Film), den Herbsta-Palast, den Zwycięstwa-Platz, eine Spinnerei an der Ogrodowa-Straße (eines der am meisten von Touristen fotografierten Gebäude in der Stadt) und ein altes Heizkraftwerk, das EC1. Und auch in Warschau wurden Szenen gedreht. Lynch stellte eine ganze Reihe polnischer Schauspieler ein, darunter Karolina Gruszka, Krysztof Majchrzak, Leon Niemczyk und Piotr Józef Andrzejewski (auch bekannt unter dem Namen Peter J. Lucas).

Als Lynch sich für den Dreh in Polen aufhielt, war es Winter und eiskalt. Und noch genau erinnert er sich: »We had this fantastic goulash soup and vodka, and that stuff keeps you alive in that weather.« Nach dem Abenteuer *Inland Empire* erwarb Lynch dann ein Grundstück ein wenig außerhalb von Łódź. Er war begeistert von der 24 Hektar große Fläche: »My parcel abuts a woods that's state property so it can never be developed, so it's private and beautiful with loamy earth that gently slopes to the east.« Bis heute allerdings hat Lynch das Stück Land in keinem seiner Projekte untergebracht. Und vielleicht ist daran eine negative Erfahrung in Łódź schuld …

Während der Arbeit an *Inland Empire* keimte in Lynch nämlich die Idee auf, an der Um- und Neugestaltung der Stadt mitzuwirken. Denn für Łódź hatte er in der Zwischenzeit Feuer gefangen: »Es gibt noch etwas anderes, das mich in Polen schon bei meiner ersten Reise beeindruckt hat: Es kommt eine neue Generation, die viel optimistischer ist als die vorherigen. Der Kommunismus ist vorbei. Polen

ist ein freies Land, und die Menschen spüren das, berauschen sich an diesem neuen Gefühl.« 2005 war beschlossen worden, das älteste Heizkraftwerk in der Stadt, das EC1, nicht mehr in Betrieb zu nehmen. Dies führte zu einigen Umstrukturierungsplänen und so kam unter anderem der Gedanke auf, den Komplex in ein Film-, Postproduktions- und vor allem Kunststudio zu verwandeln. Lynch dazu in einem Interview: »We want to create a fantastic place. The old EC1 power plant will become a space for sculpture, theatre, all kinds of music, cinema, dance, photography, painting and even metallurgic work. Artists will inspire each other, exchange ideas and experience. We will show their art in gallery halls and sell it. It will allow them to earn money and the studio to sustain itself. We will try to find a sweet spot in-between unfettered creativity and the market.«

Lynch tat sich dafür mit Marek Żydowicz und dem Architekten und Unternehmer Andrzej Walczak zusammen. Der neue EC1-Komplex, so war der Plan, sollte ein 3D-Kino werden. Und ein »Klangtheater«, ein Studio also für die Aufnahme symphonischer Filmmusik. Und ein Planetarium sollte ebenfalls gebaut werden. Und auch Ausstellungsräume und Ateliers für verschiedene künstlerische Tätigkeiten (zum Beispiel für Skulpturen). Und ein kleines Hotel für Workshop-Teilnehmer. Und ein Jazz-Club. Und eine Bibliothek. Und ein »See der Erinnerung« (ein Ort, an dem die Bewohner von Łódź ihre Erinnerungen für künftige Generationen festhalten können). Die Idee war, damit große internationale Film- und Musikprojekte anzulocken. Und außerdem sollten junge Künstler dabei unterstützt werden, von einem weltweiten Publikum wahrgenommen zu werden.

Neben der Umgestaltung des EC1 war außerdem ein neues Festival- und Kongresszentrum geplant, das vor allem der Sitz des Camerimage-Festivals sein sollte. Dafür legte sich die Leitung des Filmfestivals vertraglich fest, für die nächsten 19 Jahre in Łódź zu bleiben. Der renommierte Architekt Frank O. Gehry (u. a. Guggenheim-Museum in Bilbao, Fondation Louis Vuitton in Paris), dessen Großeltern aus Łódź stammten, schloss sich etwas später diesem zweiten Projekt an und verlieh dem Vorhaben zusätzlich Glanz und Solidität. Und doch gab es nicht wenige, die sich über Lynch und Gehry wunderten: Was hatten die beiden in einer polnischen Stadt verloren, von denen die meisten Menschen der westlichen Welt noch nie etwas gehört hatten?

Die New York Times stellte sich damals dieselbe Frage und brachte den dazu fehlenden Kontext: »When David Lynch and Frank Gehry made headlines last

year for their involvement in two multimillion-dollar cultural centers in the economically downtrodden city of Łódź, Poland, confusion ran high. What could they possibly see in the so-called Manchester of Poland? In fact, Łódź is undergoing something of a creative rebirth. The city has begun turning its 19th-century textile buildings into new-economy hubs — a case in point is the Manufaktura complex (Ogrodowa Street), home to a museum and the city's first upscale design hotel, Andel's. Łódź is also financing cultural festivals and programs aimed at retaining local art school grads, and once a planned high-speed rail slashes the Warsaw commute to 35 minutes, they'll have one more reason to stay put.«

Das Gehry-Gebäude sollte das architektonische Wahrzeichen der Stadt werden. Der Bilbao-Effekt, den Gehry schon früher einmal evozierte, sollte her – die bewusste Aufwertung von Städten oder anderen Orten durch beeindruckende Bauten also. Ende 2009 präsentierte Gehry seinen Entwurf für das geplante Kulturzentrum. Die Fassade sollte einer großen Kinoleinwand ähneln, während das Innere des Gebäudes – insgesamt 37.000 Quadratmeter – einen Theatersaal mit 3.000 Plätzen, vier Vorführräume und einen Ausstellungsraum umfassen sollte. Gehrys Cluster aus spektakulären, ineinandergreifenden Formen neben einem rostenden Kraftwerk war in vielerlei Hinsicht ein Beispiel für zeitgenössische Architekturtrends: Eine verfallende Industrielandschaft wird dank eines globalen »Stararchitekten« umgestaltet, erneuert und zum Aushängeschild der Stadt. Eine Besonderheit daran ließ Lynch-Fans aufhorchen: Auf der leinwandähnlichen Glasfassade des Zentrums war eine Projektion einer Szene aus *Inland Empire* zu sehen. War der Film also Anfang und Ende des gesamten Kultur-Projekts? Lynch als kreativer Antriebsmotor der Umgestaltung? Ein Kreis, der sich schloss?

Ein Happy End war dem Entwurf des Zentrums und dem Lynch-EC1-Plan am Ende nicht beschert. Denn 2010 wurde Jerzy Kropiwnicki als Bürgermeister von Łódź abgewählt. Leider, denn mit ihm verstand Lynch sich gut. Neue Bürgermeisterin wurde Hanna Zdanowska (2024 ist sie noch immer im Amt).[24] Diese sah keine Zukunft für das kostspielige Vorhaben und stoppte es. Lynch

24 Das finale Konzept des EC1 und des Zentrums wich vom ursprünglichen Plan ab. Das EC1 wurde 2016 mit einem hochmodernen Planetarium eröffnet und 2018 um ein Zentrum für Wissenschaft und Technologie ergänzt. Die Verbindung zum Filmschaffen blieb jedoch bestehen, denn es ist auch der Sitz des Nationalen Zentrums für Filmkultur und daneben der Lódzer Filmkommission.

ärgerte sich. Zeigte sich verbittert und nahm die Entscheidung persönlich: »Ich habe Łódź geliebt, ich habe die Menschen dort geliebt, ich habe die Atmosphäre und die Architektur geliebt. Es war etwas Aufregendes dort. Aber das neue Team und die Bürgermeisterin haben Łódź getötet. Es passieren dort nicht so schöne Dinge, und ich fühle mich schlecht dabei. Mit dieser Bürgermeisterin hat dieses Projekt keine Zukunft.«

Und die Verbitterung war verständlich. Lynch hatte viel Energie und auch eigenes Geld in das Projekt gesteckt. Die ursprüngliche Vereinbarung sah vor, dass die Stadt eigene Mittel und solche aus der EU für die Revitalisierung des Gebäudes einsetzt, während sich die World Art Foundation (die Stiftung, die Lynch, Żydowicz und Walczak zu diesem Zweck gegründet hatten) um die Innenausstattung kümmert. Als die Mittel gekürzt wurden und die Stadt juristische Schritte einleitete, um das EC1-Gebäude der Foundation wieder abzukaufen beziehungsweise die neuen Besitzer zu enteignen, nahm Lynch das sehr persönlich und schickte sogar einen offenen Brief an den damaligen polnischen Ministerpräsident Donald Tusk, in dem er den Fall ansprach. Doch dieser ließ wissen: »David Lynch wohnt nicht in Łódź, wenn ich mich richtig erinnere.« Das war unmissverständlich.

Die Konsequenzen für Łódź waren unmittelbar spürbar: Żydowicz verlegte das Camerimage-Filmfestival nach Bydgoszcz, Hauptstadt der Woiwodschaft Kujawien-Pommern und achtgrößte Stadt Polens. Und Lynch kehrte Łódź mehr oder weniger den Rücken. Sein Enthusiasmus für die Stadt fand ein jähes Ende. Und trotz dieser Rückschläge kehrte er über die Jahre weiterhin nach Polen zurück. Das Land beeinflusste auch weiterhin sein Werk, wie wir gleich sehen werden.

2012 zum Beispiel wurde Lynch beim Camerimage-Festival mit einem Preis für sein Lebenswerk ausgezeichnet und 2014 erklärte er bezüglich der neuen Filmfestivalstadt Bydgoszcz, die ihn zum Ehrenbürger kürte: »They don't have the same kind of factories there but they had an incredible thing – a munitions factory where munitions for the second world war on the German side were manufactured. And not in just one building, but in many, many, many buildings in the woods. And every building had, on the roof, trees growing, so helicopters and airplanes couldn't see them. They were camouflaged. And they were also separate, so that if something went wrong and a building blew up, it wouldn't affect the other buildings. And one wall of every building was weaker than the other walls, so that wall could blow out and it would save the rest of the building. A lot of thought went into these places. And now they're completely empty. […] in their emptiness, it's like someone set up an installation that was so beautiful, and I gotta photograph that place.«

Im November 2017 dann wurde die bis dato größte Ausstellung von Lynch in Polen eröffnet. Mit dem Titel *Silence and Dynamism* im Center for Contemporary Art in Toruń war sie Teil des 25. Camerimage-Filmfestivals. Zu sehen (und hören) waren mehr als 400 Werke. Von Ölgemälden über Aquarelle, Zeichnungen, Lithografien, Fotografien, Musikstücke, Werbespots, Kurzfilme bis hin zu Musikvideos.

Zwischen Mai und September im selben Jahr wurde dann auch die dritte Staffel von *Twin Peaks* ausgestrahlt. In *The Return* ist dieser polnische Einfluss noch zu spüren. In der Schlüsselepisode 8 etwa, die der US-Filmkritiker Matt Zoller Seitz als die »eindrucksvollste Episode eines Fernsehdramas« bezeichnete, verwendete Lynch das Musikstück *Threnody to the Victims of Hiroshima* (1961) des polnischen Komponisten Krzysztof Penderecki. (→ BOB) Zu dessen Tod im Jahr 2020 ließ Lynch auf X (ehemals Twitter) wissen: »Krzysztof Penderecki was one of the greatest composers of all time.«

Lynch setzte Pendereckis Musik in der Episode ein, um seine teils sehr abstrakten Bilder zum Schrecken und zur Schönheit des ersten Atomtests 1945 in New Mexico zu untermalen. Eine weitere Referenz an Polen ist dann in Episode 16 von *The Return* zu finden. In einer Szene sitzen die Handlanger des bösen Mr. C, Hutch (Tim Roth) und Chantal (Jennifer Jason Leigh), in einem getarnten Lieferwagen vor dem Haus der Familie Jones in Lancelot Court. Sie sollen den Mann beseitigen, der genauso aussieht wie ihr Chef Mr. C, Dougie Jones. Nach einer Weile kommt ein polnischer Buchhalter in die Straße gefahren. Er ist ein kräftiger Glatzkopf, der in gebrochenem Englisch spricht und bei Zawaski Accounting, Inc. arbeitet. Er beschwert sich, dass die beiden in seiner Einfahrt stünden (tatsächlich geht es nur um ein paar Zentimeter, nicht mehr). Chantal aber weigert sich, den Lieferwagen wegzufahren, und beschimpft den Polen. Als dieser versucht, den fremden Wagen mit seinem eigenen Fahrzeug wegzuschieben, dreht Chantal völlig durch und schießt auf ihn. Der Mann bringt sich in Sicherheit – holt dann aber eine automatische Schusswaffe aus dem Kofferraum und durchlöchert den Lieferwagen mit Blei. Chantal und Hutch versuchen noch zu fliehen. Doch sie sterben beide.

Diese blutige, absurd inszenierte Schießerei kommt völlig unerwartet. Die ebenfalls in der Szene anwesenden Mitchum-Brüder beobachten das Geschehen aus ihrem Versteck heraus. Etwas ratlos fragt der eine im Anschluss: »Was ist das denn für eine Gegend?« Worauf der andere erwidert: »Die Leute stehen unter großem Stress.« Die Szene ist der berühmten *Lost-Highway*-Auto-Ausrasterszene nicht unähnlich, besitzt dieselbe Logik. Dass der Mann Pole ist, ist nur ein Augenzwinkern an Lynchs eigene polnische Jahre. Genauso wie übrigens das Café im Gebäude der Versicherungsfirma Lucky 7, bei der Cooper in *Twin Peaks* während seiner Odyssee zwischenzeitlich landet: Szymon's. Dabei handelt es sich um die polnische Variante des Namens Simon.

Zum Schluss noch eine herzerwärmende Anekdote: Im Sommer 2016 begaben sich fünf polnische Männer, vier Obdachlose und ein Priester, auf eine Pilgerreise. Mit kleinen Traktoren fuhren sie von Jaworzno in Polen nach Lisieux in Frankreich. Inspiriert für ihren Trip wurden sie von der Reise von Alvin Straight in Lynchs Film *The Straight Story* (1999), der auf einem Rasenmäher durch halb Amerika fährt. Lisieux und Jaworzno sind knapp 1.500 Kilometer voneinander entfernt. Ein Projekt, das vom religiösen Verein Bethlehem in Jaworzno (Betlejem)[25] mitgetragen wurde. Und was soll man sagen? Lynch wurde darüber informiert und war begeistert. So begeistert, dass er die offizielle Schirmherrschaft für die Reise übernahm. Ein von ihm finanziertes Filmteam begleitete die Tour und stellte im Anschluss einen kleinen Dokumentarfilm zusammen. Lynch ließ der abenteuerlustigen Truppe kurz vor der Abfahrt ein Grußwort zukommen, das in dieser Wortwahl typisch für ihn ist: »As you know there was a man, Alvin Straight, who made a similar journey. And he made his journey to make peace

25 Der Verein unterstützt hilfsbedürftige und arme Menschen, aber auch die Bedürfnisse der Gemeinde, die den Wert der Begegnung, der Architektur, des Films und der Kunst zu schätzen weiß. Im Erdgeschoss und im Garten befindet sich das Café »PROSTA HISTORIA« (polnischer Titel des Films »Straight Story«). Das gesamte Projekt ist im fantasievollen Stil des Wiener Architekten Friedensreich Hundertwasser (1928–2000) gehalten, dessen Einfluss auch schon im Haupthaus des Vereins zu spüren ist (ein älteres Gebäude wurde 2022 renoviert). Der Entwurf ist eine Kreation des Krakauer Studios ASYMETRIA 44 mit Beratung durch den Wiener Architekten Peter Pelikan – dem Schöpfer der meisten Projekte von Hundertwasser in Europa.

with his brother. He rode for forgiveness, for love, for freedom from hate and negativity, and he rode for peace. […] We are all brothers and sisters in this world. And you all are making your journey for all of your brothers and sisters and you are riding for forgiveness, for love, for freedom, and for peace. It's a beautiful journey you are going to make for beautiful reasons. And I guarantee you I'm thinking of you and I hope to get updates as you travel down the road, and I hope to contact you again when you get to Paris. I'm wishing you all the very best. Jinkuya and Nastrovia[26]!«

26 Polnisch für: »Danke und zum Wohl!«

Kapitel 3: Kunst und Praxis

Nicht selten ist die öffentliche Wahrnehmung von Lynchs Schaffen auf dessen Filme reduziert. Denn *Eraserhead* (1977), *Blue Velvet* (1986) und Co. waren es, die seinen Status als Kultfigur in der Popkultur zementierten. Erst in den 2000er Jahren schien ein breiteres Publikum zu erkennen, dass Lynch ein vielfältig versierter Künstler ist, dem Malerei, Musik oder Möbeldesign genauso am Herzen liegen. Nicht zuletzt liegt das an einer großen Kunstausstellung in der Pariser *Fondation Cartier pour l'art contemporain* im Jahr 2007. Sie wurde Lynch gewidmet und trug den Titel *The Air Is on Fire*. Ein Meilenstein in Lynchs künstlerischer Karriere jenseits des Films, der sich mit Zahlen belegen lässt: In den siebenunddreißig Jahren zwischen 1967 und 2004 gab es lediglich 25, eher kleinere Ausstellungen. Zwischen 2007 und 2018 dann, innerhalb von elf Jahren also, waren es 60 an der Zahl – darunter waren auch einige größere Veranstaltungen.

Wir sind uns sicher: Wer Lynch begreifen möchte, der muss dessen gesamtes künstlerisches Spektrum im Blick haben. Und er sollte wissen, wie es Lynch gelingt, seiner Kreativität freien Lauf zu lassen. Spektrum und Ursprung seines künstlerischen Schaffens sind es daher, denen wir uns mittels der nun folgenden Begriffe annähern wollen. Lynchs filmischem Werk (seine Werbefilme ausgenommen) haben wir dabei keinen eigenen Begriff gewidmet, da wir dieses ohnehin an vielen Stellen im Buch berühren, erläutern und vertiefen. Uns geht es jetzt darum, seinen nicht-filmischen Kunstformen eine Bühne zu geben und damit auch Lynch, dem Universalkünstler.[27]

---

27 Lynchs Lithografien sind alle unter diesem Link einsehbar: http://www.itemeditions.com/catalogue/lynch/. Es wird empfohlen, der Webseite einen Besuch abzustatten.

Malerei

»I miss painting when I'm not painting.**«**

DAVID LYNCH

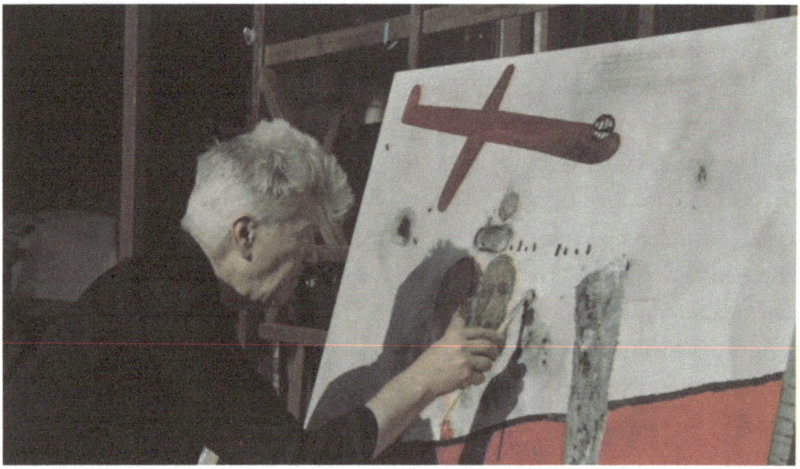

Lynch war und ist zuallererst Maler – und damit einer der wenigen Filmemacher, die von der Malerei bzw. der bildenden Kunst her kommen. Mit 15 Jahren, als er in Virginia wohnte, lernte er Bushnell Keeler kennen, Vater seines Freundes Toby Keeler. Dieser war professioneller Kunstmaler, und Lynch, der bereits seit einigen Jahren malte und dem Keelers Leben wie ein wahr gewordenes Wunder vorkam, erkannte zum ersten Mal, dass es möglich war, von der Malerei tatsächlich zu leben. Keeler lud ihn in sein Atelier ein und machte den begeisterten Jungen auf das Buch *The Art Spirit* des US-Malers Robert Henri aufmerksam. Lynch zufolge wurde das Werk zu seiner »Bibel« und enthielt die »Regeln für das Künstlerleben«, welches er später praktizierte und zum Ideal erhob. (→ Künstlerleben) Nach der Schule studierte Lynch Kunst und Malerei: zuerst an der Corcoran School of the Arts and Design in Washington, D.C. bevor er 1964 an die School of the Museum of Fine Arts in Boston wechselte. Allerdings schmiss er sein Studium dort bald hin, um seinen Plan umzusetzen, in Europa bei dem österreichischen expressionistischen Maler Oskar Kokoschka in die Schule gehen zu können – eine Wunschvorstellung, die allerdings nach nur zwei Wochen endete, als sie in Salzburg feststellen mussten, dass Kokoschka nicht anzutreffen war. Danach konnte man Lynch an der Pennsylvania Academy of Fine Art in Philadelphia antreffen, wo schließlich sein Interesse am Film geweckt wurde. (→ Philadelphia) Ein Interesse, das ihn später weltbekannt machte und das dazu führte, dass er in den Köpfen der Menschen fast nur als Filmemacher präsent ist. Lynch hat aber niemals mit dem Malen aufgehört – und ein beeindruckendes malerisches Œuvre hinterlassen. Dem wollen wir uns hier annähern und zwar separat vom filmischen Werk, denn Lynch sieht seine Gemälde, die häufig aus Öl und Mischtechnik auf Giclée-Druck, auf Karton oder auf eine Holzplatte bestehen, separat von seinen Filmen und trennt beide Aktivitäten sauber voneinander. »*Blue Velvet* and *Eraserhead* are the closest of my films to my paintings, but they're not like the paintings. Different parts of the brain produce different works. When I'm painting it doesn't have a lot to do with what I'm doing when I'm making a film«, erklärt er eindeutig. Er wisse aber schon, dass die Menschen seine Filme nie vergessen werden, wenn sie seine Gemälde betrachten, sie immer im Hinterkopf behalten werden? Lynch bejaht: »Das ist unmöglich. Sie stellen sofort Vergleiche an, entdecken Bezüge und sowas. Es geht einfach nicht.« Das Bedauern in Lynchs Worten kann man regelrecht hören. Nun, was zeichnet

Lynch, den Maler, aus? Was sagen uns seine Gemälde und Mixed Media? Welche Stellung haben sie in seinem Gesamtwerk? Um uns diesen Fragen zu nähern, sehen wir uns zunächst die Merkmale und Motive der malerischen Werke Lynchs genauer an. Gehen wir Punkt für Punkt vor.

Farbe: Lynch ist kein Freund von grellen Farben. Die Gemälde Ende der 1960er Jahre und die aus den 1980er Jahren sind hauptsächlich in schwarzen Tönen gehalten, wie etwa *Man Throwing Up* (1968) oder *Woman with Tree Branch* (1968), wo die Subjekte auf der Leinwand – ein kotzender schwebender Kopf und eine hybride, deformierte Frau – beide Male in vollkommene Schwärze gehüllt sind. »Schwarz hat Tiefe. Schwarz ist wie eine kleine Pforte«, hört man den Künstler sagen. Weiter heißt es: »One of the reasons I prefer painting in black and white, or almost in black and white, is that if you have some shadow or darkness in the frame, then your mind can travel in there and dream. In general, color is a little too real. It's too close.« Dieses Argument hört man von Lynch übrigens auch, wenn er über seine Fotografien spricht: Fast ausschließlich in Schwarzweiß würden sie so eine traumhafte Atmosphäre offenbaren, die der Realität fern ist. Ab den 1990er Jahren beginnt Lynch jedoch mehr »Farbe« in seine Gemälde zu bringen. Die Textur der Werke wird wichtiger und besser sichtbar, und Blockbuchstaben werden fester Bestandteil der Kompositionen. Lynch verwendet braune und ockerfarbene Paste, die er formt, rissig macht, künstlich altert und in die er zahlreiche kleine Objekte einbettet. Diese diversen Brauntöne und Ockerfarben finden sich exemplarisch bei *Rock with Seven Eyes* (1996), *Mister Redman* (2000) oder *Man with Thought* (2009). Selbst bei der komisch-grotesken Mixed-Media-Collage *Change the Fuckin Channel Fuckface* (2008–09) wirkt die zentrale Figur auf dem Bett – eine genervte Frau mit elektrischem Messer in der Hand – wie aus einer braunen Schlammmischung gemalt.

Lynch dazu: »My policy is that I don't like it [Farbe], maybe because I haven't learnt to use it properly. Whatever the reason it doesn't thrill me – it looks cheap and goofball. Although I like to do brown and brown is a color. I also like earth colors and sometimes I use red and yellow – the red is used for blood a lot and the yellow is used for fire.« Lynchs Gemälde und Mixed Media sind also meist sehr dunkel (Schwarz bis Grau) oder sehr braun (Ocker bis Dunkelbraun). Ab den 2010er Jahren arbeitet Lynch auch verstärkt mit dem weißen Hintergrund der Leinwand (im Gegensatz zu den 1980er Bildern, wo die Leinwand in ein völliges Schwarz getaucht war). In *I Was a Teenage Insect* (2018) sind die kleinen schwarzen, dunklen Elemente (Haus, Zaun, Figur, Wörter) in die Helligkeit des Leinwandhintergrunds gebettet. Dadurch entsteht ein starker Kontrast (→ Kontrast). Ähnlich verhält es sich bei den Werken *Sally Floats Out* (2018) und *Ricky Finds out He Has Shit for Brains* (2017). Außerdem verwendet Lynch in den neueren Werken immer öfter und häufiger zumindest Primärfarben (Blau, Grün, Rot), wie in *Sally Has 2 Heads* (2013) – Sally ist in ein grünes Kleid gehüllt, während ihr ein Hundekopf wächst – oder *Oh Mr. Bluebeard with a Worm and Apple Tree* (2013) – der schwebende Kopf von Mr. Bluebird, der feuerrotes Haar trägt.

Organisches: »Meine Bilder sind organische, brutale Komödien. Sie müssen brutal gemacht sein, primitiv und roh, und um das zu erreichen, versuche ich, mehr die Natur malen zu lassen als mich«, lässt Lynch wissen und erklärt damit auch seine Absicht hinter den Gemälden. (LOL, 39) Es geht ihm um Organisches, Natürliches, Unberechenbares, Wildes. (→ Natur) Bei seinem Malprozess benutzt Lynch oft auch einfach seine Finger anstatt eines Pinsels. Er verwendet den Impasto-Stil, trägt die »Farben« also sehr dick auf – und dass mit einer Kraft, die die Oberflächen, auf denen er arbeitet, fast zerstört, wie etwa bei *I See My Love* (2012) oder *Man Eating* (2010). Nach dem Trocknen bleibt eine wilde, reliefartige Struktur erhalten, die etwas Lebhaftes, eben Organisches, aber auch Beunruhigendes hat. Diese strukturelle, fast dreidimensionale Oberfläche hat sich im Laufe der Jahre intensiviert; ist heute fester Bestandteil in jedem Mixed Media. Lynch dazu: »I'd like to build them [die Bilder] out even more. The idea of paint on a flat surface doesn't excite me so much right now. I like the idea of a field where someone's dumped some garbage – the garbage puffs up higher than the surface of the field, and I like that.« Doch für den Künstler scheinen seine Gemälde, diese »organischen, brutalen Komödien« wie er sie selbst nannte, noch immer nicht genügend bzw. zufriedenstellend zu sein. »Ich würde meine Bilder gern beißen, aber das geht nicht, die Farben sind bleihaltig. Was bedeutet, dass ich Schiss habe«, erklärt er, was den ein oder anderen Betrachter erstaunen oder zum Schmunzeln bringen mag. »Ich habe das Gefühl, noch nicht wirklich eingedrungen zu sein, die Bilder strahlen immer noch zu viel Sicherheit und Ruhe aus.« Lynch lässt von der Zahnmetapher nicht ab: »I like to feel that you could bite my paintings. Not to eat them, to hurt them. I like to feel like I'm painting with my teeth.« Dabei wirken Lynchs Gemälde schon so taktil und greifbar, dass der Zuschauer, dem angesichts der Szenen klar wird, wie anfällig eigentlich sein Körper für Verletzungen ist, die Werke gar anfassen möchte, sich aber dann doch zurückhält, da er auch Angst davor hat. Einige der Gemälde sehen sogar wie offene Wunden aus, ja wie Schlachtfelder. Um diesen Effekt zu kreieren, benutzt Lynch allerlei Material, das er in seine Werke einbaut, wie Pflaster, Klebstoffe, Harze, Insekten, Teile von toten Tieren, Mullbinden, usw. »I use a bunch of different things. I like this thing I call ›organic phenomena‹—when you mix this with that, you get a fantastic thing sometimes. It's total mixed media—all different kinds of things in there«, schildert der Künstler. »I use a lot of glue, acrylic paint, watercolors, tempera, cigarette ashes. I use, you know, a whole bunch of different things.« Zu den krassesten Beispielen gehört hier eine Gemälde-Reihe aus dem Jahr 1996, die sich aus *The Celebration of the Cameleon*, *Dog And Child Near My House*, *Dr. Howl's Philosophy*, *Blind Man's Experiment*, *Nothing Is Making Any Sense For Instance Why Is That Boy Bleeding From The Mouth* und *Wounded Man As A Tree Creating Bugs* zusammensetzt und dieses Vorgehen auf die Spitze treibt. Je organischer also das Material ist, je mehr naturbelassene Materialien im Bild sind, desto stärker ist dessen Ausdruckskraft. Lynchs Gemälde erwecken dadurch auch den Anschein, eher fabriziert als gemalt zu sein (was vielleicht auch seine Liebe zum → Design erklärt).

Dieser »organische« Malstil inspirierte David Titterington zu dem Essay *Shit from Shinola: David Lynch's Excremental Art*. In seinem Text bezieht er sich unter anderem auf Lynchs Werke *Big Bongo Night* (2021, Mixed Media, 127 cm × 152,4 cm), *Dialogue During a Picnic #2* (2019, Mixed Media) und *Rickey Finds Out He Has Shit For Brains* (2017, Mixed Media, 68,6 x 78,7 cm). Zu dem Werk *Oh…I said a BAD thing* (2009) schreibt er: »[…] a person made of what looks like smeared shit vomits (or eats) a smaller person made of darker shit.« Er zeigt auf, dass Lynch seinen Exkremente- bzw. Schlammstil selbst als etwas Schönes, ja Bezauberndes begreift. Dafür stünden auch Kindheitserinnerungen wie diese: »We moved to Sandpoint, Idaho, right after I was born, and the only thing I remember about Sandpoint is sitting in this mud puddle with little Dicky Smith. It was like a hole under a tree they filled with water from the hose, and I remember squeezing mud in that puddle and it was heaven.«

Das »Organische« bringt aber noch einen anderen Aspekt als den der »Shit-Art« mit sich: die Haltbarkeit der Gemälde. Lynch, der neben dem üblichen Malmaterial auch andere Gegenstände wie Kartons, Baumwolle, Pflaster oder Zigarettenasche verwendet, antwortet auf die Frage, wie seine Werke altern: »I don't care one bit how they age. Nature should go to work on these things – they're not finished really, and they'll look a lot better in fifty years.« Doch die Realität holte Lynch bald ein, als einige seiner Gemälde von Schimmelpilz (!) befallen waren oder große Risse bekamen. Im Zuge der Lynch-Mega-Ausstellung *Silence and Dynamism* (2017–2018) im Center of Contemporary Art (CoCA) in Toruń, Polen, stellte man zum Beispiel fest, dass das Gemälde *Bob's Anti Gravity Factory* (1996) angeschimmelt war. *Rock With Seven Eyes* (1996) wies erhebliche Risse auf, und *Bob Sees Himself Walking Toward Formidable Abstraction* (2001) ebenfalls. Zusammen mit dem Kurator des CoCA, Mirosław Wachowiak, »reparierte« Lynch also seine Werke, wobei er selbst involviert war. »David Lynch was actively present in the treatment process; he made decisions alone and took actions traditionally prescribed to a conservator, regardless of my consent«, erinnert sich Wachowiak.

Kindheit: Zahlreiche Gemälde Lynchs haben dessen Kindheit zum Thema; für den Betrachter nicht immer gleich erkennbar. Zu dem düsteren, schwarzen *So This Is Love* (1992) etwa, in dem eine Figur mit spindeldürren langen Füßen, ein Flugzeug und ein Haus zu erkennen sind, sagt Lynch: »It's like a negative image of my childhood. In reality that sky would've been blue and Technicolor and the plane would've been a large military plane that made a droning sound. The plane took a long time to cross the sky and the sound it made was very serene. The world seemed to be more quiet when the plane was passing through the sky.« Warum er diese erfreuliche Kindheitserinnerung dann so düster umgesetzt habe? »Because darkness has crept in since then. The darkness is realizations about the world and human nature and my own nature all combined into one ball of sludge.« Diese Logik kann man bei vielen Werken Lynchs anwenden: Eine eigentlich positive Erinnerung an die Kindheit, die in eine negative umgewandelt wird. Dabei handelt es sich vor allem um Geschehnisse in Spokane, Washington (1948–1954) und Boise, Idaho (1955–1960), wo Lynch eine Zeit lang als Kind gelebt hat.

Lynchs rudimentärer, schemenhafter Malstil erinnert außerdem selbst sofort an Bilder von Kindern. Das soll nicht pejorativ klingen, sondern wird hier lediglich hervorgehoben, da Lynch gerade dadurch seine Kindheitserinnerungen einzufangen vermag. Er sagt es selbst: »I like childish, bad painting.« Es ist, als würde er seine Gemälde auch jetzt noch als Kind malen. Lynchs Häuser-Gemäldereihe (→ Heim) aus den Jahren 1988–1992 wirkt wie von Kinderhand gezeichnet: Einfache Rechtecke (Hausmauern) und Dreiecke (Dach) stellen die Häuser da, Strichmännchen oder schemenhafte andere Subjekte die Protagonisten. *Duckman's Gray-Dog Dream* und *Dream 9B: Where Is the Alligator?* (beide 2022) erinnern beispielsweise ebenfalls an Kinderzeichnungen, was auch an der bunteren Farbe liegt, sie sind jedoch weiterhin durch Gewalt gekennzeichnet. Ansonsten malt Lynch viele Symbole, die auch Kinder gerne malen, wie Flugzeuge, Waffen oder Autos – dabei stets grob gezeichnet, meist als ein Objekt ohne Details.

Lynchs Stil ist skizzenhaft, auf den ersten Blick einfach und vor allem wild. Konventionelle figurative Darstellungen mag er nicht, stattdessen bevorzugt er Verzerrungen aller Art. Er scheut realitätsgetreue Zeichnungen, trotzdem bringt er auch immer eine kindliche Ehrlichkeit in seine Bilder. Lynch selbst »fühlt« sich weiterhin als ein Kind und denkt auch wie eines. »[Children] see without any kind of judgment. They see the same things, but it's very magical. They try to make sense of it. And it's more like a dream. And hopefully it's a beautiful dream«, erklärt er. Und ein andermal heißt es: »Es gibt so viel Geheimnisvolles, wenn man ein Kind ist. Etwas so Simples wie ein Baum ergibt keinen Sinn. Aus der Ferne betrachtet ist er klein und sobald man näherkommt, scheint er zu wachsen – man begreift die Gesetze noch nicht. […] Ich fühle mich meistens zwischen neun und siebzehn, manchmal auch wie ein Sechsjähriger.« Lynch hat also den Kindheitsblick beibehalten, diese Fähigkeit zu wundern und Dinge als geheimnisvoll anzusehen. Damit lässt sich eigentlich die gesamte Kunst Lynchs betrachten – von der Fotografie bis zum Film – und auch erklären: Lynch lässt dem Zuschauer das Rätselhafte, er gibt den Erwachsenen die verlorene Undurchsichtigkeit der Welt zurück. Er versetzt sie in den Kinderstatus zurück. Er fordert von ihnen Phantasie, die Phantasie und Neugierde, seine Kunst, seine Filme zu deuten. Besonders aber scheint das Kind in Lynch bei seiner Malerei hindurch, eben durch die Kindheitsmotive und den kindlichen Malstil. Außerdem sind die Gemälde und Bilder mindestens ebenso rätselhaft wie Lynchs Filme. Stets muss sich der Betrachter fragen: Was geht da vor sich? Was wird symbolisiert? Wie hat die Szene begonnen, wie wird sie enden? Bei dem Mixed Media *Pete Goes to His Girlfriend's House* (2009) zum Beispiel ist der übergroße Pete zu sehen, der Messer und Pistole in der Hand hält, und auf das Haus seiner Freundin zuläuft, die besonders klein (ängstlich?) am Fenster stehend gezeigt wird. Der Betrachter wird mit Fragen regelrecht bombardiert: Was veranlasst Pete dazu, bewaffnet zu seiner Freundin zu kommen? Was hat seine Freundin gemacht? Was wird sie machen? Was wird er machen? Seine Waffen benutzen? Wie geht diese Szene zu Ende? Ist am Ende Dunkelheit oder Licht?

Figuren: Lynch ist nicht gut darin, ganze Figuren oder Menschen zu malen. Deshalb beschränkt er sich meistens auf Strichmännchen, Körperschemen oder bestimmte Stücke von Körpern, die er abbildet. »[Die Figuren] sind Fragmente von Körpern oder sowas. Ich kann keine ganze Figur malen, ich weiß nicht, warum. […] Manchmal male ich zu viel davon und muss dann eine Menge vernichten«, überlegt Lynch. (→ Körper) Diese »Figuren« in Lynchs Gemälden werden dann mit Schmerzen – physischen wie psychischen – konfrontiert, die sie in aussichtslose (und brutale) Situationen bringen. »Ja«, bestätigt Lynch diesen Eindruck leicht ironisch. »Vielleicht stecken sie in Schwierigkeiten.« Andererseits handelt es sich bei manchen Figuren – u. a. den Strichmännchen mit den langen Beinen aus den 1980er Jahren – um Lynch selbst. Auf die Frage, wer diese Personen seien, antwortet er demonstrativ: »Das bin ich.« Eine sehr symbolische, deformierte, ironische und groteske Darstellung seiner selbst. (→ Groteske) In den Jahren danach fügt Lynch immer wieder eine Person in seine Gemälde ein: Bob. Dabei muss der Lynch-Kenner natürlich sofort an den bösen Geist »Bob« aus *Twin Peaks* denken. (→ BOB) So fern scheint er ihm gar nicht zu sein, denn die Gemälde drücken alle Einsamkeit, Beklemmung und existenzielle Ängste, also negative Gefühle, aus. Wieder einige Jahre später taucht dann eine Figur namens Billy in den Werken auf (neben einigen anderen), wie in *Billy (And His Friends) Did Find Sally in the Tree* (2019), welches Billy zeigt, der ein Messer trägt, während er sich einem Baum nähert, an dessen Ast ein Mädchen, vermutlich Sally, (leblos?) baumelt. Ein neugieriger Journalist will wissen, was es damit auf sich hat. »Billy can be different things. In one thing, he can be one way, and you'd feel that. In another, Billy can be quite a bit different, and you'd feel that in the painting«, erklärt Lynch daraufhin enigmatisch. Dann fügt er noch hinzu: »Well, there's a lot of people named Billy but they're not all the same person. You know what I mean?« Billy könnte also für all die verschiedenen Menschen da draußen stehen, für die komplexe Psyche eines jeden Individuums.

Buchstaben und Wörter: Ab den 1980er Jahren fügt Lynch Buchstaben, Wörter und Sätze *in* seine Gemälde mit ein, die oft auch gleich zum Titel des Werks werden. In *Shadow of a Twisted Hand across My House* (1988) ist dies beispielsweise der Fall. Dort befinden sich die ausgeschnittenen und aufgeklebten Buchstaben unter der enormen Hand, die ein Haus zu umfassen versucht. Das erinnert an Erpresserbriefe, bei denen Zeitungsbuchstaben und -wörter ausgeschnitten und auf Papier geklebt wurden, um die eigene Handschrift zu verbergen. Andererseits wirken die Buchstaben auch wie aneinandergereihte kleine Zähne, die in Reih und Glied stehen, wie in einem Gebiss (da passt auch Lynchs Aussage von oben gut dazu, dass er seine Gemälde gerne »beißen« würde). Auch in *Suddenly My House Became a Tree of Sores* (1990) geht Lynch mit den aufgeklebten titelgebenden Buchstaben kreativ vor und ordnet sie einmal schräg quer durch das Bild an. Als würde ein steifer Wind von oben nach unten durch das Bild wehen und die Buchstaben transportieren. Bei anderen Gemälden aus dem Jahr 1992 sind die Buchstaben jeweils an den linken und rechten Rändern ganz außen angeordnet – und nehmen quasi die Rolle der Vorhänge ein, die später in Gemälden oder Lithografien am Rand zu finden sind. In den späteren Werken ab den 2000er Jahren klebt Lynch keine Wörter mehr zusammen, sondern schreibt sie direkt mit groben Druckbuchstaben selbst ins Gemälde hinein. Auch hier wieder kommt das Kind in Lynch hervor: Der Vorgang erinnert nämlich an erste Lesebücher für Kinder, wo kurze Texte oft eine Schilderung von dem sind, was man auf dem Bild oder der Zeichnung daneben sieht. *Bob's Anti-Gravity Factory* (2000) und *Bob Burns Tree* (2000) sind damit selbsterklärend – auf den Gemälden steht genau, was auch zu sehen ist. Ob das für den Betrachter jedoch Sinn ergibt, ist eine andere Sache. »Die Wörter auf den Bildern sind manchmal wichtig, damit man darüber nachzudenken beginnt, was sich auf ihnen sonst noch ereignet. Oft finde ich ein Wort auch als Form spannend, und es entwickelt sich etwas daraus«, schildert Lynch. Weiter sieht der Künstler die Wörter und Buchstaben auch als Textur, die dem Gemälde eine weitere Schicht und Form verleihen.

Atmosphäre: Lynchs Gemälde und Mixed Media strahlen eine bestimmte Stimmung aus. Sie schwankt zwischen Horror und Beklemmung, Komik und Groteske. Lynch merkt zu den Bildern an: »Letztendlich jedoch ist das zentrale Thema Leben in Finsternis und Verwirrung – das trifft jedenfalls eindeutig auf mich selbst zu: Ich irre in Finsternis und Verwirrung.« So sind die Gemälde tatsächlich ausschließlich in dieser Stimmung gefangen. Der Betrachter bekommt es mit kranken Menschen, mit traurigen Menschen, mit verletzten Menschen, mit schreienden Menschen, mit gewalttätigen Menschen und mit vulgären Menschen zu tun. Wieso er keine fröhlicheren Bilder male? »Ich finde gerade die dunklen Seiten schön. Ich habe wohl nicht gelernt, die helleren Seiten des Lebens so zu malen, daß ich Gefallen daran finde, obwohl ich es für machbar halte – Henri Rousseau schafft es, oder Richard Diebenkorn, auf seine Art«, gibt Lynch daraufhin zu. Andererseits hat er eine ganz präzise Vorstellung von der Atmosphäre seiner Gemälde, die er erzeugen möchte. Das beweist die Antwort auf eine Frage eines Kunst-Journalisten, ob er seinen Gemälden denn auch einen Sound zuschreiben könnte, also eine Atmosphäre des Sounds. Lynchs Reaktion ist eindeutig: »Different paintings would have different sounds.« *So This Is Love* wäre von einem sehr dumpfen Geräusch begleitet, als ob jemand »durch einen Handschuh sprechen« würde, *A Bug Dreams of Heaven* (1992) wäre ein sehr schriller, durchdringender Ton, und *She Wasn't Fooling Anyone, She Was Hurt and She Was Hurt Bad* (1992) wäre ein extrem langsamer, dumpfer Klang von zerbrechendem Glas.

So viel zu den Eigenschaften von Lynchs Gemälden und Mixed Media. Im Zusammenhang des Verständnisses von Lynchs Werken ist es auch interessant, einen Blick auf die Künstler und Maler zu werfen, die Lynch schätzt. Er sieht sich selbst nicht unbedingt als Kunstkenner und in der Kunstszene engagiert. »I know nothing about the L.A. art scene«, erklärt er. »I don't know anything about the New York art scene, the Paris art scene, the German art scene. In the same way with film, I'm not a film buff.« Und obwohl er sich selbst nicht als »art buff« bezeichnet, so zeigt er sich eben doch von einer ganzen Reihe an Malern begeistert und beeinflusst, an erster Stelle steht dabei das Trio aus Francis Bacon (1909–1992), Edward Hopper (1882–1967) und René Magritte (1898–1967). (→ Inspiration) Bacon, der einen Ehrenplatz einnimmt, faszinierte den jungen

Lynch, seit er Kunstwerke von ihm in der Marlborough Gallery in New York 1966 sah: »It was images of meat and cigarettes and what struck me about them was the beauty of the paint and the balance and contrast in the pictures. It was like perfection.« Besonders blieben ihm auch die goldenen Rahmen und die Verglasung der Gemälde von Bacon in Erinnerung. Magritte wird ebenfalls sehr geschätzt, Lynch bezeichnet ihn als einen seiner »Allzeit-Favoriten«. Besonders an ein Gemälde des Künstlers erinnert er sich: »[…] I was overwhelmed by *The Menaced Assassin* [dt. *Der bedrohte Mörder*, 1927]. You know the painting with two people hiding outside the door, inside the door there's a woman on a doctor's thing and there's a phonograph? It's a mysterious, beautiful thing.« Und über Hopper meint Lynch schließlich, dass er ihn auch sehr möge, »aber mehr aus filmischen als aus malerischen Gründen«. Es ist dieser letzte Satz, der einen aufhorchen lassen sollte. Mehr aus filmischen Gründen. Wenn man nämlich beginnt, nicht nur die Gemälde von Hopper, sondern auch die von Bacon und Magritte mit den Filmen von Lynch zu vergleichen, dann wird schnell deutlich, wie sehr manche Szenen den Kunstwerken dieser drei Maler nachgestellt sind. Dazu gibt es einige interessante Beispiele und Collagen im Internet, die auch immer wieder gerne auf sozialen Netzwerken geteilt werden. Doch wenn man nun die Gemälde Lynchs mit den Gemälden von Hopper, Bacon und Magritte vergleicht, dann ist da keine große Ähnlichkeit zu finden, am ehesten ist noch die Präsenz von Bacon zu spüren, u. a. durch die dargestellte Verzerrung von menschlichen Körpern, die Lynch von Bacon thematisch übernommen hat, und die Tatsache, dass Lynch einen Teil seiner Gemälde bei Ausstellungen ebenso dick goldgerahmt zeigt. Lynch hat von Bacon die Darstellung des Körpers als Gegenstand physischer und emotionaler Qualen »geerbt«. Die von Lynch 1973 geschaffene Zeichnung *Crucifixion* lässt sich durchaus als Hommage an die verschiedenen *Crucifixion*-Varianten Bacons verstehen, vor allem der von 1933. Bei beiden Künstlern wirken die Gekreuzigten wie blasse, schauerliche Geister. Doch das war's im Grunde auch mit direkten Einflüssen von Malern auf Lynchs Werk. Denn Lynch scheint bei der Malerei seinen ganz eigenen Stil gefunden zu haben. Das sieht man auch daran, dass er Bacons verzerrte Subjekte ganz anders, eben organischer und noch wilder darstellt. Was seien denn aber nun noch weitere Künstler und Maler, die er gern habe? »Edward Kienholz, and I really love [Julian] Schnabel's paintings. […] I like Lucian Freud. I like Calder, he's a tip-top sculptor –

I just love that guy«, antwortet Lynch. Doch auch hier ist ein direkter Einfluss auf die Gemälde und Mixed Media nicht zu spüren. Gräbt man noch etwas tiefer, dann stößt man auf Künstler wie Georg Baselitz (*1938) und Anselm Kiefer (*1945). Lynch erwähnt sie nicht nur ehrfürchtig (aber seltener als die anderen), sondern auch zum ersten Mal werden Parallelen zu Lynchs eigenen Gemälden deutlich. So sind Baselitz' schwarzweiße Papierzeichnungen wie *Kopf* (1981), *Mädchen mit Harmonika IV* (1987), *Farewell Bill (X)* (2014) oder *Wo ist die Gitarre* (2021) den Schwarzweißzeichnungen von Lynch sehr ähnlich, etwa *Schizophrenic Man* oder *Girl Crying* (2010). Bei Kiefer fühlt es sich ebenso an. Manche Gemälde sehen denen von Lynch sehr ähnlich. *Margarethe* (1981) etwa ist ein spiritueller und stilistischer Vorreiter zu Lynchs *Bob Finds Himself in a World for Which He Has No Understanding* (2000) – in beiden Gemälden steigen Gewächse vom Boden in den Himmel (Bäume, Pflanzen?), die Farbauswahl ist sehr ähnlich und im oberen Bereich der Gewächse findet sich jeweils der Titel des Werks ins Bild geschrieben. Im *Guardian* schrieb Adrian Searle ganz richtig, ebenfalls eine Parallele zu Kiefer erkennend: »Bob […], lost in a world of which he has no understanding, as if he has found himself marooned in an Anselm Kiefer painting with weird writing hovering in the sky and between the trees.« Taucht man jetzt noch etwas tiefer, dann stößt man auf den deutschen Künstler Alfred Otto Wolfgang Schulze (als Wols bekannt) (1913–1951), dessen Gemälde dieselbe organische Wildheit besitzen wie die Lynchs. *Das blaue Phantom* (1951) ist zum Beispiel ein visueller Zwilling zu Lynchs späterem *Rock with Seven Eyes* (1996). Auch *A Figure Witnessing the Orchestration of Time* (1990) könnte eigentlich direkt von Wols stammen. Zu der Verbindung Lynch – Wols, der ebenfalls als Fotograf tätig war, meint der weiter oben erwähnte David Titterington auch, dass Filmszenen aus *Eraserhead* wie eben Fotografien von Wols aussähen. In der Tat sind die schwarzweißen Aufnahmen des Deutschen von der »organischen« Welt von Lynchs Film nicht weit entfernt. Abgebildet sind oft kuriose organische Objekte wie eben Organe, Knochen, Obst, Puppen, Austern, ein totes Kaninchen, Schweinsniere, etc. – aus all diesen Zutaten hätte Lynch eigentlich auch das »Baby« in *Eraserhead* basteln können!

Schließlich stellt sich die Frage, wie Lynchs malerisches Werk einzuordnen ist. Lässt man den Künstler selbst zu Wort kommen, ist das wenig hilfreich: »What I'm trying to do with each canvas is create a situation in which the paint can be itself, which means letting go of any rationalization. […] Your intellect can hold back so many wonderful, fantastic things. Without logic or reason, there's always something else, something unseen.« Es bleibt also ein Appell an die Phantasie des Betrachters. Andererseits wird schnell klar (obwohl Lynch auch das Gegenteil behauptet), dass die Gemälde und Mixed Media zumindest thematisch in derselben Liga spielen wie die Filme: Bedrohliche Geschehnisse und geschädigte Menschen, für die die Welt sowohl Herausforderung und Mysterium als auch monströser Spielplatz ist, bevölkern die Bilder. Doch beim Stil unterscheidet sich der Maler Lynch vom Filmemacher Lynch stark. Die Bilder stoßen eine organische, groteske Brutalität und Wildheit aus, die selbst Lynchs Filme nicht erreichen. In diesem Sinne sind Lynchs Gemälde und Mixed Media radikaler als seine Filme! Seine ganze Radikalität kann Lynch »nur« beim Malen in seinem Freilichtstudio in Los Angeles ausleben. Apropos: Eine Beschreibung dieses Studios, welches Lynch so sehr liebt und ihm all die Freiheit gibt, die er benötigt, um diese bildliche Entrüstung zu schaffen, soll diesen Begriff beschließen. »The desire was always the same. The time and the place to do it is not always available. I've got a painting studio that I can go to, but there's restrictions because basically my painting studio is partly inside, but it's not heated«, erklärt er. »So, if the weather is bad, I can't work. In southern California there are many days that are very good, and I rely on the sunlight. I rely on the outside air and breeze because a lot of times I'm working with toxic materials so it works out to have this outside painting studio.«

Fotografie

»Cameras[28] are such incredible machines. They are beautiful in and of themselves. [...] It's just magical.«

David Lynch

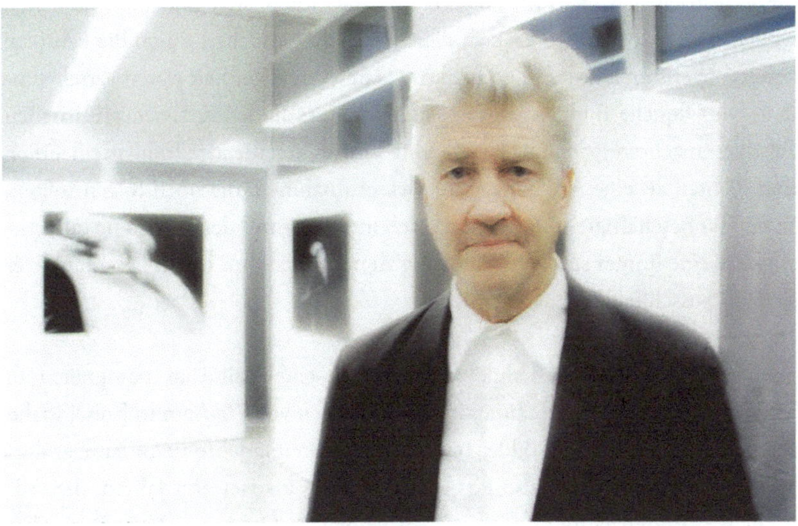

28 Hier meint Lynch Fotokameras.

»Still photography for me grew out of filmmaking: you see this thing through the lens and you just get filled with euphoria«, erklärt Lynch. »It's an amazing art form.« Er schwärmt hier nicht nur von der Fotografie an sich, sondern liefert auch gleich noch eine Erklärung mit, wie er selbst zu dieser Kunstform gefunden hat. Lynch begann als Maler, fand dann über die Malerei den Weg zum Film und vom Film schließlich hin zur Fotografie. »I never took photos until 1979, when I bought my first camera«, erklärt Lynch. Die ersten (zugänglichen) Fotografien des Künstlers stammen dann auch aus der Zeit von *Elephant Man*, also Anfang der 1980er Jahre, und sind heute ein fester Bestandteil seines Œuvres. Eines der ersten fotografierten Motive war eine stillgelegte Ölquelle in Los Angeles – und in London, während der Dreharbeiten zu *Elephant Man*, hatte Lynch sich für die industriellen Ruinen im Norden Englands interessiert und diese ablichten wollen. Doch überall, wo er nach diesen »Schätzen« suchte, waren die Fabriken bereits abgerissen worden. Die Relikte aus der Vergangenheit waren verschwunden. Die Ölquelle-Bilder sowie das starke Interesse an den verlassenen britischen Fabriken machten jedenfalls Lynchs Interesse an verfallender Industrie deutlich und dienten als eine Art Vorlage für viele Aufnahmen, die noch folgen sollten. In der Tat beschäftigte sich Lynch danach intensiver mit der Fotografie und entwickelte eine immer stärkere Beziehung zu dem Medium. Dabei beschränkte er sich fast ausschließlich auf drei Motive:

Schneemänner: Hierbei handelt es sich um eine Reihe an Fotografien in Schwarzweiß, die Schneemänner in den Vorgärten von Häusern in Boise, Idaho zeigen. Lynch machte die Bilder 1992. Mehr als dreißig Jahre zuvor hatte er dort zwischen 1955 und 1960, also im Alter von neun bis vierzehn Jahren, die vielleicht wichtigsten Jahre seiner Kindheit verbracht. Die beim ersten Blick eher banal anmutenden Aufnahmen sind aber sehr mit Bedeutung aufgeladen und lassen viel Spielraum für Interpretationen: Sie wirken einerseits wie Kindheitserinnerungen, andererseits offenbaren sie aber einige für Lynch typische Themen und Motive. Die Schneemänner schmelzen dahin, sind deformiert, sacken zusammen und wirken wie Aliens oder Freaks in den Gärten. Hier hinterlässt die Natur ihre Spuren, offenbart die unausweichliche Vergänglichkeit. (→ Natur) Die Häuser, die stets im Hintergrund zu finden sind, wirken wie die geheimnisvollen Nebenprotagonisten der Fotografien, denn beim Betrachter kommt unweigerlich die Frage auf, was sich hinter ihren Fenstern und Mauern abspielt. (→ Heim) Die ultimative Frage, die sich stellt: Sind die Schneemänner womöglich eine Spiegelung dessen, was im Inneren der Häuser passiert?

Verfallende Industriegebäude und Fabriken: Bei diesem Motiv handelt es sich um eines, welches in Lynchs gesamtem Werk – Filme, Gemälde, Lithografien, Musik – zu finden ist. Doch für das Medium Fotografie ist es wahrscheinlich das wichtigste und prägendste Element überhaupt. Lynch hat aberhunderte von Aufnahmen von Fabriken, Industrieorten und verlassenen Städten gemacht. Der Künstler ist emotional mit diesen Motiven verbunden, der Grund dafür reicht zurück in seine Kindheit. Es ist ein gewisses Gefühl der Angst, das sich mit dem Schönen mischt. »There's a certain amount of fear connected to industry for me. As a child, I grew up in the northwest of America, where there weren't any giant factories, none of that mood. But my mother was from Brooklyn, so we visited my grandparents a lot, and there it was a whole different story«, erläutert Lynch. »Sometimes these factories capture some of that. But mostly, it's a kind of beauty connected to fire and smoke, steel, concrete, glass and all kinds of incredible machine parts. And nature reclaiming them. The whole thing is a dance. And it's beautiful to be in that dance, photographing it.« Lynch lichtete über die Jahre hinweg Fabriken in den USA (New York, New Jersey, Los Angeles), Berlin, Polen und England ab.

Frauen: Frauen sind ein weiteres Lynch-Lieblingsmotiv, welches besonderen Ausdruck in der Fotografie gefunden hat. Bei seinen Frauenfotos handelt es sich vor allem um Akte. Lynch zeigt aber selten den vollständigen nackten Körper einer Frau, sondern bevorzugt es, mit Nahaufnahmen von bestimmten Körperteilen zu arbeiten. Ihn interessieren bei den Bildern besonders die Formen des Körpers sowie das Spiel mit dem Licht, in welches die Körperteile getaucht sind. Dadurch entsteht beim Betrachter der Eindruck einer gewissen Abstraktion. »Ich bevorzuge mehr Abstraktion«, stellt Lynch klar. »Sie werden zu Abstraktionen.« Wobei sich das »Sie« auf die Fotografien *und* die Frauen bezieht. Es sind in der Tat meist keine expliziten Darstellungen von nackten Frauen, sondern eben vereinzelte, schwer zu erkennende Körperausschnitte, die in eine geheimnisvolle Atmosphäre gehüllt sind. Sie wirken wie Puzzleteile, manchmal auch wie geometrische Formen. Das sieht auch Lynch so, dem vor allem zwei Dinge bei seinen Frauenbildern gefallen: »Die Formen und das Licht auf den Formen.«

Der überwiegende Teil von Lynchs Fotografien ist in Schwarzweiß. Einerseits, weil man dadurch »besser sehen« könne (Stichwörter: Kontrast und Atmosphäre), andererseits, weil dieses Schwarzweiß ermögliche, »von der Realität getrennt zu sein, aber nicht zu sehr, nur einen Schritt«. Farbe in den Fabrikfotos würde diese nur »verderben«, es seien einzigartige »Schwarz-Weiß-Erlebnisse«. Lynch zufolge entführe das schwarz-weiße Bild den Betrachter also aus der farbigen Realität und intensiviere die Atmosphäre des dargestellten Motivs. Diese Strategie geht besonders bei den Industrie- und den Aktfotografien von Frauen auf, wo Lynch viel und gerne mit Licht, Schatten und Kontrasten arbeitet. Bei all diesen Aufnahmen handelt es sich um »klassische« Fotografie. Nun stand Lynch dem technischen Fortschritt und digitalen Innovationen aber schon immer recht aufgeschlossen gegenüber. Mit seiner Webseite war er beispielsweise einer der ersten Künstler, die das Internet als Kunstform und Ausdrucksmittel für sich beanspruchten. So wundert es kaum, dass Lynch im Laufe der Zeit immer mehr zu digitaler Fotografie und Fotobearbeitung überging. Passen Lynchs digital umgestaltete *Distorted Nudes*-Bilder und die experimentellen Fotoserien *Woman Thinking*, *Woman against Curtains* und *Woman Looks* noch einigermaßen zu seinen typischen Frauenmotiven, so wird es mit den weiteren »digitalen« Werken schwierig, diese einem der weiter oben genannten drei Themen zuzuordnen. Stattdessen bekommt der Betrachter es entweder mit abstrakt anmutenden Fotografien (wie den Reihen *Chain of Events* oder *Two Shapes*), Fotografien von Blumen (den Reihen *Red-Yellow Flower* oder *Yellow Blue Red*) oder von Zigaretten, die angezündet werden (*Light Cigarette*-Serie), zu tun. Es handelt sich dabei stets um Epson Digigraphien, die Lynch 2008 erstellt hat. Hier kommt bei einigen Bildern auch Farbe zum Einsatz. Die Epson Digigraphie ist ein Druckverfahren für limitierte Kunstauflagen, das eine Kombination aus zertifizierten Epson-Druckern, speziellen UltraChrome-Tinten und ausgewähltem Papier verwendet. Es erlaubt Künstlern, hochwertige Drucke ihrer Fotografien zu erstellen, die dann signiert, nummeriert und mit einem Authentizitätszertifikat versehen werden. Die Qualität jedes Druckes wird durch strenge Kriterien und die genaue Kontrolle des Farbsystems von der digitalen Vorlage bis zum finalen Druck gewährleistet. Diese Methodik stellt sicher, dass die Drucke einen hohen Standard erfüllen und eine wertsteigernde Exklusivität für Sammlereditionen bieten. Im Onlineshop der PHOTO EDITION BERLIN, einer bekannten deutschen Plattform für künstlerische Fotografie, sind fast alle von Lynch erstellten Digigraphien zu finden. Mit der Fotoserie *Nude Atelier Idem* (2012) ließ Lynch vier Jahre lang immer wieder zwei seiner Lieblingsmotive verschmelzen: Maschinen (Industrie) und nackte Frauenkörper. Die Aufnahmen entstanden im Pariser Künstler-Atelier Idem; vor den Druckpressen schweben unscharfe Frauenkörper. (→ Lithografie)

Bei Lynchs Fotografien ab den 2000er Jahren stellt sich immer wieder die Frage, ob es sich dabei tatsächlich noch um Fotografie handelt oder ob man es nicht schon mit einer anderen Kunstform zu tun hat. Die Bilder wirken eher wie Collagen, es geht um Übereinanderlegen, Schichten, Nachbearbeitungen. So erklärt Lynch selbst, dass er lieber von »Bildern« als von Fotografien spricht. Ein besonderer Ausdruck dafür stellt die Bildserie *Small Stories* da, die aus 55 Schwarzweißaufnahmen besteht und 2014 im Maison Européenne de la Photographie (MEP) in Paris zu sehen war. Bei den am Computer be- und überarbeiteten Bildern handelt es sich um Silbergelatineabzüge auf Barytpapier im Format 80 x 90 cm. Lynchs Idee dahinter: Jedes Bild sollte eine Geschichte erzählen. Das Besondere dabei, wie er erklärt: »Es sind kleine Geschichten ohne Worte. Die Geschichte spielt sich im Kopf ab.« In der Tat muss der Betrachter, wie auch schon bei Lynchs Lithografien, die zu sehenden Elemente für sich in eine eigene Geschichte transformieren, die Geschichte erst entstehen lassen oder sie weiter denken. Die Abwesenheit von klaren Worten ermöglicht es, das latente Kino der Phantasie des Betrachters in Gang zu setzen. Jedes Bild der Reihe führt die Motive, Themen und Stilelemente Lynchs weiter, sichtbar in akribisch ausgearbeiteten Artefakten, Figuren und irrealen Szenen. Es geht um schelmische Kaninchen, surreale Köpfe, fliegende Zeppeline, dunkle Formen, fremde Gestalten und Phänomene, bizarre private Innenräume, Insekten aller Art, nackte Haut und viel Verfall. Gerade die Bildserie *Heads* wirkt wie der Spiegel der Gedanken und Ängste eines jeden Einzelnen. Anstelle von Gesichtern enthalten die Silhouetten Blitze, Hände, Narben, Münder, Auswüchse, Formen. Hinzu kommen einige surreale Bilder, die aus den Erinnerungen des Künstlers schöpfen, darunter eine abendliche Strandansicht mit Kerzen, eine Aufnahme von William Burroughs mit einem Schaf und das Bild eines Jungen mit seinem

Pferde-Spielzeug und einem Flugzeug im Hintergrund, das den Titel *Memory of Childhood* trägt und über das Lynch sagt: »Dieses Bild erinnert mich sehr stark an meine Kindheit. Ich mag dieses Bild wirklich gerne.« Lynchs *Small Stories* sind wie fantastische Puzzleteile zu seinem Œuvre und zeigen, wie sich der Künstler über die Jahre die Fotografie angeeignet hat, um durch und durch lyncheske Bilder zu erzeugen.

Lynchs Fotografien und -arbeiten sind leichter einzuordnen und zu verstehen, wenn man sich die Fotografen, die Lynch beeinflusst haben, genauer ansieht. Es gibt drei Hauptinspirationen: Diane Arbus, Joel-Peter Witkin sowie William Eggleston.

Beginnen wir mit Arbus. Die US-Fotografin (1923–1971) ist besonders für ihre einzigartigen Porträts von Menschen am Rande der Gesellschaft bekannt. Arbus′ Aufnahmen sind Darstellungen von Außenseitern oder von Menschen, die nicht dem konventionellen Schönheitsideal entsprechen. Einige ihrer berühmtesten Fotos zeigen Zwerge, Riesen, Transvestiten, Menschen mit körperlichen Behinderungen oder andere Personen, die als marginalisiert gelten. Arbus arbeitete in Schwarzweiß und hatte die Fähigkeit, ihre Motive auf eine Weise zu fotografieren, die sowohl ihre Einzigartigkeit als auch ihre Menschlichkeit betonte. Trotzdem bleibt dem Betrachter oft eine Anomalie im Auge hängen, die eine Distanz und eine Unruhe schafft. »A distortion or a disease or an abnormality always makes something start happening in the brain. It's really interesting. It makes you look at the human being in a different way«, erklärt Lynch. »I think it's like Diane Arbus's photos of those things […] they start making you dream.« Der Einfluss auf Lynchs Fotografie ist offensichtlich: Wie Arbus sucht Lynch das Ab- und Anormale. Er findet dies in seinen Aufnahmen aber weniger bei Menschen als bei Fabriken, Vorgärten und Insekten. Es mag aber auch auf dessen Liebe zu Arbus' Bildern zurückzuführen sein, dass Lynch in seinen Filmen – im Gegensatz zu seinen Fotografien – gerne auf physisch entstellte und unkonventionelle Menschen zurückgreift. Man denke natürlich an den *Elephant Man*, aber auch an den Kurzfilm *The Amputee* (1974, eine Frau, deren zwei Beine amputiert sind), an den Zwerg in *Twin Peaks* und Mr. Roque in *Mulholland Drive* (beide Male gespielt von Michael J. Anderson, der an einer Knochenkrankheit leidet und kleinwüchsig ist). Wen wundert es: Lynch hat übrigens selbst Fotografien von Arbus erworben.

Die zweite Inspiration ist der Fotograf Joel-Peter Witkin (*1939), der für kontroverse und oft schockierende Bilder sorgt, die Themen und Motive von

Tod, Dekomposition, Amputation, Geschlecht und anderen makabren Sujets erforschen. Witkins Arbeit zieht Inspiration aus der Kunstgeschichte, insbesondere von Künstlern wie Francisco Goya oder Hieronymus Bosch. Er inszeniert in seinen schwarzweißen Werken deformierte menschliche oder tierische Leichen oder Leichenteile, die oftmals mit anderen mondänen und alltäglichen Gegenständen (Blumen, Früchte, Bücher, Uhren usw.) zu verschmelzen scheinen. Das Ergebnis sind groteske, düstere, teils ironische Bilder, die sich ins Gehirn des Betrachters brennen und als »disagreable beauty« (»unangenehme Schönheit«) beschrieben wurden. Als Beispiel seien hier der halbe, vordere Teil eines Hundes genannt, aus dessen Unterbauch frisches Obst und Gemüse quellen (*The Result of War – The Cornucopian Dog*, NM, 1984), der abgetrennte Kopf einer Frau, dessen Schädeldecke fehlt und an dessen Stelle Blumen, Pflanzen und Blüten herausschauen, wie aus einer Vase (*Face of a Woman*, Marseilles, 2004), oder ein präpariertes Festmahl aus Obst, Krabben, Tintenfischen, Gemüse und abgetrennten Leichenteilen, inklusive eines toten Neugeborenen (*Feast of Fools*, Mexico City, 1990). Seine Bilder sind oft nachbearbeitet, um ein verwittertes oder altmodisches Aussehen zu erzeugen. Sie verbinden das Schöne mit dem Grotesken auf erstaunliche Art und Weise. Lynch teilt diese Einschätzung und meint schlicht: »Sie wirken wie Gemälde.« Am nächsten kommt Lynch Witkin bei seiner *Distorted Nudes*-Fotoserie. Ganz wie der New Yorker zerdehnt auch er Silhouetten, amputiert, verpflanzt sie, setzt Monstren zusammen. Ganz besonders erinnern an Witkin zwei dieser nachbearbeiteten Fotos, bei denen Frauen ihre eigenen Köpfe in den Händen halten. Auch ein Bild von einer nackten Frau, die auf einem Sessel sitzt und einen Penis in der rechten Hand hält, ist eine Anspielung auf Witkin. Ihr Kopf löst sich auf, sieht wie ein inneres Organ aus. Auf ihrem Bauch ist ein Blatt zu erkennen und ihr linkes Bein scheint in etwas eingehüllt zu sein. Über diese veränderten Erotik-Fotos aus dem 19. Jahrhundert, die aus dem TASCHEN-Bildband *1000 Nudes* stammen und wie Zeitkapseln erscheinen, sagt Lynch: »Sie sind wie Formen. Da viele von ihnen alt sind, geschieht etwas, und die Deformierungen, sie erfolgen in einer anderen Zeit, in einem anderen Raum [...] Es ist eine ganz andere Welt.«

Nicht zuletzt schwärmt Lynch von William Eggleston, ebenfalls Jahrgang 1939. Der US-Fotograf gilt als Pionier der Farbfotografie in der Kunstwelt (was überrascht, denn Lynch schwört ja quasi nur auf Schwarz-Weiß-Fotografie). Bevor

Eggleston in den 1970er Jahren auf die Bühne trat, wurde Schwarz-Weiß-Fotografie oft als die »ernsthafte« Form der Kunstfotografie betrachtet, während Farbfotografie hauptsächlich mit kommerziellen oder Amateurzwecken assoziiert wurde. Egglestons Werk zeichnet sich durch einige besondere Merkmale aus. Er hat oft (1) ganz alltägliche Szenen und Gegenstände fotografiert – von Parkplätzen über Tankstellen und Getränkeautomaten bis hin zu Innenräumen von Häusern (eine fotografische Interpretation des amerikanischen Alltags sozusagen). Dabei schaffte er es oft, das Gewöhnliche ins Außergewöhnliche zu drehen. Eggleston nutzte die (2) Dye-Transfer-Drucktechnik, um äußerst lebendige und gesättigte Farben zu erzeugen, die in seinen Fotografien besonders auffällig sind. Dadurch hat er die Art und Weise, wie Menschen die Welt sehen und wie sie Farbe in der Fotografie verwenden, revolutioniert. Trotz der Einfachheit vieler seiner Motive sind seine Bilder oft mit einer (3) unterschwelligen Spannung oder einem Gefühl des Unbekannten aufgeladen, das sie teils beunruhigend macht. Egglestons Motive sind vordergründig die gewöhnlichen Bewohner und die Umgebung der Vorstädte von Memphis und Mississippi – Freunde, Familie, Grillpartys, Hinterhöfe, ein Dreirad und die Unordnung des Alltags. Die Normalität dieser Motive ist trügerisch, denn hinter den Bildern lauert eine Gefahr, auch wenn sie schwer zu fassen ist. Es herrscht ein penetrantes Gefühl der Bedrohung vor. Es ist dieses Gefühl, das man auch bei einigen Lynch-Fotografien – und in Lynchs gesamten Werk – spürt. Egglestons kräftige Farben stehen jedoch im krassen Gegensatz zu Lynchs »grauen« Bildern. Der Einfluss Egglestons äußert sich nicht in den Fotografien, sondern eindeutig in Lynchs Filmen. So ist die Anfangssequenz von *Blue Velvet* definitiv eine Hommage an Egglestons Fotografien, die als erstes den Surrealismus der amerikanischen Kleinstadt mit satten Farben unterstrichen hat. Selbst in *Twin Peaks*, *Lost Highway* und *Inland Empire* sind visuelle Anspielungen auf Egglestons Arbeiten zu erkennen (vor allem farbliche und raumgestalterische). Eggleston und Lynch kennen sich auch persönlich. Lynch kam 2006 vor Egglestons Objektiv, dabei entstand eines der vielleicht besten Porträts von Lynch (Farbe, 61 x 50,8 cm).[29]

29 Das Porträt ist abrufbar unter: https://www.fondationcartier.com/collection/oeuvres/sans-titre-21

Design

»You build your own world.«

DAVID LYNCH

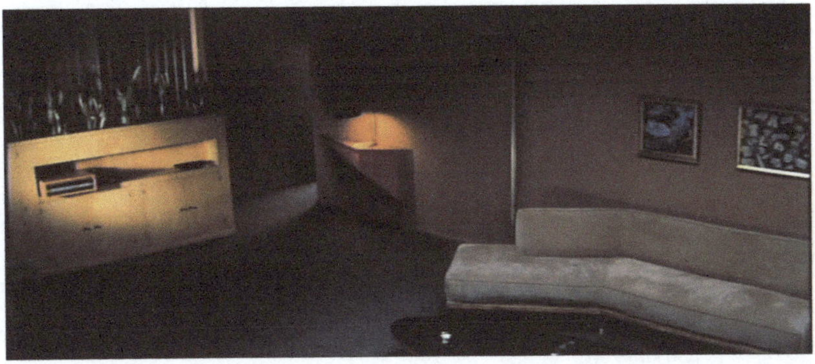

Den Designer Lynch, den kennen wohl nur die wenigsten Menschen. Und selbst Fans und Kunstfreunde wissen meist nur um einen Bruchteil seiner Arbeit als Gestalter. Zum Einstieg deshalb zwei illustrierende Beispiele, die den ein oder anderen sicherlich überraschen werden.

Das 150-jährige Jubiläum des renommierten französischen Porzellanherstellers Bernardaud (1863 gegründet) rückte immer näher und man fragte sich, wie man für dieses einmalige Ereignis etwas ganz Besonderes schaffen könne. Die Idee, die man schließlich umsetzte: Künstler aus aller Welt sollten exklusiv für Bernardaud Tellersets entwerfen. Die Wahl fiel auch auf David Lynch. Dieser nahm das Angebot gerne an: »Ich sagte ›Ja‹ zu diesem Projekt, weil ich noch nie zuvor einen Teller gestaltet hatte. Ich fand es interessant, nach Ideen für eine Geschichte zu suchen, die auf zwölf Tellern erzählt werden könnte.« Die zwölf Stationen umfassende Geschichte nannte Lynch »Boundless Sea«, jeder Teller ist wie ein Gemälde gestaltet. Der an Poesie grenzende, erklärende Text pro Tellerbild lautete wie folgt, in typischer Lynch-Sprache (→ Sprache):

> On the boundless sea, a small house appears (1)
> In the house are 10 worlds (2)
> ... and time (3)
> ... the worlds are filled with things (4)
> ... and people and houses (5)
> ... a man stands in a house (6)
> ... the sun, moon and stars are in his head (7)
> ... and animals are there (8)
> ... the 10 worlds are in his head (9)
> ... and time (10)
> ... and the small house (11)
> ... and the boundless sea – holding it all. (12)

Die Teller haben einen Durchmesser von 27 Zentimeter und das Set konnte für 865 Euro erworben werden. Zu seinem innovativen Geschichten-Teller-Projekt meinte Lynch: »Die Geschichte […] ist […] etwas abstrakt, aber ich habe das Gefühl, dass sich die Menschen auf irgendeiner Ebene mit dieser Geschichte identifizieren können, vielleicht auf einer intuitiven Ebene, und ich glaube, dass diese Geschichte den Menschen ein gutes Gefühl geben kann.« Mit dieser Beschreibung hat er vollkommen recht, denn Text und Tellerbild gemeinsam erzeugen beim Betrachter eine gewisse Stimmung und Euphorie, die durch den zirkulären, sich wiederholenden Aspekt der Geschichte erschaffen wird. So sind Teller 1 und 12 visuell auch fast identisch – mit der Ausnahme, dass letzterer im »unendlichen Meer« nun die Umrisse eines menschlichen Kopfes zeigt. Die Tellergeschichte schafft es, das Gefühl zu erzeugen, der Mensch sei Teil des Universums, des Ozeans des Lebens, des großen Ganzen – das ist irgendwie beruhigend (obwohl manche Tellerbilder relativ düster sind wie beispielsweise Nummer 6, wo der dunkle Umriss eines Mannes in düsterer Umgebung zu erkennen ist). Wer unter den Leserinnen und Lesern hat gewusst, dass Lynch eine solche Tellerserie entworfen hat? Wahrscheinlich die wenigsten.

Zweites Beispiel. Die Herbst- und Winter-Modenschau des Pariser Mode-Labels Kenzo stand 2014 mal wieder an. Diesmal bat man Lynch um künstlerische Unterstützung; dieser entwarf das Bühnenbild und gestaltete die Skulptur eines riesigen, schreienden Kopfes im Hintergrund, der sich in unzähligen Spiegeln auf dem Laufsteg vervielfachte. Dieser Tonkopf erinnert sehr stark an das Foto von Lynchs Experiment *Clay With Turkey, Cheese and Ants* (1991), wo der im Mittelpunkt stehende Kopf ebenfalls aus Ton gestaltet worden war (→ Tier). Der verstörende Kopf mit offenem Mund als Hintergrund, gepaart mit den verzerrenden Spiegelsaal-Reflexionen, führte zu einer beunruhigenden Atmosphäre, in der die Models bizarr und mysteriös wirkten, ganz so, als stammten sie direkt aus Lynchs Künstlerwelt. Lynch über diesen etwas anderen Laufsteg: »I wanted to try and get a different feel for a runway show, having mystery and emotion swimming together.« Hier erneut die Frage an den Leser: Wer hat gewusst, dass Lynch Bühnenbild und Laufsteg für eine Modenschau von Kenzo gestaltet hat? Die Antwort, erneut: vermutlich die wenigsten!

Lynch und Design – das gehört einfach zusammen. Dabei beschränkt sich der Künstler jedoch nicht nur auf das »bloße« Entwerfen eines Gegenstands oder einer Bühne, sondern hat auch Spaß *am Bauen selbst*. So ist er an der Realisierung seiner Designs meistens auch selbst beteiligt. »I love building. And building is as important as designing, because many times design grows as one is building«, erklärt er enthusiastisch. Diese Lust am Bauen und Konzipieren, also am physischen Entstehungsprozess, stammt direkt aus seiner Kindheit und Jugend. Er lernte früh, mit Werkzeugen umzugehen. »[...] my father always had a workshop in the house, and I was taught how to use tools and spent a lot of time in the shop building things, so it all started at a young age«, erinnert sich Lynch. »I started out being a painter [...] Pretty soon I was building things.« Weiter erzählt er: »In art school I started building things based on my own designs. And then things kind of went from there.« Dieser Wandel vom Maler hin zum Multikünstler kann gut anhand von Lynchs experimentellem Animationskurzfilm *Six Men Getting Sick (Six Times)* von 1967 illustriert werden, der offenbart, dass Lynch schon immer viel Spaß am Modellieren hatte. Lynch baute für diesen Film eine plastische Projektionsfläche aus Gipsabdrücken seines eigenen Kopfes, also quasi eine Skulptur, auf die der Film projiziert wurde. Lynch fasst das so zusammen: »Es war wie eine Gemälde- und Skulpturenshow plus Film.« Die Worte verdeutlichen Lynchs Wandel, drei Kunstarten – Malerei, Bildhauerei, Film – sind hier bereits vertreten. »Design influences my life«, legte er später in einem Gespräch nach. Die Sets zu seinen frühen Filmen *The Alphabet* (1968) und *The Grandmother* (1970) baute er selbst, auch bei *Eraserhead* (1977) war er dafür verantwortlich (»[...] habe ich die Kulisse für den Film selbst gebaut. Zu Hause hatte ich schon immer eine Tischlerwerkstatt. Material, Werkzeuge, Ideen – das ist die Grundlage für Design«). Zeitweise lebte er sogar in Henrys Zimmer, träumte und schnarchte nachts in dessen Bett. Lynch dazu: »Ich schlief in einem Raum, der vorher nur in meiner Vorstellung existiert hatte und hinterher nur in einem Film existieren würde.« Dieses Zitat fasst Lynch, den Designer, vielleicht am besten zusammen. Er erschafft Räume und Gegenstände, die davor nur in seinem Kopf existierten; er verwirklicht sie, lässt sie Realität werden. Und dann *lebt* er in bzw. mit ihnen. Lynch existiert in seiner von ihm selbst geschaffenen Welt. »Later I began to concentrate on actually making furniture for my home«, erklärt er in einem italienischen Design-Magazin. Er lebte also sprichwörtlich in seinen eigenen Kreationen. Auf die Frage, wie er bei seiner Designarbeit vorgehe, ließ er im Rahmen der Eröffnung des Pariser Nachtclubs Silencio, bei dem er für einen großen Teil der Inneneinrichtung und der optischen Erscheinung verantwortlich war, 2011 wissen: »Zunächst zeichne ich mit der Hand. Für das Silencio habe ich meinen Freund 3D-John [John Chalfant] beauftragt, der auch die Kulissen für meine Filme am Computer entwirft. Meine Möbel stelle ich selbst her, zusammen mit meinem Gärtner Antonio, der ein wahrer Metallspezialist geworden ist.«

Die Liste von Objekten, bei denen Lynch beim Design entscheidend mitgewirkt hat und die er zuweilen auch selbst gebaut hat, ist lang und umfasst Objekte unterschiedlichster Art. Dazu zählen Kleidung, Möbel, Deko-Gegenstände, Lautsprecher, Verpackungen von Weinflaschen und wie eingangs gesehen auch Geschirr. Eine ausführliche Liste von Lynch-Designs und -Kreationen findet sich am Ende dieses Begriffs. Im Folgenden werden hier »lediglich« Lynchs Möbel und Lampen sowie das Design einer Geschenkbox für eine Flasche Dom-Pérignon-Champagner genauer betrachtet. Sie veranschaulichen Lynch designerisches Schaffen aufs beste und gehören mit zu den interessantesten Lynch-Projekten.

Lynchs Liebe für Design und Baukunst drückte sich besonders in den späten 1980er und frühen 1990er Jahren aus, als er mehr und mehr begann, tatsächlich Möbel zu entwerfen und diese auch der breiten Öffentlichkeit zugänglich zu machen. Eine der wichtigsten Motivationen für Lynch: »I just don't see a lot of furniture that thrills my soul, and it drives me to think, What kind of furniture would I love? I like furniture from the 1930s and 1940s, and I like atomic furniture because it floats, and the legs are thin, and you can see under it – a lot of furniture blocks views.« Zunächst wurden Lynchs Möbel in kleinen Auflagen von Skank World (Inhaberin: Linda Gershon) in Los Angeles verkauft. Dann kam Lynch jedoch mit Veit Rausch in Kontakt. Rausch war Inhaber der Schweizer Firma Casanostra, die Möbel in größerem Stil produzierte. Er schlug Lynch vor, dessen Möbelstücke herzustellen und in Möbelläden weltweit verfügbar zu machen. Lynch war von der Idee begeistert und schloss mit Casanostra einen Vertrag ab. »My idea is to make only a few things, that have a reason to exist, and function in relation to one another; a chair, for example, should be compatible with the room where it is located, with its size, its light, its volumes, and with other objects present«, begründet Lynch sein Vorgehen. In einem Interview von Februar 1997 gestand er: »I daydream of furniture.«

Im selben Jahr im April konnten die Besucher auf dem bekannten Salone del Mobile in Mailand Lynchs Möbel bewundern, darunter eine Tischkollektion. Casanostra ging jedoch bald pleite. Einem Journalisten gegenüber versicherte Lynch 2001, dass seine Möbel dabei keine Rolle gespielt hätten, was diesen zu der etwas ironischen Bemerkung veranlasste: »[…] it's hard to imagine anyone buying one [table] with the intention of using it – they're fabulous Magritte-style curious rather than practical home furnishings.«

Zu den Einflüssen des Designers Lynch zählen unter anderem Pierre Chareau, Vladimir Kagan und Charles Eames, den er während seines Studiums am AFI tatsächlich einmal selbst getroffen hatte. »I sat at his table. He was one of the most intelligent, down to earth, greatest person I've ever met. He was just a pure, kind of happy person, someone childlike, enjoying life«, erinnert sich Lynch.

Chareau (1883–1950) war ein französischer Architekt und Designer, der gerne mit Glas und Stahl arbeitete. Lynch hebt besonders seine Maison de Verre im siebten Arrondissement von Paris hervor. Das Haus besteht aus drei Stockwerken und ist als totaler Raum konzipiert, dessen Fassade zum Hof hin komplett verglast ist: Eine gerasterte Metallstruktur trägt Paneele aus »Glaswürfeln«, das Resultat ist in der Tat erstaunlich. Kagan (1927–2016) wiederum war ein amerikanischer Möbeldesigner, den Lynch für seine frühen Designs in den 1950er Jahren schätzt und von dem er selbst Möbel besitzt: »I have some of his products in my home: a divan with splendid proportions, a ›surfboard‹ style table, very simple, very beautiful.« Und nicht zuletzt: Eames (1907–1978) war ein legendärer amerikanischer Architekt und Designer der Nachkriegszeit. Er entwarf Möbel, die zu Ikonen wurden, auch weil er das Design in Richtung Massenproduktion weiterentwickelte. Lynch mag die »spürbare Leichtigkeit« seiner Designs und hat bei sich zuhause ebenfalls einige »Stücke« von Eames stehen.

Lynch erwähnt aber nicht nur einzelne Personen, sondern auch ganze Design-Bewegungen, die ihn beeinflussen. Da wäre zunächst das »Atomic Age« (circa 1940–1963), welches ein Design hervorbrachte, das durch die Verwendung von Atommotiven und Weltraumsymbolen geprägt war und gerne auch Schwebeeffekte verwendete. Lynch dazu: »Mich berührt das ›atomare‹ amerikanische Design aus dieser Zeit der Atomtests in der Wüste von Nevada. Diese Zeit ist die Zeit meiner Kindheit, das Zeitalter der unbegrenzten Möglichkeiten. Ich mag es, wenn Stühle und Tische schweben.« Weiter ist Lynch bekennender Fan des Bauhaus-Stils. »From Bauhaus, all the students of the Bauhaus School«, entgegnete er einmal auf die Frage, welche Architekten er am meisten bewundere. Diese Bauhausnähe wird etwas weiter unten noch einmal aufgegriffen und erläutert. Und schließlich schätzt Lynch vor allem japanisches Design: »The Japanese can teach us something about that [small spaces]. […] They enter a house by bowing, and

they position themselves even lower when their sit down. This establishes a particular proportion among people, the environment and the perception of space. And the rooms are simple, pure, furnished with only a few objects. I saw a house in Kyoto where every stone, every plant, every window, every detail responds to precise proportions. These are places where you can really enjoy the space, and live in it with pleasure.« Auch folgendes Lynch-Zitat gehört in diesen Kontext: »I like really beautiful designed, minimal things.« Mit postmodernem Design und gegenwärtiger Architektur kann der US-Künstler jedoch deutlich weniger anfangen. Er zeigt sich erstaunt, wie wenig gelungene Häuser es aus Design-Sicht tatsächlich gäbe, die meisten postmodernen Entwürfe seien »der Tod für die Seele«. Dazu zählt er auch Mini-Malls, also kleine US-Shopping-Center.

Nicht zu vergessen: Die Kreationen des US-Architekten Frank Lloyd Wright und dessen Sohn Lloyd Wright weiß Lynch ebenso zu schätzen. Sein Haus, in dem er heute lebt, wurde von genau diesem Lloyd Wright geplant – und dessen Sohn Eric Wright wiederum erweiterte es später noch. Das Design des Hauses hat auf Lynch und seine Arbeit einen positiven, nicht zu unterschätzenden Einfluss. Es ist eine schöne Mischung aus eben reiner japanischer Architektur und moderner amerikanischer. »The whole space is just pleasing, gives me a good feeling«, erzählt er. »So it affects my whole life to live inside of it. [...] sometimes I see things, spaces or something that would go inside of it and that leads to furniture or film.« Eine Anekdote zu Lynchs Eigenheim: Nach einem Einbruchversuch in der Nachbarschaft klingelte die Polizei bei Lynch zuhause. Als die Beamten einen Blick in das Haus warfen, wollten sie wissen, ob er gerade eingezogen sei. Der Grund? Die Inneneinrichtung des Hauses war so spärlich, die Räume wirkten so leer, dass die Polizisten genau diesen Eindruck gewonnen hatten, obwohl Lynch dort schon seit Jahren lebte! Nicht unironisch gibt er zu: »[...] ich mag überladene Räume nicht!«

Wenn man sich die von Lynch gestalteten Möbel genauer ansieht, dann wird schnell deutlich, dass er einer Design-Trichotomie folgt, die Tische, Stühle und Lampen umfasst. Zu den Tischen zählen unter anderem ein kleiner Espressotisch (1988 und 1992, Birkensperrholz, Stahl, Stahldraht mit Spannschloss, 33 × 46 × 33 cm), ein Whiskey- und Zigarrenbeistelltisch (1980er Jahre, Metall, Douglasienholz, gebeizt, 60 x 24 x 24 cm), ein Büchertisch aus Stahl sowie ein weiterer Ablagetisch (1997, gebeizte Kiefer, roher Stahl, 90 x 69 x 45 cm). 2017 gesellte sich noch ein

besonders kompakter und funktionsfähiger Tisch dazu. Lynch beschreibt seine Intention hinter dem speziellen Design wie folgt: »Here is a place for glasses, remote controls, and pens. And here's a circle with Kleenex coming out. Here's a larger circle for a wine bottle. This is a door on special hinges that holds cigarettes and lighter. And over on this side is a large door, so this part right here is a place for Parmesan crackers and trail mix and wine glasses and different things. [...] And then down here is a drawer that has a place for a yellow pad. If I have an idea, I can take out the yellow pad and write it down with the pens. And it's on these red wheels. So it's a side table that holds all the things that I use.« Lynch hat also vor allem Spaß daran, wie es scheint, besondere Tische zu entwerfen. Wieso? »To my mind, most tables are too big and they're too high«, erklärt er. »They shrink the size of the room and eat into space and cause unpleasant mental activity.«

Stühle und Sessel sind Lynch zweites Faible. »[...] Ich fertigte meine ersten Möbel für mein Atelier an. Zwei ganz einfache Holzstühle. Ich liebe Stühle, ich glaube, ich habe Hunderte von ihnen auf Papier entworfen. Ich finde es faszinierend, dass sich das Genre immer wieder erneuert«, erzählt er begeistert. Besonders beeindruckend ist der von Lynch selbst entworfene *Wire Chair* (2011, Holzgestell, Polsterung aus Zwei-Dichte-Schaumstoff, Gestell aus lackiertem Metall, Stoffbezug, 56,5 x 70 x 61 cm) im Rahmen des Designs für den Pariser Club Silenco, wo die Sessel bewundert werden können. Die Füße der Sessel sind ähnlich zickzackartig angeordnet wie das Bodenmuster im Red Room in *Twin Peaks* oder der Wartehalle des Wohngebäudes in *Eraserhead*. Lynch etwas ironisch zu seinem *Wire Chair*: »Außerdem sind die Rückenlehnen der Wire zu niedrig! Sie sind nicht bequem. [...] Wenn sie nicht zu niedrig wären, würde man nämlich einschlafen: Das ist ein Nachtclub, keine Teestube!« Produziert wird der Sessel übrigens von der französischen Firma Domeau & Pérès. Ein weiterer prominenter Lynch-Stuhl ist der, auf dem im Kurzfilm *What Did Jack Do?* (2017) der Affe Jack sitzt, der von Lynch höchstpersönlich ins Kreuzverhör genommen wird, weil er des Mordes verdächtigt wird. Das Möbelstück fand sich auch in der Lynch-Ausstellung *Squeaky Flies in the Mud* (2019) bei Sperone Westwater in New York wieder. Der Stuhl besteht aus einer kleinen, rudimentären Sitzfläche aus Holz, als Rückenlehne dient ein roter Kreis, der lediglich an einer dünnen Stahlwirbelsäule befestigt ist und so zu schweben scheint. Hier ist der Einfluss des von Lynch gepriesenen »atomaren« Designs zu erkennen.

Lynch zeigt dieselbe Begeisterung für Lampen wie für Tische und Stühle. Über die Jahre hat er viele eigene entworfen und eine echte Liebe dazu entwickelt, weil die Arbeit daran drei Dinge umfasst, die er wirklich gerne hat: »I like working with resin, I like working with wood, and I like working with electricity. So the lamps encompass these three things in a beautiful way.« Lynchs Lampengebilde offenbaren einerseits den direkten Einfluss von Bauhaus-Design, andererseits seinen Hang zu Skulpturen. Wie weiter oben gesehen, hat Lynch seine Vorliebe für das Bauhaus schon mehrmals geäußert. Wie auch andere moderne Architektur-Bewegungen ging das Bauhaus etwas utopisch und idealistisch davon aus, dass gutes Design die Menschheit insgesamt umgestalten könnte. Dabei vertrat das Bauhaus eine ganze Reihe an ästhetischen Vorlieben: Geradlinigkeit, Primärfarben, ausdrucksstarke Strukturen. All dies findet sich in Lynchs Lampen wieder, darunter zum Beispiel in der *Tricolor Highrise Lamp* (2022). Das obere Ende der Lampe besteht nicht nur aus drei Primärfarben – Gelb, Rot und Blau –, sondern der ganze Körper der Lampe ist aus zahlreichen schmalen, geraden Linien zusammengesetzt. Hier fehlt ausnahmsweise der organische Aspekt, der viele andere Lampen von Lynch auszeichnet. Die Bauhaus-Architektur hat hier eindeutig ihre Spuren hinterlassen, genau wie bei den Modellen *Clear Top Lamp* (2022), *Zebrawood Top Lamp* (2022) oder auch *Douglas Fir Top Lamp #1* (2002), bei dem der Holzlampenkopf aussieht, als wäre in ihn ein geometrisches Gesicht geschnitzt, das durch das Licht der Glühbirne dahinter erst Form annimmt. Die Lampe *Red Zig-Zag* (2022) behält die Primärfarben zwar bei, entfernt sich aber etwas vom Bauhausstil. Stattdessen greift sie wieder eines von Lynchs Lieblingsmustern auf: Der Weg zum Lichtkopf der Lampe am oberen Ende startet am Fuß dieser und schlängelt sich in einem roten Zickzack-Muster hinauf (siehe *Wire Chair* weiter oben). Dieser Zickzack-Lampenstab lässt auch Lynchs »organischen« Skulpturenstil erahnen, er sieht nämlich authentisch handgefertigt aus. Damit wären wir auch beim zweiten Lampen-Aspekt: Skulpturen. In einem Gespräch erklärte Lynch einmal: »They're sculptures, but they have a purpose in a home as well, and I really like that. I'd like to do a lot more with lamps and sculpture.« Die Lampe *Red Black Yellow Table Lamp* (2011) ist keine Stehlampe, die weit nach oben in den Raum hineinragt, sondern eher eine kleine Tischlampe bzw. gar nur eine Dekolampe. Sie besteht aus einer gelben phallusähnlichen Form, die fast einer dicken Banane gleicht. Am Ende davon befindet sich ein schwarzer Stachel mit einer kleinen Glühbirne. Diese skulpturale Lampe wird von einer geraden, symmetrischen, kalten Struktur getragen, die im Gegensatz zum organischen Aussehen der Lampe selbst steht und den Skulpturenaspekt verstärkt. *Love Light #2* (2022) sieht aus wie ein aus Holz geschnitzter, unebener Speer, an dessen Spitze eine rote Glühbirne klebt, die nicht ungefährlich erscheint. *Yellow Grey Lamp* (2002/3) und *Gauze Lamp* (2002/3) wirken wie unförmig gewachsene Baumstämme, denen man alle Äste abgeschnitten und an Stelle der Baumkrone eine Lampe eingesetzt hat. Auch *Yellow Green Voilet Lamp* (2011) und *Gray Amber Lamp* (2011) können der Kategorie »organische Baumstammskulptur« zugeordnet werden. »Furniture and sculpture obey a lot of the same rules, but you don't have to be able to sit comfortably on a sculpture. Furniture has to be somewhat practical, but I like furniture that borders on sculpture, and you need a pure room for furniture to be in, too«, erklärt Lynch das Verhältnis zwischen Möbeldesign und Skulpturenentwurf.

Diese Design-Trichotomie aus Tischen, Stühlen und Lampen findet sich auch sehr oft in Lynchs Filmen, ja wird dort bis zur Obsession immer wieder gezeigt. In den von Lynch und seinen Produktionsdesignern entworfenen Räumen, die die Kamera einfängt, befinden sich meist prominent eine Sitzmöglichkeit (Sessel, Stuhl, Sofa), ein Tisch (Ablagetisch, Couchtisch, Schreibtisch) sowie eine Lampe (Tischlampe, Stehlampe, Wandlampe), die ein atmosphärisches Licht gibt. Eine für Lynch typische Innenarchitektur. Manchmal sind die Räume dabei auch mit Vorhängen eingekleidet. (→ Fetisch) Die Tischlampen sind mit Lampenschirmen ausgestattet, deren Licht eine bedrohliche oder befremdliche Stimmung ins Bild bringt, wie die rote Lampe neben Dianes Telefon in *Mulholland Drive* (2001) oder die Tiffany-Lampe, die Isabella Rossellinis malvenfarbenes Zimmer in *Blue Velvet* (1986) schmückt. Bei der Raum-Gestaltung in den Filmen fällt auch ein gewisser Minimalismus auf. Lynch ist darauf bedacht, den Raum nie ganz zu füllen, sondern auf den Zuschauer wirken zu lassen. Dadurch wird der Kontrast zwischen Raumleere und Raumfülle erhöht, die Möbel stechen hervor und die Protagonisten stechen deutlicher ins Auge – oder in Lynchs Worten: »Plötzlich wird der Raum schön und der Mensch interessant.«

Neben Möbel- und Lampendesign hat Lynch sich auch am Design der Verpackung einer Champagnerflasche versucht. Dafür hatte sich der Amerikaner 2012 mit Dom Pérignon, der berühmten französischen Champagnermarke von Moët &

Chandon, benannt nach dem Mönch Dom Pérignon, zusammengetan, um eine limitierte Sonderausgabe der Flaschen für den Dom Pérignon Blanc Vintage 2003 und den Dom Pérignon Rose Vintage 2000 zu entwerfen. »It started with a photograph – the people at Dom Pérignon asked me to make a still photograph of a bottle for magazines. And it was interesting because I could experiment and they were happy to let me experiment. It turned into something they liked. That led to the design of a gift box«, resümiert Lynch dieses französische Abenteuer. (→ Paris) In Sun Valley, nicht weit von Los Angeles, arbeitete er in der Werkstatt seines Freundes Gary D'Amico, einem Experten für Spezialeffekte, der bei zahlreichen seiner Filme mitgewirkt hatte. Sie führten zwei Tage lang experimentelle Fotoshootings durch. Sie spielten mit Schweißbrennern, schossen Lichtstrahlen in Kristalle, versprühten Glitzer und setzten Rauchmaschinen und andere Lichteffekte ein, um Bilder für die daraus resultierenden Verpackungen einzufangen. Die Arbeit mit den verschiedenen Lichtquellen war besonders wichtig. »Die Tatsache, dass das Licht um eine Flasche herumbewegt wird, ermöglicht es, die faszinierenden Winkel zu vervielfachen«, erklärt Lynch. Und weiter heißt es zum Design der Dom-Pérignon-Box: »Man muss den Bildern, die sich damit [dem Dom Pérignon] assoziieren, freien Lauf und sich von ihnen inspirieren lassen. Die Bläschen natürlich, die Form der Flasche, ein leuchtendes Verlangen. Ich habe Elektrizität, Feuer, Rauch und fotografische Techniken hinzugefügt.« Die Box hat ein wahrhaft lyncheskes Aussehen; ist eine Mischung aus Mystik, Abstraktion und Einzigartigkeit. Das vorherrschende Schwarz gibt der Verpackung einen geheimnisvollen und tiefgründigen Charakter. Das Weiß und Silber, die sich darauf in Form von leuchtenden abstrakten Spritzern und Strichen befinden, bringen Dynamik und Kontrast in das Design. Sie könnten auch als ein Versuch gesehen werden, das Unbewusste oder Traumwelten hervorzurufen. Der schräg hingekritzelte Schriftzug »Dom Pérignon by David Lynch« verleiht dem Design eine persönliche Note. Während das Dom-Pérignon-Logo und das Wappen traditionell und klassisch sind, bringt das von Lynch gestaltete Design eine moderne und avantgardistische Note hinein. Dies schafft eine Brücke zwischen der reichen Geschichte von Dom Pérignon und der zeitgenössischen Kunst. Beim Öffnen wird die Verpackung zu einem kleinen, mysteriösen Theater: Die Seidenbänder an beiden Enden der Verpackung erlauben es, den Vorhang im

Inneren der Schatulle zu heben (Lynchs typische Vorhangfrage: Was verbirgt sich dahinter?) und so die Flasche zu enthüllen.

So viel zu Möbeln und Champagnerflaschenverpackungen. Doch Lynch hat noch einiges mehr zu bieten. Während der Covid-19-Pandemie stellte er 2020 beispielsweise eine ganze Reihe Videos auf seinen Youtube-Kanal DAVID LYNCH THEATER, die ihn beim Handwerken zeigen – und zwar nicht, wie er an seinen Gemälden arbeitet, sondern wie er ganz praktische Gegenstände baut und repariert. Dazu gehören etwa ein Smartphone-Halter, ein Abflussstutzen für den Boden eines hölzernen Waschbeckens, ein Mikrofonständer, ein Spiegel und, ja, ein Urinal. Lynch erklärt sein Vorhaben: »It's so much fun to build your own things and solve the problems and figure out a way to do it on your own.«

Zum Schluss noch eine Übersicht aller weiterer Design-Projekte von David Lynch, die ihn als vielbeschäftigten Gestalter zeigen. Die ein oder andere Überraschung selbst für Lynch-Kenner mag dabeisein:

2008: Cartier Dome (Miami). Lynch wurde von Cartier gebeten, in Miami eine Art temporären Tempel zu entwerfen für alles, was mit Cartier zu tun hat. Lynchs Kreation wurde eine geodätische Kuppel für den Botanischen Garten von Miami Beach, in der kostbarer Cartier-Schmuck und eine siebenminütige Filmprojektion Lynchs zu sehen waren. Lynch zu diesem Projekt: »I worked with John Chalfant, who is a 3-D artist, and we built the imagery entirely on a computer. The seven-minute movie will run every hour and in between there will be projected images of slowly moving diamonds. There's also a soundtrack; it's a beautiful mood piece. A dome is such a great shape to project a movie on. I think one day people will have domes in their homes. They're magical.«

2009: Schaufenstervitrinen der Galeries Lafayette (Paris). Lynch entwarf und gestaltete exklusiv für die Galeries Lafayette Haussmann in Paris elf Schaufenster zum Thema »Machines, Abstraction and Women«. Die Figuren und Kulissen der Vitrinen wurden in den Werkstätten des Théâtre Marigny hergestellt. Lynchs Kreationen bestanden aus Harz, Styropor, Holz sowie Silikon und waren mit verschiedenen Mechanismen sowie Licht und Ton versehen. Lynch über sein Vitrinendesign: »Ich liebe die Schaufenster von Geschäften. Sie sind wie kleine Theater [...] Mit der Fassade aus Granit oder Marmor [des Gebäudes der Galeries Lafayette] – ich weiß nicht, was es ist – sind sie wunderschön.« Und der französischen Tageszeitung Le Monde gegenüber sagte er noch: »Die Schaufenster dieses Pariser Kaufhauses, die so grandios wie Schmuckkästchen sind, haben mich zu einer neuen Kunstform inspiriert. Jeder wird unerwartete Dinge sehen, fühlen und hören können, und weil jedes Wesen auf diesem Planeten einzigartig ist, wird daraus eine andere Magie entstehen [...] Ich hoffe nicht, allen zu gefallen, sondern Träume und Emotionen zu wecken.«

2010: Lautsprecher. Lynch entwarf für eine Ausstellung einige Lautsprecher, die mit Farbe, Teer und Lack überzogen waren. Sie spielten ein von Lynch selbst komponiertes Musikstück ab. Das Design war an das Aussehen der Lautsprecher des US-Designers Joey Roth angelehnt.

2012: Hotel Suite Lutetia (Paris). Lynch designte die Suite 111 im ersten Stock des Pariser Luxushotels Lutetia im Pariser Stadtviertel Saint-Germain. Dazu verwendete er auch einige seiner Gemälde, Zeichnungen und Lithografien, die die Suite schmücken. Platz fanden auch eine Skulptur um einen hochhackigen Schuh, ein klassisches Sofa sowie viele Art-Deco-Lampen. Insgesamt, zählt man die Lithografien und andere Zeichnungen hinzu, belief sich der Wert der in der Suite versammelten Werke Lynchs auf 76.200 €.

2017: T-Shirts (agnès b). Lynch brachte mit dem Mode-Label agnès b. auch eine T-Shirt-Kollektion in limitierter Auflage heraus. Er signierte eigenhändig T-Shirts für Männer und Frauen, die nach seinen eigenen Entwürfen produziert wurden. Lynch dazu: »Das erste (T-Shirt), Wild at Heart, stammt aus dem Jahr 1990, der Zeit von Sailor & Lula, dessen Originaltitel er ist. Das zweite, Donna, ist mysteriöser.«

2017–2018: Lautsprecher (Bang & Olufsen). Der dänische Hersteller für Lautsprecher und Kopfhörer holte Lynch an Bord, um die Produkte Beoplay A9 und M5 neu einzukleiden. Die Lautsprechermodelle wurden mit Motiven und Details aus Lynchs' Serie visueller Kunstwerke aus den 1970er Jahren, *War Between the Shapes*, sowie Auszügen aus dessen 2007er-Lithografie-Serie *Paris Suite* bedruckt. Lynch über die Zusammenarbeit im Marketingmodus:

»I'm honored to be part of this special collaboration, adding that Bang & Olufsen has always been known for great sound and great design.«

2018: Eigene T-Shirts auf Amazon. Lynch veröffentlichte auf Amazon den Brand-Shop »Studio: David Lynch«, wo er T-Shirts in allen Größen mit anfangs 25 unterschiedlichen Motiven zum Kauf anbot (mittlerweile sind es noch mehr geworden). Jeder T-Shirt-Entwurf stammt von Lynch selbst, entweder handelt es sich um extra dafür geschaffene Motive oder aber um Details älterer Kunstwerke.

Werbung

»I do sometimes commercials to make money. [...] But product placement in a film putrifies the environment. It's so absurd.«

David Lynch

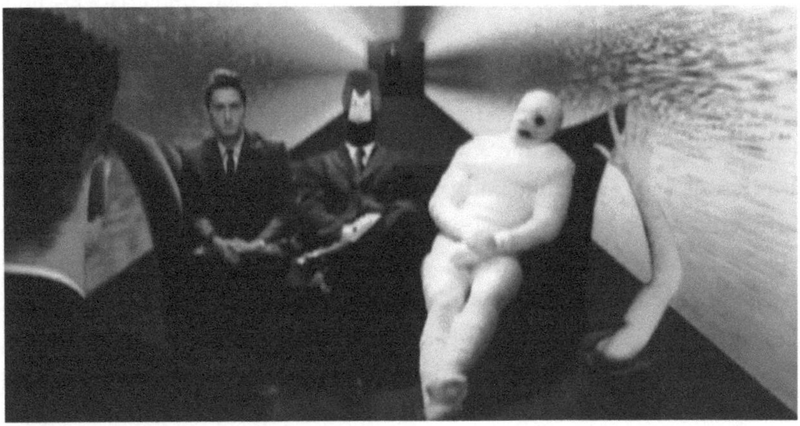

David Lynch, der Werbefilmer. Auch diese Facette des Künstlers ist eine eher unbekannte. Obwohl Fans und Kenner oftmals einige Werbespots aufzählen können – häufig genannt werden dabei Lynchs Werbefilme für Georgia Coffee (1991) im Zuge des Twin-Peaks-Hypes und sein Spot für die Playstation 2 (2000), die den Zuschauer in eine »dritte« Dimension führt –, so blieb der Großteil des »Werbewerks« aber unentdeckt.

Sie fragen sich, warum David Lynch Werbefilme gedreht hat? Die Antwort gab der Amerikaner in einem Gespräch 1999 selbst. »The money's good, and the added bonus is that I get to use and learn about the latest technology, tools that normally wouldn't be available to me, and then I can use those tools in my feature work«, erklärt er ehrlich und humorvoll. »I like doing them in Europe.« Und warum? »Man hat wesentlich mehr Freiheit, die Leute sind gelassener und haben Freude am Drehen.«

Für Lynch, der manchmal knapp bei Kasse gewesen ist, waren diese Projekte also eine Notwendigkeit. Ein französischer Werbeproduzent verriet einmal, dass ein Regisseur im Durchschnitt etwa 10 Prozent des Budgets des Films bekommt, Lynch aber eher bei 20 Prozent gehandelt wurde. Wissend, dass solche Werbefilme schon mal bis zu ein oder zwei Millionen Euro kosten können, ist das eine beachtliche Summe an Geld. Lynch achtete aber bei jedem Projekt genau darauf, dass er auch die Freiheit bekam, den Spot so zu realisieren, wie er sich das vorstellte. Ein weiterer Produzent, der oft mit Lynch an Werbefilmen arbeitete, erklärte: »Es gibt drei Hauptgründe, ihn zu wählen: entweder einen Star zu managen, wie Charlize Théron in der L'Oréal-Werbung, oder wegen seines esoterischen Stils oder seiner Soundtracks, die ein ganz eigenes Universum erschaffen, oder wegen seiner Eleganz und seiner Kunst der Ellipse.«

Lynch hat weit mehr Werbefilme gedreht als die für Georgia Coffee oder Sonys Playstation 2. Die Liste ist lang und beeindruckend und hat so manch eine Überraschung parat. Zu den Werbefilmen des Amerikaners zählen, chronologisch nach Jahr geordnet, Arbeiten für Calvin Klein (1988, vier verschiedene Werbespots), Georgia Coffee (1991, drei verschiedene Werbespots), die Stadt New York (Rattenproblem der Stadt; 1991), Michael Jacksons Album *Dangerous* (1991), Giorgio Armani (1992), Yves Saint Laurent (1992), Barilla (1993), Adidas (1993), Jill Sander (1993), Alka-Seltzer Plus (1993), Lancôme Paris (1993), die American Cancer Society (1993), Karl Lagerfeld (1994), den Sci-Fi Channel (1997, vier verschiedene Filme), den Schwangerschaftstest Clear Blue (1997), Parisienne Cigarettes (1998), Sonys Playstation 2 (2000), das französische Unternehmen JCDecaux (2000), Nissan (2002), Citroën (2002), L'Oréal (2004), Gucci (2007), Shiseido (2008), Dior (2010), seine eigene Kaffeemarke (2011) und Louboutin (2014). Aus dem »Werbewerk« stechen vor allem die Jahre 1991 bis 1993 heraus. In dieser Zeit hat Lynch für mindestens 12 Auftraggeber Werbespots gedreht. Sie fallen in die Phase von Lynchs manischer Kreativität Anfang der 1990er Jahre. »[…] these commercials. I liked the idea of them. And I like to – I've got kind of a thing now about keeping busy. It's sort of getting a little bit absurd«, erzählt er. »I hope I'm not biting off too much.« Bemerkenswert ist auch, dass Lynch sich keine Grenzen zu setzen scheint, was die zu bewerbenden Produkte betrifft, von Autos über Parfüms und Turnschuhen bis hin zu Nudeln und Schwangerschaftstests ist alles dabei. Lynchs Freund Monty Montgomery (Produzent von *Wild at Heart* und Cowboy-Darsteller in *Mulholland Drive*) lässt über die breite Vielfalt an Werbefilmen bezeichnende Worte fallen: »I think David had fun doing them. David loves shooting anything, and if you put him in a room with some materials, he's ingenious enough to come up with something. David can adapt to whatever the limitations might be, and lots of people can't do that.«

Lynchs Arbeit an Werbespots bringt ihm also einerseits zusätzliches Geld ein, andererseits ist es für ihn aber auch eine Art und Weise, seine Kreativität weiter auszuleben und Wege zu finden, diese mit den Gesetzen der Werbung in Einklang zu bringen. Manchmal wirken die Clips wie Laborversuche Lynchs, bei denen er mit neuen Ideen experimentiert und diese bereits für spätere Filmprojekte (unbewusst) austestet. Zwei Beispiele, die sich etwa leicht auf *Twin Peaks: The Return* beziehen können: Im Teaser zu Michael Jacksons Album *Dangerous* (1991) schwebt das Gesicht des King of Pop in einer goldenen Kugel durchs Bild, genau wie die Gesichter von Laura Palmer und BOB Jahre später in der dritten Staffel der Serie. Im Spot *Parisienne People* für Parisienne Cigarettes (1998) taucht ein Convenience Store auf, der dem in der 8. Episode der dritten Staffel von *Twin Peaks* zum Verwechseln ähnlich sieht – und mindestens genauso verwirrend und mysteriös ist!

Eine Anekdote, die selbst den größten Lynch-Fans nicht unbedingt bekannt sein dürfte: Bei einem der allerersten Kurzfilme Lynchs überhaupt handelt es sich um … einen Werbefilm! Ja, tatsächlich – und dabei mag es sich wohl um die unbekannteste Arbeit Lynchs handeln (zusammen mit *Absurd Encounter with Fear* [1967]). Es ist kein »echter« Werbespot, der wirklich ausgestrahlt wurde, sondern ein fiktiver – aber für das ganz reale Schmerzmittel Anacin. Der Kurzfilm stammt aus dem Jahr 1967 (Lynch war beim Dreh also 21 Jahre alt). Lynchs langjähriger Freund Jack Fisk spielt die Hauptrolle. Während des Spots bekommt der Zuschauer einen Mann auf einem Stuhl in einem Garten zu sehen, der von Schmerzen gequält wird. Da taucht plötzlich ein alter, weißer Herr auf (in Großaufnahme), der vermutlich Gott darstellen soll, in der Hand eine Verpackung Anacin. Nach der Einnahme der Tabletten hüpft der Mann übermäßig fröhlich und leidensfrei durch die Gegend. Der Werbefilm ist Slapstick und Parodie – und doch kommt bereits eine etwas seltsame, unbehagliche Atmosphäre auf, die zu sagen scheint, dass da etwas nicht stimmt, etwas nicht ganz normal ist. Zum Beispiel die Einnahme von Anacin, die eher dem Nehmen einer Droge gleicht? Oder das emotionslose Gesicht des alten Mannes bzw. Gottes?

Im Folgenden konzentrieren wir uns auf fünf exemplarische Werbefilme, die veranschaulichen, dass Lynchs Spots keine bloßen finanziellen »Seitensprünge« sind, sondern durchaus ein spannendes Fragment seines Werks bilden, es ergänzen und auch beeinflussen. Dazu zählen die »Filmchen« für Sony (2000), Adidas (1993), Gucci (2007) und Barilla (1993). Etwas genauer nehmen wir auch den Clip für Armani (1992) unter die Lupe.

Der einminütige Werbefilm für den Launch der Playstation 2 von Sony gehört zu den bizarrsten und kreativsten Spots überhaupt: Ein Mann wandert durch einen mysteriösen Korridor und trifft dort auf äußerst bizarre Erscheinungen. Feuer springt ihm entgegen, eine Frau schwebt vorbei, die ihm zu verstehen gibt, dass er leise sein soll, sein eigenes Ebenbild zeigt ihm den Daumen nach oben, hinter ihm steht eine merkwürdige Figur – bis ihm plötzlich der eigene Kopf davonschwebt, dann wieder auf den Rumpf gesetzt wird und schließlich einen Arm ausspuckt! Diesen findet er dann wieder vor sich neben einem Trio, das auf Sesseln sitzt. Dabei handelt es sich um ihn selbst, einen Mann mit Entenkopf sowie einer weiteren Person, komplett mit Verband eingehüllt, einer Mumie gleich. Blicke werden getauscht, bis der Entenkopf auf einmal sagt: »Welcome to the Third Place!«

Ziel der Sony-Leute war gewesen, Lynch ganz nach seiner Manier solch einen »dritten« Ort erschaffen zu lassen, der die Dimension illustrieren sollte, in die die Spielewelt der Playstation 2 die Käufer entführen würde. Der Kampagne gehörten auch weitere Werbeclips an, die diesen »Third Place« verdeutlichen sollten. Dazu zählten ein Zusammenstoß zwischen Bambi und einem Pick-up – den das Reh natürlich unbeschadet übersteht, im Gegensatz zum Auto – sowie ein sichtlich träumender Hund vor einer Waschmaschine. Diese beiden Spots wurden später auf Youtube hochgeladen und fälschlicherweise ebenfalls Lynch zugeordnet.

In dem von Lynch gedrehten Werbefilm sind jedenfalls viele Merkmale des Künstlers enthalten, die Fans sofort entziffern und zuordnen können: Flammen und Feuer, die Verschmelzung von Tier und Mensch, der Fokus auf einen Entenkopf (→ Tier), das Motiv des positiven Daumen-nach-oben-Zeichens (man denke an Agent Dale Cooper in *Twin Peaks*) etc. Dass der Clip dazu auch noch in Schwarzweiß ist und ein verstörendes Sounddesign aufweist, vervollständigt das Bild. *Eraserhead*-Nostalgie kommt auf und das Schwarzweiß erzeugt Lynchs gepriesene »Irrealität« und Entfremdung der Realität, was zum »Third Place« von Sony ganz gut passte.

Der nächste Werbefilm, den wir uns näher ansehen, ist Lynchs Clip für Adidas (1993). Der als *The Wall* bezeichnete Spot setzt einen Sportler bzw. Jogger in Szene, der in einer apokalyptischen Stadtumgebung auf eine Wand zu läuft. Das Ziel: sie zu durchbrechen. Tim Delaney, der mit Lynch an dem Spot gearbeitet hat, erzählte, was man dem Künstler für eine Vorgabe gegeben hatte: »Wir wollten von der Hölle in den Himmel kommen, und das hatten wir David Lynch gesagt: Wir wollen einen Film schaffen, in dem ein Läufer über seinen eigenen Schatten springt, seine eigene Schmerzgrenze durchbricht. [...] Er läuft auf die Wand zu und kommt dann auf der anderen Seite im Himmel heraus.« Das Hindernis der Wand ist also als Metapher für all die schmerzlichen Elemente zu verstehen, die es beim Laufen zu überwinden gilt. Ihr Durchbrechen – im Video explizit gezeigt – ist der Sieg darüber. Konsequenterweise läuft der Sportler danach im Himmel zwischen den Wolken weiter, sein Traum ist erfüllt. Das mag etwas kitschig erscheinen, doch die dazu verwendete Musik macht diesen Triumph des Joggers fassbarer: Tatsächlich fühlt man sich nach dem Brechen eines neuen Rekords seiner eigenen Laufstatistiken genau so – schwebend mit triumphaler Musik! Auch etwas Ironie ist in Lynchs Clip enthalten, denn der Jogger mit den Adidasschuhen hätte genauso gut, bei dem Versuch, die (physische!) Mauer zu durchbrechen, ums Leben kommen können. Und würde dann auch einfach im Himmel weiterlaufen!

Am interessantesten ist jedoch der höllische Weg des Sportlers bis zum Durchbruch der Wand. Während des Laufens wird der Zuschauer nämlich mit jeder Menge Lynch-typischer Motive und Bilder konfrontiert: verzerrte Kameraaufnahmen des Kopfes des Joggers, Bilder der inneren Organe, die die Anstrengung des Körpers erst möglich machen, Flammen in den Augen, die Silhouette eines Skorpions, zuckende Blitze, noch mehr Flammen, ein aufgerissener Mund, der faule Zähne und einen menschlichen Rachen zum Vorschein bringt, und schließlich eine explodierende Wand im nun mehr »gesunden« Mund des Läufers (die Zähne sind sauber und strahlen weiß!). (→ Fetisch) Der Jogger durchlebt in der Tat eine lyncheske Motivhölle, bevor er, adrenalingetrieben, die Wand überwinden kann! Robert Fischer analysiert dahingehend in seinem Buch *David Lynch. Die dunkle Seite der Seele* (1997): »Dieser Spot bildet die Verbindung zwischen den Traumsequenzen in THE ELEPHANT MAN und BLUE VELVET und Fred Madisons Metamorphose in LOST HIGHWAY. […] Ein kleiner Werbespot wird so für den Künstler nicht nur zur notwendigen Einnahmequelle, sondern auch zur Plattform für Experimente und Fingerübungen in Hinblick auf den nächsten großen Kinofilm.« Jeffreys Alptraum in *Blue Velvet* weist tatsächlich einige Ähnlichkeiten auf – aufgerissene Münder und Flammen – und Freds anstehende Verwandlung im Gefängnis in *Lost Highway* – blitzendes Licht, Schreie und Fleischig-Organisches – scheinen wie eine Erweiterung der »Transformation« des Joggers im Werbefilm!

Den nächsten Spot, den wir uns zu Gemüte führen: *Gucci by Gucci* (2007). Dabei handelt es sich vielleicht um Lynchs besten und schönsten Werbefilm, der immer wieder für Gänsehaut sorgt – dazu trägt auch der verwendete Song von Blondies *Heart of Glass* (1978) bei. Visuell und thematisch lässt sich dieser Clip eher zu *Mulholland Drive* und *Inland Empire* zuordnen: Glitzernde Frauen in der Traumstadt sind die Protagonistinnen. Lynch filmte dafür drei Models – Raquel Zimmerman, Natasha Poly und Freja Beha –, die im Art-déco-Flair des Palais de la Porte Dorée in Paris wild und sinnlich tanzten. (→ Design; → Paris) Lynchs Spot wird von einer bei ihm selten gesehenen Euphorie getragen, und er schafft es, den Zuschauer in weniger als einer Minute in eine sinnliche Traumwelt aus Blitzgewitter, Goldregen und schlanken Frauenkörpern zu transportieren. Viel-

leicht genau die Welt, die Betty/Diane in *Mulholland Drive* und Nikki/Susan in *Inland Empire* nie erreicht haben. Lynch setzt etliche Überblendungen ein, wodurch ein Gefühl des Schwebens, Fliegens, ja Tauchens entsteht. Er verwendet die Zeitlupe für ekstatisch tanzende Models, spielt mit Schärfe und Unschärfe, die Schnitte sind auf den Rhythmus von Blondies Musik abgestimmt. Und das dazu omnipräsente Gold, welches in einen tatsächlichen Goldregen mündet, führt zu Ekstase und Hochgefühl. Interessant ist hier auch die visuelle Ähnlichkeit mit der zehn Jahre später gedrehten dritten Staffel von *Twin Peaks*. Auch hier verwendet Lynch sehr häufig Überblendungen – und die strahlende goldgelbe Kugel, die im schwarzweißen Theater durch den Fireman erschaffen wird und in der Lauras Kopf erscheint, lässt tatsächlich an das Gold und den Goldregen in *Gucci by Gucci* denken – so unglaublich das auch klingen mag.

Der letzte Werbefilm, den wir näher betrachten: *Barilla* (1993). Dabei haben wir es mit einem der konventionellsten Spots von Lynch zu tun. Gérard Depardieu verkörpert einen hilfsbereiten Restaurantgast, der sich so sehr um das Wohlergehen eines jungen Mädchens sorgt, das vom Fahrrad gestürzt ist, dass er gleich die Küche requiriert, um ihr eine tröstende Mahlzeit (mit Nudeln wohlgemerkt!) zu kochen. Danach wiederholt sich die Szene; diesmal ist es jedoch eine junge hübsche Frau, die vom Fahrrad fällt (absichtlich, wie impliziert wird) … Die seltsam beschwingte Musik des Werbefilms für italienische Nudeln ist so temperamentvoll, dass sie ein wenig beunruhigend wirkt, während der Stil jedoch eindeutig komödiantisch ist, ja fast träumerisch verspielt. Lynch selbst spricht von einem »funny commercial«. Die Kamera übernahm hier Tonino Delli Colli (1923–2005), der bei einigen Filmen von Pier Paolo Pasolini und Federico Fellini mitgewirkt hatte. Gerade der zuletzt genannte Filmemacher sollte für Lynch nach dem Dreh des Spots in Rom noch von Bedeutung werden. Lynch – großer Fan von Fellini – hatte sein Vorbild bereits 1987 getroffen, als er seine damalige Partnerin Isabella Rossellini, die im Film *Schwarze Augen* (Regie: Nikita Michalkow) mitspielte, nach Italien begleitete. Dort verbrachte er mit Fellini einen Tag an dessen Film-Set zu *Intervista*. Jetzt – 1993 – befand sich der italienische Filmemacher im Krankenhaus, war gerade eben von einem Hospital im Norden Italiens nach Rom transferiert worden. Dank Fellinis Nichte Francesca konnte Lynch ihn zusammen mit Delli Colli im Krankenhaus besuchen. Direkt nach Drehschluss des Barilla-Werbefilms ging es also zu Fellini. Lynch berichtet: »We

go into this room where there are two single beds, and Fellini's in a wheelchair between the two beds, facing out. […] They got me a chair and I sit down in front of Fellini's wheelchair with a little table attached and he holds my hand. It was the most beautiful thing. We sit for half an hour holding hands, and he tells me these stories about the old days […] After our time was over I stood up and told him the world was waiting for his next film and then I left.« Zwei Tage später fiel Fellini ins Koma und starb schließlich am 31. Oktober 1993. Eine interessante Anekdote: Lynch und Fellini haben dasselbe Geburtsdatum – den 20. Januar. Fehlt nur noch, dass Lynch auch an einem 31. Oktober stirbt. (→ Inspiration) Auch wenn der *Barilla*-Werbespot nicht unbedingt gängige Motive und Themen Lynchs verarbeitet, sondern eher eine Übung in Sachen leichtfüßige Komödie ist, so konnte Lynch dank dieses Filmdrehs immerhin diesen besonderen Moment mit seiner »Filmliebe« Fellini verbringen!

Zu allerletzt noch ein Wort zu Lynchs Werbefilm *Who is Giò?* von 1992 für den Giorgio-Armani-Duft. Lynch: »Mein Lieblingsspot. Giorgio rief mich selbst an und sagte, er hätte einen neuen Duft, ich solle mir was einfallen lassen […] Die größte Freiheit hatte ich wahrscheinlich bei ›Who is Giò?‹«, bei dem es nämlich ganz um ein Mysterium geht. Nicht um irgendeins, sondern um das Mysterium, welches eine Frau, die titelgebende Giò, umgibt. In attraktivem Schwarzweiß gedreht und mit den Codes des Film noir (Femme fatale, eifersüchtige Männer, starke Schattenbilder, Nachtclub etc.) spielend, gelingt es Lynch in diesem Spot, seinem Motiv der Frau als Mysterium und Männerrätsel gerecht zu werden. (→ Frau) Dafür verwendet er einmal mehr zahlreiche Überblendungen und eine finale Großaufnahme des Kopfes der Frau, in Zeitlupe und vom Blitz eines Fotoapparats belichtet. Es sei auch darauf hingewiesen, dass die Schauspielerin, die Giò verkörpert, das Model Laura Harris, mit ihrem kurzen Haarschnitt sehr an das damalige Aussehen von Lynchs zeitweiser Partnerin Isabella Rossellini erinnert.

Was bleibt also von Lynchs Werbefilmen? Sie sind kreative Auftragsarbeiten, spannende Experimente, gelegentliche Motivtreiber und vor allem Ideengeber. Das letzte Wort bezüglich seiner Werbespots soll der Filmemacher selbst haben: »Es sind winzige kleine Filme, und ich lernte jedes Mal etwas dazu.«

Lithografie

»In lithography, it is not just black and white or the off-white of the paper. There can be a huge range of grey colors between the black and the white. [...] this is thrilling to me.«

David Lynch

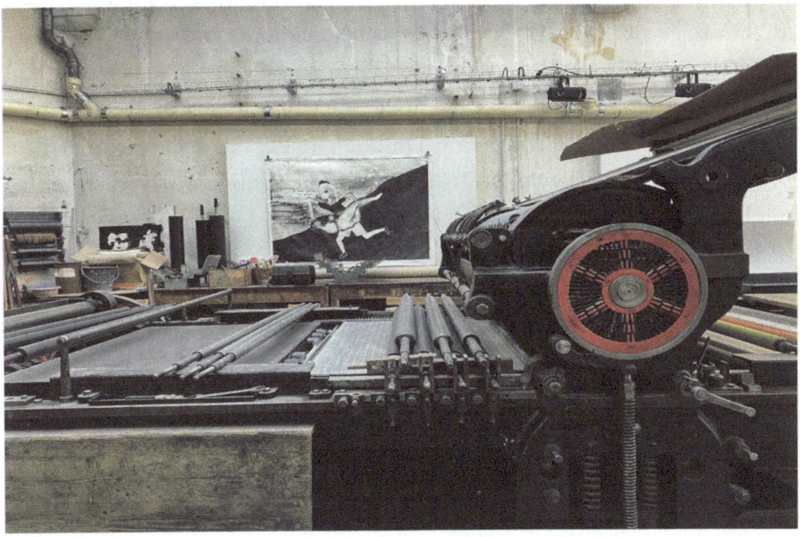

David Lynch und Lithografien – das ist eine erstaunliche, einzigartige Liebesbeziehung! Erstaunlich, weil Lynch erst im Alter von 60 Jahren diese Kunstform wirklich für sich entdeckte; einzigartig, weil Lynch eine unglaubliche Menge an Lithografien schuf, die sein Spätwerk maßgeblich beeinflusst haben.

»Als mein Freund Hervé Chandès [Leiter der Fondation Cartier pour l'art contemporain] mir vorschlug, diese lithografische Werkstatt zu besuchen, wusste ich nicht wirklich, wohin wir gingen und wie es dort aussah. Im selben Moment, in dem ich diesen riesigen, von der Zeit gezeichneten, wenn auch unveränderlichen Raum durchwanderte, verliebte ich mich buchstäblich in ihn. Kaum war ich wieder in Los Angeles, wollte ich nur noch eins: wiederkommen.« So schildert Lynch seine Schicksalsbegegnung mit der Lithografie. Bei der Werkstatt, die er erwähnt, handelt es sich um das Atelier Idem (ehemals Atelier Mourlot) in Paris, ein legendärer Künstlerort, an dem Picasso, Matisse, Miró und weitere große Namen der Kunstgeschichte die Lithografie praktizierten. Heute arbeiten in dem Atelier mit dem glänzenden Glasdach, das ursprünglich 1880 von dem Drucker Emile Dufrenoy als Raum für seine lithografischen Pressen gebaut wurde, Gastkünstler gemeinsam mit Druckern an der Herstellung einzigartiger Druckausgaben. Dabei wird die Tradition mit Flachbettmaschinen des 19. Jahrhunderts fortgesetzt, die den Geist der Lithografie am Leben erhalten.

Lynch war von dem Atelier sofort begeistert, verliebte sich, wie herauszuhören ist. »I can feel the past. I can feel the whole art of life going on here«, stößt er freudig aus. Und fügt gar hinzu, dass es »home away from home« sei. Im Gegensatz zu den Dreharbeiten an einem Film, bei denen man als Regisseur mit zahlreichen anderen Personen zusammenarbeiten muss, ist die Lithografie eine »einsame« Kunstform. Und genau das schätzt Lynch. Im Pariser Atelier ist er hauptsächlich auf sich allein gestellt und kann mehrere Ideen an nur einem einzigen Tag realisieren. Die entspannte und doch vergangenheitsschwangere Arbeitsatmosphäre in einer so alten »Werkstatt« mit den beeindruckenden Maschinen und Steinen lässt wieder das von Lynch so sehr hervorgehobene Künstlerleben durchschimmern: Er darf bei seiner kreativen Arbeit im Atelier rauchen und selbst der Kaffee vom Restaurant nebenan ist genau nach seinem Geschmack! 2013 drehte Lynch den Schwarz-Weiß-Kurzfilm *Idem Paris*, in dem er das Treiben in dem Atelier mit den Druckmaschinen festhielt. Die von Lynch höchstpersönlich eingefangenen Bilder wecken Erinnerungen an die visuellen und akustischen Elemente seiner beiden Schwarz-Weiß-Filme *Eraserhead* und *The Elephant Man*. Das Atelier wird von Patrice Forest geleitet und ausschließlich bei ihm sind Lynchs Lithografien erhältlich.

»Ich weiß nie, was passieren wird, ich lasse mich führen, ein bisschen so, als würde mir eine Stimme sagen oder vielmehr helfen, zu fühlen, was meine Finger tun sollen. Ich weiß nicht, woher es kommt, aber es hört tatsächlich nicht auf«, erzählt Lynch begeistert von seiner Lithografie-Produktion. »Es tauchen Wörter auf, ich schreibe sie rückwärts auf den Stein, damit sie später auf dem Papier richtig herum stehen. Denn die Lithografie funktioniert wie ein Spiegel. Ich habe mich nie als Dichter betrachtet, ich glaube nicht, dass ich dieses Talent habe, verglichen mit den großen Persönlichkeiten der Vergangenheit. Aber ich schreibe gerne diese Wörter auf, die oft die Bilder begleiten.«

Aber was ist denn nun genau die Lithografie, diese Kunstform, die in Lynch ein Feuer entfacht hat? Die Lithografie ist ein aufwendiges Druckverfahren, das kurz gesagt auf dem Prinzip beruht, dass Öl und Wasser sich nicht mischen. Zunächst wird eine glatte Oberfläche, traditionell ein Kalkstein, als Druckplatte vorbereitet. Das gewünschte Bild wird dann mit einem fetthaltigen Medium direkt auf die Platte gezeichnet. Anschließend wird diese chemisch behandelt, sodass die gezeichneten (fetthaltigen) Bereiche die Farbe annehmen können, während die unbehandelten Bereiche die Farbe abweisen. Anschließend kommt ein Papier auf die Platte und durch den Druckvorgang wird das Bild auf das Papier übertragen. Danach kann die Platte gereinigt und für weitere Drucke vorbereitet werden. Dieses Verfahren ermöglicht die Erstellung mehrerer »Kopien« des ursprünglichen Bildes – wobei jede Version des Drucks dennoch leicht unterschiedlich ist, je nachdem ob sich eine Version des Bildes eher am Anfang oder am Ende des Druckvorgangs befand. Von Lynchs Lithografien sind meistens 30 Stück gedruckt worden. Er signiert jede einzelne Lithografie selbst, auch wenn ihn das nicht sonderlich zu begeistern scheint, wie er in einem Video wissen lässt: »I'm signing lithos. I love doing lithos, but I hate signing and numbering them. I always forget how much I hate it.«

Zwischen 2006 und 2017 hat Lynch weit über 200 Lithografien hergestellt – also genau zwischen *Inland Empire* und *Twin Peaks: The Return*, quasi seiner »filmischen« Pause. Die Werke sind umfassender Ausdruck seiner künstlerischen Vision und weisen etliche thematische sowie ästhetische Bezüge zu seinen Filmen, Gemälden, Fotografien, Skulpturen und Designs auf. Sie erforschen surreale, mysteriöse, groteske Szenerien und wirken dabei manchmal so, als handle es sich nur um einen kleinen Ausschnitt einer größeren Geschichte – einer Geschichte, die der Betrachter zu Ende denken muss. Die Lithografien wirken deshalb wie Momentaufnahmen einer bevorstehenden Handlung. Bei *Man in the Room with Knife* (2009) fragt man sich, was der Mann mit dem riesigen Messer jetzt bloß vorhat, ebenso bei *Man with Pipe and Gun* (2009). Andere Werke wie *Billy Whispers to Sally* (2010) oder *The Thoughts of Jimmy Smith* (2012) lassen einen teils frustriert zurück, denn man möchte wissen, was Billy Sally zuflüstert und an was Jimmy Smith denkt. Dieser Frust führt aber auch dazu, dass der Betrachter aktiv wird, seine Phantasie spielen lässt und sich eben ein Szenario ausmalt, in dem er weiß, was geflüstert und was gedacht wird! So gesehen sind Lynchs Lithografien ziemlich interaktiv: Sie geben zwar die Richtung vor, manchmal auch sehr explizit wie bei *I Take You to My House* (2013), aber lassen immer genug Freiraum für eine Interpretation des Betrachters. Dabei erscheinen sie in einem kräftigen Schwarzweiß, das der Lynch-Fan sonst nur noch von *Eraserhead*, *The Elephant Man* und den Fotografien des Künstlers kennt. Ein paar wenige der Drucke enthalten auch Farbe, insbesondere Rot. So ist *Two Women Lift Fish by Tree* (2013) ausschließlich rot; *Why Electricity Make Me Do Bad Things* (2012) und *I Could Not Get Away from Her* (2012) mischen jeweils Schwarz und Rot (und Weiß) – eine Farbkombination, die Lynch gerne verwendet, man denke auch an den Red Room in *Twin Peaks* oder die Farbenspiele am Anfang von *Lost Highway*.[30] Kernthemen und -motive der Lithografien sind u. a. nackte,

30 Dazu schrieb Adrian Gmelch bereits: »Die erste Phase des Films, in der der Zuschauer dem Leben von Fred und Renée folgt, das zunehmend aus den Fugen gerät, ist von roten und dunklen Tönen dominiert. Die erste halbe Stunde des Films besteht quasi aus in Rot getränkten Bildern: Renées rotes Kleid, rote Vorhänge […], rote Blumen, roter Mercedes, rote Lichter usw. Bis diese Farben in einem Gewaltrausch kulminieren – Freds Mord an seiner Frau – und dieser mit einer einzigen in Blut getauchten Aufnahme dargestellt wird, in der Fred auch noch demonstrativ in die Kamera blickt. Das omnipräsente Rot kündigt das bevorstehende Blutbad an. Parallel dazu herrscht oft eine bedrückende Finsternis in den Bildern des Stammkameramanns von Lynch, Peter Deming. Bezeichnend dafür ist die Szene, als Fred zuhause einen langen, dunklen Gang entlang geht und von diesem regelrecht verschluckt wird. Es folgt eine lange Schwarzblende. Die Dunkelheit hat Fred aufgenommen. Die Sequenz findet kurz vor dem Mord statt.«

mysteriöse Frauen, bösartige Männer, hypnotisches Feuer, prickelnde Elektrizität, unheilvolle Insekten, diverse Köpfe, unheimliche Häuser, atmosphärische Maschinen und Fabriken sowie jede Menge Körperdeformationen und abstrakte Szenen. Lynch scheint in den Bildern noch einmal all seinen Obsessionen und Motiven nachzugehen. Das Druckwerk ist so dicht, vielschichtig und vollständig, dass es heute bei keiner Lynch-Analyse mehr fehlen darf. Lynchs Lithografien tauchen deshalb bei sehr vielen Begriffen in diesem Buch auf und sind ein äußerst wichtiger Bestandteil im Verständnis von Lynch (siehe z. B. Natur, Tier, Identität, Frau, Heim, Körper). Dies ist auch der Grund, weshalb unter diesem Begriff nicht noch einmal auf jede einzelne Lithografie eingegangen wird.

Zwei Lithografie-Arbeiten Lynchs fallen aus dem Rahmen, dabei handelt es sich um Lynchs einzige Lithografie-Suites: die *The Paris Suite* (2007, 12 Lithografien, 54 x 54 cm) sowie die *8 ½ Suite* (2018, 10 Lithografien, 40 x 65 cm). Erstere hat mit den anderen Drucken kaum etwas gemein, besteht fast nur aus Formen, mischt Rot und Schwarz und erinnert vor allem an die Symbolzeichnungen Lynchs der 1970er Jahre. Letztere ist eine Hommage an den Filmemacher Federico Fellini und dessen Film *Achteinhalb* (1963) (→ Inspiration); in den Lithografien stellt Lynch Szenen des Films nach.

Äußerst spannend und reizvoll wird es, wenn man die zwischen 2007 und 2016 entstandenen Lithografien mit der Serie *Twin Peaks: The Return* von 2017 vergleicht. Je länger man über die Verbindung beider Medienarten nachdenkt und je länger man die Druckwerke mit den Aufnahmen aus der Serie vergleicht, desto deutlicher wird der kongeniale Einfluss der Lithografien auf die Serie. Die Lithografien haben die visuelle Welt der dritten Staffel von *Twin Peaks* bedeutend geprägt und bereits vorweg gedacht, wenn auch eher unterbewusst. Die Drucke *New Head* (2008), *Man Floating in Room Alone* (2009), *Man and Woman in Box Arguing* (2009), *Man and Machine* (2009), *Truck by Tower* (2010), *Billy Touches Sally* (2010), *Mister Jim's Machine* (2012), *Woman w/Horse* (2012), *Box* (2013), *I Fight with Myself* (2013) und *Man Thinking of Woman* (2014) zeigen beispielsweise hervorragend diesen Einfluss.

New Head enthüllt einen Körper, dessen Kopf fehlt. Dieser schwebt etwas weiter weg im Bild. An der Stelle des Kopfes befindet sich ein hell leuchtendes Konstrukt, es gleicht einer glühenden Lampe. Diese Szene erinnert stark an den Moment in *Twin Peaks: The Return*, als Dougie Jones in die Black Lodge zurückgeholt wird und dort im Sessel sitzt. Sein Kopf verschwindet ebenfalls und an dessen Stelle befindet sich nun eine golden glänzende Kugel. Die Ähnlichkeit ist noch frappierender, wenn man Lithografie und Screenshot nebeneinanderhält. Genau so eindrucksvoll ist der visuelle Einfluss von *Man and Machine* auf die Serie. Auf dem Druck ist eine Struktur (Maschine?) zu sehen, die einem Fingerhut gleicht, daneben steht ein Mensch mit ausgestreckten Armen. Beide Elemente befinden sich im Nichts, um sie herum ist nichts als Weite und Leere. Als der »gute« Cooper in *Twin Peaks: The Return* nach dem Verlassen der Black Lodge erst einmal in der »Non-existence« strandet, da findet er sich genau so sehr in einer gähnenden Leere wieder. In einer Szene befindet er sich ebenfalls neben einer Maschine bzw. einem Konstrukt, das ganz einem Fingerhut ähnelt. Später sieht man daneben mit ausgestreckten Armen die mysteriöse Naido stehen – hier wird die Lithografie fast eins zu eins nachgebildet. Zwei weitere Werke (*Man and Woman in Box Arguing* und *Box*) nehmen die famose Glasbox in der Serie vorweg und auch der grüne Wunderhandschuh von Freddie Sykes scheint bereits in *Billy Touches* Sally aufzutauchen. Billys übergroße, nach vorne gehaltene Hand ist in der Tat nicht weit weg von Freddies geballter, ausgestreckter Faust, die Peter Demings Kamera entgegenragt. Die Beispiele könnten noch weiter erörtert werden, der neugierige Leser kann dem bei Interesse selbst nachgehen, denn fast alle Lithografien Lynchs sind online und können im Internet angesehen werden. Diese mit *Twin Peaks: The Return* zu vergleichen, ist also nicht so schwer, erfordert nur etwas Geduld und Gründlichkeit.

Die Lithografie jedenfalls ist für Lynch zu einer extrem wichtigen Kunst- und Ausdrucksform geworden. Die kommenden Begriffe gehen immer wieder darauf ein und heben diverse Druckwerke Lynchs exemplarisch hervor. Dabei eröffnet sich dem Leser eine Büchse der Pandora, denn wer das Kapitel »Lithografie und David Lynch« einmal aufgeschlagen hat, der findet sich schnell in einem fantastischen künstlerischen Dickicht wieder, aus dem es schwer ist, unbeeindruckt herauszukommen.

Musik

»He talks about the B-52 bombers he heard circling overhead when he was a child and wanting his guitar to sound like that.«

Dean Hurley über David Lynch

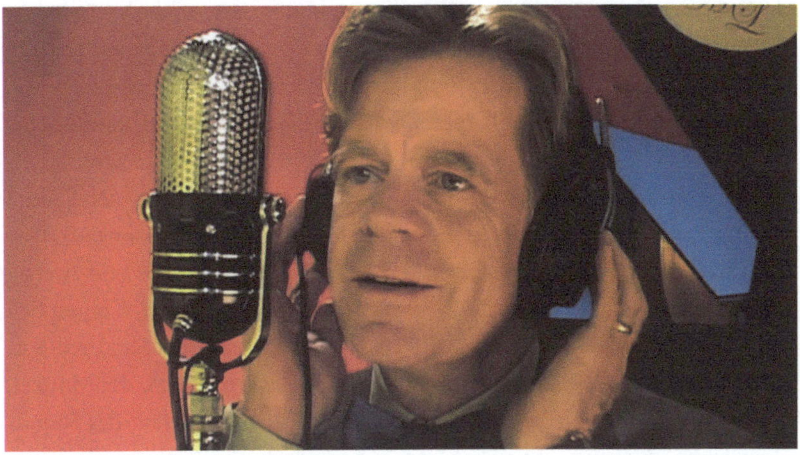

Sounddesigner, Komponist, Sänger, Musikproduzent – auch das ist David Lynch. Wann aber genau formte sich der Musiker und Tongestalter in Lynch, einmal davon abgesehen, dass er in jungen Jahren Trompete spielte und dies auch 2014 im Video zu seiner Ice-Bucket-Challenge tat? (→ Humor)

Wie bei Lynch üblich, entsteht ein Kunst- und Medium-Interesse aus dem anderen. So war es auch bei der Musik. »Ich bin über die Malerei zum Film gekommen, und ich glaube, man kann sagen, dass ich über die Tongestaltung [beim Film] zur Musik gekommen bin«, analysiert er seine Entwicklung. »Als Maler hatte ich immer bestimmte Töne im Kopf, um mir die Stimmung für ein Bild vorzustellen. Ich wollte gerne in den Bildern leben können, und deshalb stellte ich mir vor, wonach sie wohl klingen würden. [...] Toneffekte, die zu Musik werden. Ich möchte einen Klang biegen und formen, und ich würde sehr gern ein Album mit dieser Art von Musik produzieren.« Das war 1985. Seitdem hat sich viel getan. Knapp vierzig Jahre später sieht die Bilanz wie folgt aus: drei eigene Studioalben (*BlueBOB* [2001], *Crazy Clown Time* [2011] und *The Big Dream* [2013]), vier gemeinsame Alben (*Lux Vivens* [1998] mit Jocelyn Montgomery, *The Air Is on Fire* [2007] mit Dean Hurley, *Polish Night Music* [2007] mit Marek Zebrowski und *Thought Gang* [2018] mit Angelo Badalamenti), fünf Soundtrackalben (zu *Eraserhead*, *Mulholland Drive*, *Inland Empire* und zwei zu *Twin Peaks*) sowie zwölf Alben als Produzent (u. a. für Julee Cruise, Chrysta Bell und Donovan). Eine wirklich beachtliche Bilanz. Dem ein oder anderen aufmerksamen Leser ist es dabei bestimmt schon aufgefallen: Lynch, der Musiker, wird immer wieder von bestimmten Personen bei der Gestaltung des Sounds seiner Filme unterstützt. Dazu gehören insbesondere John Neff, Angelo Badalamenti sowie Dean Hurley. Und bis 1994 auch Alan Splet. Als Inspiration für seine Filme dien(t)en ihm unter anderem die Pop-Sängerin Julee Cruise – mehrere Auftritte als Sängerin in der *Twin Peaks*-Serie und im Twin Peaks-Film – und Musikerin Chrysta Bell – eine der FBI-Hauptrollen in *Twin Peaks: The Return*.

Kehren wir aber erst einmal wieder zurück und betrachten die Beziehung zwischen Lynch und Sound bzw. Musik näher. Für Lynch, den Filmemacher, ist Sound – und dazu zählt natürlich auch und gerade Musik – bereits immer schon der halbe Film. So lässt er ganz deutlich wissen:

> »Films are 50 percent visual and 50 percent sound. Sometimes sound even overplays the visual.«

Film und Ton bzw. Musik hängen für Lynch also ganz eng zusammen. Es kommt auch vor, dass Lynch beim Schreiben oder beim Dreh über seine Kopfhörer eine bestimmte Musik hört. »[...] ich höre immer Musik, wenn ich schreibe, und sehr oft höre ich Musik, wenn ich drehe. Der Tontechniker spielt Musik in meine Kopfhörer; ich höre den Dialog, aber ich kann auch die Musik hören. Das hilft mir, einen Rhythmus zu finden und zu überprüfen, ob die Dialoge harmonisch mit der von mir gewünschten Gesamttonart funktionieren«, erklärt Lynch seine Vorgehensweise.

Lynch hebt als Beispiel, dass der Film vor allem durch Ton entsteht, insbesondere *Eraserhead* hervor: »Für mich machte der Ton die Hälfte des Films aus.« Mit seinem Sounddesigner Alan Splet verbrachte er Monate damit, jeweils die passenden Töne für bestimmte Szenen im Film zu finden. Dabei gingen sie sehr experimentierfreudig vor. Anfang der 1970er Jahre war die Tontechnik noch nicht besonders fortgeschritten und beide mussten ihre Kreativität spielen lassen, um den richtigen Sound entstehen zu lassen. Die ein paar Jahre zuvor eingeführten Synthesizer wollte man nicht verwenden. »So wie ich vor der Kamera alles Mögliche kreierte, wollte ich mit Alan auch Soundeffekte erzeugen. Wir entwickelten also jede Menge seltsamer kleiner Requisiten, mit denen wir experimentierten, ohne zu wissen, was wir damit erreichen würden. Viele dieser Geräusche erwiesen sich als unbrauchbar, aber viele andere brachten mich auf Ideen und erzeugten atmosphärische Töne, die für den Film sehr wichtig waren«, erinnert sich Lynch. Sogleich schildert er auch ein anschauliches Beispiel einer solchen Tonerzeugung: »Es gibt einen Ton, wenn die Kamera über Henrys Bett fährt, in dem Moment, in dem er mit dem Mädchen von nebenan in einem Milchbad zu sein scheint. Dieser Ton entstand, indem wir ein kleines Mikrofon in eine [leere] Sprudelwasserflasche steckten, die wir dann in eine volle Badewanne steckten. Wir hatten eine Art Schlauch in den Flaschenhals gesteckt und konnten in den Schlauch flüstern; und es war das Wasser, das Glas, der Raum im Inneren der Flasche, die diesen seltsamen Klang erzeugten.« So oder so ähnlich (mit neuen Techniken kamen Lynch auch neue Ideen und Methoden) fuhr er mit den Sounddesignern auch bei seinen weiteren Filmen fort. Bis hin zu *Inland Empire* (2006) und *Twin Peaks: The Return* (2017), wo Lynch selbst als alleiniger Sounddesigner fungierte, allerdings stets unterstützt von Dean Hurley. Hurley, langjähriger Wegbegleiter Lynchs, war Leiter von dessen Asymmetrical Studio.

Was es mit diesem Sound-Studio auf sich hat(te): »David built the studio after he finished filming *Lost Highway*. He converted part of a house to be a large dub stage/recording studio hybrid. Dub stages are set up like a movie theater with a console in the centre, but he did all these tweaks where he has isolation booths for drums, for vocals, and so on. You can really do everything in this room. It's more than just a home studio [...].« Hurley kennt Lynchs Musikgeschmack und Arbeitsweise also besonders gut. Das zeigt etwa das Beispiel mit dem Sound des B-52-Bombers: »There are things David's consistently drawn to in terms of sound and music. He talks about the B-52 bombers he heard circling overhead when he was a child and wanting his guitar to sound like that. And he loves three songs from the Monterey Pop Festival: Jimi Hendrix's *Wild Thing*, Janis Joplin's *Ball and Chain*, and Otis Redding doing *I've Been Loving You Too Long*. When you listen to that Hendrix track, there's an interlude that sounds a lot like the way David tries to play, all whammy bar, with this giant rumbling bomber distortion underneath.«

Der Sound in Lynchs Filmen ist eines der wichtigsten Elemente überhaupt – und das merkt auch der Zuschauer: Er wird mit einem Dröhnen und einem Rauschen, mit Vibrationen, mit verschiedenen Windgeräuschen und Subbass-Tönen (extrem tiefen Tönen im Frequenzbereich von etwa 20 bis 60 Hz) konfrontiert. Er spürt die Töne mehr, als dass er sie hört. Weißes Rauschen setzt Lynch ebenfalls gerne ein. Dabei handelt es sich um alle Obertöne eines Klangspektrums – ein Knistern, Zischen und Rauschen, wie man es manchmal auf einem Radiogerät zwischen zwei Sendern hört. Zurück zu *Eraserhead*: Hier sind die Geräusche ein kontinuierlicher Strom aus weißem Rauschen (und natürlich realistischeren Geräuschen) und dumpfem Gemurmel, dessen Variationen oder Brüche den Übergang von einer Einstellung oder Szene zur nächsten markieren oder manchmal sogar mitten in einer Einstellung aufkommen. In dem Film *begleitet* der Ton nicht nur die Handlung, sondern er ist ein Teil des Films. Er ist quasi sein *Rückgrat*. Und das gilt für viele Lynch-Filme. Der Komponist Benjamin Morando erklärt in einem Gespräch mit der *Cahiers du Cinéma* beispielhaft, wie der Sound in Lynchs Filmen zu einer Art Musik oder Soundtrack wird, und die Filme im Hintergrund lenkt und greifbar macht: »Das Umgebungsgeräusch im Krankenhaus in *Elephant Man*, das in *Eraserhead* noch als Dröhnen und Grollen wahrgenommen wird, ist oft das Geräusch von Gasbeleuchtung.

In *Twin Peaks: Fire Walk With Me* gibt es ein ähnliches Muster in der Szene, in der Leland Palmer den Ventilator in seinem Haus einschaltet, bevor er sich zu seiner Tochter Laura in ihr Zimmer begibt. Mit dem Einschalten des Ventilators wechseln wir in die Szene, in der Leland von BOB besessen wird. Das Geräusch des Ventilators wird immer lauter und hält sehr lange an. Hier wird deutlich, dass der Sound [*im* Bild] zur Musik [*außerhalb* des Bilds] wird und als Auslöser dient, um uns zu zeigen, dass wir ins Fantastische wechseln.«

Neben Tönen und Geräuschen, die zu einer eigenen Musik in den Filmen werden, gehört bei Lynch aber auch die »klassische« Musik zum Sounddesign. Sie ist mehr als nur bloßer Soundtrack. Manchmal steht sie gar am Anfang eines Filmprojekts wie zum Beispiel bei *Blue Velvet*. Bobby Vintons Version des Songs *Blue Velvet* von 1963 (Originalfassung 1951 von Tony Bennett) gab den Anstoß: »I didn't like that song! It was OK – but it wasn't like rock'n'roll, it wasn't something that drove me crazy. Then some years pass and I'm somewhere, and I hear Bobby Vinton's version of *Blue Velvet*. And woah. I see night and green lawns. Red lips and a car. And I just start dreaming. That started the whole thing.« Andererseits ist die von Lynch verwendete Musik in seinen Filmen, insbesondere bei »fremden« Songs, oft bereits eine Art Interpretationshinweis der Szenen, wenn nicht sogar des ganzen Films. Dies gilt zum Beispiel für *Lost Highway* oder auch *Mulholland Drive*. Nehmen wir den zuerst genannten Film als Beispiel. Die Musik bietet hier eigene Interpretationsmöglichkeiten für den Betrachter. Der Einsatz von David Bowies Song *I'm Deranged* zu Beginn und Ende des Films signalisiert, dass Fred kein Entfliehen möglich und er gefangen ist (wie seine eigentliche Situation im Gefängnis). Die Jazzklänge, die Pete in der Werkstatt vernimmt, sind identisch mit jenen, die Fred zu Beginn des Films spielt – ein Zeichen dafür, dass Pete seine Vergangenheit, die er zu vergessen sucht, einholt. Im Verlauf der Handlung entwickeln sich die musikalischen Stücke in Freds imaginierter Existenz als Pete zunehmend chaotischer: Die Reise beginnt mit sanften Tönen von Lou Reed (*This Magic Moment*) und steigert sich zu den aggressiveren Klängen von Marilyn Manson (die Songs *Apple of Sodom* und *I Put a Spell on You*) sowie Rammstein (die Songs *Rammstein* und *Heirate Mich*), was die Auflösung von Freds Traumwelt andeutet. Diese eskalierende Musikspur begleitet seine Rückverwandlung, obwohl er verzweifelt an seinen Illusionen festhält. Dies mündet darin, dass Fred am Ende des Films nicht in seiner Zelle, sondern in einer Zwischenwelt seiner Sehnsüchte gefangen ist. Mit dem erneuten Erklingen von *I'm Deranged* schließt sich der narrative Bogen – Fred ist in seiner eigenen Fantasiewelt gefangen, ein Entkommen ist unmöglich.

Eine weitere Erwähnung verdient hier der polnische Komponist Krzysztof Penderecki (1933–2020). Lynch, der die Arbeit des Polen zu schätzen weiß, hat dessen Musik oft und gerne in seine Filme eingebaut. In *Wild at Heart* gibt es das Stück *Kosmogonia* (1970) zu hören, in *Inland Empire* (der Film spielt teilweise in Polen) gleich eine ganze Reihe an Werken von Penderecki, wie *De Natura Sonoris I* (1966), *De Natura Sonoris II* (1971), *Fluorescences for Orchestra* (1961–62), *Anaklasis* (1959–60), *Polymorphia* (1961) und *Als Jakob erwachte* (1974). Das bekannte Stück *Threnos – Den Opfern von Hiroshima* (1961) verwendete Lynch in *Twin Peaks: The Return* bei der Atomexplosion in Episode 8. Lynch ist von Penderecki vermutlich so begeistert, weil dieser sich intensiv mit Texturen und Klangfarben beschäftigt. Seine Experimentierfreude in der Komposition lässt die Instrumentierung fast elektronisch wirken (wie Lynchs eigene Musik, siehe weiter unten). Penderecki nutzt extrem hohe und sehr tiefe Register und entwickelt innovative Spieltechniken. Lynch gefällt das und er bevorzugt eindeutig den »frühen« Penderecki aus den 1960er und 1970er Jahren. Lynch war übrigens nicht der erste, der die Eignung von Pendereckis Musik für den Film entdeckte – das Verdienst dafür gebührt William Friedkin, der den Komponisten 1973 mit *Der Exorzist* den Kinogängern näherbrachte. Musikstücke von Penderecki sind auch in Stanley Kubricks *The Shining* (1980) zu hören, genauso wie in Peter Weirs *Fearless* (1993), Andrzej Wajdas *Katyn* (2007) und Martin Scorseses *Shutter Island* (2010).

Lassen wir jetzt einmal Sound und Musik in Filmen beiseite und schauen wir uns den »echten« Musiker Lynch an. Denn wie genau wurde Lynch, der Filmemacher, der sich für Sound und Musik in seinen Filmen interessiert, denn nun zum Musiker und Komponisten? Dafür gab es mehrere Auslöser. Einer davon ist das Treffen und die Zusammenarbeit mit dem Filmkomponisten Angelo Badalamenti ab *Blue Velvet*. Badalamenti sollte Isabella Rossellini Gesangsunterricht geben. Lynch gefiel das Resultat so gut, dass er gleich mit ihm für die Musik des Films zusammenarbeiten wollte. Daraus entstand auch das emblematische Stück *The Mysteries of Love*, später von Julee Cruise gesungen. In einer Szene im Film ist Badalamenti auch als Pianist zu sehen. Diese Zusammenarbeit und Freundschaft mit Badalamenti führte dazu, dass Lynch mehr und mehr in Komposition und

Musikproduktion eintauchte: »Well, I've always been interested in sound effects that approach music, and maybe obey some of the same rules – they are music. But I never got deep into working with a composer and having that experience of being able to fall into the world of music, and Angelo invited me into that world and encouraged it, and many great experiences have come out of that.« Es sollte aber bis 1997 dauern, bis Lynch seine erste Platte aufnahm. Er kam mit der schottischen Sängerin und Fiddle-Spielerin Jocelyn Montgomery (jetzt: Jocelyn West) in Kontakt und produzierte daraufhin ihr Album *Lux Vivens: The Music of Hildegard von Bingen*, wobei er auch für die Musik zuständig war. Montgomery erzählt: »David took the sound of a singing bull that we played in the studio and de-tuned it. And then he put three more de-tuned singing bull notes in the back to create a kind of drone triad. And then I sang over that. And resang and resang. And everything was moving around and creating this amazing sort of spherical atmosphere.«

Nach diesem Projekt fand Lynch, zusammen mit John Neff, allmählich zu seinem aktuellen Musikstil. Das erste Album, *blueBOB* (2001), führte zwar nicht zum »musikalischen« Durchbruch, zeigte aber, dass Lynch mittlerweile Gefallen an eigenständig komponierter Musik gefunden hatte. Erst der Electro-Pop-Song *Good Day Today* (2010) sorgte Jahre später für Aufmerksamkeit – »a dreamlike electronic soundscape with a surprisingly poppy chorus, which features the director's vocals«, schrieb Alexandra Topping im *Guardian*. Warum Electro? Typische Lynch-Antwort dazu: »I love electricity so it sort of stands to reason that I would like electronics.« Der Song wurde zuerst beim Radiosender KCRW in L.A. gespielt. Der zuständige DJ, Jason Bentley, hielt ihn irrtümlicherweise für britische Elektronik-Underground-Musik, nahm den Song aber mit nach Ibiza, wo er dem britischen Label Sunday Best auffiel. Der Co-Präsident des Labels, Ben Turner, dazu: »My initial reaction was – are you joking? But immediately you can hear it is his voice and he just shines through the music. It's a massive statement that someone this visionary has chosen electronic music to express himself.« Turner fragte Lynch, ob er nicht gleich ein eigenes Album aufnehmen wolle, und dies war die Geburtsstunde des ersten erfolgreichen Lynch-Albums (völlig losgelöst von seinen Filmen): *Crazy Clown Time* (2011). Weniger als zwei Jahre später folgte *The Big Dream* (2013). Lynchs Musikstil ist relativ schwer zu beschreiben, er mixt verschiedene Techniken, Effekte und Musikrichtungen. Ein

Wort, was aber immer auftaucht und Lynch auch selbst in den Mund nimmt, ist: Blues.[31] Es handle sich um »modernen Blues«, um »creepy blues«, »Elektro-Blues«, »Stahl-Blues« oder auch um »industriellen Blues«. Lynch, der die Blues-Musiker John Lee Hooker (1917–2001) und Stevie Ray Vaughan (1954–1990) zu seinen Favoriten zählt, über sein Verhältnis zum Blues im Zuge der Veröffentlichung von *Crazy Clown Time*:

> »The blues inspired the album, but it's not a blues album – it drifted. I've been turned on lately to Gary Clark Jr. [...] [He] has got the stuff. It's this Chicago electric blues, and it just comes out of him. I heard about him recently – this is my kind of music. But this guy is incredible. That's the impetus. It was what Dean and I would call ›modern blues‹.«

Diesen »Blues« kombiniert Lynch mit Elementen der Avantgarde-Musik und vielen weiteren Effekten wie Nachhall, Vocoder und Modulation. (→ Sprache) John Neff, der an dem Album *blueBOB* beteiligt war, ging gar soweit, die Musik als »Factory Rock« zu bezeichnen, als Anspielung auf Lynchs Vorliebe für Maschinen, Fabriken, Rauch, Feuer und Elektrizität. Diese Fetischmotive versuche er mit seiner »neuartigen« Musik einzufangen, hörbar zu machen. Neff sieht gerade *blueBOB* als »eine Kombination aus Heavy Metal und Rock 'n' Roll von 1956«. Und im *Guardian* schrieb Paul MacInnes bezüglich *The Big Dream*: »Eine Verschmelzung von Blues und frühen Rock 'n' Roll-Stilen mit elektronischen Produktionstechniken. Man wird in eine amerikanische Wildnis gezogen, wo das Land ausgedörrt ist, der Himmel vor Elektrizität knistert und ein Paar glühend rote Augen einen aus der Ferne beobachten.«

Apropos. Ein weiterer wichtiger Aspekt was Lynch und Musik betrifft: Rock 'n' Roll. Wer Lynchs Begeisterung für die späten 1940er und die 1950er Jahre kennt, den wird diese Vorliebe nicht erstaunen. »I remember discovering rock

31 Der Blues hat seine Ursprünge in den afroamerikanischen Gemeinschaften in den USA im späten 19. Jahrhundert. Es handelt sich um eine Form der Vokal- und Instrumentalmusik, die oft von Gefühlen des Leids und der Sehnsucht geprägt ist. Typische Merkmale des Blues sind der Gebrauch der Blue Notes, also Tönen, die leicht unterhalb der üblichen Dur- und Moll-Tonleitern liegen, sowie ein wiederkehrendes Muster, das oft aus zwölf Takten besteht.

'n' roll when I was a kid [...] [It] makes you dream and gives you a feeling, and it was so powerful when I first heard it. Music has changed since the birth of rock 'n' roll, but the difference isn't anywhere near as great as it was when rock 'n' roll came in, because what had preceded it was so different. It's like it came out of nowhere«, erläutert Lynch. »They were doing rhythm and blues but we weren't hearing it, and we weren't hearing jazz really, either, except Brubeck. In 1959 the Dave Brubeck Quartet released *Blue Rondo à la Turk* and I just went crazy. Mr. Smith had the album and I listened to it at the Smiths' house and fell in love with it.« Rock 'n' Roll ist zwar in *Wild at Heart* zu hören, doch beinahe hätte Lynch einen ganzen Film dieser Musikrichtung gewidmet. Nach *Eraserhead* wollte Lynch zunächst ein weiteres, ganz eigenes Projekt verfilmen: *Ronnie Rocket*. Das Drehbuch mit dem Untertitel *The Absurd Mystery of the Strange Forces of Existence* sollte Elemente enthalten, die inzwischen als Lynchs Markenzeichen gelten, darunter die industrielle Kunstrichtung, die Populärkultur der 1950er Jahre und körperliche Deformierungen. Es sollte um einen Mann klein wie ein Zwerg gehen, der Elektrizität kontrollieren kann. Der Schauplatz: eine große Industriestadt mit riesigen Fabriken. Ronnie sei kahlköpfig und trage immer eine rote Perücke. Er habe Probleme mit seiner Kleinwüchsigkeit, und auch als er als Musiker Karriere mache, ändere das nicht viel an seiner verzweifelten Lage ... Lynch sieht den Film eben in der Atmosphäre des Rock 'n' Roll verwurzelt, Ronnies Musik sei die von Eddie Cochran, Jerry Lee Lewis und Gene Vincent. *Ronnie Rocket* wird wohl nicht mehr umgesetzt werden, aber es hätte vielleicht Lynchs einziger, wahrer Musikfilm werden können, quasi Lynchs Hommage an die Zeit des Rock 'n' Roll, die ihn so sehr begeistert und beschäftigt hat.

Stattdessen scheint Lynch in den 2010er Jahren dermaßen mit Musik beschäftigt, dass er dies auch gleich auf seine Lithografien überträgt. Zu nennen wären hier zum Beispiel *Let's Rock* (2010) oder *Music* (2014). (→ Lithografie) Erstere könnte eigentlich gleich direkt aus dem oben erwähnten *Ronnie Rocket* stammen. Andererseits nimmt diese Worte auch der Zwerg im Red Room in *Twin Peaks* in den Mund und beginnt daraufhin zu jazziger Musik zu tanzen. In der zweiten Lithografie scheint die Musik in der Luft zu schweben. Mit etwas Fantasie könnte die neblige Musik (eigentlich Rauch) aus den, Schornsteinen ähnlichen, Dächern kommen und die Melodie der Fabriken darstellen.

Einige Franzosen durften erleben, wie Lynch seine Musik live performte. Das war im November 2002. Zusammen mit John Neff trat er bei einer Live-Performance von Songs von *BlueBOB* in der Pariser Konzerthalle Olympia auf. (→ Paris) Lynch fand an Live-Auftritten aber keinen Geschmack und die Erfahrung ist offenbar keine besonders gute gewesen. Gibt es für Fans dennoch Hoffnung, Lynch noch einmal live als Musiker zu erleben? »No, no. It's been totally a studio thing, and … I'm not a musician, so the problem is that to play something once is one thing, but to play it twice is another. And so, I don't see how I could tour.« Schade!

Meditation

»Trying to create world peace through meditation might simply be the most Lynchian thing that Lynch has ever done.«

CLAIRE HOFFMAN

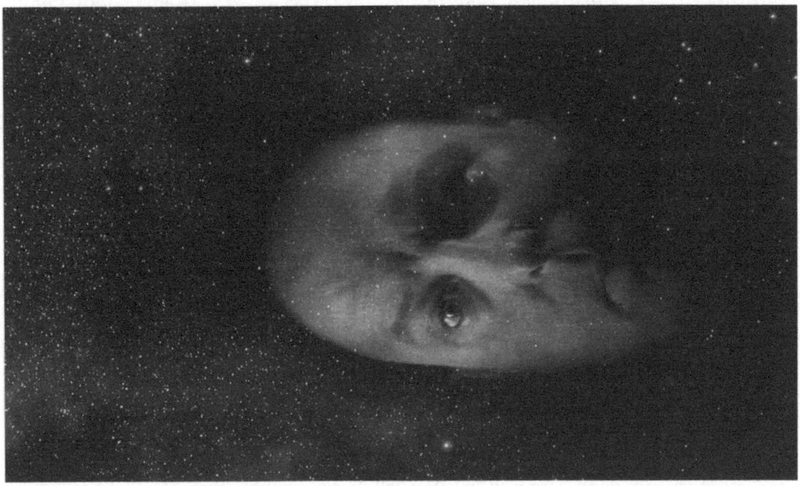

Das Buch *Catching the Big Fish* (2006) ist Lynchs publizistisches Kernstück. Und dessen Genre lässt sich am besten zwischen Autobiografie und Lebensratgeber verorten. Die Themenvielfalt in diesem Text, den Lynch aus der Ich-Perspektive schreibt, ist immens. Die Themen sind spirituell und tiefgreifend. Schön zu sehen an den Titeln der meist recht kurzen Kapitel, die *Future of Cinema, Fellini, Darkness, Working With Wood, Desire* oder *Interpretation* lauten. Und der Zusatztitel des Buchs: *Meditation, Consciousness, and Creativity*. Meditation also. Womit wir beim Thema sind.

Lynch veröffentlichte *Catching the Big Fish* am 28. Dezember 2006 und widmete es »His Holiness Maharishi Mahesh Yogi«, Lynchs Meister und Vorbild in Sachen Transzendentale Meditation (TM). Mahesh Yogi (1918–2008) ist der Begründer dieser spirituellen Bewegung. Und TM ist ein Thema, dem Lynch enorm viel Bedeutung beimisst und das zugleich die größte Angriffsfläche auf seine Person bietet. Einer der Vorwürfe lautet – spitz formuliert: Lynch gebe einer undurchsichtigen Organisation mit pseudowissenschaftlichem bis esoterischem Gedankengut Vorschub, die den Menschen mit überteuerten Einführungsveranstaltungen in die Meditationspraxis und dubiosen Praktiken das Geld aus den Taschen ziehe. Sind solche Vorwürfe gerechtfertigt? Wie lässt sich erklären, dass TM vor allem bei Künstlern so beliebt ist? Welche Rolle nimmt Lynch in diesem Kosmos wirklich ein und inwiefern lässt sie sich als eine Praxis begründen, die in einem komplementären Verhältnis zu Lynchs Theorem der Idee steht? (→ Idee)

Um uns diesen Fragen von möglichst vielen Seiten und ausgewogen zu nähern, haben wir in unsere Beschreibung auch Berichte einfließen lassen, die sich kritisch mit dem Thema auseinandersetzen, und uns wissenschaftliche Untersuchungen dazu angesehen. Natürlich haben wir einschlägige Stellen in *Catching the Big Fish* analysiert und recherchiert, wie Lynch selbst dazu steht. Und schließlich haben wir uns mit Menschen unterhalten, die selbst TM praktizieren und uns interessante Einblicke gaben.

Was Lynch auf den Pfad der Meditation führte, ist ein Satz, der sich ein wenig anhört wie ein Kalenderspruch: »True happiness lies within.« Das wahre Glück kommt aus dem Innern. Oder so ähnlich. Doch für Lynch war es mehr als bloß ein Spruch. Und besonders interessierte ihn das Wort »within«. Im Innern also. Und er fragte sich: Wo genau befindet sich dieses Innere, wo angeblich das Glück verborgen ist?

Seine Schwester Martha war es dann, die ihn auf TM im Speziellen aufmerksam machte. Sie erzählte Lynch davon, dass sie jetzt meditiere. Und er erzählte später, dass er an ihrer Stimme erkannte, wie gut ihr diese Meditation tat. Sie klang anders, fand er. Irgendwie glücklicher als zuvor. Und Lynch dachte sich: »That's what I want.« Er wollte auch so glücklich sein und so begann er selbst mit TM, die für ihn bis heute die einzige wahre Technik ist, die ihm den Weg weisen kann zu jenem Inneren.

Seine erste TM-Session absolvierte Lynch am Samstag, den 1. Juli 1973. An jenem Tag ging Lynch dafür bei größter Hitze ins TM-Center in Los Angeles, wo ihm auch gleich eine Lehrerin zugewiesen wurde. Sie gab ihm ein Mantra, einen geheimen Vers in indischer Sprache. Dieses Mantra ist das Kernstück dieser Technik und wird beim Meditieren im Stillen aufgesagt. Es ist gleichsam der Schlüssel für Meditierende, in Trance zu fallen, und Lynch selbst beschreibt es als ein »sound-vibration-thought«.

Was Lynch in seinem Buch nicht erwähnt, sind die Kosten eines solchen Einführungsprogramms, das er sich damals vor rund fünfzig Jahren in L.A. gönnte. Und diese Kosten waren wohl damals schon hoch – heute zahlen Menschen in den USA bis zu 980 Dollar dafür. Lynch selbst geht in seinen Beschreibungen zu TM nicht ins Detail. Was in einem TM-Center passiert, wie bestimmte Mantra-Übergaben aussehen, das soll geheim bleiben. Nein, Lynch konzentriert sich in seinem Buch auf die Philosophie dahinter. Auf die Meditation an sich, von der er sagt, dass sie eine Technik ist, die besonders leicht zu erlernen ist. Seine erste Sitzung etwa beschreibt er folgendermaßen: »I sat down, closed my eyes, started this mantra, and it was as if I were in an elevator and the cable had been cut. Boom! I fell into bliss—pure bliss. And I was just in there.« Regelmäßig das Mantra aufgesagt, kam er also zur Ruhe und fand inneren Frieden. Lynch war angekommen. Dort im Innern. Dort, wo sich das Glück verbirgt. Die Zeit während seiner ersten Meditation sei vergangen wie im Flug, schreibt er. Und in den Momenten unmittelbar danach hatte er nur ein Wort für diese Erfahrung: »unique«. Einzigartig.

In den folgenden dreiunddreißig Jahren, so schreibt er 2006, sollte er an keinem einzigen Tag versäumen zu meditieren. Weder am Morgen noch am Nachmittag. Jeden Tag zweimal für zwanzig Minuten. Die unmittelbaren Folgen: Er verspürte mehr Leidenschaft. Er dachte intuitiver, weil er in sich selbst hinab tauchte. Die negativen Gefühle indes wurden weniger. Lynch: »It takes you to an ocean of pure consciousness, pure knowingness.«

Dieses Innere, das Lynch jetzt gefunden hatte, beschreibt er als einen Ozean, der sich aus reinem Bewusstsein und reinem Wissen bildet. Der Ozean, der das Bewusstsein ist, aus dem Lynchs Ideen für seine Kunst strömen. Hier greift sein berühmtes Gleichnis, auf das auch der Titel *Catching the Big Fish* anspielt: An der Oberfläche schwimmen die kleinen Fische. Und je tiefer man in den Ozean eintaucht, desto größer werden die Fische. Und die Fische, das sind die Ideen. Je tiefer er hinabtauchte in das Bewusstsein, desto ausgeprägter, komplexer, abstrakter wurden seine Ideen. Und je abstrakter sie sind, desto alternativloser ist ihre Abbildung durch vielseitige Kunst, denn sie in gesprochene Worte zu kleiden, das scheint ihnen nicht gerecht zu werden. Nur auf eine zu gewissem Grad abstrakte Weise können die Ideen konkret werden und sich schließlich in der Welt manifestieren. (→ Idee)

Lynch beschreibt dieses Abtauchen in den Ozean des Bewusstseins als einen transzendentalen Prozess: »You splash into it. And it's bliss.« Bliss, Glückseligkeit, mit der man in Verbindung treten kann. Wie? Indem man sich durch das Meditieren mithilfe des Mantras ihrer Frequenz annähert: »You can vibrate with this bliss.«

Dieses gemeinsame Schwingen, das Reiten der Glückswelle gewissermaßen, das Vibrieren – all das soll nur erfahrbar sein beim Abtauchen in den Ozean des Bewusstseins, das während des Mediationsprozesses zur erlebten Wirklichkeit wird. Und Transzendentale Meditation scheint bei Lynch ein Transzendieren der Wahrnehmung des eigenen Bewusstseins zu meinen. Ein Transzendieren in ein Stadium der wortlosen Empfindung und der Schwingung, durch die es möglich ist, mit dem eigenen Bewusstsein in Resonanz zu treten.

Und wie äußern sich Erfahrungen wie diese im Alltag? Lynch sagt, er könne sich dank der Meditation besser auf die Dinge konzentrieren, die um ihn herum geschehen. Er kann so die Geschwindigkeit des Alltags in einer modernen Welt drosseln. Die Dinge, die er wahrnimmt, werden nun durch die Meditation hindurch geformt. Und verändert sich die Wahrnehmung, die ein Mensch von den Dingen hat, dann ändern sich für ihn die Dinge an sich. Denn er nimmt sie nun auf eine veränderte Weise wahr und nur seine Wahrnehmung ist es ja, die seine Wirklichkeit formt – in Lynchs Fall zum Positiven: »Events changes and gets so much better.«

Viele Passagen in *Catching the Big Fish* beschäftigen sich mit Meditation. Und viele von ihnen gleichen Lobeshymnen. Sie lassen erahnen, wieso so mancher TM-Kritiker Lynch vorwirft, Werbung für dieses global operierende Unternehmen zu machen. Für diese in den letzten Jahrzehnten stark gewachsene Organisation, die nicht nur in den USA präsent ist, wo es Ende der 1970er Jahre 7.000 und 2008 bereits 40.000 TM-Lehrer gab.

Als einzigartig wird die TM-Methode auch auf der offiziellen Webseite von TM beschrieben. Einzigartig im Vergleich zu anderen Meditationstechniken, die über sich behaupten, ähnlich zu sein. Und sie helfe gegen Stress, Angst, Depression und Burnout. Dazu werden etliche Studien angeführt. Doch es gibt auch solche, die etwas anderes behaupten.

Eine im wissenschaftlichen Journal *Psychological Bulletin* veröffentlichte Metastudie von 2012 (*The Psychological Effects of Meditation: A Meta-Analysis*, Sedlmeier et al.) etwa widerlegt die Behauptung, dass TM in Bezug auf die Verbesserung psychologisch relevanter Faktoren besser abschneidet als andere Meditationstechniken. Auch die auf der Webseite propagierten »evidence-based«, also positiven Auswirkungen auf das Herz-Kreislauf-System sind mindestens kontrovers. Zwar werden Studien gelistet, die dies belegen sollen, jedoch ist keine davon aktueller als das Cochrane Review *Transcendental meditation for the primary prevention of cardiovascular disease* (Hartley et al.) von 2014. Und eben diese Studie behauptet, dass es unmöglich sei, aus der praktizierten TM-Methode Schlussfolgerungen über deren präventive Wirkung auf Herz-Kreislauf-Erkrankungen zu ziehen. Doch immerhin konnte in einer Metaanalyse von 2015 (*Investigating the effect of transcendental meditation on blood pressure: a systematic review and meta-analysis*, Bai et al.) ein positiver Effekt auf Bluthochdruck festgestellt werden.

Unterm Strich: Die Legitimation von TM durch wissenschaftliche Evidenz ist umstritten.

Lynch scheint das nicht zu beeindrucken. Und man kauft ihm wirklich ab, dass er mit Leib und Seele hinter TM steht: Sie hat ihm schließlich geholfen und tut es noch immer. Ob es gerechtfertigt ist, dass ihn die New York Times 2013 sogar als einen »Guru of Transcendental Meditation« bezeichnete? Auch darüber lässt sich sicherlich streiten.

Es scheint Lynchs ausgesprochenes Ziel zu sein, die Welt mit TM zu einer besseren zu machen. Und so gründete er 2005 seine eigene Stiftung: die *David Lynch Foundation for Consciousness-Based Education and World Peace* (kurz: DLF) mit Büros in New York City, Los Angeles und Fairfield, Iowa. Das Ziel: Schülern zu helfen, indem sie durch Meditation weniger Stress in der Schule haben.

Das ausdrückliche Ziel besteht darin, die Lehren von TM in die Lehrpläne von US-amerikanischen Schulen zu integrieren. Nach Angaben der Stiftung konnte man bereits zwischen 70.000 und 150.000 Schüler an 350 Schulen in Nord- und Südamerika unterstützen. Und im Jahr 2022 kündigte Lynch zudem an, internationale Studenten an Universitäten zu fördern. Doch woher stammt das Geld dafür?

Nachdem Lynch im Jahr 2006 wohl persönlich 100.000 Dollar eingezahlt hatte, um Veteranen TM beizubringen, wurden die Gelder fortan offenbar hauptsächlich durch Fundraising-Veranstaltungen gesammelt. Dazu gehörten Wohltätigkeitskonzerte wie *Change Begins Within* (2009), moderiert von Lynch selbst und der Schauspielerin Laura Dern. Als Redner oder mit Auftritten vertreten waren unter anderem Eddie Vedder, Jerry Seinfeld und Paul McCartney. Weitere Veranstaltungen folgten – und damit auch weitere Prominente: Clint Eastwood, Tom Waits, Iggy Pop, Chris Rock, Liv Tyler – sie alle unterstützten Lynch dabei, Geld für TM zu sammeln. Viele von ihnen praktizieren die Technik auch selbst, so zum Beispiel Katy Perry, die betonte, dass sich ihr Leben dadurch verändert habe.

Lynchs Anwesen in Hollywood war teils wohl ein wichtiger Schauplatz von TM-Events. Im Jahr 2013 beispielsweise kamen nicht nur die Hauptdarstellerinnen der Serie *2 Broke Girls* (2011–2017), Kat Dennings und Beth Behrs zu Besuch, sondern auch Aileen Getty, Philanthropin und Tante von Balthazar Getty (der eine Hauptrolle in Lynchs Film *Lost Highway* gespielt hatte). Sie alle – auch der Schauspieler B. J. Novak (*Inglorious Basterds*) und der Musiker Adam Gaynor (*Matchbox Twenty*) – versammelten sich in Lynchs Haus, um gemeinsam zu meditieren und mehr über Lynchs Sichtweise auf das Bewusstsein zu erfahren.

Lynch, der von Prominenten verehrte TM-Pionier – das war nicht immer so. Ein bedeutender Wendepunkt auf dem Weg zur Gründung der DLF war rückblickend der Juni 2002. Lynch erfuhr damals, dass Maharishi Mahesh Yogi zu dieser Zeit in Vlodrop, Niederlande, war, um einen sogenannten *Enlightenment Course* abzuhalten. Der Haken: Der Kurs sollte satte eine Million Dollar kosten. Doch Lynch zögerte nicht und soll die Summe gezahlt haben, um einen Monat mit dem indischen Meister zu verbringen und von ihm zu lernen.

Zu seinem Bedauern aber war Maharishi gar nicht anwesend. Physisch jedenfalls. Die Kommunikation mit dem großen Weisen erfolgte über Telefonkonferenzen. Eine Million Dollar für eine Telefonkonferenz? So manchen dürfte das wundern. Doch Lynch sagt, dass es sich für ihn gelohnt habe. Dass diese Erfahrung sein Leben für immer verändert habe. Und zwar zum Guten.

Nach seiner Rückkehr aus den Niederlanden nach Los Angeles hatte Lynch eine Mission: »It was important for me to say something to the people, whether they listened or not, about my personal experience«, beschreibt er seinen Gemütszustand zu diesem Zeitpunkt. Es war der Zeitpunkt, als er begann, öffentlich über seine Faszination für TM zu sprechen.

Diese Faszination und Lynchs Wunsch, diese Begeisterung mit anderen zu teilen, hatten bald auch Auswirkungen auf Deutschland. Gegen Ende der 2000er Jahre erreichte sie wohl ihren Höhepunkt, als Lynch in Berlin auf dem Teufelsberg ein Grundstück erwerben wollte, um dort eine der sogenannten »Invincible«-Universitäten, Bildungsstätten für Transzendentale Meditation also, aufzubauen. Spoiler: Aus der Uni wurde nichts. Die Pläne stießen auf Widerstand seitens der Evangelischen Kirche und Lokalpolitiker und die Organisation selbst nahm bald Abstand von ihrem Vorhaben. Ebenso dürfte ein Eklat auf einer Werbeveranstaltung für die TM-Universität am 13. November 2007 in Berlin nicht unerheblich gewesen sein.

Auslöser für diese kuriose Kontroverse war wohl ein Mann namens Emanuel Schiffgens, der in weißem Gewand und mit goldener Krone erschien und den Titel »Raja«[32] trug. Die Organisation hatte ihn eingesetzt, um die global propagierte Vision von TM auch in Deutschland weiterzuverbreiten. Als Schiffgens während der Veranstaltung »Unbesiegbares Deutschland« rief, reagierte das Publikum empört: Hatte er mit dieser Skandierung tatsächlich nur auf den Namen der »Invincible«-Universitäten angespielt? »Das wollte Hitler«, rief jemand aus dem Publikum, der in Schiffgens' Formulierung Anklänge an die Rhetorik des Dritten Reiches zu erkennen glaubte. Die Situation drohte zu eskalieren. Lynch selbst musste eingreifen und schlichten: »I don't know what he said, but I think I understand that he used a word from the Third Reich, and let's just look at it this way, it's a new world now.«

32 Raja ist Sanskrit und bedeutet so viel wie Herrscher oder König.

Eine vergleichbare Veranstaltung fand dann an der Universität zu Köln statt. Auch hier versuchten Lynch und seine TM-Gefolgsleute, junge Menschen von seiner Vision zu überzeugen. Davon, Teil seiner »yogischen Flieger« zu werden. Als Lynch den überfüllten Saal betrat, begleiteten ihn dieses Mal drei Männer, gewandet in goldenen Kleidern und mit goldenen Kronen. Einer von ihnen: erneut Schiffgens. Nach einer kurzen Fragerunde aus dem Publikum, das vor allem wegen Lynch, dem Künstler und Filmemacher gekommen war – interessanterweise verneinte Lynch damals die Möglichkeit einer Fortsetzung von *Twin Peaks* –, begann aber sogleich die Werbeveranstaltung.

Der Quantenphysiker John Hagelin trat auf die Bühne und bemühte sich mit Bezug auf das theoretische Konzept des »einheitlichen Feldes« (→ BOB), eine wissenschaftliche Legitimation für TM zu schaffen. Seine Theorien sollten verschiedene Wissensdisziplinen miteinander verbinden. Einige Zuschauer waren zumindest amüsiert. Viele jedoch enttäuscht von dem, wie sich Lynch hier präsentierte. Einer sagte sogar: »Ich weiß nicht, ob ich seine Filme nach dieser Veranstaltung noch ernst nehmen kann.«

Kritisch auf das Phänomen und die Organisation TM hat auch der Filmemacher David Sieveking in seinem Dokumentarfilm *David wants to fly – Ein yogisches Abenteuer* (2010) geblickt. Zunächst als großer Fan von Lynch begibt sich Sieveking auf eine Reise tief in die Welt der Transzendentalen Meditation. Angespornt, endlich mit seinem Idol über dessen Filme sprechen zu dürfen, landet er dann in einer TM-Werbeveranstaltung. Er ist zunächst angetan. Nimmt an zahlreichen TM-Kursen teil und ist sogar bei der Beerdigung von Maharishi Mahesh Yogi dabei. Als er jedoch damit beginnt, Fragen zu stellen und Widersprüche im Geflecht der TM-Organisation zu entdecken, fällt er bei Lynch in Ungnade. Und am Ende droht Lynch sogar rechtliche Schritte gegen Sievekings Filmteam an, sollte er das aufgenommene Material für die Dokumentation nicht überprüfen dürfen. Warum? Weil Sieveking zu tief gebohrt hat? Weil er am Ende vielleicht sogar die Wahrheit aussprach? Fest steht: TM ist seit vielen Jahren nicht mehr nur eine Meditationstechnik. Mittlerweile steckt dahinter eine milliardenschwere Organisation, in deren DNA nicht nur der Weltfrieden, sondern auch der finanzielle Profit eingeschrieben sein dürfte. Insofern ist sie Scientology nicht unähnlich – ähnlich beliebt bei etlichen Hollywood-Stars und ähnlich umstritten.

Wenn Lynch über TM spricht, dann blendet er diese Seite meist gekonnt aus. Für ihn ist TM dann ein Lebenselixier. Ein Lebenskonzept. Und er hat eine klare Vorstellung davon, wie TM selbst auf der untersten Ebene zu erklären ist. Dabei spielt das bereits erwähnte einheitliche Feld eine zentrale Rolle. Eindrücklich und sehr anschaulich beschreibt er die Zusammenhänge in der Dokumentation *Meditation, Creativity, Peace* (2012). Es ist faszinierend, ihm dabei zuzusehen, als er sich ein großes Papier zur Hand nimmt und zu skizzieren beginnt.

Lynch erklärt mit Hilfe seiner Zeichnung die Wirkung von und das theoretische Konzept hinter Transzendentaler Meditation. Er beginnt grundlegend und erklärt: Schon früh hätten sich die Wissenschaftler Gedanken darüber gemacht, was sich unter der Oberfläche des Sichtbaren befindet. Was Materie eigentlich ist. Woraus sie besteht. Und so stellt er zunächst, beinahe im Sinne des Cartesianischen Körper-Geist-Dualismus, Materie und Bewusstsein einander gegenüber.

Er sieht sich die Materie genauer an – und geht immer tiefer: Moleküle, Atome, Elektronen, Neutronen, Protonen. Immer tiefer taucht er hinab und spricht von immer kleineren Partikeln, bis er bei den Quanten angelangt ist. Und damit beim einheitlichen Feld, eine Theorie, die von einer Einheit aller Partikel ausgeht – »everything that is a thing emerges from this field of no-thing. Unmanifest it is.« Wissenschaftler, sagt Lynch, wüssten, dass es diesen unmanifestierten Bereich gibt. Theoretische Konzepte gibt es. Aber sie könnten dorthin nicht gelangen, weil diese Ebene eben nicht manifestiert ist: Dort gibt es nichts in der Form, das wir als etwas, das existiert, erkennen können und bezeichnen würden.

Und hier kommt TM ins Spiel. Lynch wechselt nun von der Materie zur Bewusstseinsebene. Vom Körper zum Geist. Er erklärt, dass wir mit Hilfe eines TM-Mantras direkt in diese Quantenebene gelangen können. Und somit in das einheitliche Feld eintauchen können. Das Mantra ist der Schlüssel, das die Tür zur no-thing-Ebene öffnet. »The mantra turns the mind within. Turns the awareness within. And you naturally dive.« Lynchs These: Je tiefer wir gehen, desto glücklicher werden wir. Und dabei ist es höchst interessant, wie er die Dualitäten von Bewusstsein und Materie miteinander in Verbindung setzt: »The deeper levels of mind correspond to deeper levels of matter.« Wir erinnern uns: Moleküle, dann Atome, schließlich Quanten.

Und dann erklärt Lynch, warum Transzendentale Meditation eben *Transzendentale* Meditation heißt: Sind wir nämlich in der tiefsten Ebene des Bewusstseins angelangt, dann transzendieren wir. Und das bedeutet: Wir überschreiten eine Grenze. Wechseln von der uns bekannten Wirklichkeit der Dualitäten in einen transzendentalen Zustand der Einheit – wir gleiten hinab ins einheitliche Feld. Und dort erwartet uns, so sagt Lynch, »pure, unbounded, infinite consciousness«.

Wer das Mantra kennt, der benötigt keine bestimmte Atemtechnik, um TM zu praktizieren. Nur auf ein paar wenige Dinge sollte man achten, so heißt es: Zweimal tief durchatmen, Augen schließen, den Kopf nicht anlehnen oder sich gar hinlegen, weil man sonst recht schnell einschläft. Dann das Mantra stumm im Geist wiederholen.

»You naturally dive.« Das sagt Lynch und von dieser Erfahrung erzählten uns auch Meditierende, mit denen wir gesprochen haben. Davon, wie man in eine Trance fällt, die so tief sein kann, dass der Körper anfängt zu brummen und zu vibrieren. Als berauschend und orgiastisch beschreiben manche diesen Zustand der tiefen Meditation dann – diesen Zustand des Transzendierens. Und teils spürten die Meditierenden dann ein kollektives Bewusstsein. Spüren sie hier das einheitliche Feld am eigenen Leib?

Man erzählte uns von einem omnipräsenten Bewusstsein, das man in Trance antreffen kann. Von einem Bewusstsein, dass das Universum kreiert hat. Vom Gefühl zu wissen, ein Bewusstseinsfeld zu sein, das einen Körper besitzt. Ein Gefühl, das dem in der westlichen Ideengeschichte wohl präsenteren Konzept gegenübersteht, das von einem Körper ausgeht, der einen Geist besitzt. Man erzählte uns von dem Gefühl, eine Bewusstseinswolke zu sein, die einen Körper hat. (→ BOB)

Klingt esoterisch? Klingt nach einem Drogentrip? Wir für unseren Teil haben uns dazu entschlossen, auf ein Urteil zu verzichten. Vielmehr geht es uns darum, zu begreifen, was Lynch antreibt und warum er TM so faszinierend findet. Und wir glauben Lynch, wenn er sagt, dass sein großes Ziel dahinter der Weltfrieden ist. Dass er es ehrlich meint mit den Menschen. Dass er ihnen wirklich helfen möchte. Und nach unserer Recherche können wir sagen: Auch wir finden das Phänomen TM faszinierend. Gerade weil sie derartige Sogkraft entfaltet, obwohl sie recht einfach zu entmystifizieren ist und der offizielle Zugang zu ihr einen so hohen Wegzoll kostet. Gerade weil Lynchs Umgang damit so absurd wirkt.

Kapitel 4: David Lynchs Welt begreifen

Im dritten Kapitel haben wir beschrieben, was Lynchs Praxis als Künstler auszeichnet. Und wie er zu seinen Ideen gelangt, die für ihn essenziell sind, um künstlerisch gestalten zu können. Doch was ist die Idee bei Lynch eigentlich genau? Um diese Frage zu beantworten, werden wir uns nun seinem Werk nähern, indem wir es mit Werken anderer Künstler vergleichen. Indem wir Lynch-spezifische Motive herausgreifen, auf ihrer Basis gesellschaftliche Strömungen nachzeichnen und seine Filme, Bilder, seine Musik mit einem Blick von außerhalb des Lynch'schen Kosmos erfassen. Anders gesagt: Mittels der folgenden vier Begriffe widmen wir uns der Interpretation und der Analyse von Teilen des Lynch'schen Werks, das kontrastreich, grotesk und lustig ist. Denn seine Kunst, das ist seine Welt.

Idee

»Sometimes we get ideas for paintings, sometimes ideas for music, sometimes for cinema, but everything starts with an idea.«

DAVID LYNCH

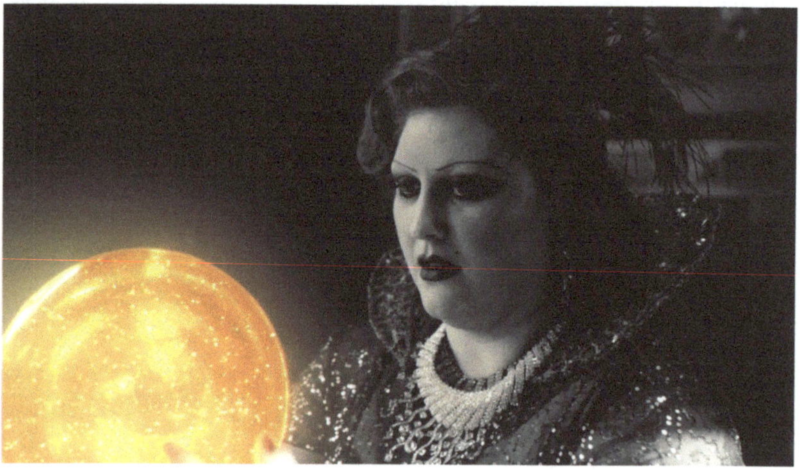

Der Begriff der Idee lässt sich bei Lynch charakterisieren als eine gedankliche Reflexion auf seine eigene Kreativität. Und als ein theoretischer Komplementär zur Meditation als Praxis der Kreativität. Dabei handelt es sich um keine wissenschaftlich ausgearbeitete Theorie, die akademische Ansprüche erfüllt. Denn tatsächlich besitzen viele von Lynchs Beschreibungen der Idee esoterische Färbungen, die teils auf seine Überzeugung von der Transzendentalen Meditation (→ Meditation) zurückzuführen sind, die er seit den 1970ern praktiziert. Die amerikanische Journalistin Claire Hoffman beschreibt Transzendentale Meditation als »a trademarked form of relaxation that involves sitting quietly and saying a mantra to yourself for 20 minutes twice a day«. Ungeachtet dessen soll im Folgenden der Versuch unternommen werden, Lynchs Konzept der Idee möglichst unvoreingenommen zu umreißen. Denn diese Färbungen sind Bestandteil der Welt, wie Lynch sie wahrnimmt, und die Idee als zentraler Begriff der lynchesken Metaphysik ist die Bedingung dafür, seine Sicht auf die Welt begreifen zu können.

Die Idee ist für Lynch der immaterielle Ursprung seiner Werke: ohne Idee kein Film, kein Bild, kein Musikstück. Das klingt zunächst trivial – jeder Mensch hat schließlich Ideen. Sie kommen einem oder eben nicht und dafür muss man kein Künstler sein. Für Lynch aber sind Ideen nicht trivial. Denn vielmehr sind sie das wichtigste Element für sein künstlerisches Schaffen. Dass er von der abstrakten Idee eine konkrete Vorstellung besitzt, zeigt, dass er sein kreatives Schaffen mittels des Begriffs der Idee reflektiert.

Und weil er den Begriff der Idee nicht nur zur Reflexion verwendet, sondern die Idee selbst durch meditative Praxis (→ Meditation) und Intuition zur Oberfläche seines Bewusstseins geleiten kann, ist die Idee auch Grundlage einer Methode, die Lynch anwendet, wenn er künstlerisch aktiv ist. Die Ideen, sie kommen ihm. Sie sind das aktive Moment, während Lynch empfängt. Doch dieses Empfangen erscheint nur passiv, denn in Wahrheit forciert er die Möglichkeit des Empfangens durch ein aktives Moment, das die Mediation ist. Die Ideen selbst sind für diejenigen, die sie nicht empfangen, nicht greifbar. Lediglich insofern sie als Idee als solche ein theoretisches Konstrukt darstellt, das uns begreifen lässt, wie Lynch arbeitet, wie er als Künstler tickt und wie sein künstlerisches Werk den Weg in die Welt findet. Die Idee, die für Lynch mehr ist als ein Moment der Eingebung, sondern auch ein Prinzip, durch das er seine Kunst selbst besser begreift und ohne jenes künstlerisches Schaffen aus seiner Sicht nicht möglich wäre. Und das betont er immer wieder. Etwa im französischen Filmmagazin *Cahiers du Cinéma* (04/2023), in dem er die Idee als das Wichtigste überhaupt, gleichsam als das Prinzip seines kreativen Schaffensprozesses, beschreibt.

Die Idee ist da, lange bevor der Film, das Bild, das Musikstück da ist. So formuliert, klingt das beinahe biblisch: wie Gottes Wort, das am Anfang war. Die Idee, die da ist, bevor sie als eine Tat oder als materielle Manifestation in der Welt auftreten kann. Lynch beschreibt die Idee als einen Gedanken, der mehr in sich trägt, als zunächst ersichtlich ist, wenn wir ihn gefasst haben. Im ersten Moment, da ist die Idee wie ein Funke. Ein Geistesblitz. Ein den Geist erhellendes gedankliches Phänomen, das Lynch bildlich beschreibt mithilfe der Darstellung einer Eingebung, wie man sie in einem Comic findet: »If someone gets an idea, a lightbulb goes on.«

Lynch allerdings wäre nicht Lynch, hätte er für dieses Abstraktum der Idee nicht eine eigene Allegorie entwickelt: »Ideas are like fish.« Wenn man ruhig dasitzt wie beim Fischen, dann kommen die Ideen – von welchem Ort auch immer, Lynch weiß es selbst nicht. Wie bei den Fischen gibt es bei den Ideen große und kleine. Kleine Fische schwimmen im seichten Wasser. Wie Ideen, die einem hie und da kommen. Bei Lynch Ideen, die nicht für einen ganzen Film genügen, aber vielleicht doch für ein Bild, das er malt. Ideen, die er auch mal vorbeiziehen lässt, weil sie nicht besonders viel Fleisch an den Gräten haben.

Doch es gibt auch große Fische. Und diese zu fangen, ist nicht leicht: »If you want to catch the big fish, you've got to go deeper.« Sie sind die bahnbrechenden Ideen, die einem Film vorausgehen. Ideen, die im Marianengraben von Lynchs Unterbewusstsein schlummern. Und dass Tiefseefische auch angsteinflößend sind, passt gut ins Bild.

Tief unten, da ist sich Lynch sicher, sind die Ideen mächtiger und reiner in ihrer Ausprägung – »more pure«. Sie sind groß und abstrakt und sie sind wunderschön, sagt Lynch. »The more your consciousness—your awareness—is expanded, the deeper you go toward this source, and the bigger the fish you can catch.«

Wenn er sich in den Tiefen seines Unterbewusstseins bewegt, dann ist Lynch auf der Suche nach diesen ganz besonderen Fischen. Nach denen, die er in seiner Kunst abzubilden in der Lage ist – nicht alle Ideen sind hier gleichermaßen geeignet.

Was Lynch sucht, sind ästhetisch attraktive Abstrakta[33], die er mit seiner Kunst konkretisieren kann. Mit der Kamera zum Beispiel oder mit Stift und Papier. Nach Ideen, die er ins Kino übertragen kann. Die Herausforderung: Er muss dafür die passenden Fische finden, denn unten da gibt es viele verschiedene Fischarten – »there are fish for everything«. Es gibt solche, nach denen sich Geschäftsideen verwirklichen lassen, oder solche, die im Sport nützlich sind. Und deshalb gibt es auch Fische derjenigen Art, die sich nicht dafür eignen, in ein Kunstwerk übersetzt zu werden. Wie es Lynch gelingt, die passenden Fische zu finden? Wie er diese großen Ideen an Land zieht? Mit viel Geduld. An manchen Tagen klappt es, an manchen nicht, sagt er.

Und nun einmal angenommen, der Fisch ist gefangen – was dann? Jetzt kann der Fisch verwertet werden: Den kreativen Übertragungsvorgang der Idee in ein Werk beschreibt Lynch als Kochvorgang. Einen Prozess, den er als Experiment versteht und vor dem er sich immer die Frage stellt: Wie ist diese Idee zu übersetzen? Welche Darstellungsform eignet sich? Ist dieser Fisch ein Fisch, der lithografisch zubereitet werden muss? Oder lieber musikalisch? »You've got this idea, and you can see it and hear it and feel it and know it.« Und oft sind es Phasen, durch die sich Lynch treiben lässt und in denen eine Kunstform zeitweise stärker zum Ausdruck kommt als andere.

Angenommen, die Idee ist eine Filmidee – der Fisch ein Filmfisch. Dann ist Lynch während der Arbeit an dem Film dabei, diesen Fisch zu braten. Ob und wie er schmeckt? Das entscheidet das Publikum: »If there's 100 people in the audience, you're going to get 100 different interpretations, especially when things get abstract. It's beautiful. Everybody's a detective and whatever they come up with is valid in my mind.« Wichtig also: In der Rezeption der konkret gewordenen Idee gibt es für Lynch weder richtig noch falsch. Es existiert lediglich ein Sammelbecken an Meinungen und jede dieser Meinungen für sich ist valide. Denn was sind diese Interpretationen anderes als Ideen, die von den Zuschauern im Kinosaal in Form gesprochener oder geschriebener Worte in die Lebenswelt übersetzt worden sind? Ideen, die

33 Abstrakta übrigens, die in der konkreten Umsetzung immer noch abstrakt sein können in ihrer inhaltlichen Darstellung. Das ist auch der Grund, warum Lynch nicht gern über die Bedeutung seiner Werke spricht und sie lieber in diesem abstrakten Zustand der Interpretation seiner Zuschauer überlässt.

die Zuschauer – angeregt durch Lynchs konkretisierte Ideen in Kunstform – empfangen und durch eine Praxis, die die Rezeption von Kunst ist, zum Vorschein gekommen und konkret geworden sind.

Dieser Kochprozess ist für Lynch immer ein Experiment. Ein Wagnis mit ungewissem Ausgang, auf das er sich einlassen muss. Zwar gibt es ein Rezept – im Film etwa das Drehbuch. Doch das dient lediglich als Stütze. Keine Richtlinie, sondern ein Hilfsinstrument, um der Idee in ihrer reinen Form durch eine adäquate künstlerische Praxis gerecht zu werden: »[I]t's a feeling, more of an intuition. It's the idea that you've fallen in love with, and you try to stay true to that. You see the way that cinema can say that idea, and it's thrilling to you.«

Interessant wird es, wenn eine Idee zum Vorschein kommt, die Lynch nicht nur eine, sondern mehrere Möglichkeiten künstlerischer Ausgestaltungen zuweisen kann: Ideen, die sich auf verschiedene Weise formen und in die Lebenswelt übersetzen ließen: »Let's say you start cutting a piece of wood and it's just not exactly right. That makes you think more, so you can take off from that. You're now acting and reacting. So it's kind of an experiment to get it all to feel correct.« Reagieren, antizipieren, mit dem Material gemeinsam arbeiten. (→ Künstlerleben) Zentral ist es, der künstlerischen Praxis nicht ihrer originären Eigenschaft des Experimentellen zu berauben. Das innere Gespür walten lassen und auf Widrigkeiten antworten, um es in Rechtmäßigkeit zu verwandeln. Kontern und darauf achten, die Fischhaut nicht verbrennen zu lassen, wenn die Pfanne über dem Feuer zu heiß wird.

Und wann ist der Fisch gar? Wann ist eine Idee perfekt umgesetzt? »You try some things and you make mistakes, but you rearrange, add other stuff, and then it feels the way that idea felt.« Wenn sich das Kunstwerk für Lynch so anfühlt, als hätte es seine Emotionen in vollem Umfang zum Ausdruck gebracht, dann ist es gut. Das Potenzial muss voll ausgeschöpft sein. Die Emotion ist das Gütesiegel vollendeter Kunst und zugleich das affizierte Moment, das durch die konkretisierte Abstraktion ausgelöst wird, deren Reinform in der Idee zugrunde liegt. Sie ist das Maß, mithilfe dessen Lynch messen kann, ob ihm die Übersetzung der Idee in die Kunst gelungen ist.

Lynch lässt sich von seinen Ideen leiten und auf diese Weise fügen sie sich von selbst zu einem großen Ganzen. Er ist der personifizierte Zwischenschritt, der notwendig ist, damit die Idee auf die Leinwand übertragen werden kann.

Seine intuitive Arbeitsweise ist die Bedingung, dass sich mehrere Ideen miteinander verbinden können. Assoziationen zulassen, der kreativen Strömung in die tiefsten Tiefen folgen. Die Intuition zum obersten Prinzip küren.

Doch woher weiß Lynch, ob es der Fisch wert ist, an Land gezogen und gebraten zu werden? Schließlich geht Lynch von Milliarden von Ideen aus, die herumschwimmen. Woher weiß er, ob es sich um eine gute Idee handelt? Selbst sagt er, dass er sich in Ideen verlieben kann. Und wenn das der Fall ist, dann umarmt er die Idee in seinem Inneren und erkennt ihre Schönheit bereits zu dem Zeitpunkt, wenn sie noch in einem abstrakten Stadium ist – wenn sie noch nicht geboren ist. Wenn der Fisch noch nicht geangelt wurde.

Der Prozess der Übersetzung der Idee in die Kunst – der Geburt – ist für Lynch das wahrhafte und eigentliche Schöne, das er als Künstler erleben darf. Das macht das Künstlerleben so lebenswert: Es geht um den kreativen Prozess der Übertragung von Abstraktem in die Kunst, der sich als ein wachsendes Gefühl der Liebe der Idee gegenüber im Künstler ausbreitet.

Und diese Liebe zur Idee ist auch der Grund, warum Lynchs Filme kaum eine politische Message besitzen. Denn sie ist der einzige Grund, warum Lynch Kunstwerke anfertigt. Warum ein Werk von Lynch so ist, wie es ist. In einem Satz: Die Übersetzung der Idee in eine konkrete Kunstform ist bei Lynch absichtslos – »I just love the idea. I want to realise them because I'm in love with them.«

In *Twin Peaks: The Return* (2017) hat Lynch in der berüchtigten Episode 8 eine Szene eingebaut, in der er genau diese Phänomene darzustellen scheint: die Idee der puren Idee, die Liebe zur Idee, die Geburt der Idee. Zu sehen ist darin eine Frau, sie wird in den Credits als Senorita Dido gelistet, die sich gemeinsam mit dem Fireman[34] an einem mysteriösen, jenseitigen Ort befindet. Kurz zuvor, am 16. Juli 1945 um 5:29 Ortszeit, wurde in einer Wüste in New Mexiko, USA, der erste erfolgreiche Atombombentest durchgeführt: Trinity. Lynch deutet in seiner filmischen Darstellung dieses Tests an, dass genau diese Explosion den bösen Geist BOB hervorgebracht hat. (→ BOB) Senorita Dido und der Fireman nehmen daraufhin seltsame Geräusche wahr in ihrem archaisch anmutenden Domizil, das auf einer felsigen Insel inmitten einer purpurnen See gebaut wurde. Der Fireman lässt eine goldene Wolke erscheinen, aus der eine durchscheinende,

34 Der Name des Fireman wird erst in Part 14 bekannt gegeben. In Part 8 wird er lediglich als ??????? gelistet.

kräftig leuchtende goldene Kugel herabschwebt, an dessen Oberfläche das Gesicht von Laura Palmer schimmert.

Hier ist die *Idee* von Laura Palmer zu sehen. Und zwar in Reinform. Laura, die bald geboren und dem bösen Geist BOB entgegengestellt werden wird, der durch den atomaren Urschlamm von Trinity in die Welt kriechen konnte. BOB, eine Manifestation der Idee des Bösen, dessen Eintreten in die Welt viel mehr eine Ausgeburt ist als eine Geburt.

Die goldene Kugel dagegen stellt die Idee des Guten dar. Unbefleckt und im schwebenden Zustand noch immateriell. Rein ideell und doch wird ihr bereits Liebe zuteil: Senorita Dido küsst die Kugel und schickt sie auf die Erde. Dort wird die Idee konkret und Laura wird geboren. Ideelles bekommt eine materielle Form – Laura bekommt einen Körper.

Zeigt Lynch in dieser Szene seine Vorstellung davon, was einen kreativen Schöpfungsprozess ausmacht? Den Prozess, den er selbst durchläuft, wenn er eine Idee hat und sie künstlerisch erfassen möchte? Ja, es scheint, er reflektiert damit in seiner Kunst die Reflexion auf seine Kreativität, indem er seine Idee einer Idee in einer konkret gewordenen Idee abbildet. Der Reddit-User bikibird spitzt diese These in einer Diskussion darüber, ob Lynch selbst der Träumer ist, von dem er in seinen Werken so oft erzählt (→ Traum), geschickt zu und sagt: »I believe the white lodge is Lynch's skull. In the scene where the giant instructs Andy, we see two round windows above Andy. Those look like eye sockets to me. That would make The Fireman and Lady Dido Lynch's creative spirit.«

Oft weiß Lynch selbst nicht, woher er seine Ideen hat, die in diesen grotesken (→ Groteske) Ausprägungen seiner Kunst kulminieren. Und *gerade* weil er nicht weiß, woher er diese Ideen empfängt, geht Lynch so weit und behauptet: »I don't think I can take credit for anything I've ever done.« Es ist, als wäre eine andere Macht am Werk, die ihm diese Ideen zukommen lässt. Oder besser: die den Filter abmontiert hat zwischen Idee und Aufnahme der Idee und Lynch als geeignetes Medium erkannt hat, das dazu in der Lage ist, diese abstrakten Ideen in Kunst umzuwandeln. Wie fremdgesteuert. Der Mensch als kreatives Vehikel. Der Mensch, der ein Medium ist, das zwischen Idee und künstlerischer Ausprägung vermittelt. (→ Körper) Der Mensch, der nicht über sich verfügt, da es die Idee ist, die eine aktive Bewegung vollzieht, indem sie sich von selbst zeigt. Ideen, die dem Menschen geschenkt werden. Wie Lynch, der intuitiv arbeitet und der daher geeigneter ist als andere, durch sich selbst diese Ideen fließen zu lassen, die sich dann von selbst zusammenfügen: Geschichten erzählen sich, Bilder zeigen sich – »[t]hey just come into your head and it's like Christmas morning.« Weil er sich selbst als Beschenkten wahrnimmt, empfindet er es als vermessen, von Verdienst zu sprechen, wenn es um das Schaffen von Kunst geht: Dafür, dass er mit Ideen beschenkt wird und den kreativen Prozess lediglich begleitet, möchte er nicht belohnt werden.

Lynch spricht von Geschenken, wenn er von Ideen redet. Und er spricht von Funken, wenn er konkrete Beispiele nennt, wie er Ideen in Kunst umgewandelt hat. Zum Beispiel die filmische Idee als solche, von der er ganz allgemein sagt: »When I catch an idea for a film, I fall in love with the way cinema can express it. I like a story that holds abstractions, and that's what cinema can do.« Ein Film kommt zustande, indem Lynch nach vielen dieser Funken Ausschau hält.

Ein Film ist nicht die künstlerische Abbildung von nur einer Idee. Initial kann zu Beginn zwar eine besondere Idee stehen – einer dieser großen Fische. Doch aus dieser Idee müssen mehrere werden, damit ein Film daraus entstehen kann. Ein Film, der Ereignisse so abbilden kann, wie wir sie erleben. Der auch abstrakt bleiben kann und sogar mehr ausdrücken kann als ein Buch. Aus einem Funken muss ein Funkenstoß werden. Ein Sprühfeuer aus vielen Ideen, denn ein Film entwickelt sich aus Fragmenten, die kleine funkelnde Ideen sind. Und jedes dieser Fragmente ist ein Puzzleteil, das die umliegenden Puzzleteile bereits in ihrer Form andeutet und sie dazu einlädt, anzudocken.

Im Trailer für seine Masterclass sagt Lynch, dass es siebzig Ideen für einen Langfilm benötigt. Siebzig Funken also. Doch wie kann man sich solche Funken bei Lynch vorstellen? Und wie zeigen sich diejenigen Ideen, die Initialzündungen für ganze Filme sind?

Bei *Blue Velvet* waren es die folgenden vier Ideen, die weitere Ideen anzogen und sich am Ende mit vielen Verästelungen zu einem Film verfugten:

1. Rote Lippen (→ Frau)
2. Grüner Rasen (→ Natur)
3. Der Song *Blue Velvet* (1963) von Bobby Vinton (→ Inspiration)
4. Ein abgetrenntes Ohr, das auf einem Feld liegt (→ Groteske)

»And that was it. You fall in love with the first idea, that little tiny piece. And once you've got it, the rest will come in time.« Aus dem Fragment der roten Lippen wurde ein Fragmentkonglomerat: Isabella Rossellini, die mit roten Lippen vor roten Vorhängen im blauen Scheinwerferlicht *Blue Velvet* singt. Aus ideellen Mosaikstücken formierte sich ein filmisches Mosaik. Auf eine funkelnde Idee folgte die nächste und aus sich ergänzenden Ideen entwickelte sich ein Film, der heute als ein Klassiker des Neo-Noir-Thriller-Genres und als einer der besten Filme von Lynch gilt.

Interessant ist auch die Geschichte, die sich hinter dem Filmtitel *Inland Empire* (2006) verbirgt – einem Film, der einer abstrakten Idee im Urzustand am nächsten kommt. Lynch erzählt, dass er sich einmal mit der Schauspielerin Laura Dern (→ Lynch-Mob) unterhielt – zu einem Zeitpunkt, als er selbst noch keinen Film plante. Sie erzählte ihm, dass ihr damaliger Ehemann, der Musiker Ben Harper, aus Inland Empire käme, der kalifornischen Metropolregion, die im Westen an Los Angeles grenzt. Als sie den Namen der Region erwähnte, platzte es aus Lynch heraus: »That is the title of this film.« Er wusste nichts über den Film, nur, dass er ihn *Inland Empire* nennen wollte.

Doch die Geschichte ist noch nicht zu Ende. Denn als Lynchs Bruder eines Tages das Blockhaus seiner Eltern in Montana auf Vordermann brachte, entdeckte er eine Collagensammlung hinter einer Kommode. Das kleine Buch gehörte Lynch. Er hatte sich darin ausgetobt, seit er fünf Jahre alt war und mit seiner Familie noch in Spokane, Washington, lebte. Als das Buch Jahre später also bei ihm ankam, schlug er es auf und das erste Bild, das er sah, war eine Luftaufnahme von Spokane. Und darunter stand: »Inland Empire«. Für Lynch war jetzt klar: »I figured I was on the right track.«

Dass er später an *Inland Empire* ohne detailliertes Skript arbeitete, zeigt, wie intuitiv Lynch zu arbeiten bereit ist. Er selbst beschreibt die Arbeit am Film als sehr viel anders als die an bisherigen Projekten. Er war flexibel. Schrieb den Film Szene für Szene – ohne wirklich eine Ahnung davon zu haben, wo die Reise hingeht und wo sie endet: »It was a risk, but I had this feeling that because all things are unified, this idea over here would somehow relate to that idea over there. And I was working with a very great company, StudioCanal in France, who believed in me—enough to let me find my way.«

Aus Fragmenten entstand auch die Idee des Red Rooms, der in der Serie *Twin Peaks* (1990–1991, 2017) eine zentrale Rolle spielt und einen mysteriösen, jenseitigen Ort darstellt. Diese Fragmente, in die sich Lynch verliebte, waren die Initialzündung für diesen höchst seltsamen Raum, in dem es einen rückwärts sprechenden Zwerg, Riesen und böse Geister gibt (→ BOB). Die Idee war es in diesem Fall selbst, die ihn dazu anwies, einen roten Raum zu bauen. Lynch dachte nach – und hielt dann inne: »›Wait a minute‹, you say, ›the walls are red, but they're not hard walls.‹« Er dachte weiter nach. Über diese Vorhänge, die undurchsichtig sind, aber doch durchscheinend. Er hängte also die Vorhänge auf. Ließ Licht durchscheinen. Doch das war es noch nicht. Es fehlte etwas: »But the floor … it needs something.« Und Lynch ging also zurück zur Idee und fand dort den schwarz-weiß gemusterten Boden bereits vor, den wir aus der Serie kennen – alles war schon da, er musste es sich nur nehmen.

Um die eingangs beschriebene Kontroverse aufzugreifen: Lynchs Überzeugung einer kreativen Eingebung, deren Ursprung sowohl im Inneren liegt als auch transzendental angesiedelt ist, hat eine Färbung, die sich in einem Graubereich zwischen Esoterik und eigenwilligem Theoriemodell bewegt. Dieser Bereich fügt sich ins Bild der Transzendentalen Meditation, über die er sagt: »When you meditate, that flow increases. Action and reaction go faster. You'll get an idea here, then you'll go there, and then there. It's like an improvisational dance. You'll just be zipping along; you'll be banging on all eight cylinders.«

Dass Lynch sich als Vermittler einer Idee an die Welt versteht, passt ins Bild, insofern er sich als ein Werkzeug versteht, das in einem großen, transzendentalen Plan Anwendung findet: »Mother Nature is very, very happy when people stop suffering and move things forward in a beautiful way […] I'm just the messenger.« Ob Lynch das ernst meint und wirklich das aus seiner Sicht Gute in der Welt verbreiten will oder ob er hier einen Marketingplan verfolgt, um mit der Marke der Transzendentalen Meditation wirtschaftlichen Gewinn zu erzielen, lässt sich nicht eindeutig beantworten. Womöglich ist es eine Mischung aus beidem.

Mit der Meditation, so sagt Lynch, gelingt es ihm, die Intuitionen und Assoziationen aufrechtzuerhalten und zu forcieren, die es ihm ermöglichen, die Ideen in einer adäquaten Form abbilden zu können. Dabei ist der zentrale Punkt, dass alles Kreative von innen kommt. Die Idee hat im Innersten seinen Anfang, um zunächst wachsen und schließlich an die Oberfläche gelangen zu können. Auf diese Weise kommt dasjenige zum Vorschein, was das Beste im Innersten zum Ausdruck bringt.

Kontrast

»Ich erkannte, dass man bei genauerem Hinsehen unter dieser Idylle *immer* rote Ameisen entdeckt. Weil ich in einer heilen Welt aufwuchs, empfand ich das andere als Kontrast.«

David Lynch

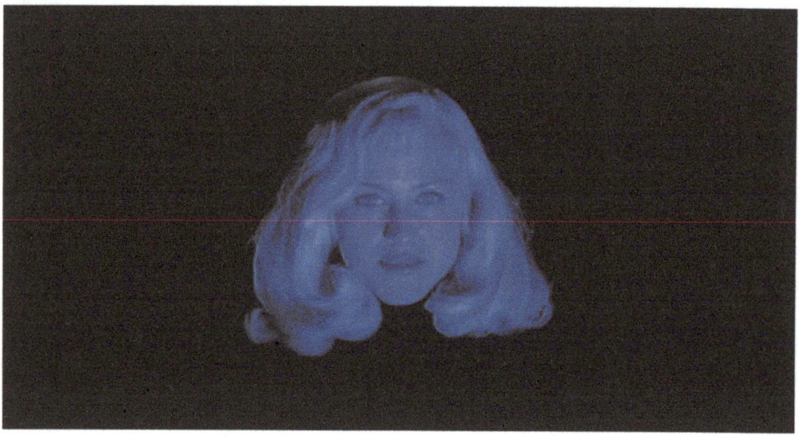

Fragen der Ästhetik zu stellen, bedeutet, Fragen nach der eigenen Wahrnehmung zu stellen.[35] Und beim Wahrnehmen geht es auch immer um das sinnliche Anschauen – um das, was uns berührt und was unsere Sinne an uns vermittelt, wenn wir zum Beispiel Kunst wahrnehmen. Lynch sagt, dass der verstärkte Kontrast in der Kunst diese erst ansprechend macht und arbeitet daher oft mit starken Gegensätzen. Er bildet Gegensätze gar stärker ab, als sie in der Realität vorzufinden sind: »I think in a film, white gets a little whiter, and black gets a little bit blacker, for the sake of the story.« Wie sich solche Gegensätze bei Lynch zeigen und welche Wirkung sie entfalten, wollen wir uns im Folgenden ansehen.

Für sich genommen ist es nichts Besonderes, dass sich Filme oder Gemälde durch Kontraste auszeichnen, denn Kontraste sind essenzieller und häufiger Bestandteil von Kunst. Beispielsweise zählt der deutsche Musiker Till Lindemann (Sänger der Band *Rammstein*) in seinem Lied *Frau und Mann* (2019) auf: »Schwarz und weiß; kalt und heiß; arm und reich; hart und weich; kurz und lang«. Und nicht selten personifiziert eine Figur einen dieser Gegensätze und wird ihrem Konterpart direkt gegenübergestellt: Im Film *The Exorcist* (1973) kämpft Pater Lankester Merrin mit Kreuz und Weihwasser gegen den höllischen Dämon Pazuzu, der in das unschuldige Mädchen Regan MacNeil gefahren ist. Oder der niederländische Maler Hieronymus Bosch (1450–1516), der in seinem *Weltgerichtstriptychon* mystische Wesen und entstellte Körper aus der Hölle malt und dergegenüber das Paradies mit der Erschaffung von Adam und Eva entwirft. Auch zu sehen auf den beeindruckenden Fresken in der Cappella degli Scrovegni im italienischen Padua, auf denen der italienische Maler Giotto di Bondone (1267–1337) Himmel und Hölle gegenüberstellt.

In der Verfilmung von Truman Capotes auf Tatsachen basierendem Roman, *Cold Blood* (1967; einem der ersten Filme aus der New Hollywood-Ära) sagt Perry Smith, der mit seinem Partner in Crime Richard Hickock kaltblütig eine vierköpfige Familie ermordet hat: »I hate him. And I love him.« Er spricht von seinem Vater, an den er sich in der Stunde vor seiner Hinrichtung erinnert. Von seinem Vater, der ihn als Kind umbringen wollte, weil er ihm die Schuld daran gab, dass sein Traum, ein Hotel zu führen, nicht in Erfüllung ging. Und obwohl der Vater ihn umbringen wollte, hasst ihn Perry Smith nicht nur, sondern liebt

35 Der Begriff Ästhetik lässt sich herleiten vom altgriechischen Wort *aisthēsis*, das Wahrnehmung bedeutet.

ihn auch. Er tut beides und vereint einen Kontrast in sich, der widersprüchlich erscheint. Smith wird von Robert Blake (1933–2023) gespielt, der in Lynchs *Lost Highway* (1997) die Figur des Mystery Man verkörpert und 2002 selbst wegen Mordes an seiner zweiten Ehefrau angeklagt wurde.

Der Mystery Man wiederum ist eine eindeutig böse Figur. Er symbolisiert das Böse, so wie die engelsgleiche gute Fee in *Wild at Heart* (1990), die Sailor Ripley den Rat gibt, die Liebe nicht aufzugeben, das Gute symbolisiert. Sie personifizieren Kontrastpunkte, die einander gegenüberstehen: Ordnung und Chaos. Schwarz und Weiß. Das Schöne und das Hässliche. Leben und Tod. Unschuld und Verdammnis. All das sind Kontraste, die, wie Lynch selbst sagt, die Essenzen von Kunst überhaupt sind: »That's part of the beauty of it, that contrast, the power of it. Maybe it would be very beautiful to have a character that had an equal mixture of both. Where the forces were fighting equally. But maybe they would just stand still.« Lynch spricht von Kräften, die gegeneinander kämpfen – und das oft sogar im selben Körper tun. Mit diesem Gedanken lässt sich das verbinden, was die Journalistin Kristine McKenna, neben Lynch selbst die Verfasserin seiner (Auto-)Biografie *Room to Dream* (2018), schreibt: »We live in a realm of opposites, a place where good and evil, spirit and matter, faith and reason, innocent love and carnal lust, exist side by side in an uneasy trust; Lynchs work resides in the complicated zone where the beautiful and the damned collide.« Auch ihr ist klar, dass Kontraste eine elementare Funktion bei Lynch haben und sie erhebt den Kontrast zum stilbildenden Element und zugleich zum Ursprung seiner Kunst: Glaube und Vernunft, Materie und Geist – all das existiert bei Lynch nebeneinander und das ist das Irritierende an seinem Werk.

Natürlich lassen sich Kontraste auch durch Farben darstellen. Doch diese verwendet Lynch in seinen Bildern oft nur sparsam. Der Grund ist: Für ihn sind Farben zu echt und zu einschränkend. Denn wenn er malt, dann ist das, als befände er sich weiterhin in einem Traum oder in Trance. Und Farben hätten wenig Traumhaftes an sich – sie sind zu echt, um aus einem Traum stammen zu können: »Je mehr schwarz man zu einer Farbe mischt, um so mehr Traumqualität bekommt sie.« (→ Traum)

Und wenn Lynch doch Farben verwendet, dann als starken Kontrast zu den übrigen Färbungen des Bildes, indem also ein Kontrast zwischen Farbe, dem Schwarz und dem Weiß entsteht. Ein gutes Beispiel dafür ist seine Lithografie

The Paris Suite, XII (2007). Darin arbeitet Lynch kräftige schwarze Linien und gestrichelte Muster mit weißen Leerräumen auf einem tiefroten Hintergrund aus. Die schwarz-weißen Formen grenzen sich klar ab vom Rot dahinter. Es gibt keine Abstufungen, keine Übergänge – die abstrakten schwarz-weißen Körper sind durch die starke Farbe im Hintergrund klar voneinander getrennt.

In denjenigen seiner Lithografien, die in Schwarz und Weiß gehalten sind, verstärkt diese Darstellung auf stilistische Weise den Kontrast, den die Bilder inhaltlich bereits in sich tragen. In *I See Myself* (2007) etwa, das einen schwebenden schwarzen Körper zeigt, der vor weißem, leicht ausgebleichtem Hintergrund von schwarz-weiß-vermischten Auswüchsen berührt wird, die aus dem Boden ragen. Diese Darstellung erinnert an eine außerkörperliche Erfahrung, die etwa Nahtodpatienten schildern. Der verlassene Körper ist am unteren Rand der Lithografie schemenhaft als leerer, weißer Körper zu erkennen. Die Szenerie des Sich-selbst-Sehens lässt Lynch auf einer Art Theaterbühne stattfinden: schwarze Vorhänge an den Rändern links und rechts. Auf diese Weise kontrastiert Lynch Eigen- und Fremdwahrnehmung, gibt dem Gedankenspiel eine Bühne, unterstreicht diesen Kontrast durch die Limitierung auf das Schwarz und das Weiß – und man könnte sagen: Weil Lynch sich in dieser Lithografie selbst zeichnet, wie er sich selbst wahrnimmt, nimmt er sich performativ wahr, wie er sich wahrnimmt. Durch diese Betrachtung erhält das Bild sowohl einen Bezug zum Künstler als auch einen Bezug zu sich selbst und es entsteht ein Kontrast in dreifacher Form: Erstens, der Kontrast zwischen dem Betrachter des Bildes und dem Betrachter des verlassenen Selbst im Bild. Zweitens, der Kontrast zwischen dem Betrachter des verlassenen Selbst und dem verlassenen Selbst. Und drittens, der Kontrast zwischen dem Betrachter des Bildes und dem verlassenen Selbst. Ein kontrastreiches Wechselspiel aus dem Schwarz und dem Weiß auf dem Bild und dem Blick des Künstlers aus der Lebenswelt auf das Bild.

Auch gegensätzliche Darstellungen von Mensch und Technik findet man bei Lynch, indem organische Körper artifiziellen Körpern gegenübergestellt werden. In *Man And Machine* (2009) zeigt Lynch Mann und Maschine in Schwarz vor weißem Hintergrund. Die Maschine erhält eine monolithische Form mit klaren und scharf gezeichneten Kanten. Sie scheint dem Mann Lebenskraft auszusaugen, denn die Konturen des Körpers des Mannes sind verwischt und die Figur des Mannes selbst mit drei schwarzen Fäden mit der Maschine verbunden.

Organisches und Anorganisches, das im Kontrast zueinander steht und ineinander übergeht. In *Factory At Night With Nude* (2007) steht eine nackte Figur, die Lynch fast komplett vor dem schwarz schraffierten Hintergrund ausgespart – sie ist demnach weiß. Im Hintergrund steht ein quadratischer Block mit 16 ausgesparten Kacheln: eine Fabrik mit 16 Fenstern. So wie es aus ihr dampft und raucht, steht sie im starken Kontrast zur nackten Figur, die, als Variation der Natur selbst, ungeschützt den Abgasen der Fabrik ausgesetzt ist. Natur und Unnatürliches, das sich kontrastiert, wobei das Unnatürliche mit Schadstoffen auf das Natürliche einwirkt.

Lynchs Faszination für die Industrie zeigt sich genau in diesen Momenten. Und er selbst erklärt auch, woher diese Faszination kommt: »Als Kind haben mich Fabriken ungeheuer beeindruckt. Da ich im Nordwesten aufwuchs, hatte ich noch keine Großstadt gesehen. Als ich zum ersten Mal nach New York kam, war der Kontrast so groß, daß ich von da an jedesmal, wenn ich in die Nähe einer Stadt kam, einen Stromstoß verspürte. Das Leben ist eine Sache von Kontrasten. Wenn mitten im Getöse eine Bombe explodiert, berührt es einen kaum. Herrscht jedoch Stille, wenn die Bombe explodiert, ist man zutiefst ergriffen. Daher meine Haßliebe zur Stadt.« (→ Berufung)

Diese Fabriken in Lynchs Kunst, die pechschwarzen Schlote, die aufgewandte Energie – auch die trostlosen Industriegebäude in *Eraserhead* (1977) erinnern an das Bauhaus, dessen Form seiner Funktion folgt. Ein Baustil, der sich in einer Schlichtheit zeigte, die Bauhaus-Gründer Walter Gropius (1883–1969) in der Schnittstelle zwischen Kunst und Handwerk verortete. Lynch sagt: »Das Bauhaus: die strenge Form. Ich mag graue Räume mit nichts als ein oder zwei Möbelstücken, gerade so viel, daß sich jemand hinsetzen kann. Und wenn der Betreffende dann dasitzt, nimmt man den Kontrast wahr, plötzlich wird der Raum schön und der Mensch interessant.« (→ Design) Seine Beschreibung des Kontrasts zwischen leerem Raum und funktionsfähigen Objekten, die mit Subjekten interagieren, erinnert an sein Mixed-Media-Gemälde *Cardboard »T«* (späte 1980er Jahre), wenngleich hierauf keine Figur abgebildet ist.

Auf einer Fläche von 76,5 x 71 Zentimetern füllt Lynch hier gut 90 Prozent mit tiefem Schwarz aus. Wie dunkler Beton sieht das aus, der kein Licht durchlässt, es nicht reflektiert. Nur in der Mitte des Bildes liegt ein orangener Karton mit schwarzen Punkten und einem dünnen Stock darauf. Der Kontrast, der hier gezeigt wird, ist der zwischen Nutzen und Unnützem, zwischen sinnvoll verwendetem Raum und Leerraum; zwischen Funktion und bloßer Anschauung, die sich auch im Bauhaus finden lassen: der Karton, der sich im leeren Raum befindet, und der Raum, der überwunden werden muss, um zum Karton zu gelangen, in dem Material sinnvoll gelagert werden kann und nicht nur frei herumsteht. Der Karton, der seinen ästhetischen Wert erst dadurch erhält, dass er nicht eingekesselt ist von anderen Kartons, sondern allein auf weiter Flur steht.

Die verschiedenen Gestaltungsformen in der Architektur und das in ihr schlummernde Potenzial, Kontraste abzubilden, nutzte Lynch auch bei der Ausarbeitung des Setdesigns für seinen Film *Dune* (1984): Um die Naturzustände und klimatischen Umstände der verschiedenen Planeten abzubilden, war ein adäquates und kontrastreiches Design der Fahrzeuge und Gebäude darauf essenziell – Lynch beschreibt das Konzept folgendermaßen: »Caladan, der Wasserplanet, unterhält große Wälder, deshalb bestand das gesamte Atreiden-Schloß aus Holz mit merkwürdigen Schnitzereien. Und die militärisch organisierte Gesellschaft verwendet Waffen aus Holz und Metall. Arrakis dagegen ist ein trockener Planet, deshalb dachten wir uns allerlei Wüstenausrüstungsgegenstände aus. Mein persönlicher Favorit war Giedi Prime, der Ölplanet. Für ihn verwendeten wir Stahl, Bolzen und Porzellan. Viele Schauplätze beschreibt Frank [Herbert] schon im Roman, trotzdem hatten wir großen Gestaltungsspielraum. Wir entwickelten für jeden Planeten ein Konzept, und jedes Bauwerk folgte diesem Konzept.«

Besonders interessant wird es bei Lynch aber dann, wenn sich Kontraste nicht bloß gegenüberstehen, sondern im Verbund als Eigenschaften eines Subjekts oder eines Objekts fungieren. Figuren etwa, in deren Brust zwei Seelen wohnen wie eben in der Figur des Perry Smith, der seinen Vater zugleich hasst und liebt: Der getriebene Leland Palmer aus *Twin Peaks*zum Beispiel, der zugleich fürsorglicher Familienvater ist, aber auch BOB, das ultimativ Böse, in sich trägt, das dafür verantwortlich ist, dass er seine Tochter vergewaltigt und tötet. (→ BOB)

David Foster Wallace hat in seinem Essay *David Lynch bewahrt kühlen Kopf* (1996) eine These aufgestellt, die paraphrasiert lautet: Das Unheimliche bei lynchesken Figuren zeichnet sich dadurch aus, dass sie moralische Ambivalenz in sich beheimaten. So lässt sich erklären, warum uns diese Figuren oft so unheimlich erscheinen: Sie sind ambivalent und erinnern uns deshalb an uns selbst, denn auch wir sind ambivalente Wesen. Weil die Figuren ambivalent sind, verstehen wir sie nicht, und so erinnern sie uns daran, dass wir uns selbst nicht verstehen und das macht uns Angst.

Veranschaulichen lässt sich diese Ambivalenz zum Beispiel mittels der Figur der Woman in the Radiator in Lynchs Film *Eraserhead* (1977), die darin den Song *In Heaven* singt, nachdem die Henry Spencer sein Baby getötet hat. Unter spieluhrartigen Klängen trällert sie, dass nach dem Tod alles gut sein wird. Sie ist in Weiß gekleidet, ihre Haare sind hellblond, sie lächelt – das Einzige, das seltsam erscheint, sind ihre Backen, auf denen flockige Geschwülste wuchern. Bösartiges, das auf ihrer anmutigen Hülle ihr Unwesen treibt. »In heaven everything is fine«, singt sie und es gibt Theorien darüber, dass sie eine Manifestation von Henrys Unterbewusstsein ist, das ihn zum Kindsmord getrieben hat und ihm jetzt einredet, richtig gehandelt zu haben, da er nun keine Angst vor dem Baby mehr haben muss. Diese Manifestation ist manipulativ und zugleich zuträglich. Sie ist schön und hässlich. In ihr vereint sich Engelhaftes und Dämonisches. Lynch geht es bei dieser Darstellung um das Folgende:

> »Man braucht den Kontrast. Ein Film muß Power haben. Die Macht des Guten gegen die Macht der Finsternis, damit man Spannung erzeugt und etwas bewegt. Wenn man vor diesen Sachen zurückschreckt, erhält man sofort lauwarme Kacke.«

Foster Wallace erkannte eine solche Erschütterung in einer Szene aus *Blue Velvet* (1986): Als Jeffrey Beaumont (Kyle MacLachlan) im Auto des Gangsters Frank Booth (Dennis Hopper) sitzt, sagt ihm dieser, dass Jeffrey so wie er sei – ein Gangster. Der Subtext dieser Szene lautet: Jeffrey weiß, dass Dunkles auch in ihm steckt. Er weiß das, doch er will nicht, dass andere es wissen – und möglicherweise will er es sich selbst auch nicht eingestehen. Er selbst hat Dorothy Vallens (Isabella Rossellini), die von Frank tyrannisiert wird, während eines sexuellen Akts Gewalt angetan. Und als Frank sagt, dass Jeffrey wie er sei, fühlt er sich ertappt. Er fühlt sich unwohl, denn eine finstere Seite seines Charakters ist an die Oberfläche gelangt. Er wurde entlarvt und in der Folge kommt das Böse erneut an die Oberfläche: Jeffrey schlägt Frank ins Gesicht und zeigt auf diese Weise performativ, dass Böses in ihm steckt. Der Schlag ist die Erlösung durch Gewalt, schreibt Foster Wallace. Ein unmittelbarer Ausdruck, ähnlich wie die markerschütternden Schreie von Laura Palmer in *Twin Peaks* – ein Ausdruck puristischen Formats.

Im Expressionismus fungiert die Natur als Spiegel der eigenen Gefühlswelt: Das Außen repräsentiert das Innen. In existenziellen Momenten drückt sich die Natur durch den Menschen selbst aus. Durch den Schrei etwa, der diese reine Form besitzt. *Der Schrei* (1893–1910)[36] des norwegischen Malers Edvard Munch, der als Geburt des Expressionismus in der Kunst gilt, ist hier eines der geeignetsten Beispiele: Die bleiche Figur, die den Mund weit aufreißt und die Hände am Kopf zusammenschlägt, hat etwas Animalisches an sich, das in der Natur seinen Platz hat, in den meisten menschlichen Gesellschaften aber unterdrückt wird. Dieser Umstand resultiert darin, dass sich der Unmut, der sich nicht entladen kann, unter der Oberfläche sammelt, zu brodeln beginnt und sich am Ende als das Böse in der Welt manifestiert. Ein Kontrast entsteht, der sich in *Twin Peaks* einerseits durch die idyllische Landschaft zeigt – die pure Schönheit. Auf der anderen Seite stehen die Korruption und das Böse, das durch Lebewesen der Nacht wie der Eule angezeigt wird oder durch die Menschen, die einander Leid zufügen.

In *Twin Peaks* gibt es als Kontrast die Schwarze und die Weiße Hütte, es gibt gute und böse Geister – einerseits Mike und andererseits BOB. Leben und Tod begegnen einander, sie stehen im Kontrast, doch sie überlappen sich auch und die Ästhetik der Ambivalenz zeigt sich durch Kontraste, die miteinander verschränkt sind und ineinander übergehen. Und nicht nur in *Twin Peaks* erforscht Lynch Zwischenzustände dieser Art: der Prozess des Sterbens, und was er ästhetisch bedeutet, interessierte Lynch schon, als er noch in Philadelphia studierte. Als ihn sein Vater Donald Lynch dort besuchte, zeigte David ihm seinen Keller, in dem er relativ kontrolliert Pflanzen, Mäuse und Vögel hatte verrotten lassen. Warum er das tat? Er wollte die verschiedenen Stadien des organischen Zerfalls beobachten. (→ Natur und → Tier) Sehen, wie sich tote Lebewesen im Tod noch verändern.

Doch die Reaktion seines Vaters auf diese Experimente war für Lynch niederschmetternd: »Dave, you should never have children!« Nein, er verstand es nicht. Donald Lynch, der als Agrarwissenschaftler selbst mit Baumverfall experimen-

---

36 Munch malte vier Gemälde und eine Lithografie, die alle denselben Titel tragen.

tierte, glaubte, sein Sohn brauche psychologische Hilfe. Doch warum verstand er es nicht, wenn er doch selbst ein Mann vom Fach war, wusste, wie sich organischer Verfall äußerte und dass das ein völlig natürlicher Prozess war? Warum sah er nicht, dass im Sterbenden auch etwas Schönes lag? Ja, vielleicht war es noch verborgen – aber es war da!

Das Missverständnis der beiden beruhte darauf, dass der Vater das Verrottete sah, der Sohn dagegen das Verrottende. Sein Vater sah nur den Endzustand und nicht, dass es aus ästhetischer Sicht noch etwas zwischen dem Leben und dem Tod gibt. Er sah nicht, dass sich die kontrastierenden Pole überlappen können und in dieser Überlappung etwas Schönes liegt. Denn im Unterschied zum Verrottenden hat das Verrottete gar keine Chance, sich zu verändern und etwas Schönes zu werden.

Zum Phänomen verrottender Körper sagt Lynch selbst: »There's a texture to a rotting body that is unbelievable. Have you ever seen a little rotted animal? I love looking at those things, just as much as I like to look at a close-up of some tree bark, or a small bug, or a cup of coffee, or a piece of pie. You get in close and the textures are wonderful.« Und auch in seinem Kurzfilm *Ant Head* (2018) berührt Lynch diesen Prozess, indem er Ameisen auf einem bleichen Gesicht herumwuseln lässt. Die Ameisen scheinen aus dem Inneren des Schädels zu kommen und innerhalb nur weniger Sekunden wird er komplett von den Insekten eingenommen. Dieser Vorgang lässt sich als eine Geschichte lesen, die Lynch so ähnlich auch in *Twin Peaks* erzählt: Etwas ist im Inneren verfault. Korrumpiert. Und sobald dieses Verfaulte an die Oberfläche gelangt, zeigt sich Lynchs Ästhetik des Hässlichen und schockiert das Publikum – niemand hat geahnt, dass die beliebte High-School-Schülerin Laura Palmer auch eine drogenabhängige Prostituierte ist.

Es gibt nicht entweder den Tod oder das Leben – es gibt beides. Lynch akzeptiert das und bildet es in seiner Kunst ab. Er sieht das Verrottende, das sich in der Bewegung in den sterbenden Dingen lebendig zeigt. Er sieht nicht das Verrottete in den toten Dingen wie sein Vater und dadurch erkennt er das Schöne in ihnen. Für ihn ist die verwesende Maus etwas, das sich noch verändert und im Wandel ist und somit erkennt er das Schöne im Hässlichen. Er erkennt in ihrer Darstellung durch Kontraste deren Grundstruktur und erkennt, dass sie ineinander eingeschrieben sind – kodiert sind, wie Foster Wallace sagt. Lynch erkennt, dass Kontraste einander nicht nur gegenüberstehen, sondern sich berühren.

Was Lynchs Werk ausmacht, was er so gut kann wie kaum ein anderer Künstler? Er erkennt die eine Seite des Kontrasts in der anderen Seite des Kontrasts. So ist er dazu in der Lage, dem Verrottenden eine Bühne zu geben. Er gibt den Kranken und den Hässlichen die Möglichkeit, in den von ihm geschaffenen Bahnen zu laufen, und gibt ihnen auf diese Weise die Chance, das Schöne, das auch in ihnen steckt, zeigen zu können. Seine Figuren, die auch Menschen sein können, sind unschuldig und verdammt zugleich, wie Foster Wallace sagt. Er zeigt schonungslos und realistisch die hoch komplexe menschliche Natur, indem er Menschen zeigt, die sündigen und Opfer ihrer eigenen Sünden werden.

Dadurch, dass Lynch die menschliche Natur durch seine Figuren in all ihren Facetten abbildet, konfrontiert er uns mit unserer eigenen Natur. Und dabei handelt es sich um eine Natur, die wir selbst nicht verstehen. Lynch spricht in seiner Kunst die unerfüllte Sehnsucht vieler Menschen an, die ein tiefes Bedürfnis danach haben, sich selbst zu verstehen. Und dadurch, dass er die Sehnsucht unerfüllt lässt, spricht er auch unsere Ängste an: Der Mensch, der sich selbst nicht verstehen kann, es aber will, der bekommt es mit der Angst zu tun. Und wenn wir Lynchs Figuren sehen, dann erinnert uns das an uns selbst, denn auch sie verstehen wir nicht. Das Ergebnis: Auch vor diesen Figuren fürchten wir uns. Wir fürchten uns vor ihnen, weil wir uns vor uns selbst fürchten. Das Unbehagen, das wir in Lynchs Werk empfinden, rührt also von uns selbst her.

Groteske

»Quentin Tarantino interessiert sich dafür zu sehen, wie jemandem das Ohr abgeschnitten wird; David Lynch interessiert sich für das Ohr.«

DAVID FOSTER WALLACE

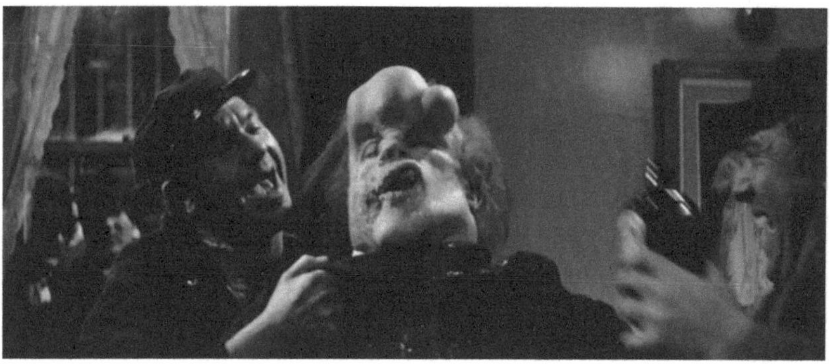

Lynchs Werk wird als geheimnisvoll, rätselhaft, mysteriös oder absurd beschrieben. Grund dafür ist seine Vorliebe für das Gegensätzliche, das er in seiner Kunst zu verschränken weiß – etwa das Hässliche im Schönen. (→ Kontrast) Das Lebendige, das sich im Tod zeigt, wenn organische Materie verwest und im Sterben seine Form wandelt. Seine Faszination für die Abgründe der Psyche – Identitäten, die sich vom Ich abspalten und auflösen. Unbewusstes, das bewusst wird. Fantastisches, das in die Realität eintaucht. Das Kafkaeske. (→ Inspiration) Das Traumhafte. (→ Traum)

Aufgrund dieser Eigenschaften liegt es auf der Hand, Lynchs Werk als surrealistisch zu charakterisieren – und das ist teils auch nachvollziehbar: Lynch verwehrt sich oft dem Logischen in seinem künstlerischen Werk und lässt so logische Erklärungen nur schwer zu. Er arbeitet assoziativ, was zu Dadaistischem führt – etwa in seinem und Angelo Badalamentis Song *A Meaningless Conversation* (2018), in dem die meiste Zeit und dem Titel entsprechend unverhohlen Nonsense gebrabbelt wird. (→ Sprache)

Doch im Gegensatz zu surrealistischen Künstlern wie dem französischen Dichter André Breton (1896–1966) oder dem mexikanisch-spanischen Filmemacher Luis Buñuel (1900–1983) verfolgt Lynch keine politische Agenda und schert sich beispielsweise wenig um eine Kritik am Christentum oder an der Bourgeoisie. Zwar lässt er in seiner Kunst gelegentlich durchscheinen – etwa in *Mulholland Drive* (2001) oder *Inland Empire* (2006) –, dass er vom ausbeuterischen und teils menschenverachtenden System Hollywood nicht viel hält und die Traumfabrik aus seiner Sicht eher eine Alptraumfabrik ist. Doch als explizite Systemkritik lässt sich das schwerlich werten, zumal Lynch selbst Teil davon ist und außerdem sein Ausdrücken in der Kunst als absichtslos beschreibt (→ Idee): »I just love the idea. I want to realise them because I'm in love with them.« Aus diesem Grund ist es im Übrigen auch falsch, Lynch uneingeschränkt als avantgardistischen Künstler zu bezeichnen, denn solche besitzen meist ein politisches Motiv.

Nun lässt sich gewiss streiten, ob er das ernst meint. Und ob nicht immer irgendeine Überzeugung mitschwingt, wenn ein Künstler sich auf irgendeine Art mitteilt. Fest steht allerdings auch, dass es neben dem Surrealen noch andere Begriffe gibt, die Lynchs absurdes, mysteriöses, rätselhaftes und geheimnisvolles Werk adäquat charakterisieren können. Der Begriff der Groteske zum Beispiel, der als künstlerische Eigenschaft zwar eine Gattung in der bildenden Kunst bezeichnet, im Gegensatz zum Surrealen aber keine eigene geistige Strömung in der Kunst repräsentiert.

Der Begriff Groteske ist je nach Form der Kunst und je nach Epoche seit jeher unterschiedlich verwendet worden und lässt sich vom italienischen Wort »grotta« herleiten, das Höhle bedeutet. Der deutsche Literaturwissenschaftler Wolfgang Kayser etwa wertete 1957 die groteske Ausdrucksform als eine Reaktion auf eine Welt, die als chaotisch wahrgenommen wird. Reaktionen in Form eines befreienden Lachens gegenüber jeder Form von Unterdrückung und Einschüchterung zum Beispiel. Der russische Literaturhistoriker Michail Bachtin legte den Schwerpunkt seiner Reflexionen über das Groteske auf die Darstellung von Körpern in der bildenden Kunst. (→ Körper) Er untersuchte darin ihre Möglichkeiten der Entstellung und inwiefern diese Deformierung als grotesk gelten kann. Dafür arbeitete sich Bachtin vor allem am Romanzyklus *Gargantua und Pantagruel* (1532) des französischen Universalgelehrten François Rabelais ab und verglich das Groteske in Rabelais' Werk mit dem Karnevalesken. Für ihn waren »Übertreibung, Hyperbolik, Übermaß und Überfluß [...] eines der wichtigsten Merkmale des grotesken Stils«. Bachtin griff das Phänomen der Masken auf, die er als erstarrte Gesichter beschrieb. Erstarrte Gesichter, denen die Lebhaftigkeit fehlt. Er kreiste in seinem Schreiben über Rabelais das Phänomen der Groteske ein, indem er ihm die Eigenschaften des Überdimensionierten und Fehlproportionierten zuwies. Grotesk sei das Verschlingen und das Auffressen. Es sind die aufgerissenen Münder und die Ausscheidungen, über die gelacht werde – Bachtin geht es um eine Körperlichkeit, die über die Grenzen des eigenen Körpers hinaus erfahrbar ist. Denn derartige Körper, die grotesk verzerrt sind, kennen wir zwar – allerdings nicht von uns selbst.

Auch Lynchs Werk weist karnevaleske Eigenschaften auf, die grotesk sind. Seine Lithografie *Laughing Woman* (2008) ist ein Paradebeispiel dafür, zeigt sich doch das Antlitz einer Frau, das eher einer Maske gleicht als dem Gesicht eines lebendigen Menschen aus Fleisch und Blut. Die Zähne, die aus dem Mund herausragen, lassen das Gesicht, das Lynch nur mit den Farben Schwarz und Weiß gemalt hat, zu einer grotesken Fratze verkommen.

Auch seine Lithografie *Woman with Memory of Doll* (2007) ist in schwarzweiß gehalten. Darauf zu sehen: eine Frau und eine kleine Puppe im Hintergrund. Beide haben fahle Gesichter. Die Haut ist weiß. Augen, Nasen, Münder sind tiefschwarz und deuten Abgründe an, deren Böden nur zu erahnen sind. In diesem Bild fällt es noch schwerer, diese Grimassen als Gesichter zu klassifizieren. Denn sie sind groteske Mienen, die zu keiner anderen Regung fähig sind als zum erstarrten Ausdruck: der zur Karikatur verkommene Mensch.

Für Bachtin ist das Groteske allerdings nicht nur Karikatur, die durch die Übertreibung und das Überschreiten von Grenzen entsteht. Das Groteske ist für ihn auch ein Über-sich-Hinausweisen. Indem er das Konzept der Groteske des deutsch-französischen Romanisten Heinrich Schneegans (1863–1914) kritisiert, erweitert er die Charakterisierung des Grotesken: »Noch weniger vermag er [d. i. Schneegans] zu verstehen, daß ein Gegenstand nicht nur seine quantitativen Grenzen übersteigen kann. Die dickbauchigen, zweileibigen grotesken Figuren sind ihm unbegreiflich. Er sieht nicht, daß in der grotesken, werdenden Welt andere Grenzen zwischen Dingen und Erscheinungen bestehen [...].«

Stichwort Zweileibigkeit. (→ Körper) Mit das Groteskeste, was Lynch in Filmform geschaffen hat, sind Aufnahmen, die er 2008 unter dem Titel *Early Experiments* veröffentlichte. Lynch verwendet hierzu Filmaufnahmen, die er im schmalen 16-mm-Format gedreht hat, das gemeinhin für Dokumentationen oder Low-Budget-Filme verwendet wird. Sie beinhalten Teile der Kurzfilme *The Alphabet* (1969) und *The Grandmother* (1970) und der Inhalt ist grotesk im Bachtin'schen Sinne: Gesichter, die durch kontrastreiches Schminken (→ Kontrast) maskenhafte Züge aufweisen. Ein Mädchen, das dem Wahnsinn verfällt und ihren Mund zu einem Lachen weit aufreißt. Ihrer Mimik haftet etwas Dämonisches an, sie erinnert an das besessene Mädchen Regan MacNeil in *The Exorzist* (1973). Ihre Haut ist weiß, ihr Mund blutverschmiert. Dadurch dass Lynch eine Symmetrieachse in der Mitte des Bildes anlegt, verändert sich die Erscheinung des Mädchens, das sich im Raum um diese Achse herum bewegt: Berührt sie diese, so verdoppelt sich ihr Körper bis zu dem Teil des Körpers, der noch nicht über die Achse gelangt ist. Körperteile vermischen sich, gehen ineinander über und deformieren so die Erscheinung des eigenen Körpers. Berührt sie sie nicht, so wird der Körper zwar nicht deformiert, jedoch vollends verdoppelt. Zwei Leiber, die sich gegenübersitzen und sich bis auf den letzten Zahn gleichen. Und stets besteht die Möglichkeit, dass sie einander verschlingen, sobald sich das Mädchen wieder über die Symmetrieachse bewegt.

Auch Lynchs Langfilme sind gespickt mit grotesken Spitzen, die sich in solchen von Bachtin als grotesk erfassten Überlappungen, Verzerrungen, Verschiebungen und karnevalesken Umkehrungen in der Darstellung von Körpern zeigen. Bei Lynch sind diese Eigenschaften allerdings nicht nur in Körperdarstellungen zu finden. Sie äußern sich auch in unkonventionellen Erzählstrukturen oder in auditiven Experimenten: rauschende, verschwimmende Geräuschkulissen, die er etwa gemeinsam mit dem Sounddesigner Alan Splet im Film *Eraserhead* (1977) zum Ausdruck brachte. (→ Lynch-Mob)

Lynch hinterlässt in all seinen Werken – sei es im Film, auf seinen Bildern oder in seiner Musik – stets den Eindruck einer sich möglicherweise auflösenden Ordnung. Das führt zu Gefühlen der Unsicherheit, denen die Gewissheit folgt, dass nichts gewiss ist – dass die Ordnung nur scheinbar ist und jederzeit in einem Chaos versinken kann, aus dem sie künstlich hergestellt wurde. Bestes Beispiel: die Figur Fred Madison im Film *Lost Highway* (1997), der nach dem Mord an seiner Frau eine dissoziative Störung entwickelt, seine Identität aufspaltet und auf diese Weise vor den Konsequenzen seiner Tat zu flüchten versucht. (→ Identität) In der letzten Szene des Films, als sich die Dissoziation selbst auflöst und er vor den Trümmern seiner Existenz steht, fährt er den Highway entlang – auf der Flucht vor der Polizei. Er sitzt hinterm Steuer und reißt seinen Kopf hin und her. Lynch lässt dazu den Song *Driver Down* (1997) von Trent Reznor laufen, während Madison zwischen zwei Identitäten hin und her irrt. Dieses Hin-und-Her-Reißen des Kopfes ist deshalb so grotesk, weil sich die beiden Identitäten (erneut) körperlich in einem einzigen Körper zeigen: Sie brechen aus, werden zurückgeholt, verschwimmen ineinander und vermischen sich mit dem schwarzen Nichts der Nacht, in der irgendwann nur noch die gelben Mittelstreifen des Highways zu sehen sind.

Der Song *Driver Down* geht dann in David Bowies *I'm Deranged* (1995) über und dieser Song steht dann symptomatisch für Madisons Zustand.[37] Er unterstreicht auch, warum die Szene so furchteinflößend wirkt: Hier wird ein Zustand eines Menschen beschrieben, der in seinem Leben eine fatale Entscheidung

---

37 Den Song *I'm Deranged* hat Lynch David Bowies Konzeptalbum *Outside* (1995) entnommen, das wiederum durch Lynchs Serie Twin Peaks inspiriert ist: Auch bei Bowie geht es um einen Ermittler, der den Mordfall an einem Mädchen in einer fiktiven amerikanischen Kleinstadt aufklären will.

getroffen und daraufhin eine existenzgefährdende Psychose entwickelt hat. Die Ordnung nach außen hin konnte Madison nach dem Mord nicht mehr wahren, weil in seinem Inneren das Chaos ausgebrochen war. Lynch lässt das Publikum dabei Zeuge sein. Er führt uns vor Augen, dass es oft nur minimale Verrückungen sind, die den Menschen in den Wahnsinn treiben.

Das Groteske kommt dann zum Vorschein, wenn der Mensch erkennen muss, dass das Vertraute nur Schein war, denn »das Groteske ist die entfremdete Welt« (Wolfgang Kayser, *Das Groteske in Malerei und Dichtung*). Heißt: Das, was wohlbekannt war, wird plötzlich fremd. Das Feld des Vertrauten wurde vom Fremden besetzt und kann folglich auch mit Gewalt nicht mehr als vertraut wahrgenommen werden. Ein Beispiel hierfür ist in Lynchs Werk die Hauptfigur seiner Serie *Twin Peaks*, FBI-Agent Dale Cooper, der in einer mysteriösen Parallelwelt die dunkle Variante seiner Selbst entfesselt. Ein abgrundtief böser Doppelgänger, der fortan in der echten Welt sein Unwesen treibt. (→ BOB) Hinter dem vertrauten Gesicht von Cooper verbirgt sich jetzt eine fremde Identität. Er ist seiner Form nach derselbe, doch seiner Identität nach ist er es nicht und das ist grotesk.

Oder die idyllische Vorstadt in *Blue Velvet* mit weiß umzäunten Gärten und perfekt gestutztem Rasen: Ein Paradies, das sich schlagartig in etwas Monströses verwandelt, als die Hauptfigur Jeffrey Beaumont ein abgeschnittenes Ohr findet. Er will das Mysterium eigenhändig aufklären und nur ein paar Straßen von seinem behüteten Elternhaus entfernt trifft er auf den psychopathischen Gangsterboss Frank Booth, der hinter roten Vorhängen Dorothy Vallens terrorisiert. Die heile Welt, die Fassade aus weißen Zäunen und gestutztem Rasen bricht mit diesem Wissen in sich zusammen. Grotesk, denn von außen sieht man das nicht. Die Welt entfremdet sich dem Menschen gegenüber, indem sie diese unfassbare Gewalt und das Böse im Vertrauten zum Ausdruck bringt. Indem es die Idylle als Schein entlarvt.

Oder der Junge im blau-gelb-gestreiften Poloshirt, der auf Lynchs gespachtelter, elektrifizierter, dreiteiliger Collage *Boy Lights Fire* (2010) mit seinen überdimensioniert langen Armen ein Streichholz anzündet und es bedrohlich nahe vor dem Miniaturhaus schwenkt. Vor dem Haus, aus dem eine Person mit entblößten Brüsten heraus stürmt, die allem Anschein nach seine Mutter ist: Wer ist diese riesenhafte Figur, die hier an der Erde selbst zündelt und so gar nichts mehr von dem kleinen Jungen an sich hat, der damals als die Unschuld in Person in ihren Armen lag, scheint sie sich zu fragen. Sie erkennt ihn nicht wieder, denn er tut etwas, das sie nicht nachvollziehen kann. Derjenige Mensch, in den sie in der Erziehung so vieles von sich hineinprojiziert hat, handelt ihr zuwider. Sie erkennt sich durch sein Handeln in ihm selbst nicht mehr wieder – und muss sie als grotesk empfinden. Lynch schirmt dieses Groteske von den Betrachtern ab, indem er die Collage in Holz rahmt und unter einer Glasscheibe präsentiert: als abgeschlossenes System, das distanziert ist von uns.

Lynch führt seinem Publikum in diesen Systemen, die auch filmisch sein können (das Glas des TV-Bildschirms oder die Leinwand im Kino erfüllt dieselbe Rolle wie die Glasscheibe auf der Collage), vor Augen, dass sich jede Verlässlichkeit der Welt zu jeder Zeit als Schein herausstellen kann. Er kreist damit um das Dilemma, dass wir dann nicht mehr in dieser Welt leben wollen, es aber müssen. Denn ist die Welt erst einmal entfremdet, gibt es kein zurück mehr. Ist die rote Pille erst geschluckt, bleibt die Welt grotesk. Und um das Phänomen auf eine höhere Ebene zu heben: Das Leben bleibt absurd und dem Menschen stehen die zwei Möglichkeiten offen, die der französische Schriftsteller Albert Camus in seinem Essay *Der Mythos des Sisyphos* (1942) beschrieben hat: den Selbstmord wählen – oder die Absurdität der Welt akzeptieren, in sich aufsaugen, immer wieder gegen sie rebellieren und in diesem niemals endenden Prozess zur Freiheit gelangen. Nur so ist der Mensch dazu in der Lage, sich sein Schicksal zu eigen zu machen – indem er sich traut, sich dem Absurden und auch dessen Ursache zu stellen: dem Tod.

Das Groteske in der Welt zeigt sich oftmals als dasjenige Böse, das an sich für viele unerträglich wäre. Man denke an den Film *Der große Diktator* (1940), in dem Regisseur und Hauptdarsteller Charlie Chaplin Adolf Hitler und das Dritte Reich parodierte. Chaplin konfrontierte durch exzentrische Gebärden und mit einem Spottbild der deutschen Sprache auf seinen Lippen sein Publikum mit dem Abgründigen, das von der deutschen Gesellschaft zu der Zeit verdrängt wurde, wie der Psychoanalytiker Erich Fromm sagte. Und er gab ihm durch den Film die Chance, sich mit dem Horror, den das NS-Regime hervorbrachte, auseinanderzusetzen. Auch Lynch übernimmt in seiner Kunst die Rolle des Vermittlers, des Wegweisers, der sein Publikum an den Abgrund führt und ihm die Chance gibt, nach unten zu blicken. Auch er hilft dem Menschen, sich mit den Gründen auseinanderzusetzen, warum manches im Leben grotesk und das Leben an sich absurd erscheint.

Mark Smith, ein ehemaliger Pfadfinderkumpane von Lynch, erinnert sich daran, wie er mit ihm in der fünften Klasse das *Mad*-Magazin gelesen hatte. *Mad* war eine berühmte Satirezeitschrift, die dem US-amerikanischen Zeitgeist bereits in den 1950ern nachspürte – dem Jahrzehnt, in dem Lynch Kind war und das für ihn in seinem künstlerischen Werdegang wohl am prägendsten war. (→ Berufung) In dem Magazin wurden bis zu seiner Einstellung im Jahr 2018 Phänomene auf satirische Weise verhandelt, die zur jeweiligen Zeit brisant waren. In den 1950ern also: Lederjacke und Röhrenjeans, Vietnam, Fast Food, Presley, Monroe, Dean, Eisenhower, die Bombe, Diner-Kultur, Psychoanalyse. Zeichner und Schreiber griffen mediale oder politische Phänomene auf, kommentierten sie in Comics, Parodien und Karikaturen. Auch das *Mad*-Magazin blickte in den Abgrund. Mittels überzeichneter Darstellungen lieferte es seiner Leserschaft eine ironisierte Projektionsfläche dafür, dass Fremdes im Vertrauten lauert. Dass im Guten auch Böses stecken kann und andersherum. Dass Vietnam kein Feldzug für den Frieden war, sondern auch eiskalte Machtpolitik. Dass der größte Popstar auf Erden, Elvis Presley, ein Drogenwrack war. Der berühmte US-amerikanische Filmkritiker Roger Ebert scheint stellvertretend für die frühe *Mad*-Generation, der Lynch und Smith angehörten, zu sprechen, wenn er sagt: »Mad's parodies made me aware of the machine inside the skin – of the way a movie might look original on the outside, while inside it was just recycling the same old dumb formulas.«

Lynch und Smith bereitete das Lesen des *Mad*-Magazins großes Vergnügen. Und als Smith Jahre später die erste Episode von *Twin Peaks* sah, musste er an diese gemeinsame Lektüre denken: »That same sense of humor.« Ein Humor, der nicht vorhersehbar ist und mit dem trügerischen Schein spielt. Ein Humor, der ironisch ist, die Konventionen in der Popkultur erkennt und mit ihnen bricht – *Twin Peaks* selbst ist in hohem Maße parodistisch. Zum Beispiel, wenn es Seifenopern vergangener Jahrzehnte aufs Korn nimmt oder auf eine dramatische Szene eine Musical-Passage folgt. In der bildenden Kunst spielt Lynch mit den Möglichkeiten, Körper in kreativen Entstellungen darzustellen. (→ Humor) Und in der Musik sind es die Genres, auf die sperrige Ausdrucksformen gepresst werden – etwa das dadaistische Gebrabbel in *A Meaningless Conversation*. Kurz, ein Humor, der grotesk ist.

Die Freiheit, die der Mensch nach Camus durch die Akzeptanz des Absurden und durch die ständige Revolte gegen das Absurde erlangen kann, kann sich auch in der Groteske selbst vergegenständlichen: »Grotesque ist eine Freyheit derer Mahler oder Bildhauer, etwas widersinniges und lächerliches, oder ungeschickte Bildungen von Thieren, Vögeln, halben Menschen, Waffen, Laubwerk und dergleichen künstlich durch einander geflochten vorzustellen.« (Johann Heinrich Zedler (Hg.): *Grosses vollständiges Universal-Lexicon Aller Wissenschafften und Künste*, Halle und Leipzig 1735, Bd. 11, Sp. 1083). Diese Künstler gehen den Weg des Sisyphos und sind so in der Lage, sich völlig frei und ohne einengende Konventionen in der Kunst auszudrücken. Sie verbinden Tiere mit Menschen und kreieren auf diese Weise scheinbar Widersprüchliches. Doch der Widerspruch löst sich in dem Moment auf, wenn das Widersprüchliche in der Kunst abgebildet ist. Wenn ein Mensch als Elefantenmensch bezeichnet wird, weil er durch physiognomische Deformierungen tierische und menschliche Ästhetik in sich vereint. Ein Widerspruch, der keiner mehr ist, weil seine Kontrastpartien auf demselben Blatt Papier versammelt und vereint worden sind. Und genau hier wird die Groteske geboren als etwas, das widersprüchlich sein sollte, es aber nicht ist.

Im Film *The Elephant Man* (1980) wird Lynchs Vision des Grotesken so eindeutig, plastisch und profiliert wie kaum in einem anderen Werk von ihm. Geschwollene Stirn, Haarbüschel, die vereinzelt an den Schläfen herabhängen, eine von Narben zerfurchte Gesichtshälfte, der immer offenstehende Mund, aus dem es röchelt und zischt – John Merrick (John Hurt) repräsentiert mit seinem deformierten Körper, mit seinem von Tumoren übersäten Rücken und unbrauchbaren rechten Arm nach außen all das, was eine Gesellschaft gemeinhin als abstoßend empfindet. (→ Körper)

Merrick – die Figur basiert auf der realen Person Joseph Merrick (1862–1890) – ist eine nach außen hin groteske Erscheinung, die so gar nicht zu den Idealen der englischen Gesellschaft der 1880er Jahre passt, in denen die Handlung des Films angesiedelt ist. Ein Ideal, das sich zu einer harten Kruste aus Konventionen ausgebildet hat, die Lynch hundert Jahre später aufbrechen will. *The Elephant Man*, der bei der Oscarverleihung 1981 in acht Kategorien nominiert wurde, zeigt eine Öffentlichkeit, die noch nicht dazu bereit war, einen Außenseiter in ihr soziales Gefüge zu integrieren – und das wirft die Frage auf: Ist eine Öffentlichkeit heute dazu bereit?

Sicher ist, dass es in jeder Gesellschaft Ausnahmen gibt: Menschen, die hinter die groteske Fassade blicken – es wagen, genauer hinzusehen. Im Film, der auf den Büchern *The Elephant Man and Other Reminiscences* (1923) von Frederick Treves (im Film gespielt von Anthony Hopkins) und *The Elephant Man: A Study in Human Dignity* (1971) von Ashley Montagu basiert, ist es eben Treves, der erkennt, dass von Merrick keine Gefahr ausgeht. Im Gegenteil: Merrick ist es, der sich fürchtet. Das Groteske ist auch deshalb grotesk, weil es die Realität verschleiert: Das groteske Äußere von Merrick macht es ihm unmöglich, seine wahren Absichten, die gut sind, nach außen zu tragen. Und nur diejenigen Menschen scheinen das zu begreifen, die das Groteske als solches erkannt, akzeptiert haben und ihr ins Gesicht blicken können.

Der groteske Merrick legt den gesellschaftlichen Missstand offen, dass Andersaussehende wie Aussätzige behandelt werden. Die Norm, wie jemand auszusehen hat, bildet sich immer wieder neu heraus, doch das Groteske hat darin keinen Platz. Es wird in den Karneval verbannt, in die Kunst. Erst durch diese künstlich hergestellten Glasscheiben vermag die Gesellschaft auf das Groteske zu blicken. Der Elefantenmenschen wird unmenschlich behandelt, weil das als Elefantenhafte beschriebene ihn als Mensch grotesk erscheinen lässt – menschlich und unmenschlich zugleich zu sein, das ist eine Bürde, mit der es sich schwer leben lässt in einer Gesellschaft voll von Menschen, die von sich selbst glauben, durch und durch menschlich zu sein.

Der Fall von Merrick, der im Inneren ein schönes Wesen besitzt und nach außen hin abstoßend ist, erinnert an eine Folge von Rod Serlings Mysteryserie *The Twilight Zone*: *Eye of the Beholder* (1959). An dieser Stelle also ein kurzer Exkurs in eine andere Dimension: Die Geschichte handelt von Janet Tyler (Maxine Stuart), die sich einer Schönheitsoperation unterzieht, um endlich normal auszusehen. Nach dem Eingriff ist ihr Gesicht mit Bandagen umwickelt. Die Krankenschwester, die man nur im Schatten herumhuschen sieht, ist nervös: Hat es dieses Mal geklappt? Der Arzt, auch sein Gesicht ist von der Dunkelheit verhüllt, stellt die Frage, warum das Ergebnis überhaupt eine Rolle spiele – warum werde Janet nach ihrem Äußeren bewertet? Die Krankenschwester ist schockiert: Fragen dieser Art werden in dieser Gesellschaft nicht toleriert.

Als der Arzt die Bandagen von Janets Gesicht abnimmt, verkündet er, dass die OP fehlgeschlagen ist: Janet sehe aus wie zuvor. Als die Kamera ihr Gesicht allerdings erfasst, eröffnet sich dem Publikum das Antlitz einer schönen Frau. Oder besser gesagt: einer Frau, deren Äußeres den bekannten Schönheitsidealen unserer Welt entspricht. Der Plottwist in dieser Geschichte offenbart sich, als die Gesichter der Krankenschwestern und des Arztes aus der Dunkelheit hervortreten: Sie sind deformiert, haben Augen, die tief eingesunken sind, dicke Augenbrauen, geschwollene Lippen, herabhängende Wangen und Nasen, die aussehen wie die von Schweinen. Ihr Äußeres mutet grotesk an, ist hässlich – aber nur aus Sicht eines Menschen, dessen Wahrnehmung von den Schönheitsidealen unserer Gesellschaft geprägt ist.

Für Janet hingegen gibt es im Staat der grotesken Gesichter keinen Platz. Stattdessen wird sie in ein Dorf geschickt, in dem es nur ihresgleichen gibt, denn aus der Sicht der Gesellschaft der Grotesken sind ihresgleichen die Hässlichen. Durch den Wechsel der Gesellschaft wird bewiesen, dass auch das Auge des Betrachters sich wechselt. Das alte Sprichwort scheint Realität zu werden: Schönheit liegt im Auge des Betrachters.

Die bitterböse Pointe von *Eye of the Beholder* ist, dass es in Wahrheit um etwas anderes geht: Die Mehrheitsgesellschaft gibt vor, was schön ist und was hässlich ist. Es ist die Norm, so deformiert auszusehen. Und deshalb möchte Janet auch so aussehen – das wird ihr von der Gesellschaft vorgegeben. Da die Operation aber fehlschlägt, kann sie nur in einer anderen Gesellschaft unterkommen, in der sie mit Gleichgesinnten lebt und keine Außenseiterin mehr ist. Hier das das scheinbar Abseitige die Norm. Allerdings müssen die Abnormen sich dazu den Blicken der Mehrheitsgesellschaft entziehen.

Das ist eine Erkenntnis, die auch *The Elephant Man* bringt. Doch Lynch geht einen Schritt weiter und hält eine optimistische Pointe bereit: Es gibt Menschen, die ihre Augen öffnen, obwohl es die Gesellschaft ihnen verbietet. Menschen wie Treves, der dem Abnormen ins Gesicht blickt, das Groteske akzeptiert und dadurch zulässt, dass Schönheit auch von Innen kommen kann und eben nicht nur durch Äußerlichkeiten geformt ist. Wer das Groteske versteht und annimmt, ist dazu in der Lage, das Auge des Betrachters zu wechseln. Und er erkennt die Gefahr, die von der blinden Akzeptanz solcher Normen ausgeht: Verrückt die Norm nur einen Millimeter vom bisherigen, ist man es womöglich selbst, der nicht mehr in die Norm fällt und plötzlich als hässlich gilt. Er sieht: Auch das Ideal, das Schönheit in einer Gesellschaft normiert, ist nur Schein.

Ordnung, Kategorien und somit unsere Orientierung in der Welt geraten bei der intensiven Betrachtung von Lynchs Werken ins Wanken. Es sind deformierte Körper wie der von Merrick, derangierte Psychen wie die von Madison oder Booth, die in die Idylle des Alltags hereinbrechen wie Naturkatastrophen. Sie rupfen die roten Rosen aus und reißen die weißen Gartenzäune ein, die dem Leben eine Ordnung zu verleihen scheinen. Bei Lynch gibt es Riesen und Zwerge. Es gibt zu Masken erstarrte Gesichter, Dämonen oder eben die Eule als das groteske Tier schlechthin (animalisches Wahrzeichen von *Twin Peaks* und dort ebenso Botschafter bösartiger Entitäten). Was Kayser für die Fledermaus als groteskem Tier niederschreibt, passt für die Eule genauso: ein »Tier der Dämmerung, mit lautlosem Flug, voll unheimlicher Sinnesschärfe und von unfehlbarer Sicherheit in seiner schnellen Bewegung«. Ein Tier, das in anderen, »dem Menschen unzugänglichen Ordnungen« lebt. Monstrositäten und Fratzen. Die »Fremdheit des ganz Anderen« und die »hintergründige Unheimlichkeit«, wie Kayser das Groteske beschreibt – all das findet man bei Lynch.

Lynchs groteske Darstellungen laufen oft auf den folgenden Punkt hinaus: Der Schein trügt. Lynch will die Konventionen aufreißen, die diesen Schein wahren. Er will sie aufbrechen wie eine Kruste auf der Haut – will sehen, was sich darunter verbirgt. Das Blut, das Fleisch. Auch dieses Aufbrechen ist grotesk, denn es bringt Dinge zum Vorschein, die in einer Gesellschaft als abstoßend empfunden werden, weil sie an die Grenzen der eigenen Existenz erinnern und zugleich das sind, was uns am Leben hält. Durch diese Praxis des Aufbrechens, des Zum-Vorschein-Bringens reagiert Lynch auf den Zeitgeist und begegnet kulturellen und gesellschaftlichen Phänomenen in seiner Kunst mit grotesken Mitteln. In diesem Sinne ist das Groteske eine ästhetische Struktur, die sich aus einer fruchtbaren Abwehrhaltung gegenüber dem Schönen ergibt. Eine Struktur, die diejenigen Phänomene aufweisen, die eine Möglichkeit finden, das scheinbar Unaussprechliche auszusprechen und das scheinbar Unzeigbare zu zeigen, indem sie durch groteske Formen über sich hinausweisen.

Humor

»This weekend I'm going to try to find out if I'm connected to the moon.«

DAVID LYNCH am 18. Juni 2010 auf Twitter

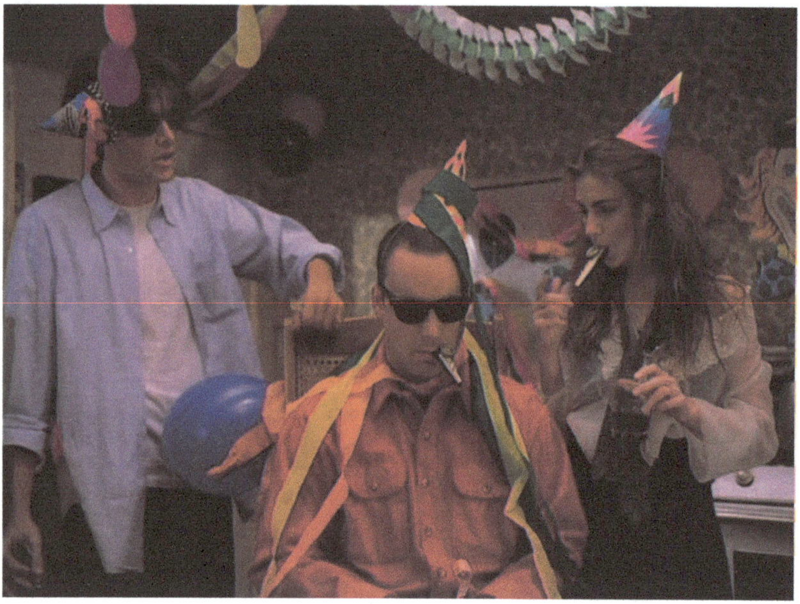

Lynchs Humor ist grotesk. (→ Groteske) Er ist absurd, manchmal bitterböse und tiefschwarz. Wie das dann aussehen kann, das werden wir mit diesem Begriff genauer unter die Lupe nehmen. Wir werden uns dafür auf der Social-Media-Plattform Reddit umsehen, auf der die lustigsten seiner persönlichen Auftritte ebenso diskutiert werden wie die komischsten Szenen in seiner Serie *Twin Peaks* (1990–1991, 2017). Instagram, X (ehemals Twitter) und Youtube werden wir konsultieren, denn das Internet ist ein Sammelbecken für die skurril-charmanten Auftritte von Lynch. Wir werden uns ausgewählte Interviews von Lynch ansehen und auf ihrer Basis seinen Sinn für Humor analysieren. Auch werden wir einige seiner Musikstücke unter dem Aspekt des Humors beleuchten. Und uns seine Serien *Hotel Room* (1993) und *On the Air* (1992) anschauen, die zwar ein wenig in Vergessenheit geraten sind, seinen Humor aber sehr gut widerspiegeln. Am Ende des werden wir definieren, was Lynchs Humor ausmacht. Und was wir durch seinen Humor von ihm lernen können.

Tippen wir in der Google-Suchmaschine »David Lynch funny« ein, dann erhalten wir innerhalb von 0,38 Sekunden rund 7,9 Millionen Suchergebnisse (ausprobiert am 10. Februar 2024). Volltreffer. Das Video *David Lynch Funniest Moments* ploppt auf, das rund zehn Minuten dauert. Oder *David Lynch being a madman for a relentless 8 minutes and 30 seconds*. Eine Zusammenschau von Ausschnitten an Filmsets, in seinem Atelier oder als er für Laura Dern eine Oscar-Kampagne mit einer Kuh startete (→ Lynch-Mob). Und das alles lässt keinen Zweifel: Der Mann hat Humor. Kein Wunder eigentlich, dass er Ende der 1980er und Anfang der 1990er Jahre, um die Zeit seines *Twin Peaks*-Erfolges also, wo es ja teils auch herrlich skurril zuging, zwei Komödien drehen wollte, die dann aber gecancelt wurden: erst *One Saliva Bubble* von 1987, ein unverfilmtes Drehbuch, das er mit seinem *Twin Peaks*-Co-Autor Mark Frost schrieb. Und dann *Dream of the Bovine*, an dem er 1993 gemeinsam mit seinem *Twin-Peaks*-Produzenten Robert Engels arbeitete. Über beide sagt Lynch, dass sie im Kern von dem Phänomen des Missverstehens und von der Dummheit handeln.

One Saliva Bubble wäre fast Lynchs nächster Film nach seinem Mega-Erfolg *Blue Velvet* (1986) gewesen. Die Hauptrollen sollten die Schauspieler und *Saturday Night Lives*-Comedians Steve Martin und Martin Short spielen. Ein tolles Duo, das bewiesen sie in vielen ihrer gemeinsamen Filme und auch Jahre später, als sie von 2013 bis 2019 miteinander eine Stand-Up-Tour starteten.

Lynch hatte schon damit begonnen, die Sets zu suchen, den Cast fertigzustellen, aber dann: Die Produktionsfirma von Dino De Laurentiis ging pleite. Und Lynch drehte stattdessen den Pilotfilm von *Twin Peaks*. Interessant ist aber, dass er später für Teile des Plots von *One Saliva Bubble* noch Verwendung fand, und zwar in *Twin Peaks: The Return* (2017): Vor allem der chaplineske Tölpel Dougie Jones scheint aus dem unvollendeten Projekt zu entstammen, das Lynch als eine Familienkomödie beschreibt, in der alles friedlich zugehe. Im Film wären dann ganz viele Dougie-artige Figuren zu sehen gewesen, das fällt Nick Chen vom britischen Lifestyle-Magazin Dazed auf. Dumme Figuren, verrückte Figuren.

Lynch scheint hier auch Theorien um sein Werk bewusst ad absurdum führen zu wollen. So zum Beispiel, wenn die Figur Newt-As-The-Professor eine Formel aufschreibt, die zusammenfasst, wie eine Plutonium-Bombe zu bauen ist: II x PIG^2 x C = (BOB) steht dann da. BOB? Bombe? Bo(m)b – eine Serie von Kernwaffentests im Jahr 1957 in Nevada wurde Operation Plumbbob getauft. Zufall? Heißt der berüchtigte Bösewicht aus Twin Peaks also so, weil sein Name beinahe so geschrieben wird wie die Bombe im Englischen? Wegen der Atomwaffentests in Nevada? In Episode 8 in *Twin Peaks: The Return* ist ja dann klar: BOB wird aus der Atombombe geboren. (→ BOB) Doch das alles nur, weil Lynch Wortspiele mag? (→ Sprache) Weil er es lustig fand?

Nachzulesen ist das übrigens im Skript von *One Saliva Bubble*, das im Internet zu finden ist. Ein Skript, das gespickt ist mit lynchesken Absurditäten. Zum Beispiel, wenn ein Professor ein neues Ketchup erfindet und so aus der real existierenden Marke Heinz 57 die fiktive Marke Heinz 58 werden lässt.

Und ähnlich skurril dürfte Lynchs zweite Komödie geworden sein, die nie gedreht wurde: *Dream of the Bovine*. Ein Projekt, das das britische Far Out Magazin als »David Lynch's bizarre abandonded film« bezeichnete. Und Lynch selbst nannte das Projekt »a really dumb, really stupid, meant-to-be-pitifully-bad-quality budget thing«. Im Film sollten Schauspieler aus der A-Riege Hollywoods mitspielen. Darunter Harry Dean Stanton, der auch zusagte. Und der große Marlon Brando, der für seine Star-Allüren und seine Ausraster und Unzuverlässigkeiten an Filmsets berüchtigt war. Brando sagte nicht zu. Obwohl – das ist eigentlich zu milde formuliert. Er hatte absolut keinen Bock. Er fand das Drehbuch richtig schlecht und sagte Lynch ins Gesicht, dass er es für »pretentious bullshit« hielt.

Und führen wir uns die Story von *Dream of the Bovine* zu Gemüte, dann wird womöglich klar, wie so eine Meinung entstehen kann. Engels beschrieb die Handlung kurz und knapp folgendermaßen: Drei Typen, die früher einmal Kühe waren, leben zusammen in Van Nuys, einem Stadtteil von Los Angeles, und versuchen, ihr Leben auf die Reihe zu kriegen. Es gab Gerüchte, dass Lynch den Film dann doch in Paris spielen lassen wollte. Und ihn komplett in Schwarz-Weiß drehen wollte. Bestätigt wurde dieses Gerücht nie. Weder von Engels, noch von Lynch, der zunächst begeistert war von diesem Projekt.

Lynch sprach nicht viel über den Film. Erst 2018 in seiner Biografie *Room to Dream* schreibt er ausführlicher darüber. Und beschreibt ihn als eine absurde Komödie. Er erzählt davon, wie er und Dean Stanton zu Brando gingen und mit ihm darüber sprachen – »Brando hated it«. Trotzdem fand Lynch es lustig, mit ihm zu sprechen. Es war die Zeit, als Brando gelegentlich in Drag ausging: »The thing Marlon really wanted to do was dress up as a woman.« Und er wollte, dass Dean Stanton sich als Frau verkleidete. Beide sollten dann gemeinsam Tee trinken, schreibt Lynch. Und sollten improvisieren. Eine unglaubliche Vorstellung. Absurder geht es kaum. »It would have been fucking incredible!« Das sagt auch Lynch und alles, was er da noch hätte tun müssen, wäre gewesen, die Kamera einzuschalten. Draufzuhalten. Aber Brando wäre ausgeflippt, da ist Lynch sich sicher. Mit ihm zusammenzuarbeiten, das hätte nicht funktioniert. Es hätte ihn verrückt gemacht.

> »Da *Dream of the Bovine* und das von Lynch/Frost verfaßte *One Saliva Bubble* abgelehnt wurden, mußte das Publikum bis heute auf eine Lynch-Komödie verzichten. Doch Komik ist ein zentraler Aspekt der Person David Lynch. Einer Komödie am nächsten kommt vielleicht THE COWBOY AND THE FRENCHMAN, ein 22-minütiges Video, das Figaro Magazine/Erato Films 1988 für eine Reihe mit Beiträgen internationaler Filmemacher zum Thema ›Frankreich aus der Sicht von …‹ in Auftrag gegeben hatten.« (Chris Rodley in *Lynch über Lynch*)

Ja, *The Cowboy and the Frenchman*. Über den Film haben wir schon ausführlich in unseren Ausführungen zu Paris (→ Paris) geschrieben. Doch weil er so herrlich absurd und so trocken komisch ist, auch an dieser Stelle noch ein paar

Worte. Und kurz gesagt, geht es in dem Film um das, was passiert, wenn die Sprache versagt. (→ Sprache) Ein Franzose, der kein Englisch spricht und von amerikanischen Cowboys mit Lassos eingefangen wird. Was folgt, ist blankes Erstaunen. Beinahe Entsetzen. Auf jeden Fall aber sekundenlanges Schweigen – »What the hell have we got here?«, plärrt Slim. Und damit nicht genug. Slim (gespielt von Harry Dean Stanton), der Anführer der Ranger, ist auch noch schwerhörig – Lynchs Figur Gordon Cole, die er in *Twin Peaks* selbst spielt, lässt grüßen. Nicht nur verstehen sich Franzose und Amerikaner also nicht. Auch die Ranger untereinander haben wegen Slims Beinahe-Taubheit ernsthafte Verständigungsprobleme.

Wie also sieht Lynch die Franzosen? Um das zu beschreiben, lässt er Stereotype aufeinanderprallen. Und spitzt sie zu. Die Cowboys zum Beispiel sind bei Lynch schießwütige Dumpfbacken, die wild auf Tiere in ihrer Umgebung ballern. Flegelhaft sind sie. Ohne Manieren. »What?«, »What?«, schreit Slim in einer Tour, wenn er nichts versteht – und das tut er eigentlich immer. Und der Franzose? Der bedeckt das grobe amerikanische Staccato mit sanft klingender französischer Sprachmelodie. Ein Auf, ein Ab. Ein trällerndes Monologisieren, das dem kehligen Brüllen des tauben Cowboys Paroli bietet.

Und diese absurden Kontrastierungen sind es, die den Film so komisch machen. Der vulgäre Slang der Cowboys. Ihre Pistolen, die Lassos. Auf französischer Seite das Baguette, das in der Tasche des Franzosen steckt. Seine Seife. Der Eifelturm in Miniaturform und auf einem Schwarz-Weiß-Bild. Und während die Cowboys sein Hab und Gut aus der Tasche herausholen, wechseln sich Slims geknurrtes »What the hell?« und das gehauchte »No!« des Franzosen ab.

Dieser platte, überstilisierte und sehr trockene Humor erinnert an Lynchs Serie *On the Air*, die in Deutschland den Zusatztitel »Voll auf Sendung« erhielt und 1995 und 1996 auf RTL II zu sehen war. Lynch und sein *Twin Peaks*-Co-Autor hatten die Serie 1992 entwickelt. Zustande kam am Ende eine Staffel mit sieben Folgen. Danach wurde das Projekt abgesetzt. Der Grund? Schlechte Einschaltquoten. Das alleine ist schon eine Ironie, denn in Lynchs Show geht es genau darum: um Einschaltquoten und die Absurditäten, die sich aus den Dynamiken im Medienbusiness ergeben. Und so ist das Setting im Jahr 1957 im amerikanischen Fernsehstudio von ZBC angesiedelt. Die The Lester Guy Show soll das erste Mal gesendet werden, doch es geht alles schief dabei. Die Kamera fällt zum Beispiel um und so wird ein gekipptes Bild an die Monitore des Landes gesendet. In diesem Chaos entpuppt sich nicht etwa der Hauptdarsteller der Show, Lester Guy (Ian Buchanan, wir kennen ihn aus *Twin Peaks* in der Rolle des Dick Tremayne), als Retter in der Not: Es ist Betty Hudson, die zwar manchmal etwas schwer von Begriff ist, aber improvisiert und damit zur Hauptperson und so zum Publikumsliebling wird. Guy ist eifersüchtig. Und will deshalb Betty am Erfolg hindern. Doch er scheitert. Jedes Mal wieder.

Slapstick. Selbstreferenziell. Mediensatire. So könnten wir Lynchs und Frosts Serie beschreiben. Auch die in *Twin Peaks* bereits etablierten und zur Spitze getriebenen Seifenoper-Elemente sind tragend in *On the Air*. Viel Geschrei hinter den Kulissen, ein cholerischer Studioboss. Verschmierte Schminke, Telefonhörer brechen ohne erwähnenswertes Zutun auseinander. Es gibt sogar solche, die Feuer speien. Lester Guy setzt zur *Singing in the Rain*-Einlage an, will sich an die Straßenlaterne schmiegen, doch die kippt um. Könnte Charlie Chaplin, könnte Buster Keaton sein. Die Musik setzt falsch ein. Betty bügelt, ein anderer bleibt mit den Hosenträgern im Stuhl hängen, rennt davon, wird vom Gummi zurückgeschleudert. Gestolper, Gepolter. Das in etwa ist *On the Air*. Absolut irre und ja: Irgendwie auch lustig.

Und irgendwie lustig ist auch mancher Song von Lynch. Hören wir uns doch mal das Lied *Thank You, Judge* an, das Lynch im Album *BlueBOB* 2022 veröffentlichte. Der Song ist treibend, sein Rhythmus eingängig, seine ziemlich harten Gitarrenriffs sind bodenständig, die Stimme von John Neff, einem amerikanischen Country Rocker, ist rau. Und klingt irgendwie niedergeschlagen. Kein Wunder: Er singt von seiner Ex-Frau, die ihm alles genommen hat, die sein Bankkonto hat, sein Auto, sein Haus, seinen Fernseher, seinen Swimmingpool, sein Motorrad und was alles noch. Ironisch bedankt er sich in jedem Refrain aufs Neue beim Richter, der das per Hammerschlag besiegelt hat. Vor dem Hintergrund von Lynchs Ende 2023 öffentlich gewordenen, mittlerweile vierten geschiedenen Ehe mit Emily Stofle wirkt der Song noch komischer.

Meist ziemlich markant und herrlich selbstironisch sind oft auch diejenigen Songs von Lynch, die er selbst eingesungen hat. Denn seine Stimme weiß er vielfältig einzusetzen. Und scheint sie auf der anderen Seite nicht besonders unter Kontrolle zu haben. Sie ist weder besonders kraftvoll, noch besonders klar. Vielmehr ist sie brüchig, kehlig. Rauchig, manchmal viel zu hoch. Manchmal schwach, manchmal jammernd. Und das Schönste: Lynch scheint das alles extrem egal zu sein. Er singt einfach. Und dass sich das manchmal auch skurril anhört, das ist beileibe nichts Schlechtes. Das ist herrlich komisch und auch charmant.

Gut zu hören zum Beispiel in *So Glad*, einem Song, den Lynch 2011 im ziemlich kultigen Album *Crazy Clown Time* unterbrachte. »So glad you're gone«, leiert er und irgendwie hat man schon wieder das Gefühl, dass er von einer seiner Ex-Frauen singt. »Freeeeeeeeee in my house«, gurgelt er. »Freeeeeeeeee in my truck.« Er ist hörbar erleichtert. Herrlich.

Was und wen er damit genau meint, wissen wir natürlich nicht. Aber wir wissen durch diese Gesangseinlagen, dass er sich selbst nicht allzu ernst nimmt. Exzentrisch, könnten wir das jetzt beschreiben. Und liebenswürdig. Ja, das passt – wenn wir uns auf seinem Youtube-Kanal DAVID LYNCH THEATER umschauen zum Beispiel.

Dort veröffentlichte Lynch ab 2005 in unregelmäßigen Abständen seinen ganz persönlichen Wetterbericht. Und Lynch macht darin genau das, was man erwartet: über das Wetter in L.A. berichten. Nur eben auf die Lynch-Art. Dabei beginnt er meist mit einem herzhaften »Good Morning!« und nennt den Tag, an dem er dieses Video aufzeichnet. Jahr und Wochentag inklusive. Er beschreibt dann das Wetter in L.A. Wie etwa am 1. Juni 2021, als er mit Vollbart und Sonnenbrille auf der Nase von seinem Atelier aus in die Kamera raunt: »Here in L.A. A cloudy morning. Very slight breeze blowing. 61 degrees Fahrenheit. Around 16 Celsius.«

Nach dieser nüchternen Einordnung erzählt Lynch dann meist eine Anekdote, die völlig willkürlich erscheint. An jenem 1. Juni musste er zum Beispiel an Bob Dylan denken. Und an dessen Song *Things have changed* (2000). Das Komische daran: Er geht überhaupt nicht näher darauf ein, warum er an Dylan und den Song denken musste. Lynch lässt das einfach so im Raum stehen und fährt dann herrlich trocken mit seinem Wetterbericht fort. Dylan erwähnt er in keinem Wort mehr. Stattdessen: »This afternoon it'll be going up to 75 degrees Fahrenheit. Around 24 Celsius. And once again these clouds are gonna burn away. Probably mid-morning. Maybe stay till lunch. But after that we're gonna be seeing once again beautiful blue skies and golden sunshine – all along the way.« Und dieses »all along the way« dudelt Lynch in breitestem Yankee-Slang und es fehlt nur noch, dass er sich einen Cowboy-Hut aufsetzt. Und zum Schluss die obligatorische Abschiedsformel, während er salopp zum militärischen Salut ausholt: »Everyone! Have a great day!«

Grotesk war auch Lynchs *Weather Report*-Episode, in der er von einem Traum erzählte, in dem er ein sechzehn Jahre alter deutscher Soldat war. (→ Traum) Dieser Tag war der 6. Juni 2020 und es war genau 76 Jahre her, seit die Alliierten das von den Nazis besetzte Frankreich angegriffen hatten: D-Day. In seinem Traum war Lynch also in der Normandie. Und wurde dort getötet und beschreibt sein Erlebnis so: »I dropped my rifle and grabbed my stomach, and I could feel this warm blood coming out. And the next thing I knew my body got very, very hot. And the next thing I knew, I was on my knees. And the next thing – lights out.«

Meistens ist Lynch allein, wenn er der Welt berichtet, wie das Wetter in L.A. ist: Laut der Internet Movie Database (IMDb) gibt es nur drei Folgen, in denen andere Menschen darin zu sehen waren. Laura Dern leistete ihm im Jahr 2005 Gesellschaft, seine vierte Ehefrau Emily Stofle war 2021 dabei und im selben Jahr auch seine Tochter, Lula Lynch. Seinen letzten *Weather Report* veröffentlichte Lynch am 16. Dezember 2022. Das war fünf Tage, nachdem sein Lieblingskomponist und sehr guter Freund Angelo Badalamenti gestorben war. Und es ist herzzerreißend, wie Lynch in diesem Video seiner gedenkt. Indem er Komik und Tragik verbindet.

Er beginnt das Video nämlich damit, wie Lynch die Kamera ordentlich durchschüttelt und dabei nach der Begrüßung ruft: »It's december 16 2022 and if yoouuuuuuu caaaaaan believe it: it's a friday once again.« Er holt Luft. Und es ist, als wäre seine Stimme eine Spur brüchiger als sonst. Wieder beschreibt er das Wetter – und dass es ein wolkiger Morgen ist, scheint auch zu Lynchs Stimmung zu passen. Er sucht nach Worten. »Quite a breeze blowing right now.« An jenem 16. Dezember muss er an den Song *The World Spins* denken. Ein Song von seiner guten Freundin Julee Cruise, die ebenfalls 2022 starb. Sie war es, die den Sound von *Twin Peaks* gemeinsam mit Badalamenti so melancholisch und einzigartig machte. (→ Musik) »I believe it was mine and Angelo's and Julee's favorite song we did together«, sagt Lynch und belässt es auch in diesem Video bei diesem kurzen Exkurs, der eine Hommage an seine beiden verstorbenen Freunde ist. »And it looks like partly cloudy all along the way.« Dann das Salut. »Everyone, have a great day!«

Ziemlich lustig und absurd war auch Lynchs Beitrag zur Ice Bucket Challenge im Jahr 2014, die damals für einen guten Zweck ins Leben gerufen wurde. Darin schütteten sich Promis einen Kübel Eis über den Kopf, spendeten Geld und nominierten am Ende einen anderen Prominenten, der es ihnen gleichtun sollte. So auch Lynch.

Eine seiner Nominierungen erhielt er von Laura Dern. Sie forderte ihn dazu auf, sich nicht mit Eiswürfeln, sondern mit Eiskaffee (→ Genuss) zu begießen. Und so schüttete Lynch ein wenig Kaffee in den Eimer mit Eis. Lynch hielt dabei eine Trompete in der Hand und begann zur Hälfte des rund einminütigen Clips mit recht schiefen Tönen *Over the Rainbow* aus *The Wizard of Oz* (1939), einem seiner Lieblingsfilme (→ Inspiration), zu spielen. Dann leerte jemand den Eimer über ihm aus und Lynch war nass.

Und weil Lynch auch von Justin Theroux (*Inland Empire*) nominiert wurde, folgte gleich darauf Eimer Nummer 2: »Thank you so much, Justin!« Lynch war jetzt klatschnass und fing erst gar nicht mehr an, auf der Trompete zu spielen. Wen würde er jetzt nominieren? Jemanden aus seiner Entourage? (→ Lynch-Mob) Kyle MacLachlan zum Beispiel? Oder vielleicht Naomi Watts? Weit gefehlt: Es war Wladimir Putin, der zu diesem Zeitpunkt bereits wieder russischer Präsident war. Lynchs Worte: »Now I would like to nominate for the Ice Bucket Challenge Wladimir Putin. Thank you very much.«

Lynch weiß sich im Internet zu präsentieren. Schon früh hat er die Plattform Twitter für sich entdeckt. Wir empfehlen, durch sein Profil zu scrollen. Unbedingt! Es ist eine echte Goldgrube an absurd-komischen Takes. Ein Highlight ist bis heute sein Tweet vom 14. August 2014. Damals schrieb er: »Dear Twitter Friends, do any of you know where Everett McGill is? I'd really like to talk to him. Thank you.« Zur Einordnung: Everett McGill ist ein Schauspieler, der mit Lynch bis zu diesem Zeitpunkt in *Dune* (1984), *Twin Peaks* (1990–91), *Twin Peaks: Fire Walk with Me* (1992) und *The Straight Story* (1999) zusammengearbeitet hatte. Offenbar hatte Lynch ihn schon lange nicht mehr gesehen. Und konnte ihn nicht finden. Er scheute sich nicht davor, die Öffentlichkeit zu fragen. Unverblümt und mit kindlicher Naivität, die nach außen mitunter seltsam oder komisch daherkommt. Höflich und mit lupenreiner Interpunktion. Ob Lynch McGill damals wegen *Twin Peaks: The Return* (2017) suchte? Gut möglich. Seine Suche hatte dann auch ein Happy End: McGill, der zu der Zeit in Arizona lebte, schlüpfte erneut in die Rolle von Big Ed. Und ganz klar: Er wäre nicht zu ersetzen gewesen.

Lynchs Humor ist auch in seinen Malereien oder Lithografien zu spüren. Lynch selbst sagt über sie: »Beim Anblick der Bilder ist Angst zu spüren, aber sie haben auch etwas Komisches. Letztendlich jedoch ist das zentrale Thema Leben in Finsternis und Verwirrung.« Nehmen wir zum Beispiel *Change the Fuckin' Channel Fuckface* (2008–2009), das im Bildband *Someone Is in My House* abgebildet ist. Eine Montage, deren Name allein zum Brüllen ist. Darauf zu sehen: eine Frau, die einem Affen mehr ähnelt als einem Menschen. Lynchs Beschreibung des Bildes, die in den für ihn typischen, kindlich wirkenden Buchstaben erfasst wurde: »Woman with broken neck and electric knife speaks to her husband.« Und zwar in einem über die Maßen ruppigen Ton. Neben ihr auf dem Bett sitzt ein kleiner, süßer Hund. Ihr Befehl in Richtung ihres Ehemanns, endlich den verdammten Sender zu wechseln, wirkt auch wegen seiner Unschuldigkeit so grotesk.

Insgesamt ist es die Summe der Absurditäten, die dieses Bild so komisch machen. Die Rüschen auf dem Bettlaken. Die prunkvolle Lampe. Dagegen die affenähnliche Frau mit ihren hängenden, spitzen Brüsten. Das Elektromesser, das sie in der rechten Hand hält. Ihr unfassbar vulgärer Ausdruck und die für Amerika so stereotypisch erscheinende Fokussierung auf das TV-Gerät und das schamlose Programm darin, das im Kontrast steht zur Biederkeit der Inneneinrichtung.

Oder wir sehen uns seine Fotografien an. *Bee Board* (1988) zum Beispiel. Ein Foto, für das Lynch Bienen sorgsam und im selben Abstand nebeneinander drapierte und ihnen Namen gab. Oder *Fish Kit* (1979), auf dem er einen sezierten und in drei Teile geteilten Fisch zeigt und diesen recht derben Bausatz dann als etwas präsentiert, von dem jedes Kind träumt. »Can you swim like a fish?«, steht da drauf. Oder: »Can you smell like a fish?« Kindliches Sprechen trifft hier auf existenzielle Fragen. Infantile Fragen umrahmen den echten Fisch in der Mitte, dessen Blut um ihn herum verläuft und der in Stücke gehackt wurde. Lynch dazu: »Die Idee stammte von Modellbausätzen. Man bekommt eine Schachtel, nimmt die Einzelteile heraus, muss die Bauanleitung lesen und die Teile zusammenbauen. Und wenn man fertig ist, hat man das, was auf der Schachtel abgebildet ist.« (→ Tier)

Lynch sagte seiner Biografin Kristine McKenna einmal, dass er sich meistens so fühle, als wäre er zwischen neun und siebzehn Jahre alt – »and sometimes around six«. Was können wir also lernen von Lynch und seiner Art des Humors? Einmal: Das Kind in uns am Leben erhalten. Indem wir es füttern mit neuen Erfahrungen. Wieder lernen, zu denken wie ein Kind. Zum Beispiel, was es sagen würde, wenn es einen verstümmelten Fisch sehen würde. Über uns selbst zu lachen, auch das macht Lynch uns vor wie kaum ein anderer Künstler, denn viele der großen Künstler und Regisseure Hollywoods und auch anderswo nehmen sich ziemlich ernst. Nehmen sich zu wichtig dafür, dass sie, wie wir alle, am Ende inmitten von Ameisen, Würmern und abgetrennten Ohren unter der Erde landen. Das Groteske zulassen und aus dem Absurden durch unser selbstironisches Zutun etwas werden zu lassen, das auch anderen Freude bereitet.

Warum Humor wichtig ist? Weil es das Dunkle in dieser Welt auszuleuchten vermag. Und Lynch macht vor, wie das geht. Indem er zum Beispiel die grausamen Ereignisse am D-Day in der Normandie flankiert mit seinem Wetterbericht. Flankiert mit seinen komischen Routinen, die uns schon lange zum Lachen bringen. Oder indem er die Vorstellung in die Welt setzt, der Autokrat Wladimir Putin würde mit eiskaltem Wasser übergossen. Komik und der Ernst des Lebens. (→ Kontrast) Wieder sind es die Kontraste, die Lynch zu benennen und einzusetzen weiß. Kontraste, aus denen Lynch das Lustige saugt und es uns beinahe mit pädagogischem Eifer präsentiert als etwas, womit wir ihn und auch die Welt um uns mit all ihren Grotesken wieder ein Stück mehr begreifen können.

> »I'm pretty sure I'm connected to the moon.«
> (David Lynch am 21. Juni 2010 auf Twitter)

Kapitel 5: Mit David Lynch die Welt begreifen

David Lynchs Werk berührt uns, weil er darin dieselbe Welt beschreibt wie die, in der wir leben. Und zwar, indem er sie so darstellt, wie sie uns oft erscheint: absurd, voller Widersprüche. Schlicht unheimlich. Dass uns diese Darstellung teils Unbehagen bereitet, liegt daran, dass wir nicht erwarten, solche Absurditäten, die wir aus dem Alltag kennen, in der Form auch in der Kunst zu erleben. Sie überrumpeln uns, weil sie so wirklich wirken, obwohl sie Fiktion sind – Lynch überrumpelt uns damit und durch ihn kann es sein, dass wir die Welt um uns dann anders wahrnehmen. Es ist seine Fähigkeit, die Dinge durch künstlerische Ausdrucksformen so zu präsentieren, wie sie sich ihm zeigen. Durch Abstraktion zum Beispiel. Er sieht die Welt klar, die Oberfläche und auch das, was sich darunter verbirgt. Er sieht die Ordnung und das Chaos. Das Licht und die Schatten. Diese Kontraste abzubilden, dazu ist er in der Lage. Er präsentiert uns die Welt, indem er sie uns sehen lässt, wie er sie sieht. Und so begreifen wir durch ihn seine Welt, die auch unsere ist.

BOB

»Da draußen gibt es etwas Böses. Etwas völlig Fremdartiges in den alten Wäldern. Nennen Sie es, wie Sie wollen. Eine Dunkelheit, ein Wesen. Es nimmt viele Formen an, aber ... dieses Böse gibt es schon so lange, wie wir überhaupt denken können. Und wir haben immer dagegen gekämpft.«

Sheriff Harry S. Truman (in *Twin Peaks*)

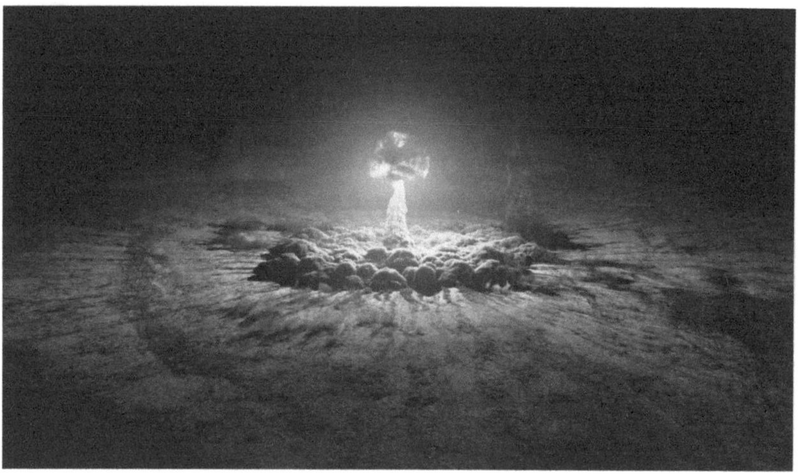

»Through the darkness of future past
The magician longs to see.
One chants out between two worlds:
Fire walk with me.«
(aus *Twin Peaks*)

Lynchs Vorstellung vom Bösen ist eng verwoben mit einer von ihm und Mark Frost im Kosmos von *Twin Peaks* (1990–1991; 2017) künstlerisch verwirklichten Idee des Bösen, das sie BOB nennen: ein dunkler Geist, der vom Negativen angezogen wird und der seine Kraft zieht aus diesem Negativen, aus den Sorgen und dem Schmerz, das in der Mythologie von *Twin Peaks* »Garmonbozia« genannt wird. Ausgehend von BOB, der in *Twin Peaks* am 16. Juli 1945 nach Trinity, dem ersten Nukleartest, in die Welt entsandt wurde, soll unter diesem Begriff das Böse beschrieben sowie Motive herausgearbeitet werden, die bei Lynch charakteristisch für dieses Böse sind. Öffnen wir die Büchse der Pandora.

Lynch präsentierte der Welt seine konkrete künstlerische Vision von der Geburt des Bösen am 25. Juni 2017 – sechs Jahre, bevor Christopher Nolan mit *Oppenheimer* (2023) einen ähnlichen Versuch unternahm, wenngleich weniger künstlerisch aufgeladen. In Episode 8 von *Twin Peaks: The Return*, die innerhalb kürzester Zeit Kultstatus erlangte, wird die Explosion der Atombombe musikalisch von Krzysztof Pendereckis Komposition *Threnody to the Victims of Hiroshima* (1961) begleitet, die den Opfern des Atombombenangriffs der USA auf die japanische Stadt Hiroshima am 6. August 1945 gewidmet ist. Auf diese Weise verleiht Lynch seiner Inszenierung trotz ihres optischen Anmuts von Beginn an einen bitteren Beigeschmack.

Nachdem er den Nine Inch Nails Song *She's Gone Away* (2017) im düsteren Roadhouse performen lässt, entführt Lynch in einen Ideenraum auf atomarer Ebene und entfaltet darin eine visuelle Pracht, wie sie ein TV-Publikum in dieser experimentellen Radikalität wohl noch nicht gesehen hat: Im Atompilz blitzen und zucken die giftigen Lichter synchron zu den stechenden, schneidenden Schreien der 52 Violinen, Violas, Celli und Kontrabässe, die auf Pendereckis musikalischem Schlachtfeld den pulverisierten Seelen von Hiroshima noch einmal ihre Stimmen geben. Lynch und sein Team setzen ein wahres Feuerwerk an kreativer Energie frei: Rauschen, das sich im Flimmern zersetzt, das sich im

Wabern verliert. Sein persönliches Trinity erinnert an die sogenannte »Stargate-Sequenz« in Stanley Kubricks *2001: A Space Odyssey* (1968), in der das Publikum vom avantgardistischen Geheul des österreichisch-ungarischen Komponisten György Ligeti in die Unendlichkeit und noch weiter katapultiert wurde – als Ganzes wunderschön und schrecklich zugleich. (→ Kontrast)

Bunte Nuklearblasen poppen auf der Bildfläche auf und vor einem Gemischtwarenladen (»Convenience Store«) irgendwo in der Wüste manifestieren sich unter auditiven Verzerrungen die finsteren Woodsmen in der Welt und wir werden Zeuge, wie eine weiße Figur einen schleimig-zähflüssigen Materiestrahl auswürgt, in dem neben einigen kleinen Eiern eine große schwarze Kugel wabert, die das Gesicht von BOB (Frank Silva) in sich trägt. Ein wildes, aggressives Gesicht: BOB, das Böse, ist geboren. Seitdem treibt es in dieser Welt sein Unwesen. Eine Kraft atomaren Ausmaßes, die in Leland Palmer fahren und durch ihn dessen Tochter Laura peinigen und am Ende töten wird.

»Nicht die Figuren selbst sind in Lynchs Filmen böse – das Böse legt sie an wie Kleider«, schreibt der Schriftsteller David Foster Wallace in seinem berühmten Essay *David Lynch bewahrt kühlen Kopf* (1996) und trifft damit den Nagel auf den Kopf. Denn das Böse ist bei Lynch eine Idee, wie alles bei Lynch eine Idee ist: eine Idee, die es in einer reinen Form gibt; als das Böse, das in den Menschen wohnt, die böse sind. Heißt, das Böse trägt den Menschen, wie der Mensch seine Kleidung trägt.[38] Oder wie das Bewusstsein den Körper bewohnt. (→ Meditation)

Für Lynch sind die bösen Figuren oder böse Menschen also nicht aus sich heraus böse: Böse Menschen sind für ihn stattdessen Menschen, die vom Bösen besessen sind. Weil sie an der Idee des Bösen an sich teilhaben – ganz im Sinne der platonischen Idee, die als eigenständige, vollkommene und unveränderliche Entität gedacht wird, die die objektive metaphysische Realität ist und den wahrnehmbaren Objekten ihr Sein und ihr Wesen verleihen.

---

38 Eine Randbemerkung an dieser Stelle: BOB würde als Figur nicht existieren, würde Lynch nicht nach der Praxis verfahren, Ideen bedingungslos nachzuspüren und auch am Filmset seinen Intuitionen nachzugeben: Frank Silva war zunächst lediglich Set-Dresser während der Dreharbeiten zu *Twin Peaks*. Als sein Gesicht während einer Aufnahme in Laura Palmers Kinderzimmer versehentlich in einem Spiegel zu sehen war, gefiel das Lynch so sehr, dass er den Zufall beim Schopf packte und Silva in die Serie integrierte: BOB war geboren.

Über Menschen, die böse sind, also an der Idee des Bösen teilhaben und ihr Wesen durch das Böse erhalten, sagt Lynch: »I think it's the scariest thing. To know someone, or suspect someone, that has a very intelligent mind — really nothing is wrong with them in any way — but who is possessed by evil and who has dedicated themselves to doing evil. This is so unbelievable, so hard to figure.« Seine Erklärung, warum ein Mensch Böses tut und wie sich das Verhältnis zwischen materiellem Ursprung und metaphysischer Idee des Bösen als etwas, an dem böse Menschen teilhaben, in der Lebenswelt erkennen lässt, sagt Lynch: »I think there is some disturbance — electrical or chemical — and some people might believe it is even beyond that. Some disturbance where they're smiling at you, but something you see in their eyes gives you the willies.«

Interessant ist, welche Motive, Mittel und Figuren Lynch verwendet, um dieses Böse in seiner Kunst zu zeigen, bei dem ihm ganz anders wird, wenn er es in den Augen mancher Menschen sieht: BOB zum Beispiel, der sich ankündigt, wenn sich die Blätter des Ventilators vor Lauras Kinderzimmer zu drehen beginnen und ein elektrisierendes Surren den Raum erfüllt. Oder das Feuer, das die Geburt des Bösen ist: die Feuersbrünste, die im Zentrum einer nuklearen Explosion schwelen. Die Stichflamme, die aus Windom Earles (Kenneth Welsh) Kopf in der Schwarzen Hütte emporschießt. Die explodierende/implodierende Hütte in *Lost Highway*, die in Rauch gehüllt ist und in der Fred Madison (Bill Pullman) erneut dem Mystery Man (Robert Blake) begegnet, der die Personifizierung des Teufels ist.

Da ist auch sein Kurzfilm *Fire (Pozar)* (2020), den Lynch zu Beginn der Coronapandemie auf seinem Youtubekanal DAVID LYNCH THEATER veröffentlichte. Darin ist das Feuer das auslösende Element für eine Abfolge grotesker Ereignisse: Eine prometheische Figur mit fratzenhaftem, dunklem Gesicht erscheint auf einer grauen Fläche, entzündet ein Streichholz und wird zum Negativ, bevor sie wieder verschwindet. Aus diesem Feuerschein erblicken ein Haus, ein Baum und die Sonne das Licht der Welt und aus der Sonne kriecht ein groteskes Etwas, dessen Aussehen dem einer Motte gleicht. Totemhaftes Antlitz, schemenhafter Schweif. Aus den Augen der Motte entfliehen Hände und hinter den Händen wiederum schweben Augen empor und gemeinsam führen sie einen Tanz auf. Lynchs Kabinett der bösen Geister erreicht seinen Höhepunkt, als schwarze Hagelkörner auf die Landschaft fallen und Haus und Baum in Flammen aufgehen. Daraufhin schiebt sich die Fratze der Prometheusfigur in den Vordergrund des Geschehens und durch die Aussparungen der Maske auf Höhe der Augen lodern das brennende Haus und der brennende Baum.

Fire (Pozar) wirkt wie eine filmische Version von Lynchs Mixed-Media-Collage *Boy Lights Fire* (2010). Darin reimaginiert Lynch die Beziehung zwischen BOB und Leland Palmer. Indem er den Jungen zündeln lässt, zeigt er, dass das Böse, das sich durch das Feuer zeigt, in ihn gefahren ist und der Junge bereits vom Bösen besessen ist. Der Kurzfilm besitzt außerdem eine Ästhetik, die man fast als europäisch bezeichnen könnte – schon das Wort pożar ist polnisch und bedeutet Brand oder Großfeuer. So erinnert Lynchs Kurzfilm etwa an den tschechischen Zeichentrickfilm *Krabat* (1977, basierend auf dem Roman *Krabat* von Otfried Preußler und der gleichnamigen sorbischen Volkssage): die Flachfigurenanimationen (Stop-Motion-Technik mit ausgeschnittene Formen), die protagonistische Rolle der Natur und auch die Musik von *Krabat*-Komponist František Belfín (1923–1997) , die der von Marek Zebrowski (*1953) ähnelt, der mit Lynch nicht nur an *Fire (Pozar)*, sondern auch an *Inland Empire* (2006) und am gemeinsamen Studioalbum *Polish Night Music* (2007) arbeitete. (→ Łódź) Und nicht zuletzt: das Böse, das in *Krabat* in der Person des Müllermeisters eine zentrale Rolle spielt, der Krabat in seiner Mühle in der Schwarzen Kunst unterrichtet. Als am Ende der Erzählung der Bann bricht, Krabats Meister stirbt und die Mühle in Flammen aufgeht, zeigt sich auch hier das Motiv des Feuers, das hier nicht den Anfang, sondern das Ende alles Bösen darstellt.

BOB dagegen manifestiert sich durch die Bombe in der Welt und findet dort seinen Anfang, weil er es ist, der mit dem Feuer spielt, mit dem Feuer zieht – und das Feuer auf dieser Welt nirgends so heiß brennt wie im Zentrum der Schmelze einer Plutonium-Implosionsbombe.

BOB symbolisiert die wilde und destruktive Kraft des Feuers, die ihn zum Schänder und Vergewaltiger werden lässt. Die Log Lady bringt es in der 6. Folge der ersten Staffel von *Twin Peaks* auf den Punkt: »Feuer ist der Teufel und er versteckt sich wie ein Feigling hinterm Rauch.« Womit das Holz das Gegenstück bildet – ein Kernelement der idyllischen Seite von Twin Peaks und ihren malerischen Wäldern. Doch Holz wird von Feuer verbrannt. Von BOB wird erzählt, dass er mit Streichhölzern zündelt. Gemeinsam mit den Geistern Mike und dem Arm/Zwerg/»Mann von einem anderen Ort« wohnt er in der Schwarzen Hütte und ist in Leland Palmer gefahren, als dieser noch ein Kind war, indem er sich mit ihm anfreundete und fragte: »Willst du mit Feuer spielen, kleiner Junge?« (*Twin Peaks* Episode 10) Diese Geister ernähren sich von Angst und Schmerz und sind das Gegenstück zu guten Geistern wie dem Riesen/???????/Fireman, der versucht, das von BOB gelegte Feuer zu löschen, indem er Agent Cooper hilft oder Laura Palmer zur Erde schickt.

Als der von BOB besessene Leland Palmer diese vier Verse in Episode 16 von *Twin Peaks* aufsagt, sitzt er in einer Zelle in der Polizeistation von Twin Peaks und wird des Mordes an seiner Tochter beschuldigt. Er erwähnt ein Ereignis, das in der Zukunft vergangen sein wird. Ein Magier wird es bezeugen und in diesem Futur II begibt es sich auch, dass der Magier Licht in die Finsternis bringt. Einer, der auf dem Pfad zwischen Schatten und Licht wandelt, sich in der echten Welt befindet, weder in der schwarzen noch in der weißen Hütte. Ein Zauberer, ein Geist, der das Feuer an seiner Seite benötigt, um leben zu können: BOB. (→ Geist)

Auch die todbringenden Woodsman, die ihren prominentesten Auftritt in *Twin Peaks: The Return* Episode 8 haben, wandeln in der Lebenswelt umher. In der Wüste von New Mexico fragen sie die Menschen: »Hast du Feuer?« – um die Zigarette im Mundwinkel zu entzünden. Und ohne sich zu sehr zu den Fantheorien über *Twin Peaks* zu verdingen: Lynch verbindet das Böse in seinem Opus Magnum eng mit dem Feuer und das Feuer ist sein motivischer Ausdruck des Bösen.

Und noch bevor sich das Böse im Feuer zeigt, kündigt es sich in *Twin Peaks* durch Elektrizität an. Robert Fischer beschreibt in seinem Buch *David Lynch. Die Dunkle Seite der Seele* (1997) das Phänomen der Elektrizität im Film *Twin Peaks: Fire Walk with Me* (1992): Die Elektrizität verbinde die reale Lebenswelt mit dem mysteriösen roten Zimmer in der Schwarzen Hütte; die Schwarze Hütte sei ein Ort voller elektrischer Schwingungen. Georg Seeßlen interpretiert in *David Lynch und seine Filme* (2006) den explodierenden Fernseher zu Beginn des Films als den Tod der Fernsehserie an sich und als einen Verlust gewohnter Kommunikationsmittel. Den ganzen Film überspanne »ein Netz gestörter Kommunikation« und immer wieder werde die Handlung unterbrochen, etwa durch das Flimmern eines Fernsehgeräts.

Als Lynch 2007 nach der Veröffentlichung seines Films *Inland Empire* (2006) vom englischen Filmkritiker Mark Kermode interviewt wird, eröffnet ihm dieser ausführlich seine Theorie über die Bedeutung von Elektrizität in Lynchs Werk:

»One of the recurrent images in your films is of electricity arcing. Is of, you know, lightbulbs crackling on, and you have a recurrent motif of, you know, like two points and something arcing between them. And it seems to me that this somehow relates to what you think about the synaptic arcs in our brains. When you talk about TM [transcendental meditation], you talk about this thing, you talk about the connections, it seems to me that that's what that visual motif is about. I know you hate saying what things mean in your films, but am I right in thinking that that's at least in the right area?« Lynchs Antwort? »No.« Schallendes Gelächter aus dem Publikum. Ein bedrückter Kermode. Und zugleich eine Warnung an alle, die aus seinem Werk eine allgemeingültige Deutung mit Wahrheitsanspruch herauspressen wollen und sich selbstmörderisch in Theorien stürzen.

Unabhängig von dem, was Lynch unter dem Motiv der Elektrizität versteht: Unstrittig ist, dass es in vielen seiner Werke auftaucht – nicht nur in *Twin Peaks*. Seine Kunstausstellung *My Head Is Disconnected* etwa, die vom 6. Juli bis zum 29. September 2019 auf dem Manchester International Festival zu sehen war, ist mit Elektrizität aufgeheizt. Schon beim 43-sekündigen Trailer summt und knistert es im Hintergrund. Eine bedrohliche Atmosphäre baut sich auf und in der Ausstellung selbst sind multimediale Artworks wie *Boy Lights Fire* (2011) und Installationen mit blinkenden, leuchtenden Lampen zu sehen, die auf extravaganten Geräten arrangiert sind. Oder das Cover seines Musikalbums *The Big Dream* (2013) zeigt einen Mensch, der von einem Blitz erschlagen wird – die Möglichkeit des sofortigen Todes, die eine starke Entladung von Elektrizität bereithält. Auch ein Blick auf seine Lithografien lohnt: *The House of Electricity* (2008) zum Beispiel, auf der in der Mitte des Bildes ein ähnlich gezeichneter Blitz zu sehen ist wie auf dem Albumcover. Drum herum eine Wolke aus gleißendem Strom. *Electricity* (2010) ist zurückhaltender im Stil: Ein Haus in einem Industrieviertel, an dem Stromleitungen vorbeiführen. Lynch betupft den Raum um das Haus herum mit weißen Punkten, verteilt die Lettern e L e c t R i c i t Y zwischen den Leitungen, lässt sie um das Haus schwirren und lädt die Atmosphäre auf diese Weise buchstäblich elektrisch auf.

Doch in den Lithografien ist eine charakteristische Facette, die Elektrizität als eine solche auszeichnet, nicht abgebildet – dem Medium des Bildes geschuldet: der Ton. Das Geräusch, das Surren, das die Luft zum Knistern bringt, wenn sie

elektrisch aufgeladen ist. Nachdem Lynch Kermode jene vernichtende No-Antwort vor die Füße geworfen hat, lässt er sich doch noch zu einer Antwort hinreißen: »I just love electricity. I like smoke and fire and electricity, these things are mesmerising. You could watch a thing sparking and arcing for hours, and it makes such a beautiful sound.« Das Geräusch, das eine Unruhe vermittelt, die sich nicht greifen lässt. Etwas, das kommt, aber noch nicht sichtbar ist. Etwas Bedrohliches, das vielleicht selbst bei der Ankunft noch unsichtbar sein wird: »[I]t's also a disturbance. There's something about electricity that does kind of what you say, but it's not necessarily the reason that it's there.«

Es knistert, es wabert. »Elektrizität«, zischt die Evolution des Arms in *Twin Peaks: The Return*, der aus einem pulsierenden fleischigen Kopf und zuckenden, zirpenden Ästchen besteht. Bevor er sich zum elektrisch aufgeladenen Arm verwandelte, war dieser Geist »der Mann von einem anderen Ort«, auch der Zwerg genannt, der komisch tanzt und seltsam eine »Art von rückwärts« spricht. (→ Sprache) Er ist ein böser Geist aus der Schwarzen Hütte, der sich wie BOB von Garmonbozia (also negativer Energie, Angst und Schmerz) ernährt.

Was Lynch so fasziniert an Elektrizität? 2006 im Brattle Theatre in Cambridge, Massachusetts, sagte er: »The fact that it controls us. I don't know why all people aren't fascinated with it. It makes beautiful sounds. And it makes a lot of times some incredible light, and runs many things in our world. It is beautiful and it's sometimes dangerous.« Disturbance, Unruhe. Störung und Interferenz. Unsichtbare Mächte, die sich nicht zeigen; dynamische Prozesse, die sich in der Atmosphäre der Welt manifestieren: Feuer, Rauch, Elektrizität – »there are many, many dark things flowing around in this world now, and most films reflect the world in which we live. They're stories. Stories are always going to have conflict. They're going to have highs and lows, and good and bad«, sagt Lynch und man fragt sich dabei, woher sein Verständnis des Bösen überhaupt kommt.

Lynch wuchs in einem Elternhaus auf, in dem es sich gehörte, zur Kirche zu gehen. Sein Vater, Donald Lynch, war zwar Wissenschaftler, glaubte aber an Gott, der die Welt durch die Evolution hindurch schuf. Die Lynchs praktizierten einen presbyterianischen Glauben und für Lynch ist das Konzept grundlegend, dass Gott durch die Herzen und Köpfe derjenigen Menschen spricht, die er berührt (wie das Böse durch diejenigen handelt, die es berührt). Im Presbyterianismus sind Himmel und Hölle als Geisteszustände der Menschen zu verstehen: »Lynch's

reflexive way of seeing the world in dualistic and moralistic terms was reinforced by Presbyterianism, which is based on the principles of Protestant reformer John Calvin (1509–1564), who believed humanity was divided into absolutist categories of good and evil, the righteous and the depraved, those worthy and unworthy of salvation.« Das Gute und das Böse existierten real als eigenständige Entitäten, aber durch den Einfluss seines Vaters bekam Lynchs metaphysisches Verständnis moralischer Ordnung einen physikalischen Anstrich. (→ Kontrast)

Heute stellen Naturwissenschaftler Theorien auf, in denen sie davon ausgehen, dass lediglich fünf Prozent der Materie im Universum sichtbar ist und der Rest aus sogenannter dunkler Materie (25 Prozent) sowie dunkler Energie (70 Prozent) besteht. Über diese dunkle Materie weiß man nicht viel. Außer, dass sie eine Materie ist, die keine Strahlung besitzt, unsichtbar ist, eine enorme Schwerkraft aufweist und so einen starken Gravitationseffekt auf ihre Umgebung hat. Die Gravitation offenbart sich durch die Krümmung der Raumzeit, wodurch sich andere Objekte um das Gravitationsfeld herum der Krümmung entsprechend bewegen, und dunkle Materie auf diese Weise lokalisierbar wird, obwohl sie unsichtbar ist.

> »Also gibt es nichts Brachliegendes, nichts Unfruchtbares, nichts Totes im Universum, kein Chaos und keine Verwirrung außer dem Anschein nach.« (Gottfried Wilhelm Leibniz, *Monadologie* §69)[39]

Partikel dieser hypothetischen dunklen Materie ausfindig zu machen, ist das Ziel des *XENON Dark Matter Projects*. In der 2015 getesteten Version des Experiments, Xenon1T, das im Versuchslabor Laboratori Nazionali in Gran Sass in den italienischen Abruzzen durchgeführt wurde, dienten 2000 Kilogramm flüssiges Xenon der Suche nach der schweren Geistermaterie. Stijn Huijts, Direktor des Kunstmuseums Bonnefanten in Maastricht, stellt in seinem Essay *Dark Matters*, der

39 Die Philosophin Ludmilla Ivancheva weist in ihrem Paper *Leibniz's Monadology and its insights concerning quantum physics*, das in *Papers of BAS. Humanities and Social Sciences* Vol. 8, 2021, No.2 erschienen ist, auf Seite 163 auf die Parallele zwischen dunkler Materie und dem von Leibniz in seiner Metaphysik beschriebenen, dem Anschein nach Toten im Universum (also das, was heute mit dem Begriff der dunklen Materie beschrieben wird), das nach seiner Vorstellung das Gegenteil von Chaos sei: Beides ordne das Universum und habe es so entstehen lassen, wie es entstanden ist.

im Band *Someone Is in My House* (2018) veröffentlicht wurde, eine interessante Verbindung zwischen XenonıT und der leeren Glasbox her, die unter anderem in der ersten Episode von Lynchs *Twin Peaks: The Return* (2017) zu sehen ist:

Die Box steht in einem Appartement in einem Hochhaus in New York City und ein junger Mann namens Sam Colby beobachtet sie rund um die Uhr. Die Box ist mit Maschinen verbunden und verbindet selbst durch ein Loch in der Wand die Welt außerhalb des Appartments mit dem Inneren des Hochhauses. Als Colby mit seiner Freundin Tracey Barberato auf der Couch vor der Box Sex hat, füllt sich die Box mit einer schwarzen Substanz. Ein schrecklicher Geist lässt das Glas zerbersten, schwebt aus der Box ins Appartement und massakriert die Liebenden. In der Mythologie von *Twin Peaks* hat dieser Geist einen Namen: das Experiment.

Das Experiment ist eng verwoben mit der Entität BOB, denn das Experiment war jene weiße Figur, die während des Trinity-Tests einen schleimig-zähflüssigen Materiestrahl auswürgte und BOB in die Welt kotzte. Es manifestiert sich, sich ankündigend durch eine schwarze Substanz, in der Box, die dem XenonıT ähnelt, das hergestellt wurde, um dunkle Materie sichtbar zu machen.

Es ist keineswegs so, dass Lynch hier ein quantenphysikalischer Denkansatz angedichtet wird – er selbst hat sich zur subatomaren Ebene geäußert: »Ich erkannte, daß es unter der Oberfläche eine zweite Welt gibt, und noch mehr andere Welten, wenn man tiefer gräbt. Ich wußte es als Kind, aber ich konnte es nicht beweisen. Es war nur so ein Gefühl. Ein blauer Himmel und Blumen sind etwas Friedvolles, doch daneben gibt es eine zweite Macht – wilder Schmerz und Verwesung. Wie bei den Wissenschaftlern: Sie beginnen an der Oberfläche und fangen zu graben an. Sie dringen zu den subatomaren Partikeln vor, und auf einmal befinden sie sich in einer sehr abstrakten Welt. Sie haben was von abstrakten Malern.« Und was ist Quantenphysik anderes als der Versuch, in eine Welt einzutauchen, die unter der Oberfläche unserer makroskopischen Lebenswelt existiert und mit Worten nur noch schwer beschreibbar ist? Eine hypothetische Welt, die nur noch in mathematischer Sprache, also abstrakt, beschrieben werden kann und sich anhand komplexer Experimente prüfen lässt – und in vielen Fällen so bestätigen lässt.

Für Lynch ist die Möglichkeit und Unmöglichkeit der Wahrnehmung von Naturphänomenen ein wichtiger Denkschritt zur Erschließung der Welt: Dort draußen ist etwas, das wir nicht sehen, das sich allerdings unter entsprechenden Voraussetzungen zeigt. Auch das Dunkle, das Böse, das oftmals erst durch den Menschen zum Vorschein kommt. In *Twin Peaks* etwa durch hochsensible humane Medien wie Agent Cooper, Laura oder Sarah Palmer, die als eine der wenigen Menschen BOB in seiner reinen Form in der Lebenswelt sehen können: Sie sehen das Böse, wenn es andere nicht sehen. Lynch weist damit dem Menschen eine ähnliche Rolle zu, wie es die Quantenphysik tut, deren Pointe lautet: Das Beobachtbare ist abhängig von der Perspektive des Beobachters. Oder mit den viel eleganteren Worten des österreichischen Nobelpreisträgers und Quantenphysikers Anton Zeilinger: »Die Beobachtung ändert nicht nur die Welt, [...] sie konstituiert die Wirklichkeit.«

Huijts erwähnt in seinem Text auch Lynchs Versuch, in seinem Buch *Catching the Big Fish* (2006) die Ähnlichkeiten zwischen einer Einheitlichen Feldtheorie in der Physik, die das Ziel verfolgt, alle Materie- und Kraftfelder des Universums in einer Formel zu vereinheitlichen, mit dem Konzept des Ozeans des reinen Bewusstseins, das auf den Begründer der Transzendentalen Meditation Maharishi Mahesh Yogi zurückgeht, zu vereinen. (→ Meditation) Lynch sagt: »When Maharishi first arrived in the United States in 1959, the Unified Field from quantum physics hadn't yet been discovered. So people would say, »Oh, that's baloney—they're looking for some field at the base of everything, but it doesn't really exist; no one knows if it's true.« [...] then, about thirty years ago, quantum physics discovered this field. They discovered it by going into matter, deeper and deeper and deeper, and one day, there it was: the Unified Field. And then scientists like Dr. John Hagelin said that it's true: Every single thing that is a thing emerges from this field.«

Dieses Unified Field, das Einheitliche Feld, meint bei Lynch die Einheit aller Partikel und die Einheit aller Schöpfungskraft. Es ist ein Feld des puren Bewusstseins, das man sich vorstellen kann wie ein ewig großes Meer, in dem sich alles Materielle und Geistige abspielt. Das bedeutet: Alles ist verbunden. Das Physische mit dem Metaphysischen, das Geistige mit dem Materiellen – die Praxis der Mediation und der Kunst. All das fließt ineinander und ist immer schon da gewesen. Auch Gutes. Auch Böses. Oder für den Menschen Wahrnehmbares und Nicht-Wahrnehmbares. Alles ist Teil dieser Ganzheitlichkeit und alles schwimmt im ewigen Ozean des Bewusstseins. Manches an der Oberfläche, das allermeiste aber darunter. Ähnlich wie es sich mit sichtbarer und dunkler Materie im Universum verhält.

David Foster Wallace stellte eindrückliche Überlegungen zum Motiv des Bösen in Lynchs filmischem Œuvre an, die er in seinem Essay *David Lynch bewahrt kühlen Kopf* zu Papier brachte. Er sagt, dass Lynchs Filme nicht anti-moralisch sind – definitiv aber anti-formelhaft. Wenn Lynch das Böse zeige, dann symbolisiere es nie rein weltliche Phänomene wie gierige Konzerne oder korrupte Politiker. Ihm gehe es auch nicht um die moralische Verurteilung von Figuren. Stattdessen gehe es Lynch um Möglichkeitsräume des Mentalen, in denen Menschen Böses tun. Ihn interessiere die Dunkelheit, die Verantwortung eines Menschen und wie sie übertragen werden kann: Obwohl der Mensch auch immer die Möglichkeit habe, das Böse nicht zu tun, käme es vor, dass er Böses tue. Diese Möglichkeit und auch Unmöglichkeit des Bösen in seiner Komplexität in der Kunst nicht zu zeigen, sie zu verschweigen – das wäre unmoralisch.

Wenn Lynch das Böse darstellt, so Foster Wallace, dann als eine Heimsuchung durch das Böse. Denn nur so zeigt sich das Böse – das Böse in seiner reinen Form ist nicht sichtbar, sondern kann sich nur durch den Menschen sichtbar machen (so wie sich Gott im presbyterianischen Sinne nur durch die Herzen und Köpfe der Menschen zeigen kann). Das Böse ist also eine Möglichkeit, die stattfinden kann, wenn Menschen an der Idee des Bösen teilhaben. Eine Möglichkeit, die immer besteht. Menschen können böse sein oder auch nicht. Böse Kräfte allerdings sind es einfach. Sie sind das Böse in Reinform und warten darauf, sich durch den Menschen zeigen zu können. Wie die Verhältnisse in der mikroskopischen Welt der Quanten, die durch die Beobachtung gleichsam gezwungen werden, einen Zustand anzunehmen.

Dadurch, dass Lynch das Böse schonungslos durch seine bösen Figuren zeigt, zeigt er, dass er sie nicht romantisieren möchte. Er zeigt die hässliche Fratze des Bösen, wenn er das Böse abbildet. Er zeigt Leland Palmer, der von BOB besessen ist, wie er seine eigene Tochter vergewaltigt. Er zeigt, dass wir nicht wegschauen können vor dem Bösen, denn es ist immer da und es besteht die Möglichkeit, dass es uns als Nächstes in Besitz nimmt. Und weil wir wissen, dass es möglich ist – dass es wahr ist –, jagen uns Lynchs Darstellungen des Bösen Angst ein.

Und mehr noch: Durch seine drastischen, oft sehr brutalen Darstellungen des Bösen macht Lynch uns klar, dass wir nicht wegsehen dürfen. Denn Wegsehen vor dem Bösen, vor der Gewalt, und Hilfe zu verweigern – auch das wäre ein bewusst amoralischer Akt, denn es würde dem Bösen Vorschub leisten.

Sarah Palmer, die Mutter von Laura Palmer, die nichts tut, obwohl sie weiß, was Leland seiner Tochter antut, personifiziert diese unterlassene Hilfeleistung und wirft die Frage auf, was schlimmer ist: Böses zu tun oder nichts gegen das Böse zu unternehmen, wenn man es als solches identifiziert hat. Denn obwohl stets die Möglichkeit besteht, dass das Böse durch uns spricht, besteht auch immer die Möglichkeit, sich vor ihm zu verschließen und es zu bekämpfen. So etwas wie passive Ohnmacht gibt es nicht. Auch bei Lynch ist es immer eine Entscheidung und eine Frage des Willens, nichts zu tun und das Böse Einzug halten zu lassen.

Für Foster Wallace besitzt das Böse bei Lynch viele Gesichter – oft in einer Person. BOB, der auch Leland Palmer ist, ist hierfür das beste Beispiel. Sie sind zwei unterschiedliche Identitäten und Entitäten: Sie sind zwei – aus spiritueller Sicht aber ebenso eins. In einer Schlüsselszene in *Twin Peaks* in Episode 16, als Leland tot ist, führen die FBI-Agenten Dale Cooper und Albert Rosenfeldund Sheriff Truman eine Debatte über den Verbleib von BOB. Ist BOB eine physische Inkarnation der unterdrückten Dämonen Leland Palmers?

Sie kommen zu dem Schluss, dass Bob eine Manifestation des Bösen ist, das der Mensch zu tun in der Lage ist. Böses tun die Menschen also selbst – obwohl oder gerade weil sie von ihm besessen sind. BOB ist eine Manifestation dieses Bösen und das Böse erhält durch ihn eine Gestalt. Doch gäbe es BOB auch, wenn Leland ihn nicht in sich aufgenommen hätte? Wenn Leland seine Tochter nicht ermordet hätte? Wenn Sarah etwas dagegen unternommen hätte? Oder noch grundlegender: Gibt es neben BOB, der nach den Erkenntnissen dieser Gruppenmeditation in der Polizeistation nicht die reine Idee des Bösen ist, sondern selbst nur eine Manifestation, etwas Böses, das noch wahrhaftiger ist?

> »This is the water and this the well.
> Drink full and descent.
> The horse is the white of the eyes and dark within.«
> (aus *Twin Peaks: The Return*)

Geist

»Could it be that there's such a thing as enlightenment? Is that real or is it just some Indian thing? No I know it's real.«

DAVID LYNCH

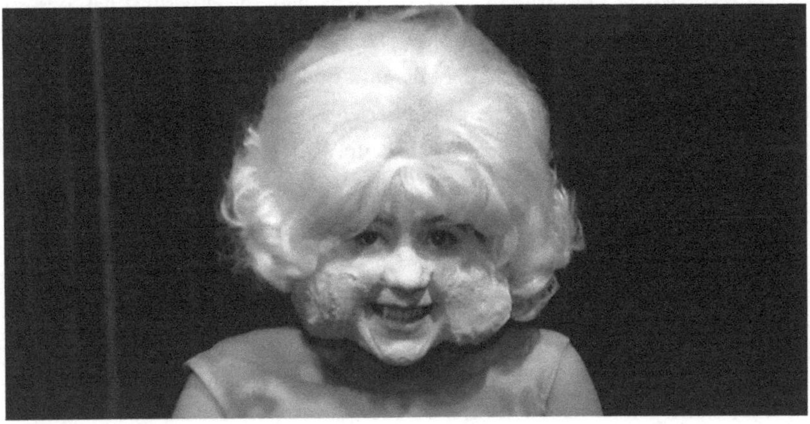

Glaubt Lynch an eine höhere Macht? An einen Gott? Gar an den einen Gott? Wie können wir erklären, dass Spirituelles in seinem Werk eine so große Rolle spielt? In welchem Verhältnis stehen Religionen mit seiner Kunst? Und wie weit geht Lynch, um die Fragen zu beantworten, die ihn umtreiben? Das alles wollen wir mit dem Begriff des Geistes beantworten. Ein Exkurs ins Jenseits, das bei Lynch bevölkert ist von Geistern.

Lynchs Vater Donald war ein gläubiger Mensch. Das prägte seinen Sohn David, der wie er Presbyterianer war. Heißt, die Lynchs glaubten unter anderem daran, dass Gott die Erde und das Universum erschaffen hat. Sie glaubten an Jesus und an die Bibel.

Im Presbyterianismus ist die Vorstellung von Inspiration zentral. (→ Inspiration) Das bedeutet: Gott spricht durch die Menschen, die er berührt hat, und so sind diese Menschen durch ihn inspiriert. Im presbyterianischen Weltbild wird Sünde bestraft und Rechtschaffenheit belohnt und deshalb verwundert es nicht, dass Lynch in seinen Filmen verrottete Seelen zeigt, die am Ende himmlische Gnade erfahren dürfen. Wir denken an Laura Palmer, die auf Erden in Sünde lebte und sich am Ende von *Twin Peaks: Fire Walk with Me* dann in eine jenseitige Engelsfigur verwandelt. Die Basis für den Presbyterianismus sind die Lehren des französischen Reformators Johannes Calvin. Seine These: Die Menschheit ist durch den Sündenfall von Adam und Eva tief gespalten. Gut und Böse. Gerecht und verdorben. Dualitäten (→ Meditation) und Kontraste (→ Kontrast) sind Konzepte, die auch bei Lynch zentral sind. Und vor allem in den Figuren, die übernatürliche Kräfte haben, finden wir diese Konzepte wieder.

Weil Donald Lynch ein Wissenschaftler war, konnte er aber nicht glauben, dass der Schöpfungsakt innerhalb von einer Woche über die Bühne ging – so wie es in der Bibel steht. Und deshalb glaubte er ebenfalls an das Konzept der Evolution. An den Prozess, der seit Millionen von Jahren andauert und aus dem sich auch der Mensch entwickelt hat. Diese väterliche Mischung aus Glaube und empirischem Zugang zur Welt und dass beides sich nicht ausschließt, prägte Lynch und seinen Ausdruck in der Kunst. Seit seiner Kindheit ist er dennoch empfänglich für christliche Motive. Schon als kleiner Junge malte er Bilder, die von Erlösung und Kreuzigung handelten.

Wenn er an seine Kindheit zurückdenkt, sagt Lynch: »I believed in god in my own way.« Er hätte sich über Gott zwar nicht groß den Kopf zerbrochen, aber er war sich schon immer sicher: »There was something kind of running the thing.« Gibt es ein Etwas, das die Fäden zieht? Eine Frage, die ihn noch fünfzig Jahre später umtreibt: *Who Pulls the Strings* (2008) heißt nämlich eine seiner Lithografien, die eine weiße, übergroße Figur zeigt, die bedrohlich im Dunkeln wandert. Unterarme, Hände und Ellbogengelenke sind vom Körper abgetrennt. Weiße Schneisen schneiden sich in die Figur hinein. Ein Gott, der ins Wanken gerät? Lynch bleibt sehr vage in dieser Zeichnung.

Je älter er wurde, desto mehr entfernte Lynch sich vom Presbyterianismus und wandte sich Glaubensformen aus dem asiatischen Raum zu. Heute glaubt Lynch zum Beispiel an die Reinkarnation. Also daran, dass die Seele eines Menschen nach dem Tod in einen anderen Körper übergeht, wenn ein neuer Mensch geboren wird. Lynch sagt, dieser Glaube helfe ihm, gelassen zu bleiben, wenn es ums Älterwerden geht. Besonders die Tode seiner lieben Freunde und Kollegen innerhalb kurzer Zeit – darunter Harry Dean Stanton (2017), Miguel Ferrer (2017) und Catherine Coulson (2015), die alle in *Twin Peaks* mitspielten (→ Lynch-Mob) – konnte er so besser verarbeiten. Lynch führt dazu aus:

> »Life is a short trip but always continuing. We'll all meet again. In enlightenment you realise what you truly are and go into immortality. You don't ever have to die after that.«

Was er mit »enlightenment«, also Erleuchtung, meint? Lynch vertritt östliche spirituelle Überzeugungen und spricht aus seiner täglichen Praxis der Transzendentalen Meditation heraus, die für ihn auch Lebenskonzept ist. Unter Erleuchtung versteht er also einen Zustand des höheren Bewusstseins. Eine Art der spirituellen Erweckung, die zu einem tiefen Verständnis von der Natur des eigenen Selbst und des Universums führt. Vollständiges Wissen. Die Abwesenheit von Unwissen. Frei von Leid sein und vom zyklischen Joch des Lebens. Erreicht jemand diesen Zustand, so transzendiert er (→ Meditation) und ein Gefühl der Einheit mit allem, was ist, formt sich aus. Das Ego, das eigene Bewusstsein, geht über in dieses unmanifestierte Feld der Einheit – die Grenzen des Egos lösen sich auf. Man versteht das Universum nun, weil man unmittelbarer Teil von ihm ist: Das individuelle Bewusstsein ist verschmolzen mit dem universellen

Bewusstsein. Ist Lynch in diesem Zustand also zur Überzeugung gelangt, dass der physische Tod nicht das Ende der Existenz bedeutet?

Lynch glaubt, dass es nur wenige Menschen auf der Erde gibt, die eine solche Erleuchtung erfahren haben. Er ist davon überzeugt, dass diejenigen, die erleuchtet sind, zu einer Form der künstlerischen Arbeit fähig sind, die alle anderen Formen übersteigt. Denn diese Menschen sind im Einklang mit der Natur und somit sind es auch ihre Werke. Und ihr Werk wäre es, Menschen zu helfen. Sie selbst auf den Weg der Erleuchtung zu geleiten. Die Natur? Ja, denn sie empfindet Lynch nicht als grausam – sie trägt die Balance in sich. Sie erscheint uns manchmal nur als grausam, denn wir können die Balance nicht erkennen. Warum nicht? Weil wir nur einen Teil des großen Ganzen sehen können. Nur einen Teil der Herrlichkeit der Natur. Sie zeigt sich uns in Kontrasten und oft sehen wir diese Kontrastpunkte, ohne uns zu vergegenwärtigen, dass es einen oppositionellen Punkt gibt: Auf der Welt sind wir konfrontiert mit brutaler Gewalt – doch es gebe auch Frieden. Extreme Bösartigkeit gebe es dort – doch da sei auch Güte.

Als Lynchs Biografin Kristine McKenna ihn 1992 interviewte, fragte sie ihn auch, ob er bete. Das tue er, sagte Lynch. Auch religiöse Erfahrungen habe er gemacht. Von einer erzählt er: Einmal war er im L.A. County Museum of Art, um sich dort eine Ausstellung von geschnitzten Sandsteinen aus Indien anzusehen. »I was there with my first wife and our daughter Jennifer and I wondered off and got separated from them. There was nobody around, just these carvings and it was really quiet. I rounded a corner and my eyes went down the corridor and there was a pedestal at the very end. My eyes went up the pedestal and at the top was this head of a Buddha. When I looked at the head, white light shot out of it into my eyes and it was like boom! I was full of bliss. I had other experiences like that.«

Vollendete Glückseligkeit. Überhaupt die Möglichkeit, diese zu erreichen, ist es, die ein Leben für Lynch zu einem lebenswerten macht. Aber warum streben wir überhaupt danach, einen Sinn im Leben zu finden, fragt ihn McKenna. Weil das Leben ein Geheimnis ist, sagt Lynch. Ein Rätsel, das wir lösen wollen. Wir sind dazu bestimmt, tiefer zu graben. Verdammt dazu, einen Sinn zu suchen. Lynch glaubt daran, dass wir das Rätsel eines Tages lösen werden. Zu viele Hinweise gebe es. Auch Beweise. Der ultimative Beweis? Jene vollkommene Glückseligkeit des Bewusstseins. Eine Glückseligkeit, die über den Tod hinausgeht, nicht wahr, Mr. Lynch? Oder noch konkreter gefragt und mit den Worten von McKenna: »What do you think happens after death?« Wie Schlafengehen ist das Sterben, sagt Lynch. Wie Schlafengehen nach einem anstrengenden Tag. Doch das Ende ist das nicht, denn vieles passiert, wenn wir schlafen, sagt Lynch. Und dann wachen wir wieder auf und ein neuer Tag bricht an, an dem wir viel erleben werden. Was genau wir erleben werden und wo die Reise dann hingeht nach dem Tod, das weiß er nicht. Aber er hat Geschichten darüber gehört. Dass das Sterben die größte Angst von allen ist, das empfindet auch Lynch so. Denn wir wissen so wenig darüber. Wir wüssten ja nicht einmal, wie lange das dauert, zu sterben, sagt Lynch: Wenn jemand aufgehört hat zu atmen, stirbt er dann noch? Oder ist er schon tot? Am Ende des Gesprächs mit McKenna hat Lynch auch zum Thema Sterben noch ein schönes Bild parat, das er sich von einem Sprichwort östlicher Religionen leiht. Er erwähnt darin den großen amerikanischen Schauspieler und Comedian George Burns (1896–1996), der zum Zeitpunkt des Interviews 96 Jahre alt war und erst vier Jahre später fast am selben Tag starb:

> »Eastern religions say the soul needs a few days to exit the body and I've heard that exiting the body is painful. You've gotta kind of pull yourself out of your earthly existence. It's like getting the pit out of a young peach. When George Burns dies, he'll be such an old peach that the pit won't be stuck. That pit will just pop right out there – this will be such a beautiful thing.«

Es ist die Neugier, die Lynch solche Gedanken anstellen lässt. Gedanken, die manche Menschen wohl gar nicht zulassen, denn sie bringen uns an die Grenze des Vorstellbaren: Was kommt nach dem Tod? Keiner weiß das. Lynchs Neugier, seine Intuition sind es auch, die ihn zu dem machen, der er ist: ein Mensch, der nicht vor den dunklen Dingen in der Welt zurückschreckt. Einer, der der Dunkelheit, dem Tod ins Auge blickt und sich fragt, was sich dahinter verbirgt. Als Lynch 2007 beim Radiomoderator Alex Jones zu Gast war, konnte man meinen, diese unbändige Neugier, dieses tiefe Bedürfnis, Antworten zu erlangen, würden ihm zum Verhängnis. Jones nämlich ist bekannt für die Verbreitung von Verschwörungstheorien – unter anderem zu den Terroranschlägen am 11. September 2001. Und im Interview schien Lynch dessen Ausführungen gut nachvollziehen zu können.

Jones nimmt in seinen Beschreibungen zu den Anschlägen auf das World Trade Center, in Pennsylvania und auf das Pentagon Bezug auf ein Interview, das Lynch drei Monate zuvor im niederländischen Fernsehen gegeben hatte. Darin diskutierte Lynch mit der Moderatorin einen Ausschnitt aus der Dokumentarfilmreihe *Loose Change* (2005–2009) von Dylan Avery. Eine Reihe, die sich unter anderem mit der Theorie beschäftigt, die Anschläge könnten von der US-amerikanischen Regierung orchestriert worden sein. Lynch zeichnet in diesem Interview narrative Wege aus der Dokumentation nach, wonach sich die Dinge am 11. September 2001 womöglich anders zugetragen haben, als sie der Öffentlichkeit präsentiert wurden. Zum Beispiel sei das Loch im Pentagon zu klein für ein Flugzeug, das dort hineingeflogen sein soll. Auch hätte die Regierung den Moment nicht gezeigt, als sich das Flugzeug ins Gebäude bohrte – obwohl es dort, in der Zentrale des US-amerikanischen Verteidigungsministeriums, wohl offensichtlich genügend Kameras gegeben hätte. Auch bei den Einschlägen im World Trade Center sieht Lynch Ungereimtheiten. Und beim vierten Flugzeug, das bei Pittsburgh, Pennsylvania, abstürzte? Da sei nur ein Loch im Boden, allerdings kein Wrack gefunden worden. Man müsse nicht alles glauben, was in der Dokumentation erzählt wird, so Lynch. Aber: Er stellt sich nun Fragen, die er sich zuvor noch nicht gestellt hat. Antworten hat er aber keine. Und was hält er von der Theorie, dass die amerikanische Regierung hinter all dem steckt, fragt ihn die Moderatorin. Das sei doch etwas, worüber keiner nachdenken wolle. »It's the things that make you look at what you thought you saw in a different light«, antwortete Lynch im niederländischen Fernsehen – und Jones greift das drei Monate später auf: Warum hat Lynch das gesagt? Glaubt er tatsächlich an eine Verschwörung? Wir alle seien Hobbydetektive, antwortet der: »We get this feelings, that there's more going on than meets the eye.« Wir würden in einer Welt voller Hinweise leben. Einer Welt voller Geheimnisse und diese Geheimnisse könnten gelüftet werden: »So it makes us wonder. And the next step is: We need answers.« Und bei den Terroranschlägen hatte er dieses Gefühl, dass hier etwas nicht ganz richtig ist. Ja, er hatte Fragen. Und er wollte Antworten.

Lynch als Verschwörungstheoretiker zu bezeichnen, täte ihm Unrecht. Und es ist klar, dass Jones die entsprechenden Aussagen von Lynch in seiner Folge für seine Zwecke instrumentalisiert, aus solchen Verschwörungstheorien Kapital zu schlagen, indem er sie schamlos und zum Zweck, das Ganze zu romantisieren, etwa mit Angelo Badalamentis *Twin Peaks*-Thema untermalt. Oder zu mystifiziereren: Problematisch an dieser Situation ist ja, dass Jones Lynch für seine Erzählungen einspannt. Denn wo dieser Verschwörungen wittert, geht es Lynch lediglich darum zu unterstreichen, dass wir eben nicht alles wissen können. Dass es immer einen Bereich in der Welt gibt, den wir nicht erklären können.

Nein, Lynch ist kein Spinner. Jedenfalls nicht in diesem negativen Sinne. Und vielmehr können uns seine Gedanken zu den Terroranschlägen dazu dienen, ihn und seine Sicht auf die Welt besser zu begreifen. Im Gespräch mit Jones führt er jene Gefühle weiter aus, die er hat, wenn er etwas nicht begreifen kann. Die Gefühle, dass da mehr ist, als das Auge sieht. Er spricht von Intuition: »Intuition is the thing. Intuition ist higher than the intellect. [...] It's a flowing of knowingness.« Und an dieser Stelle sind wir nah bei Lynchs Meditation und das Lebenskonzept, das diese umgibt. Denn wenn wir es schaffen, in uns selbst abzutauchen, dann tauchen wir ab diese »knowingness«. In dieses Meer an Wissen, aus dem sich unsere Intuition speist. Die Intuition wächst, wenn wir uns in unserem Inneren befinden, so Lynch, denn die Intuition, sie liegt in unserem Innern. Sie ist für Lynch ein Meer, das aus Lösungen besteht. Und sie begleitet uns und lenkt uns, wenn wir Dinge wahrnehmen.

Um solche komplexen Vorstellungen in die Welt zu tragen, dafür hat Lynch stets die Kunst als Mittler verwendet. Wissen, Vorahnungen, Intuition, Tod und Leben. Seine Werke sind durchzogen von metaphysischen Ideen, die sich zwischen Diesseitigem und Jenseitigem bewegen. Geister besiedeln diese Gefilde und nirgends hat er dies anschaulicher und konkreter dargestellt als in seiner Serie *Twin Peaks*. Es sind darin die übernatürlichen Wesen, die als ein fiktives Werkzeug zur Veranschaulichung seiner Idee von einer Welt jenseits des Sichtbaren dienen. In Episode 3 der ersten Staffel etwa fragt Agent Dale Cooper seinen Kollegen Deputy Hawk, wie es der vergewaltigten und komatösen Ronette Pulaski gehe, die die Peinigung im Gegensatz zu Laura Palmer überlebt hat. Hawk antwortet, dass Körper und Geist sich noch nicht wiedergefunden hätten. Und in Episode 4 trägt sich der folgende Dialog zwischen den beiden zu:

> Cooper: Glauben Sie an die Seele?
> Hawk: An mehrere.
> Cooper: Mehr als bloß eine?

> Hawk: Eine Schwarzfußlegende. Wachende Seelen, die dem Körper und dem Geist das Leben geben. Eine Traumseele wandert.
> Cooper: Traumseelen. Wohin wandern die?
> Hawk: Irgendwohin. Weit fort. Ins Land der Toten.
> Cooper: Dahin, wo Laura jetzt ist?
> Hawk: Laura liegt unter der Erde, Agent Cooper. Das ist das einzige, was ich sicher weiß.

Ja, Spirituelles und Religiöses sind bei Lynch und auch in seinem Werk zentral. Zeigt das, wie tief Spirituelles und Religiöses in Lynch selbst verankert ist? Hinweise darauf gibt es. Zum Beispiel, wenn wir uns einen Teil der Entstehungsgeschichte seines ersten Langfilms *Eraserhead* ansehen, von dem Lynch sagt, dass er sein spirituellster Film sei. Lynch sagt über den Film auch, dass er zunächst überhaupt nicht wusste, was er zu bedeuten hat. Seine Ideen dazu schienen konfus zu sein und eher fragmentarisch, wenig zusammenhängend: Ihm fehlte der Schlüssel, um zu enträtseln, was das alles zu bedeuten hat. Und es sei ein Kampf gewesen und nur ein einziger Ausweg blieb ihm, Licht ins Dunkle zu bringen: »Also nahm ich meine Bibel und fing an zu lesen. Und eines Tages las ich einen Satz. Und ich klappte die Bibel zu, das war's nämlich; das war es. Und dann sah ich die Sache als ein Ganzes. Und es erfüllte diese Vision für mich, zu hundert Prozent.« Okay, jetzt wird es aber spannend. Welche Passage aus der Bibel hat Lynch denn gelesen? Was war der Schlüssel für *Eraserhead*? »Ich glaube nicht, dass ich jemals verraten werde, wie dieser Satz lautete.« Ernüchterung. Mal wieder, wenn Lynch uns einen Brocken hinwirft, mit der ganzen Geschichte aber nicht herausrücken will. Dass es genügend Spekulationen darüber gibt, von welchem Satz Lynch so berührt wurde – klar. Und weil er besonders gut gefallen hat, hier der Vorschlag von Reddit-Nutzer BeneficialRhubarb727: »Wenn ich dachte, mein Bett soll mich trösten, mein Lager soll mir meinen Jammer erleichtern, so erschrecktest du mich mit Träumen und machtest mir Grauen durch Gesichte, dass meine Seele sich wünschte, erwürgt zu sein, und mein Leib wünschte den Tod.« (Hiob 7, 13–15, LU)

Im Kontext von *Eraserhead* ist diese Stelle aus dem Buch *Hiob* zu deuten als eine Erklärung der Tat des Protagonisten Henry Spencer, der sein Kind tötet. Wie Hiob, dessen Leben durch den Teufel verwirkt scheint, der am Ende aber von Gott erlöst wird, so wird auch Henrys Leben auf eine harte Probe gestellt: Seine Wohnung ist heruntergekommen. Die Geräusche der Industrie ringsherum sind schier unerträglich für ihn. Es tuckert und pfeift die ganze Zeit. Seine Schwiegermutter will ihn verführen, seine Anvertraute gebiert ihm ein Kind, das mehr tierisch ist als menschlich. Kaum lebensfähig, bemitleidenswert – es schreit und quiekt und scheint wegen seiner körperlichen Deformierungen starke Qualen zu leiden, Schleim läuft ihm aus allen Öffnungen und das Atmen fällt ihm schwer. Und als seine Frau ihn verlässt, weil sie wegen des unentwegt jammernden Kindes keinen Schlaf mehr findet, ist Henry mit der Kreatur allein. Er ist verzweifelt. Wünscht sich den Tod, wünscht dem Kind den Tod. Und es ist am Ende eine transzendentale Erfahrung, eine Eingebung aus der stotternden Heizung neben seinem Bett, die ihn zu dem Schluss kommen lässt, das Kind zu töten. Eine Eingebung, personifiziert in der geisterhaften »Lady in the Radiator«. Tänzelnd, grinsend, mit weißem Haar, weißem Kleid und seltsam aufgeplusterten, porösen, entstellten Wangen flüstert sie ihm ein, seiner Vaterschaft ein Ende zu setzen und sie singt:

> »In heaven everything is fine.«

Körper

»Since we are inside a body there is a yearning to look at them and know them.«

DAVID LYNCH

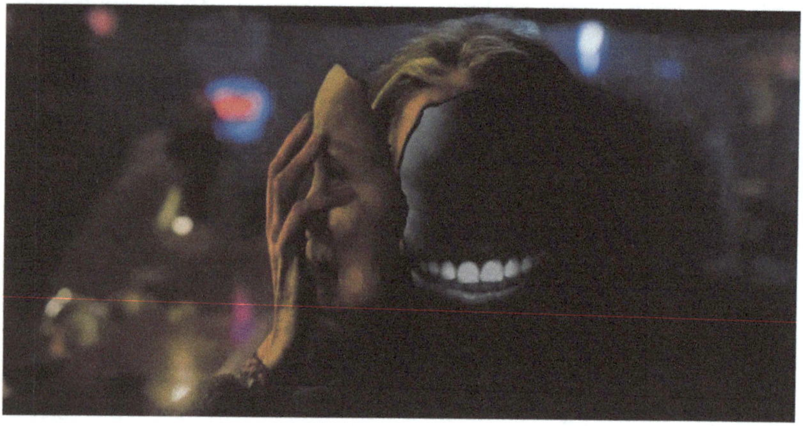

Die Pointe in Lynchs Bildband *Digital Nudes* (*Fondation Cartier pour l'art contemporain*, Paris 2021), einer Sammlung intimer Fotografien weiblicher Körper, lautet: Wenn Körper in den Fokus seiner Darstellung rücken, dann nur sehr selten im Ganzen. Vielmehr Körperteile, die Lynch mit der Kamera einzeln beleuchtet. (→ Frau; → Fotografie) Brüste von Frauen. Schenkel. Finger. Unscharf, scharf, verwaschen, hinter Armen versteckt, mitten im Bild oder am Rand. So nah, dass kleinste Falten in der Haut und Härchen auf ihr sichtbar werden. Spalten, Poren. Gespanntes und sich Überlappendes. Der Bauch, der Rücken. Gebeugtes, Gestrecktes. Immer: Unvollständiges.

Lediglich auf den letzten drei bebilderten Seiten des Bandes wagt sich Lynch an die Darstellung eines kompletten Körpers. Und schreckt zugleich davor zurück, ihn mit klaren Konturen zu zeigen. Und bleibt stattdessen vage. Die Körpergrenzen verschwimmen, denn die Körper bildet Lynch in verschiedenen Positionen ab und legt sie übereinander. Lange Belichtungszeiten. Bewegung vor der Linse. Und so scheinen sich die Körper selbst zu bewegen. Der Kopf, der zum Schemen, der beinahe unsichtbar wird. Gliedmaße liegen entweder blank da und wirken, als wären sie abgetrennt vom Körper. Oder sie lösen sich in der Bewegung selbst auf.

Der Bildband steht symptomatisch für Lynchs Darstellung von menschlichen Körpern in seiner Kunst. Und die Darstellungen sind deshalb so interessant, weil sie den Blick auf diese Körper durch ihre begrenzten Blicke verunmöglichen. Dass dies kritisierbar ist und dass vor allem die Frauen durch einen solchen Blick leicht verobjektiviert werden, ist in der folgenden Ausführung ebenso Thema, wie die Ästhetik von Lynchs Körpern zu umreißen: Wie nimmt er Körper wahr – seinen eigenen wie auch fremde? Welche Perspektive nimmt er ein, fragen wir uns und erlauben uns in diesem Zuge einen philosophischen Exkurs. Und nicht zuletzt: Warum trennt er in seinen Darstellungen Körperteile so oft vom Körper ab?

Als Lynch 1994 in der Radioshow *Fresh Air* zu Gast ist und mit der Journalistin Terry Grossüber Körper spricht, benutzt er eine interessante Formulierung: Der Mensch lebe *in* einem Körper, sagt er. Es dauert kurz davor einen Moment, bis er die richtigen Worte findet für das, was er ausdrücken möchte. Bis er artikuliert, was für ihn der Körper und auch die Seele (→ Geist) überhaupt sind: Wir leben in einem Körper und haben einen Geist – »spirit« im Original – dessen Eigenschaften uns zu dem machen, wer oder was wir sind.

Lynch sagt nicht, dass der Mensch als Körper lebendig ist, wie es aus medizinischer Sicht wohl am adäquatesten beschrieben werden könnte. Vielmehr charakterisiert er den Körper als eine Art Gehäuse, das der Mensch bewohnt wie ein Haus. (→ BOB)

In Lynchs Kunst ist es zunächst manchmal nicht ersichtlich, wie derjenige aussieht, der das Gehäuse bewohnt und was er im Schilde führt: Leland Palmer aus *Twin Peaks* etwa, der fürsorgliche, sensible Mann, der er nach außen ist, und der sich erst nach langer Zeit als Mörder seiner Tochter entpuppt, der vom Bösen besessen ist. Oder Laura Palmer selbst. Die schöne Highschool-Königin, unschuldig, engelsgleich nach außen. Im Innern ist sie verrucht, von Drogen zerfressen, von Depressionen geplagt.

Manchmal aber lässt Lynch bereits im Aussehen seiner Figur durchscheinen, wer oder was sie im Innern ist. Der psychopathische Killer in *Wild at Heart* (1990), Bobby Peru (Willem Dafoe), zum Beispiel, mit seinen verfaulten Zähnen. Oder der Mystery Man aus *Lost Highway* mit seiner bleichen Fratze, die einer Maske aus dem Gruselkabinett gleicht.

Wenn das Haus innen bereits zerfallen ist, dann bröckelt auch die Fassade, können wir in diesem Fall also sagen. Lynch zeigt den Verfall in seiner Kunst und lässt ihn körperlich werden: Wenn die Seele des Menschen krank ist, dann ist das nicht selten auch sein Körper.

Wie das bei Lynch noch aussehen kann? Hierfür ein Blick auf seinen allerersten Film *Six Figures Getting Sick (Six Times)* (1967). Auf einen animierten Experimentalfilm also, den er mit einem Budget von 200 US-Dollar drehte, als er gerade im zweiten Jahr an der Pennsylvania Academy of the Fine Arts in Philadelphia studierte. (→ Philadelphia)

Zunächst fällt auf: Bereits zu diesem frühen Zeitpunkt in seinem künstlerischen Schaffen bildet Lynch keine ganzen Körper ab. Sechs dysmorphe Figuren sehen wir hier, deren Organe nach außen durchscheinen. Geronnene, sich verflüssigende Körper mit maskenhaften Gesichtern, die sich erbrechen, nachdem sich unter einem sirenenartigen, sich wiederholenden Geraune eine grelle Flüssigkeit durch ihre Mägen pumpt. Kranke Körper. Dysfunktionale Körper. Und in ihr Inneres lässt uns Lynch nicht nur mittelbar über den kranken Körper, sondern wortwörtlich blicken: Das Erbrochene ergießt sich nicht nur aus den Körpern, sondern geht in sie über. Jack Fisk, mit dem Lynch an dem Film arbeitete, goss für dieses Spektakel sogar Lynchs Arme und Kopf in Gips.

Vom Film zur Fotografie, in der Krankheit oft eine ähnlich tragende Rolle spielt: Im Bildband *Images* (1994) etwa, der eine Vielzahl von Lynchs Fotografien präsentiert, gibt es das Kapitel *Organic Phenomena*. Zwei der eindrücklichsten Fotos sind auf den Seiten 118 und 119 abgebildet. Eines davon, von Lynch in einem Kellerraum eines Krankenhauses aufgenommen, zeigt amputierte Füße, Gangrän und Leber. Das andere Bild stammt aus seinem Film *Eraserhead* und präsentiert einen vom Körper abgetrennten Kopf, der auf der Straße liegt. Die Inszenierung dieser entfremdeten Körper, dieser entkoppelten Körperteile sind teils so vielschichtig, dass sie beim Betrachten ein tiefgehendes Unwohlsein auslösen.

Im Sinne der Phänomenologie, einer philosophischen Denkströmung, ist der Körper als eine Einheit zu begreifen, der sich durch Bewegungen und Inverhältnissetzung zur Welt ständig neu formiert und somit normiert. In der Beschreibung des Leiblichkeitsphänomens wird unterschieden zwischen dem Leib, der wir sind, und dem Körper, den wir haben. Und der Körper ist es, der uns vermittelt an die Lebenswelt und die Lebenswelt an uns, womit wir uns zu ihr verhalten können. Andere Körper zu betrachten, ist also bereits aus sich heraus interessant: Denn wir richten den Blick von etwas mit etwas auf etwas und alle diese Instanzen sind gleich beschaffen, denn sie alle sind leiblich – mit dem Unterschied, dass wir das eine sind, das andere haben und das dritte weder haben noch sind. Oder wir betrachten unseren eigenen Körper – oder noch besser: Wir greifen nach ihm. Mit unserer linken Hand nach der rechten zum Beispiel. Tun wir dies, dann erkennen wir uns plötzlich als etwas, das Subjekt und Objekt zugleich ist. Denn in dieser Berührung unserer selbst macht sich die Verschränkung des Leibkörpers bemerkbar.

Lynch sagt: Wir sind in einem Körper. Präziser: Unser Bewusstsein ist es, das (im Sinne des durch die Transzendentale Meditation verkörperten Konzeptes des einheitlichen Feldes) den Körper besitzt. Das ihn bewohnt. (→ Meditation). Wir sind somit ein Bewusstsein, das einen Körper hat. Und was ist dieses Bewusstsein anderes als der phänomenologische Leib, der nach der Hand greift? Lynch spricht vom »Wir« und vom Verlangen danach, das zu betrachten, wo sich dieses »Wir« befindet – im Körper: »Since we are inside a body there is a yearning to look at them and know them. And they exist in many shapes and forms and they have such interesting textures. It's an important place to start this search for the secrets of many things that go together make up paintings or art.«

Lynch fasziniert es, auf den Körper zu blicken. Auf das Phänomen, das der Null- und Ausgangspunkt jeglicher menschlichen Erfahrung ist. Und für ihn sind Körper keine festen Gebilde. Zwar folgen sie einer Logik, doch diese Logik erlaubt verschiedene Ausprägungen. Diese Ausprägungen zeigt er uns, indem er die Körper in seiner Kunst viele Formen annehmen lässt. Darin lässt er den Körper etwa zu Orten werden, die niemals vollständig zu erforschen sind und die stets eine geheimnisvolle Aura umgibt. Doch zugleich ist der Körper dasjenige, mit dem diese Geheimnisse erforscht werden können. Er ist Erforscher und zu Erforschendes und so zeigt sich auch in Lynchs Kunst die leibkörperliche Verschränkung, wonach der Körper Erfahrungsort und erfahrener Ort zugleich ist.

Das bereits erwähnte leibliche Verhalten zur Welt lässt sich in der Phänomenologie mit dem Begriff der Intentionalität abbilden. Sie beschreibt die Natur des Bewusstseins als einen Strom zwischen Subjekt und Objekt: »Intentionality is this invariant correlation that structures and directs our experience and, from the first, infuses it with meaning.« (Vivian Sobchack, *The Address of the Eye*) Das Entscheidende ist nun, dass sich der Körper stets im Ganzen zu einem Objekt verhält – als körperliche Einheit, die sich durch ständiges Handeln und Bewegen als eine solche normiert.

Doch wie entsteht diese Einheit? Wie erhält sie sich und welche Rolle spielen die einzelnen Körperteile dabei? Durch den immerwährenden körperlichen Vollzug *er-bewegen* wir uns ein Wissen über unseren Körper. Ein Wissen, das sich in einem Gewahrsein unseres Körpers ausdrückt, durch das wir uns unserer Körpergrenzen nicht-bewusst bewusst sind: Schließen wir unsere Augen, sehen wir nicht, wie weit unsere Hände in den Raum hineinreichen, in dem wir uns befinden, dennoch wissen wir um sie und ihre Reichweite.

Vom Körper geht jede Erfahrung aus und er ist die Bedingung, dass Erfahrung überhaupt stattfinden kann. Erst in seiner Einheit, die sich durch eine aufeinander abgestimmte Vielheit in den Körperteilen ausdrückt, ermöglicht er uns einen Zugriff zur Welt: Wenn wir mit der Hand zur Kaffeetasse greifen, wenden wir uns mit unserer gesamten leiblichen Wahrnehmung zur Tasse hin. Um bei dem Beispiel zu bleiben: Nicht die Hand greift nach der Kaffeetasse, sondern ich, der ich mein Leib bin und meinen Körper habe, durch den ich meine leibliche Intentionalität zur Welt ausdrücken kann.

Beispielhaft lässt sich das Phänomen der Intentionalität wunderbar an der Figur Dougie Jones aus *Twin Peaks: The Return* (2017) beschreiben. Kyle MacLachlan liefert hier eine bahnbrechende Performance ab, die an die großen, Kult gewordenen Rollen von Charlie Chaplin erinnert: Slapstick, Unbeholfenheit, Komik. Unser Take: Dougie Jones ist die personifizierte, konzentrierte Intentionalität. Oder besser: Seine entrationalisiertes Handeln legt das Phänomen der Intentionalität frei, das uns allen eingeschrieben ist – denn, dass wir alle intentional agieren, das ist klar. Der Unterschied zu uns: Dougie ist ausschließlich durch körperliche Reize geleitet und auf diese reagiert er mit seinem Körper unmittelbar: ein Kaffee – schon ist Dougie unterwegs und rennt wie hypnotisiert hinter dem her, der ihn in der Hand hält. Alles andere um sich herum vergisst Dougie in diesem Moment. Er agiert absolut zielgerichtet, ohne dabei in der Lage zu sein, über sein Verhalten zu reflektieren. Der Strom zwischen Subjekt und Objekt fließt. Seine komplette Wahrnehmungskapazität ist von dem Becher mit Kaffee eingenommen. Sein ganzer Körper ist auf den Kaffee ausgerichtet. (→ Genuss) Er ist auf den Kaffee ausgerichtet. Sein Verhalten ist rein intentional, indem er niemals nur wahrnimmt, sondern immer etwas wahrnimmt, auf das er sich dann vollständig bezieht.

Wie kann man Lynchs Blick auf den Körper aus phänomenologischer Sicht also deuten? Handelt es sich doch offenbar bei seinem Blick in der Kunst um einen, der kaum dazu dienen kann, den Körper als etwas Ganzes zu erfassen. Vielleicht ist Lynchs Blick ja als ein Versuch zu deuten, das schwer zu greifende Phänomen des Körpers erklären zu wollen, den wir einerseits zwar als Ganzes wahrnehmen, andererseits aber niemals als vollständig Ganzes sehen können. Vielleicht ist sein Blick der Versuch, dieses Paradox künstlerisch abzubilden (es natürlich aber nicht aufzulösen). In unserer blickhaften Wahrnehmung schließlich bleibt immer ein Teil unseres Körpers im Dunkeln: Immer sehen wir etwas von unserem Körper nicht. Selbst im Spiegelbild, denn ein Teil unseres Körpers verbirgt sich immer vor unserem Blick auf uns selbst. Ist das, was Lynch abbildet, also die Wirklichkeit, so wie sie sich uns im Blick auf unseren eigenen Körper zeigt?

Gehen wir in die Testphase: Sehen wir an unserem eigenen Körper nach unten, so sehen wir in der Regel zwei Hände. Sie ragen in die Welt hinein. Und verfolgen wir sie nicht zurück bis zu dem Ort, an dem sie mit unserem Körper verbunden sind, dann sehen wir gar nicht, dass sie zu unserem Körper gehören: Unser Blick versperrt uns die Sicht auf unseren Körper, wie er wirklich ist, denn sein Wahrnehmungsfeld ist begrenzt und in ihm finden wir nicht alle Teile unseres Körpers. Was uns Lynch in seiner Kunst also zeigt, ist eben diese Begrenztheit des Blicks auf den eigenen Körper. Und zwar indem er den Körper auftrennt. Ihn spaltet, seine Gliedmaßen abtrennt und diese wie in der Lithografie *Two Hands* (2015) lose auf dem Papier serviert.

Was aber ist mit den Teilen unseres Körpers, die sich unserem Blick vollständig entziehen? Das eigene Auge zum Beispiel, durch das wir uns sehend zur Welt verhalten und das wir selbst nie sehen können. In *Guru*, eine Lithografie aus dem Jahr 2008, zeichnet Lynch ein Auge, unter dem eine Flamme lodert, unter der wiederum ein anderes Auge zu sehen ist. Wieder lässt sich interpretieren, Lynch weise hier auf eine körperliche Grenze hin, wenn er ein Auge zeigt, das auf ein Auge blickt. Eine phänomenologisch gezeichnete Grenze, die darin besteht, dass zwar prinzipiell jeder sehen kann, niemals aber sehen kann, womit er sehen kann: das eigene Auge, das Teil unseres Körpers ist, das wir nicht sehen können, um das wir aber dennoch wissen, denn sonst könnten wir nicht sehen.

Dadurch dass wir uns unseres Körpers gewahr sind, wissen wir um den körperlichen Raum und wie weit dieser Raum in die Welt hineinreicht. Dieses Gewahrsein lässt sich konzeptionell mithilfe des Körperschemas fassen. Und durch dieses Schema ist es möglich, den leiblichen Singular zu erfassen, der unsere Zur-Welt-Gerichtetheit ausmacht – nach dem Phänomenologen Maurice Merleau-Ponty umfasst dieses Schema das »Gesamtbewusstsein meiner Stellung in der intersensorischen Welt«. Ja, es fasst ein körperliches Gewahrsein, da es sich nicht um einen bewussten Prozess einer gerichteten Betrachtung des eigenen Körpers handelt: Wir wissen um die Reichweite unserer Körperteile, noch bevor wir uns sie bewusst machen.

Das Konzept des organischen Phänomens, das Lynch so fasziniert und das er in seiner Kunst beschreibt, scheint das Körperschema zu implizieren: ein Konzept des Körpers, das Regeln folgt, die der Körper selbst aufstellt. Ein Körper, der sich selbst zusammenstellt und sich zu einer Einheit formiert. Lynch sagt zu Gross: »I am very interested in organic phenomenon […] I think there's a lot to learn like about proportion and repetition of shapes. A painting that works obeys certain rules. And those rules work in the way the body is put together as well.« Und ähnlich wie Merleau-Ponty, der den Leib als eine Textur beschreibt, die allen Gegenständen gleich ist, insofern der Leib unser einziger Zugang zur Welt und zu den Gegenständen darin ist, schreibt Lynch dem Leib eine Rolle zu, die über die rein körperliche hinausgeht: Wenn Lynch von »body« spricht, meint er eine Logik mit, die seiner Kunst eingeschrieben ist. Genauer: Der Physiognomie, der Struktur des organisch gedachten Körpers, liegt dasselbe Gesetz zugrunde wie den Formen in der Kunst.

Gelegentlich lässt sich in Lynchs Kunst beobachten, dass bestimmte Körperteile für andere Körperteile oder gar stellvertretend für ideell gänzlich anders beschaffene Phänomene stehen. Stellen wir zum Beispiel die beiden Lithografien *A Man Talks To Himself* und *Playing With Fire* (beide 2015) einander gegenüber, so fällt auf, dass Lynchs Darstellung einer Hand einerseits (*Playing With Fire*) und die abstrakte Darstellung des Selbstgesprächs eines Mannes (*A Man Talks to Himself*) sich ähneln – und zwar nicht nur in der im Absatz zuvor beschriebenen physiognomisch-formalen Logik: In beiden Bildern zeigt Lynch langförmige, vielendige Körperteile. Die Hand, die beim Spiel mit dem Feuer eine zentrale Rolle spielt, einerseits. Interessanter aber ist die Zeichnung des Mannes, der zu sich selbst spricht. Denn Lynch zeigt keinen sprechenden Mann, sondern den Gedanken selbst, der sich im Kopf des mit sich selbst sprechenden Mannes leibhaftig manifestiert hat. Und in dieser Darstellung wird der Kopf selbst, in dem der Gedanke um sich greift, zu etwas Handähnlichem, in dem das Selbstgespräch stattfindet.

Auf diese Weise können wir uns tastend und mit Lynchs Hilfe dem Phänomen der Synästhesie nähern, das im medizinischen Sinn eine Reizempfindung eines Sinnesorgans meint, obwohl ein anderes Sinnesorgan gereizt wird. Farben riechen, die man eigentlich nur sehen kann. Oder bei Lynch in dem eben beschriebenen Fall: nach bald Gesprochenem greifen, das wir eigentlich nur hören können. Phänomene wie diese reichen bei ihm über das menschlich-körperliche hinaus. Denn in seiner Kunst offenbaren sich Neuformierungen des Körpers, dem Körperteile anhaften, die ihm außerhalb des Lynch'schen Kosmos seiner Art nach überhaupt nicht anhaften können. Ein passendes Beispiel für einen solchen Lynch'schen Wolpertinger: die Evolution des Armes in *Twin Peaks: The Return* (2017), der in der Geschichte von *Twin Peaks* früher der zwergische »Mann von einem anderen Ort« war. Ein unkonventioneller Körper, der unkörperliche Laute von sich gibt. Ein Körper, der zu Teilen aus Holz besteht, einen fleischigen Kopf besitzt und elektrisch geladen ist. Er zuckt und kommuniziert via elektrischer Signale. Ästige Extremitäten und kopfartiges Geschwulst – beides ist gleichermaßen in das Körperschema dieses Armes integriert, der sich zischend zur Welt verhält und um jede seine pulsierenden Verästelungen weiß. Wie ein Arm sieht er nicht aus, vielmehr als besäße er viele von ihnen. »I am the arm and I sound like this«, sagt er und gibt Impulse an seine Umwelt ab.

Lynchs Blick auf den Körper wird im von Jean-Charles Vergne, Pierre Zaoui und Mathieu Potte-Bonneville erstellten Katalog zur gleichnamigen Ausstellung *David Lynch: Man Waking from Dream* (2012) anschaulich gezeigt. Im Unterkapitel III zu *Rabbits* heißt es darin: In »Lithografien, die David Lynch dem Körper widmet, [werden] häufig die Organe von ihrer Form getrennt (*Torso, Head and Hand, Woman in Parts*), herausgerissen, verletzt (*I Pull Your Tooth Out, Arm of Sores*) oder versetzt (*Valley of Shadow* […]) dargestellt […] Der zerstückelte Körper, die Lücke, die das punktierte Organ hinterlässt, sind bevorzugte Motive […]: Zersetzung in autonome Teile, Zersetzung des Fleisches in eine faszinierende Abstraktion in den verschiedenen Stadien der Verwesung.« Nicht oft genug können wir darauf hinweisen, wie sehr diese Zersetzung in Lynchs Blick auf den Körper eingeschrieben ist. Und so selbstverständlich ebenso in seinem Blick auf den weiblichen Körper. In besagtem *Torso* etwa zeigt Lynch den schwarz schraffierten Abschnitt des Oberkörpers einer Frau, der einige Zentimeter unter der Brust beginnt und oben kurz vor dem Kopf endet. Arme sind nicht zu sehen. Dafür die zwei Brüste einer Frau, die die zentralen Elemente in dieser Zeichnung sind.

Es wäre verkürzt dargestellt und wahrscheinlich schlicht falsch zu behaupten, Lynch reduziert die Frau hier auf ihre Brüste. (→ Frau) Dennoch gibt es diese Kritik. Und sie scheint zu Teilen nicht unberechtigt: Warum bildet Lynch die Frauen vor allem in Teilen ab? Warum, wenn er sie doch auch ganz abbilden könnte und auf diese Weise ihre Schönheit auch durch ihre Wesen zeigen könnte? Da liegt es nahe zu behaupten, Lynch ver-objektifiziert die Frau in solchen Momenten. Denn durch die separate Darstellung von Körperteilen entfernt er sich ja vom Subjekt. Vom Körper, den eine Frau hat, der ein Ganzes ist und sich nur in diesem Ganzen und ungeteilt zur Welt verhalten kann.

In zahlreichen seiner Werke fokussiert Lynch auch diejenigen Körperteile (die meist einer Frau gehören), die der Begierde eines männlichen Blicks dienen könnten. Die Independent-Regisseurin Nina Menkes schildert in ihrem Filmessay *Brainwashed: Sex-Camera-Power* (2022) solche Beobachtungen – und zeigt auch Filmausschnitte aus Lynchs *Lost Highway* (1997), in denen Patricia Arquettes Figur in laszIver Pose während des Geschlechtsakts zu sehen ist. Und doch versäumt Menkes hier eines: Lynchs Blick auf die Frau ist zugleich auch immer ein Blick auf den Mann selbst. Auf ihn, seine Begierde und was passiert, wenn sie nicht erfüllt werden kann. Auf den Moment, in dem der Mann an seinem eigenen Blick zugrunde geht, denn der Blick ist es, der den Mann gnadenlos seiner eigenen Begierde aussetzt. Auf ihn, der seinen Blick nicht überwinden kann. Schwächer ist als er. Es scheint für Lynch auch ein Blick auf sich selbst zu sein hinter der Kamera. Er selbst, der diesen Blick verkörpert und durch die Kamera technisch manifestiert. Menkes entgeht, dass es Frauen wie Arquettes Renée Madison beziehungsweise Alice Wakefield sind, die am Ende über den Mann triumphieren, indem sie ihm dasjenige nicht geben, was er aus seiner eigenen Sicht benötigt, um Mann sein oder als männlich gelten zu können:

> »You'll never have me.«
> (Alice Wakefield zu Fred Madison in Lost Highway)

Lynchs Blick auf die Frau ist also auch ein kritischer Blick auf den männlichen Blick. Doch unabhängig davon, wie wir Lynchs Frauen interpretieren (→ Frau) – unumstritten ist, dass er sie gerne in Szene setzt. Und zwar oft auf erotische Weise und nicht selten mit Fokus auf ihre Geschlechtsmerkmale. Und das zeigt auch: Die Ästhetik des weiblichen Körpers ist für Lynch nichts, das er in seiner Kunst verstecken möchte. Er möchte den Körper darstellen und zeigen, weil er ihn selbst nicht vollends versteht und er ein Mysterium für ihn ist. Er möchte begreifen, indem er abbildet. Und so lässt sich die Darstellung von Teilen des weiblichen Körpers als ein Versuch Lynchs deuten, die Frau zu begreifen. Von ihrem Körper aus sie selbst zu entschlüsseln. Gut zu sehen im zu Beginn erwähnten Bildband *Digital Nudes*, in dem er den weiblichen Körper auf zig Seiten erforscht, ihn zerteilt, die Teile in aller Ausführlichkeit ausbreitet, ohne sie jemals wieder zusammenzusetzen. Blatt für Blatt. Körperteil für Körperteil. Teile, die sind wie Puzzleteile, die niemand für ihn zusammensetzen vermag. Auch er selbst nicht. Nur zwei Seiten können wir stets sehen – selbst durch die Form des Buches ist unser Blick begrenzt.

Auch explizite Darstellungen des sexuellen Akts finden wir bei Lynch. In seinen Lithografien zum Beispiel. Zu seinen explizitesten Zeichnungen zählt *X. O. II* (2012): ein Mann, der mit seinem Penis in die Vagina der Frau eindringt. Auf der einen Gesäßhälfte der Frau ist die Zahlenfolge ».12. 12. 12.« zu lesen und auch hier ist Lynchs Blick reduziert auf Körperteile – er öffnet sich nicht für den ganzen Körper. In diesem Bild sind es die Geschlechtsorgane und der Intimbereich um diese Organe herum, die diesen reduzierten Blick auf sich ziehen. Und wir sehen: Der Blick auf den Akt in dieser Szene geht von keiner der beiden Figuren aus, die am Akt teilhaben. Stattdessen handelt es sich um einen Blick von außen. Um unseren Blick.

Aus phänomenologischer Perspektive könnten wir nun behaupten, dass beim sexuellen Akt die Wahrnehmungsfelder der Partner jeweils vom anderen eingenommen sind. Ein Akt, der körperlicher nicht sein kann, lässt er sich doch recht gut mit einer Einverleibung des einen Körpers durch den anderen Körper beschreiben. Die Geschlechtspartner haben nur Augen für den jeweils anderen. Blicke treffen sich. Im Körperlichen kulminiert jenes Wahrnehmungsfeld im Bereich der Intimsphäre, die im Moment des Akts die leibliche Gerichtetheit zur Welt formt. Einer Welt, die wir in diesem Moment leiblich durch den Körper hindurch mit dem Partner teilen. Wir sind mit unseren ganzen Körpern auf den anderen ausgerichtet und das zeigt sich in der organischen Verschmelzung und im Einverleiben einander. Im Geschlechtsakt gipfelnden, intentionalen Verhältnis zu einer nun gemeinsamen Welt, die durch den Akt erst zu einer solchen wird.

In der Darstellung nahe an dieser Zeichnung des sexuellen Aktes zwischen Mann und Frau lässt sich in Lynchs lithografischem Werk auch das verkörperte Denken an eine Frau verorten. Denn das Denken als solches scheint Lynch als einen körperlichen Akt zu begreifen und in *Man Thinking of Woman* (2014) wird das besonders deutlich: der Körper des Menschen, an den die Figur denkt, befindet sich im Kopf des denkenden Menschen. Und zwar leibhaftig. Ein nackter weißer Frauenkörper, der in der weißen Aussparung im schwarzen Körper der denkenden Figur wabert. Ein Körper im Kopf, der Teil eines Körpers ist. Ein Körper im Körper also.

Es sind Gedanken an das Denken selbst, denen sich Lynch hier körperlich nähert und denen er auf diese Weise hab- und leibhaft werden will. Und spinnen wir diese Gedanken fort, so wird auch deutlich, dass Lynch die Idee (→ Idee), das zentrale Element seines künstlerischen Denkens, körperlich zu denken versucht. Denn das künstlerische Abbilden der Idee eines Gedankens an eine Frau ist ein körperlicher Akt, der weitere Dimensionen aufspannt, die jenseitig der Werkimmanenz liegen: Mit seinem Körper, den er bewohnt, malt Lynch nämlich den Teil eines Körpers, der an einen Körper denkt, und malt in diese denkende Figur den Körper einer Frau, die zugleich der Inhalt des Gedankens der denkenden Figur ist, welcher zuvor noch Lynchs eigene Idee war: der Gedanke daran, wie es ist, an eine Frau zu denken.

Auffallend an *Man Thinking of Woman* ist auch, dass Lynch den gedachten Frauenkörper beinahe als Ganzes zeigt. Ungewöhnlich. Lediglich die Extremitäten sind nicht zu sehen, weil sie vom breiten schwarzen Schädel des Denkenden verdeckt sind. Lässt sich also hier sagen, dass Lynch an die Frau als solche denkt, wenn er vom Gedanken an sie malt? Dass er an die Idee der Frau denkt, die den Frauenkörper zwangsläufig als Ganzes mitdenkt? Die Idee der Frau, die diejenigen Körperteile mit meint, die womöglich von gewissen Perspektiven aus gar nicht sichtbar sind, von dem wir jedoch wissen, dass sie da sind?

Der Schwerpunkt bei *I Pull Your Tooth Out* (2010), einer weiteren Lithografie, ist ein anderer. Hier zeigt Lynch eine schwarze Figur, die einen riesigen Zahn mitsamt seiner Wurzel in den Händen hält und in Richtung des Betrachters streckt. (→ Fetisch) Das ist nicht sonderlich brutal, zeigt aber, dass es nur wenig benötigt, damit ein Körper als entstellt gelten kann. Dass er bereits entstellt ist, wenn ihm ein Zahn fehlt, wird dieses Fehlende nur grotesk genug abgebildet. (→ Groteske) Und Lynch stellt in seiner Kunst grotesk dar. Indem er Dinge größer abbildet, als sie in Wirklichkeit sind, zum Beispiel. Ein gigantischer Zahn. Indem er körperliche Phänomene über sich hinausweisen lässt. Durch körperliche Entstellung zum Beispiel, die wir auch in seinem filmischen Werk finden. Exemplarisch der von Tumoren übersäte Körper von John Merrick in *The Elephant Man* (1980), über den Lynch im Interview mit Gross sagt: »You could have someone that was so horrible on the outside yet his spirit was so, so beautiful.« Oder der verunstaltete Säuglingskörper in *Eraserhead.*

Oder andererseits: Körper, die lediglich noch in sich hineinzuweisen in der Lage sind. Körper, die nicht mehr dazu in der Lage sind, das leibliche Selbst an die Umwelt zu vermitteln. Körperliche Abnormitäten und die Grenzen des körperlichen Handlungsspielraums interessieren Lynch sehr und so zeigt er in seiner Kunst auch Körper, die derart beeinträchtigt sind, dass sie nur in eingeschränkter Form am gesellschaftlichen Leben teilhaben können. Der von einer Herzattacke fast vollständig paralysierte Vater von Jeffrey Beaumont in *Blue Velvet* (1986) beispielsweise, der kaum noch sprechen und sich nicht mehr bewegen kann. Und als der Journalist Chris Rodley Lynch darauf anspricht, dass es in seinem Film *Wild at Heart* (1990) viele körperlich behinderte Figuren gibt, gibt Lynch ein Statement ab, das im Kern humanistischer nicht sein könnte:

> »Das sind ganz einfach Menschen auf dieser Welt. Wie Grace Zabriskies Figur mit der Beinprothese. Ich weiß nicht genau, wie es dazu kam, aber viele von diesen Dingen entstehen aus Zufällen. Zum Beispiel der Typ, der den Hotelmanager spielen wollte. Es war alles fest vereinbart, da ruft er Johanna Ray an und sagt, ›Es tut mir schrecklich leid! Ich kann den Film nicht machen.‹ Johanna fragt: ›Warum nicht?‹, und er sagt: ›Ich habe mir den Fuß gebrochen, er steckt bis oben in Gips.‹ Johanna sagte mir, daß er nicht mitmachen könne, darauf ich: ›Wovon redest du? Das ist ja phantastisch! Her mit dem Kerl!‹ Schließlich hatte ich ihn nicht wegen seiner zwei gesunden Beine engagiert.«

Es scheint ein gesellschaftlicher Reflex zu sein, körperliche Beeinträchtigung als das erschwerte Erreichen von etwas auszulegen. Lynch macht uns auf diesen Reflex aufmerksam, indem er dieses scheinbar erschwerte Zur-Welt-Sein als einen notwendigen Baustein in seiner intuitiven künstlerischen Praxis etabliert, mit der er beschreiben kann, wie die Welt in Wirklichkeit ist: nicht perfekt und nicht optimiert oder gerichtet auf Funktionalität. Eine Welt, in der es Menschen gibt, die nur ein Bein haben. Oder einen Arm. Denken wir an den Geist Mike aus *Twin Peaks*, der mittels des einarmigen Körpers von Philip Gerard (Al Strobel) mit den Menschen in Verbindung treten kann. Es sind also auch die fehlenden Körperteile, die Bindeglieder zwischen Wirklichkeit und Parallelwelt sind, deren Grenzen in *Twin Peaks* mit roten Vorhängen markiert sind. Mit seinem fehlenden Arm überbrückt Mike das Tal zwischen den Wirklichkeiten. Denn sein auffälliges Erscheinungsbild ist es, das Agent Cooper bereits zu Beginn der Serie auf die Spur der jenseitigen Welt bringt. Und darauf, dass in Twin Peaks nichts ist, wie es scheint. Auch, wenn es um körperliche Erscheinungen geht. Lynchs Botschaft: Der Körper ist vergänglich. Er ist lediglich Mittler zwischen den Welten. Mittler zwischen den Menschen und den Welten und Mittler zwischen den Menschen selbst.

Und es scheint uns plausibel, auch im Lynch'schen Kontext vom medialen Wesen von Körpern zu sprechen, wenn wir uns zudem ins Gedächtnis rufen, was uns Menschen während unserer Recherche erzählt haben, als sie von ihren Erfahrungen während der Transzendentalen Meditation sprachen, die auch Lynch praktiziert (→ Meditation): Sie sprachen von einem Bewusstseinsnebel, als Teil dessen sie sich wahrnehmen. Als Nebel, der einen Körper besitzt, der der seine ist. Ein Körper, durch den unser Bewusstsein fließt. Ein Bewusstsein, das wir alle sind – diejenigen, die wir uns durch die vielen Körper, die wir haben, aneinander vermitteln. Der Körper als Medium – und das im wörtlichen Sinne.

Ob er den Körper fürchtet, fragt ihn seine Biografin Kristine McKenna einmal. Und Lynch antwortet: »No, but it's a strange thing. Its most important function appears to be carrying the mind from one place to another, but there are a lot of fun things that you can do with the body, too. Of course it can also be torture.« Ein seltsames Ding ist der Körper, ganz ohne Zweifel. Doch er ist es auch, der uns mit Lynch verbindet. Denn er ist es, den wir alle haben. Durch ihn unsere Gedanken zum Ausdruck zu bringen und zwar auch in künstlerischer Form, das kann Lynch uns lehren. Und ihn als seltsames Ding zu akzeptieren, ist dafür die Voraussetzung.

Natur

»Wood is beautiful stuff. I could talk a long time about wood.«

David Lynch

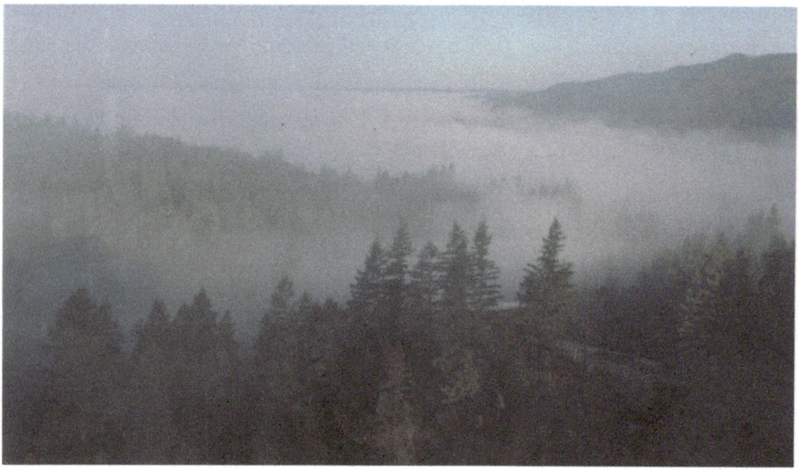

Auf die Frage, was er sich am liebsten anschaue, antwortete Lynch einmal kurz und knapp: »Organic phenomena«. Diese zwei Worte sind für das Verständnis des Amerikaners und seines Werks von unermesslicher Bedeutung, denn sie liefern kostbare Hinweise zu seinem Verhältnis zur Natur.

Unter diesen »organischen Phänomenen« versteht Lynch nun vor allem Verwesung und Zerfall. Er liebt es, diesen Verfall – diesen Wandel der Materie (von einem Zustand in den anderen), wie er selbst sagt – abzubilden, festzuhalten und er ist wohl eines der meistverbreiteten Motive in Lynchs Œuvre. Die visuelle Darstellung der Natur im Wandel finden wir in Filmen, in Gemälden und Zeichnungen, in Lithografien und Fotografien. Sie reichen von einem abgetrennten Ohr auf einer grünen Wiese zu Beginn des Films *Blue Velvet* bis hin zu Gemälden und Mixed Media, die so aussehen, als bestünden sie aus Fleisch und Blut, Erde und Lehm, Tierkadavern und Organen. (→ Malerei)

In seinem ersten Bildband *Images* von 1994 ist sogar ein Kapitel mit »Organic Phenomena« betitelt. Darin sind Fotografien zu sehen unter anderem von einem Tierkadaver, dessen Verwesungsprozess bereits fortgeschritten ist, ein abgetrennter Kopf eines Tieres in noch gutem Zustand (ein Hase? ein Fischotter?), ein abgeschnittener Kopf eines Mannes auf einer Straße (erinnert an die Szene in *Eraserhead*, in der Henry Spencer seinen Kopf verliert) und in einem Regal in Behältern aufbewahrte Organe und Körperstücke (zum Beispiel eine Niere und ein amputierter Fuß).

Ob ihn ein verrottender Körper denn nicht abstoße? Selbstverständlich nicht, entgegnet Lynch. Hier hätte der »Durchschnittsmensch« mit angeekeltem Gesichtsausdruck »Doch!« geantwortet. Lynch aber erklärt: »That's the organic phenomenon. Everything new gets old and starts changing, and often times it's more beautiful and interesting once nature starts working on it.«

Lynchs Aufgabe in der Kunst und sein Talent ist es, auf das Transitorische (in) der Natur zu verweisen. Die Veränderung aller lebendigen Vorgänge ist für ihn das wahre Wunder der Natur. Dieses Naturschauspiel, sichtbar geworden durch die Vergänglichkeit, ist Schöpfung und Vernichtung in Aktion. Der Prozess der Dekomposition ist für ihn die Essenz seines Werks. Während sich etwa viele Menschen einzig an der Schönheit der Blüte einer Rose erfreuen können, ist für Lynch der gesamte Zyklus wichtig, der das Leben einer Rose in seiner Gänze beschreibt: »The rose grows, a flower appears, and it blooms, and it is very beautiful, and then shortly after, it starts changing again and they say the bloom gets off the rose. Eventually, the rose is gone. I like all the steps.«

Nah an dieser Naturauffassung zu verorten – Organisches und Vergängliches – ist Lynchs Schönheitsbegriff, den er als relativ und abstrakt bezeichnet. Was findet Lynch schön? Als Beispiel nennt er da die Innereien einer Kuh, die man in Großaufnahme fotografiert und in das eigene Wohnzimmer hängt. Die Menschen würden darin dann etwas Schönes, etwas Abstraktes, Kunstvolles erkennen. Aber sobald man ihnen erklärt, dass es sich dabei um das Innere einer toten Kuh handle, würden sie ganz anders reagieren, so Lynch.

Sobald man dem Gesehenen also einen Namen gebe, es bezeichne und definiere, verliere es an Abstraktion und dadurch an Schönheit. Und ein andermal schildert Lynch sein tiefes Interesse am Sezieren und dass dadurch die wunderbaren Proportionen der Natur, also Gewebe und Formen, zum Vorschein kämen: »Deshalb habe ich die Katze seziert. Die interessantesten Strukturen kann man beobachten, wenn sich in der Natur etwas auflöst, wenn etwas verwest. Diese Prozesse habe ich eine Zeitlang sehr gerne beobachtet.« (→ Tier) Und er fügt gleich als Erklärung hinzu: »Das hatte nichts mit negativem Denken oder Todessehnsucht zu tun, auch wenn man mich gern in diese Ecke stellen wollte.«

Doch es muss nicht immer gleich Verwesung oder Verfall sein. Auch die weniger makaberen natürlichen Prozesse scheinen Lynch zu beeindrucken. Manchmal braucht es nur einen Sonnenaufgang und einen Sonnenuntergang und wie sich die Landschaft unter dem Licht der Sonne verändert, um Lynch zu entzücken. Sie entzückten ihn so sehr, dass er die Lichtspiele einmal filmisch einfing und auf seiner Webseite veröffentlichte: In mehreren kürzeren Videos hält er in Zeitraffer an ein und derselben Einstellung für knapp 24 Stunden fest. Zu sehen ist ein wandernder Schatten, schwankende Bäume, ein sich verändernder Lichteinfall, der die Szene farblich und atmosphärisch immer wieder völlig anders erscheinen lässt. (3 Kurzfilme auf der DYNAMIC:01 DVD)

Um die Beziehung von Lynch zur Natur noch besser verstehen zu können, lohnt ein Blick in Lynchs Kindheit. (→ Berufung) Sein Vater Donald Walton Lynch war Agrarwissenschaftler für das US-Landwirtschaftsministerium und somit stets in direktem Kontakt mit der Natur. Die Liebe für den Wald etwa gab er an seinen Sohn weiter. Und dieser erinnert sich: »He would drive me through the woods in his green Forest Service truck, over dirt roads, through the most beautiful forests where the trees are very tall and shafts of sunlight come down and in the mountain streams the rainbow trout leap out and their little trout sides catch glimpses of light. Then my father would drop me in the woods and go off. It was a weird, comforting feeling being in the woods. There were odd, mysterious things. That's the kind of world I grew up in.«

Es lässt sich also erahnen, wie sehr die Natur bereits in seiner Kindheit auf Lynch gewirkt hat – und zwar nicht nur durch ihre Schönheit, sondern auch durch ihre mysteriöse Seite. Diese dunkle Seite der Natur erklärt Lynch genauer: »Mein Vater machte häufig Experimente zu Baumkrankheiten und Insekten. Ihm standen riesige Wälder als Versuchsareal zur Verfügung. Dadurch kam ich mit Insekten, Krankheiten und Wachstum in einer organischen Welt in Berührung, einem Wald etwa, oder einem Garten. Sowas fasziniert mich [...] Und so ein Garten ist vielen Attacken ausgesetzt. Da gibt's jede Menge Tod und Gemetzel, Krankheiten, Würmer, Raupen, Ameisen.«

Der Vater nahm seinen Sohn mit auf die Jagd und das prägte den jungen Lynch nachhaltig – mindestens genauso stark wie die »loving trees« und die fünfhundert Bäume, die Lynch einmal mit seinem Vater pflanzte. So können Lynchs eigene Worte als Fazit dieser Kindheit gelten: »I had a strong connection with nature when I was a kid.« Diese starke Bindung zur Natur war es, die so manche Naturmotive fest in Lynchs späteren Werken verankerte: (1) die Verbindung von Natur und Menschenwerk, (2) die Bedeutung und Obsession von Wäldern und Holz im Allgemeinen, (3) Geburten als Naturschauspiel im Speziellen und (4) die Verwendung von Erdhaufen, Samen und Wachstumsprozessen. Diese vier Punkte werden wir im Folgenden genauer betrachten.

Beginnen wir mit der Verbindung von Natur und von Menschen Gemachtem. Lynchs Arbeiten sind durch den Wunsch geprägt, die Beziehung zwischen natürlichen Substanzen und artifiziellen Materialien zu untersuchen. Er sagt: »I like man and nature together.« Doch es ist nicht nur irgendein Zusammenspiel zwischen oder Zusammensein von Menschen und Natur: Lynch hat ein besonderes Faible für den Moment, in dem sich die Natur an den vom Menschen geschaffenen Objekten, Gegenständen, Gebäuden zu schaffen macht und auf diese einwirkt. Und hier schließt sich der Kreis zur Natur als »organischem Phänomen«: Verfallene Architektur wird so beispielsweise zum Naturschauspiel schlechthin. Lynchs Industriefotografien etwa offenbaren dies sehr gut. Es handelt sich dabei um verlassene Fabriken und Industriegelände, über die die Natur bereits wieder die Oberhand gewonnen hat. Lynch erläutert: »Die Art, wie die Natur dem Stahl, den Ziegelsteinen, dem Beton zusetzt. Es ist einfach unglaublich schön! Eine neue Fabrik ist eine schöne Sache, aber eine alte Fabrik ist genauso schön, weil die Arbeit dort im Laufe der Zeit so viele Spuren hinterlassen hat, Schmutzflecken, Verwitterungen und dergleichen. Zusammen mit dem Einfluss der Natur ergibt sich so ein phänomenales Gefüge von Texturen.«

Lynchs Leidenschaft für Industrielandschaften ist auch in seinem filmischen Werk zu sehen – man denke an die Stadtlandschaften (*Eraserhead*), die Maschinen (*The Elephant Man*), das Sägewerk und die Eisentreppen in *Twin Peaks* oder das verlassene Fabrikgebäude in *Inland Empire.*

In seinen Fotografien steht der langsame Verfall von Industrieanlagen im Mittelpunkt. Deshalb ist Lynchs *Industrial-Motives*-Fotoserie auch namens- und ortslos – es geht ihm nämlich nicht um die Orte, einzig interessieren ihn die Texturen, der Verfall, das Einwirken von Natur auf die Gebäude. (→ Fotografie) Lynch erklärt: »When you see aging building or a rusted bridge, you are seeing nature and man working together. If you paint over a building, there is no more magic to that building. But if it is allowed to age, then man has built it and nature has added into it – it's so organic.«

Auch die Fotoserie von Schneemännern in den Vorgärten von Boise (1992) zeugt von Lynchs Faszination für den Verfall. Die von Kindern und ihren Eltern geformten Schneemenschen sind bereits im Zerfließen, die Natur verrichtet ihr Werk. Auf einem Foto ist schon gar kein Schneemann mehr zu sehen – auf vielen anderen ist nur noch ein Teil des Schneekörpers übrig. Der Rest ist bereits geschmolzen. Auch die Schneeflächen am Boden sind halb verschwunden und haben dunkle Löcher. Die grinsenden Schneemänner, wenn ihnen denn noch ein Kopf geblieben ist, sehen wie Außerirdische aus.

Zeit und Wärme, das bedeutet für die Schneemänner ihren Verfall und Untergang. Und die Verformung ihrer Gestalt erinnert an andere Fotografien von Lynch. Vor allem an die *Distorted Nudes*-Reihe, auf deren Abbildungen Frauen aus dem 19. Jahrhundert auf skurrile und brutale Weise verformt werden; manchmal wirken auch sie, als ob sie sich langsam auflösen würden. (→ Frau) Was das Schmelzen der Schneemänner bedeuten könnte? Spekulieren wir: Es könnte etwa symbolisch für das Ende von Lynchs Kindheit in Boise, für die

Erderwärmung (schmelzende, feurige Vorgärten) sowie für die Vergänglichkeit von Naturphänomenen selbst stehen. Dabei geht Lynch vor, als würde er ein Daumenkino herstellen. Denn wenn wir die Fotos aneinanderreihen, wird ersichtlich, dass sie von einem Ist-Zustand (der Schneemann strahlt in voller Pracht) zu einem Nicht-Zustand (der Schneemann ist weg, der Schnee fast ganz geschmolzen) übergehen. Lynch über seine »Männer«: »Das ist in Boise, Idaho, in einer etwas älteren Gegend. […] Die Schneemänner waren so schön […] Hier macht die Natur wieder ihr Werk. […] Schauen Sie sich auch die Häuser an und die Atmosphäre […] Es ist unglaublich, weil es einen zum Träumen bringt. Es ist ein Mann, der den Elementen trotzt, aufgerichtet.«

An dieser Stelle erwähnt Lynch die Häuser im Hintergrund, deren Vorgärten wir auf diesen Fotografien sehen. Und es stellt sich uns die Frage: Was verbirgt sich hinter den Mauern? Was passiert in diesem Haus? Was verbirgt der grinsende Schneemann davor? (→ Heim) Aber zurück zur Natur. Lynch liebt also die Korrosion in der Natur und dazu erwähnt er ein unerwartetes Beispiel mit einem Metallstück: »Wenn man ein neues Stück Metall auf irgendeiner Freifläche aufstellt, ist es zu Anfang nicht sehr attraktiv. Vielleicht ist es nett anzusehen, aber mehr auch nicht. Dann aber beginnt die Natur daran zu arbeiten, und ziemlich schnell wird es zu einer phantastischen Sache. Für mich begann alles in Philadelphia, denn die Stadt ist alt und bebaut genug, um sich wirklich organisch verändern zu können. Sie verfällt, verwest und vermodert, aber dieser Prozeß ist von großer Schönheit. Er regt die Phantasie an. Dieses Zusammenspiel von Chemie und Natur verändert die Dinge auf ungeahnte Weise, auf eine Weise, wie sie nur möglich ist, wenn Mensch und Natur irgendwie zusammenarbeiten.«

Natur und Mensch spielen bei Lynch auf vielfältige Weise zusammen. Ihm zufolge ist kein Mensch dazu imstande, etwas völlig Neues zu kreieren. Denn alle Formen, auch die artifiziellen, finden wir bereits in der Natur. Das seien Archetypen, mit denen sich jeder Mensch mehr oder weniger identifizieren könne – auch wenn er nicht wisse, warum.

Lynchs eigenes Design (→ Design) ist dementsprechend oft sehr nah an der Natur zu verorten. Am Organischen. Nehmen wir zum Beispiel seine in den 2000er Jahren entworfenen Lampen, die teils aussehen wie leuchtende Pflanzen: Seine Konstruktionen *Yellow Grey Lamp* (2002/3) und *Gauze Lamp* (2002/3) sehen aus wie krumm gewachsene Baumstämme, denen man alle Äste abgeschnitten und an Stelle der Baumkrone eine Lampe eingesetzt hat. Ein ähnliches Design finden wir ein paar Jahre später bei *Love Light* (2009/10), *Yellow Green Voilet Lamp* (2011) und *Gray Amber Lamp* (2011) – der Kontrast zwischen dem organischen Baumstamm und den kalten, geraden Stahlstangen ist hier noch einmal deutlich stärker.

Nach der Verbindung von Natur und Menschenwerk ist der zweite Punkt, der unter Lynchs Naturbegriff fällt, die große Bedeutung von Wäldern und Holz in seinem Werk. Der Wald ist ein beliebtes, von Lynch häufig verwendetes Motiv und Stilmittel. Besonders deutlich wird das in seiner Serie *Twin Peaks.* »Because of where I grew up and what my father did, nature is a big part of Twin Peaks and the woods are really important. That's a huge part of the thing«, erklärt Lynch.

Die Wälder in *Twin Peaks* stehen oftmals für das Geheimnisvolle. Dort zwischen den Bäumen lauern böse Geister. Dort liegt die Schwelle zu einer anderen Dimension, zur Black Lodge. Dort geschehen Morde. Dort gibt es Drogenhandel, manifestieren sich Visionen. Lynch dazu: »There's a lot of fear in the woods at night, when the sun goes down, especially when you're in a dark part of the woods.«

Es ist also keine Überraschung, dass Laura in der ersten Staffel eine Vision von Cooper aus der Zukunft im Wald sieht. Genauso wenig ist es eine Überraschung, dass Benjamin Hornes Bruder Jerry sich in der dritten Staffel im Wald verirrt und dabei Panik sowie starke Halluzinationen entwickelt. Denn Wälder scheinen in Lynchs Welt eine Landschaft darzustellen, die auch psychologisch geformt ist. Sie werden bei Lynch zu einem metaphorischen Raum, in dem sich die Figuren ihren inneren Ängsten, Wünschen und Impulsen stellen. Ihre dichte, dunkle und rätselhafte Natur spiegelt die Tiefen der menschlichen Psyche wider, lässt uns Zuschauer in sie abtauchen und sich in ihr verirren. Die Wälder stehen damit für die ungezähmte Seite des Menschen und sie können sowohl ein Ort der Gefahr als auch des Trostes sein.

Auch der Baum taucht bei Lynch auf – Lynch: »I like the look of a tree.« In *Twin Peaks: The Return* etwa hat Lynch den sogenannten »Arm«, der zuvor der »Mann von einem anderen Ort« war, in der Black Lodge tatsächlich durch einen Baum ersetzt. Der zwergenhafte Mann aus Staffel 1 und 2 und aus dem Twin-Peaks-Film ist zu einem sich langsam bewegenden, dürren Baum mutiert, der elektrischen Strom ausstößt. Sein Schädel besteht aus einer rosafarbenen, fleischigen Masse, die die gleiche Form hat wie früher der Schädel des Zwerges. Er schwillt an oder verdünnt sich wieder wie ein Ballon, in den Luft hineingelassen und wieder herausgesaugt wird. Die Erklärung dieser Metamorphose in der Serie: Es ist die natürliche Evolution des Armes.

In Lynchs Zeichnungen und Malereien werden Bäume dann nicht selten zu Figuren und Protagonisten. Und Bäume zählen zu denjenigen unter Lynchs Motiven, die er als erstes in seiner Kunst ausformulierte. Anfang der 1960er Jahre hat er zum Beispiel eine Szene mit einer Reihe von Häusern und kahlen Bäumen gemalt. Ein weiteres Gemälde aus demselben Zeitraum zeigt schwarze, knochenartige Bäume, die sich gegen einen dunkelgrau-violetten Hintergrund abzeichnen.

1970 dann malte Lynch das abstrakte Bild *Tree*, bei dem es sich explizit um einen wachsenden Baum handelt. Oder aber der Titel ist metaphorisch gemeint, denn mit etwas Fantasie können wir dort auch Spermatozoen erkennen, die befruchten – also etwas heranwachsen lassen können wie etwa einen Baum.

Gut vier Jahre später nehmen Bäume dann in *Infusing the Being* (1974) und *Third Ray* (1974) zentrale Rollen ein. Als eine Art Altar sind sie dort gemalt und aus derselben Zeit stammen auch diverse Zeichnungen auf Streichholzbriefchen[40], in denen das Baummotiv ebenfalls tief verwurzelt ist. Bei den Briefchen-Diptychen handelt es sich dann entweder um Szenenausschnitte oder um eine Bühne, deren Vorhänge sich öffnen. Beide Male sind immer wieder Bäume und andere organische Strukturen in den unterschiedlichsten Formen zu sehen.

Auch in Lynchs Lithografien sind Bäume immer wieder zu finden: *Watching a Tree with an Eye* (2007), *Two Figures Dance by a Tree with Ladder* (2007), *Woman and Tree* (2007), *Car Tree Woman* (2012) oder *Love by Mountain Tree* (2012). Genauso wie in Bildern, die er mit Aquarellfarben gemalt hat: *Tree and Home* (2009/10), *House with Tree* (2008/09) oder *Woman and Tree near House* (2011).

Erwähnenswert ist auch Lynchs Mixed Media *Stump of Tree* (2013). Einerseits, weil es als eines der wenigen Werke den Baum insofern im Titel hat, als dass er nicht in Verbindung mit einem anderen Element steht – wie in vielen

40 Das Streichholzbriefchen an sich ist als Motivträger recht bemerkenswert: Holz, das sich zum Abbrennen seiner selbst anbietet (und mit der impliziten Aufforderung, es jederzeit und ohne großen Aufwand selbst zu vernichten).

der Werke, die wir oben erwähnt haben. Und andererseits, weil es nur einen Baumstumpf zeigt. Denn das ist für Lynch unüblich, liebt er an den Bäumen doch gerade die vielen dürren Äste oder eben den Baumstamm, der in die Höhe ragt. *Stump of Tree* ist so arrangiert, dass es trist wirkt: Gehüllt in erdige, dunkle Farben ist nicht eindeutig zu erkennen, was mit dem Baumstumpf passiert und was sich in ihm befindet. Es scheint allerdings so, als ob sich dort etwas zusammenbraut: Welche Auswüchse sind das? Ist es flüssig? Leidet der Baum etwa, blutet er? Brütet er etwas aus?

In dem Mixed-Media-Gemälde *Bob Finds Himself in a World for Which He Has No Understanding* (2000) findet sich das Menschlein Bob in einer Art Wald aus dürren Bäumen wieder. An beiden Seiten ist ein Vorhang zu sehen, der zur Seite gezogen worden ist. Ein Setting, wie wir es aus *Twin Peaks* kennen. Wir erinnern uns daran, als Agent Dale Cooper im Wald hinter Vorhängen in die Schwarze Hütte verschwindet und so scheint es auch hier zu sein: Bob, der im Wald herumirrt, beobachtet von uns, denn kein Vorhang schützt ihn mehr vor fremden Blicken. Ob er den Bäumen entrinnen kann?

Neben den Wäldern und den Bäumen sieht Lynch im Holz Schönheit. Und auch hier kommen Natur und Mensch zusammen. Diesmal ist es der Mensch, der sich der Natur annähert. Der die Natur braucht, sie gebraucht und sie verformt. Vom Holz ist Lynch, wie immer, begeistert: »Wood is beautiful stuff. I could talk a long time about wood.« Weil er Handwerker ist und Bastler, sieht er im Holz nicht nur Schönheit, sondern auch Nützlichkeit. Mit seiner Hilfe baut er Gegenstände, verwirklicht seine Ideen, denn Holz, das ist ein Rohstoff, der ihm heilig ist: »Wood is a very special material, and since the dawn of time people have been chopping down these trees and working with wood. Most wood will take a nail and not split apart. And wood can be cut with a saw and carved with chisels and smoothed. It has this beautiful grain, there's something that goes right to your soul.« Holz ist für ihn ein »pleasant, user-friendly material«, von dem es sehr viele Variationen gebe und das mache es so einzigartig – »the wood is… everything all the fairy tales made you feel.«

Das dritte große Naturthema bei Lynch sind Geburten. Sie gehören für ihn zu den Naturschauspielen schlechthin und zeigen zudem die schöpferische Kraft des Körpers. Dabei interessieren ihn alle Arten von Geburten –

physische wie spirituelle. Fasziniert vergleicht er zum Beispiel den menschlichen Körper mit den Möglichkeiten, die die Industrie bereithält: »Jeder Mensch ist eine kleine Fabrik. Er stößt jede Menge kleiner Produkte aus. Die Vorstellung, dass da etwas in einem wächst, und all die Körperflüssigkeiten und Zyklen und Stoffwechsel, all diese chemischen Prozesse [...] all das ist unglaublich.«

In Lynchs ersten drei Langfilmen, *The Grandmother*, *Eraserhead* und *The Elephant Man*, spielen Prozesse der Erzeugung und der Geburt wichtige Rollen. Lynch erklärt, dass der Akt der Geburt für ihn mit das »Rätselhafteste und Phantastischste« sei, was die Welt zu bieten habe. Fasziniert daran hat ihn zum Beispiel die Kombination von »Fleisch und Blut und Haaren«, die sich bei der Geburt oft vermengen. Dass dieser sehr physische und brutale Akt auch eine spirituelle Seite hat und genau in dieser Schnittmenge das »Gefühl von Leben« mitschwingt, das hat Lynch besonders fasziniert.

Sehen wir uns also die Filme genauer an. In *The Grandmother* züchtet sich ein Junge, der von seinen boshaften Eltern missbraucht wird, eine Großmutter herbei. Sie wird aus einem Baum geboren. Dass Lynch zwei Jahre zuvor im Jahr 1968 die Geburt seiner Tochter Jennifer miterlebte, verleiht Szenen wie dieser einen persönlichen Anstrich.

Auch in *Eraserhead* erleben wir eine Geburt – diesmal aber weitaus abstrakter. Am Anfang des Films schwebt Henry Spencers Kopf im Himmel, aus seinem Mund entsteigt ein Wesen, das aussieht wie ein Spermium und ins Nichts des Weltalls schwebt. Später im Film sehen wir, dass Spencers Freundin, Mary X, ein Kind bekommen hat, das wir zuerst in Spencers Apartment sehen: Es ist eingewickelt in ein Bündel aus Tüchern und es besitzt ein Gesicht, das einem Spermawesen ebenso ähnlich sieht wie einer Amphibie.

Und in *The Elephant Man* – da scheint es zu Beginn des Films eine Vergewaltigungsszene zu geben. Darin vergeht sich ein Elefant an einer jungen Frau: John Merrick, der Elefantenmensch wird gezeugt. Die Szene ist fiktiv, zeigt im Grunde das Hirngespinst, das sich die Menschen beim Anblick des deformierten Merricks ausmalen.

Seine Filme zeigen: Geburten dienen bei Lynch als Metapher für tiefgreifende Transformationen und Übergänge. Er schildert sie drastisch. Ihre Wirkung auf uns ist oftmals dramatisch. In Lynchs bildlichem Werk sind explizite Geburten indes wenig präsent.

Der letzte Punkt unserer Naturbeschreibung im Lynch'schen Werk umkreist dessen Drang, Erdhaufen und Samen abzubilden und Dingen beim Wachsen zuzusehen. Und damit zurück zu *The Grandmother*, in dem ein Junge einen Erdhaufen auf seinem Bett formt, in der Hoffnung, dass daraus eines Tages seine Großmutter herauswächst. In *Eraserhead* sehen wir viele kleine Erdhügel sowohl in Spencers Wohnung als auch draußen vor der Industriekulisse. Und in *Twin Peaks bleibt* dort ein Erdhaufen zurück, wo Laura Palmer stirbt, und auch auf dem Wohnmobilstellplatz, wo Special Agent Desmond verschwindet.

Und in den Bildern und Zeichnungen? Die oben bereits erwähnten Bilder aus der Zeit von *Eraserhead* zeigen solche Erdhügel – eines (undatiert) scheint gar die Inspiration für den Film zu sein: Man sieht eine Person (Henry nicht unähnlich), die auf einem Bett sitzt und auf den Nachttisch daneben starrt. Darauf befindet sich ein schöner Erdhaufen, aus dem ein Ast herausschaut. Und auch weitere Werke aus den 1970er Jahren beschäftigen sich intensiv mit Erde, dem Erdboden und mit dem, was aus ihm entwächst.

Lynch ist sich selbst dieses wiederkehrenden Motivs bewusst. Der Grund, warum er es so prominent inszeniert? Lynchs Naturverbundenheit in der Kindheit und sein Vater, der ihn mit der Natur vertraut machte. Wie gut können wir uns den jungen Lynch vorstellen, wie er im Garten und im Wald in der Erde buddelt. Wie er dort auf eine fremde Welt stößt, die belebt ist mit Insekten und Würmern. Wie er sieht, dass dort Leben ist, das sich unter der Oberfläche verbirgt. »Erdhügel mag ich einfach«, sagt Lynch und das reicht als Erklärung für das Motiv vollends. Er mag sie wirklich: »Als wir Eraserhead drehten, wohnten Peggy und ich mit Jennifer in einem Einfamilienhaus in L.A. [...] Wir hatten einen runden Esstisch aus Holz. An ihrem Geburtstag verließ Peggy aus irgendeinem Grund das Haus, und Jennifer und ich begannen, eimerweise Erde ins Haus zu tragen. Wir errichteten einen eineinhalb Meter hohen Erdhaufen auf dem Esstisch, begruben den ganzen Esstisch unter diesem Berg aus Erde, bohrten kleine Tunnel hinein und steckten kleine, abstrakte Tonfiguren in die Tunnel. Peggy war hin und weg, als sie nach Hause kam. Also ließen wir unser Werk monatelang stehen. Es fraß die Tischplatte an, weil es innen zu gären begann. Als wir den Berg schließlich abräumten, war der Lack ziemlich versengt. Es war eine nette Skulptur. Woher das kommt, weiß ich nicht. Erdhügel kommen immer wieder in meinen Filmen vor, aber ich hinterfrage sie nicht.«

In diese Erdhaufen pflanzt Lynch gerne Samen. Damit etwas heranwächst. Er pflanzt sie, wie sie der Junge in *The Grandmother* pflanzt, damit er endlich eine Großmutter bekommt. Bereits in der animierten Eröffnungsszene kommen die Eltern förmlich aus der Erde geschossen. Ja, in diesem Film ist alles möglich – da ist auch das Sprießen der Großmutter keine große Überraschung. Dort, in der kleinen Kammer des Jungen unterm Dach, arbeitet Lynch seine Faszination für organische und körperliche Prozesse aus. Dort auf dem Bett des Jungen, wo ein riesiger Erdhaufen liegt, in den der Junge die Samen für die Oma legt, aus dem zunächst ein Baum wächst, der wie ein Kopf aussieht. Nach unten hin vergrößert sich der Körper des Baumes. Und wie aus der Raupe ein Schmetterling wird, so wird aus dem Baum dann die Großmutter. Es platzt die Fruchtblase und das sieht dann ein wenig so aus wie die Geburt eines Kalbes. Der Junge ist erlöst: Er weiß schon jetzt, dass die alte Frau ihn lieben wird. Er sieht das bereits im Erdklumpen, der für ihn so viel Liebe ausstrahlt.

Auch in *Eraserhead* wächst etwas im Erdhaufen, denn aus dem Hügel auf dem Nachttisch sprießt ein Gewächs. Das erinnert an Zeichnungen von Ende 1960 und Anfang 1970. Da gibt es zum Beispiel eine Bleistiftzeichnung, die einen liegenden Menschen zeigt, aus dessen Bauchdecke Pflanzen wachsen. Und direkt darunter hat Lynch eine frühe Version seines *Eraserhead*-Babys mitsamt Körper gezeichnet. Später, in den 1990ern, in der Fotoserie *Postmodern Mood Structures* (abgebildet im Bildband *Images*) wachsen einem Menschen abstruse Dinge aus dem Gehirn – darunter auch pflanzenähnliche Geschwülste. Und wiederum zwei Jahrzehnte später arbeitete Lynch an einer thematisch verwandten *Head*-Fotoserie (2013). Den Rahmen dazu lieferte Lynchs Ausstellung in der Maison Européenne de la Photographie in Paris mit dem Titel *Small Stories*. Dort wurden dann etwa fünfzig speziell für diesen Anlass angefertigte Schwarzweiß-Fotografien ausgestellt. Das Gesicht der Person, die darin zu sehen ist, ist leer. Irgendwie entmenschlicht. Wir sehen in den Kopf des Menschen hinein. Sehen Dinge, die er sieht. Die er fühlt. Tropfen sind dort aufgemalt, die aussehen wie Tränen. Zuckende Blitze und ein unheimlich grinsender Mund. (→ Groteske) Auch abstrakte Kreise, Kugeln und Muster. Und natürlich organische Auswüchse.

Organisches, die Natur, natürliche Verformungen – all das sind tief in die Lynch'sche Motivik eingeschriebene Elemente und so verwundert es nicht, wenn Lynch sagt: »I like crude, childlike, organic things. Nature plays a part, and it's hard to say in words, but it's a feeling that involves paint and textures and juxtaposition of shapes.«

Ohne die Natur ist alles nichts, scheint Lynch sagen zu wollen. Und durch sein Werk, durch seine Biografie wissen wir, dass er sie versteht, wie es nicht alle Künstler tun. Die Natur durch seine Kunst hindurch zu sehen, das bedeutet, sie besser greifen zu können. Sich ihr in all ihren Auswüchsen nähern zu können. Sie bezwingen? Niemals. Stattdessen sollten wir erkennen, dass wir Teil von ihr sind, scheint Lynch uns begreiflich machen zu wollen. Sie zu fürchten heißt, uns zu fürchten. Warum sie stattdessen also nicht lieber respektieren und ihren ästhetischen Wert für uns entdecken? Die Antwort darauf liegt an uns.

Tier

»Einmal habe ich eine Maus mit Enthaarungscreme komplett enthaart, weil ich wissen wollte, wie es aussieht – es sah wunderschön aus.«

David Lynch

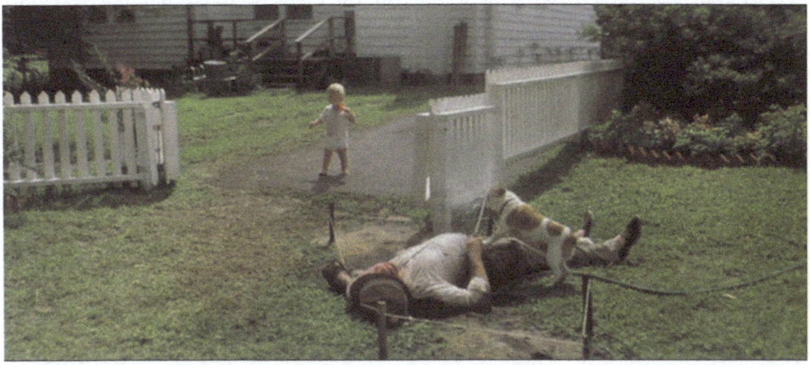

Das Tier ist für Lynch Teil der für ihn so faszinierenden organischen Phänomene. Verwesende Tiere, das Sezieren von Tieren, tierische Körperteile – all das hat Lynch schon in seiner Kindheit beschäftigt. Ihn interessiert, was sich im Tier versteckt. Was es im Innersten zusammenhält. Welche organischen Phänomene da am Werk sind. Leichter begreifen lässt sich diese Leidenschaft, wenn wir uns ansehen, was Lynch einmal über das Sezieren einer Katze gesagt hat: »Gewebestrukturen sind eine Leidenschaft von mir. Zum Beispiel habe ich einmal von einem Tierarzt eine tote Katze bekommen. Ich nahm sie mit nach Hause. Das war eine echte Erfahrung. Ich habe im Keller alles vorbereitet und das Tier dann seziert. Ich habe es in eine Flasche getan. Obwohl das Loch sehr klein war, flutschte die Katze rein wie nichts, und drinnen bekam sie dann Totenstarre. Das ist kein Witz. Ich sezierte die Katze, um die Gewebe zu studieren.« Sezieren, um zu studieren. Um herauszufinden, wie die Welt und ihre Bewohner sich zusammensetzen.

Sehr interessant in diesem Zusammenhang sind Lynchs Tier-Bausätze, die sogenannten Kits. Das sind Baupläne von Tieren, die Lynch zusammengestellt hat. Die Idee: Die verschiedenen Elemente der Tiere müssen wie Legosteine zusammengesetzt werden. Erst dann wird deutlich, welche Kreatur sich dahinter verbirgt.

An der Architektur der Tiere hat Lynch erstmals während der Dreharbeiten 1979/80 in London zu *The Elephant Man* Gefallen gefunden. Dort realisierte er eine Anleitung zum »Bauen« eines Fisches: »Ich bin rausgegangen, habe diesen Fisch gekauft und wollte ... Es ist das gleiche Prinzip wie bei einem Modellflugzeug: Du hast alle Teile und dann baust du es zusammen. Es gibt immer eine Anleitung in der Schachtel. Und wenn du es also schaffst, deinen Fisch richtig zusammenzufügen, wird er schwimmen und alle möglichen Dinge tun.«

Lynch hat mehrere dieser Fisch-Kits erstellt. Eines davon, das *Children's Fish Kit* (1979), zeigt einen Fisch, den Lynch in drei große Teile zerlegt hat. Ein anderes wiederum, das *Fish Kit* (1980), besteht aus vielen kleineren Stücken.

1983, diesmal bei den Dreharbeiten zu *Dune*, entstand nach derselben Logik ein Hühnerbausatz. Hier hat Lynch das Huhn so seziert, dass am Ende zwanzig Teile zu sehen sind. Bei allen Kits ist Lynch nach demselben System vorgegangen: Das Tier wurde in Einzelteile zerlegt. Diese Teile wurden dann nummeriert und auf einem großen Stück Pappkarton platziert. Darauf befindet sich auch die Anleitung, wie man sie wieder zusammensetzen muss.

Lynch machte von diesen Anleitungen eine Reihe Fotos, um die Kits für die Nachwelt festzuhalten. In den 1980er Jahren hat er sich auch an einem Entenbausatz versucht – die Ente, ein Tier, das ihn schon immer sehr faszinierte: »Ich mag das Konzept einer Ente, denn da gibt es den Schnabel, den Kopf und den Hals, den Rumpf und die Füße – und dann das Auge! Das Auge ist sehr klein, aber es glänzt wie ein Juwel. Obwohl es so klein ist, lenkt es genauso viel Aufmerksamkeit auf sich wie der ganze Körper. Wäre der Körper genau wie das Auge und das Auge wie der Körper, würde es nicht funktionieren. Solche Sachen finde ich irre.« Doch bei der Fotoaufnahme des Kits geschah ein Fauxpas bei der Belichtung. In ihrer vollen Pracht zu sehen bekommen wir dieses Kit also wohl nie.

Auch Laura Dern, Schauspielerin und Lynchs langjährige Muse, kennt diese Kits. Sie ist auch Jahre später begeistert von ihnen und erzählt: »I looked in his freezer once. He had mice and a dead fish inside. It freaked me out. He said he was making a Fish Kit. To make a kit, he disassembles the animal and makes a kit on how to build that animal. They're truly brilliant. I have a Chicken Kit. [...] I gave my father a photograph of the Chicken Kit, signed by David, for Christmas. My dad (Bruce Dern) was — surprise — horrified.« Das geschag während der Dreharbeiten zu *Blue Velvet*. Und die gefrorenen Mäuse in der Gefriertruhe wollte Lynch eigentlich für ein weiteres Kit verwenden. Zustande kam dies allerdings wohl nie – oder Lynch hat es nie öffentlich gezeigt.

Ein etwas anderes Kit ist das Bienen-Board (1987/88). Bei diesem Kit ging es Lynch nicht darum, eine einzelne Biene zu zerteilen, sondern darum, sie nach dem Prinzip des »Ricky Boards«[41] anzuordnen und zu personifizieren. Das System: In vier Zeilen und fünf Spalten wird dasselbe Tier oder derselbe Gegenstand zwanzigmal gezeigt. Dabei wird es immer mit einem anderen Namen getauft.

»Ich habe die Tafel mit den Bienen gemacht und hatte die Idee, jeder Biene einen Namen zu geben«, sagt Lynch. Danach habe er ein Foto von der Tafel

41 Wie Lynch später in dem Buch *Do It: The Compendium* von Hans Ulrich Obrist auf Seite 258 erklärt: »This board can be any size you want. The proportions are dictated by four rows of five rickies. Each ricky is, as nearly as possible, exactly the same as every other ricky. The ricky can be an object or a flat image. The thing about the rickies is you will see them change before your eyes because you will give each ricky a different name. The names will be printed or written under each ricky. Twenty different names in all. You will be amazed at the different personalities that emerge depending on the names you give.«

gemacht. »Isabella Rossellini hat das Original. Aber alle Bienen sind mittlerweile heruntergefallen. Sie sind jetzt unten im Rahmen, glaube ich. [...] diese Mikroorganismen ... die hören nicht auf zu arbeiten.« Und je länger wir auf das Board schauen, desto intimer scheint unser Verhältnis zum Tier zu werden. Durch die Namen ordnen wir jeder Abbildung des Tieres unterschiedliche Eigenschaften zu. Und das, obwohl es sich jedes Mal eigentlich um ein und dasselbe Tier handelt.

Die Idee dazu war Lynch gekommen, nachdem sein Freund Jack Nance (der Hauptdarsteller in *Eraserhead*), der in einem Hotel als Nachtportier arbeitete, eines Abends die Tür eines leeren Zimmers öffnete und dort hunderte von toten Bienen fand. Die Methode des Ricky Boards wendete Lynch bei mehreren Kleintieren an und sieht sie dadurch in der Kontinuität seiner »aufgeräumten« organischen Weltsicht: »[...] in dem das systematische formale Arrangement aufgereihter natürlicher organischer Phänomene beschrieben wird.«

Nicht nur Bienen im Speziellen, Insekten im weitesten Sinne sind eine wahre Obsession von Lynch. Als er 2018 gefragt wurde, was sein Lieblingstitel eines Kunstwerks sei, antwortete er: »Right now, I guess it's: *I was a teenage insect.*« Es handelt sich dabei um ein Mixed Media Lynchs von 2018, bei dem wir mit einer düsteren und ziemlich schrägen Szene konfrontiert wird. Wir sehen eine einsame Figur in dunkler Hose und gestreiftem Hemd. Rechts von ihr steht ein heruntergekommener Vorgartenzaun und links ein Haus. Aus dem Hals der Gestalt sickern Dreck und Eiter. Anstelle eines Kopfes wächst ihr ein gebogener Draht mit Steinen und einer kaugummiähnlichen Substanz aus dem Hals. Da sind senfgelbe Flecken, die an Galle erinnern. Radierspuren verunzieren die vorhandenen Buchstaben und den gesamten oberen Teil des Mixed Medias.

Der Titel des Kunstwerks und die Erscheinung der Gestalt, die wie eine Kakerlake aussieht, erinnern stark an die Erzählung *Die Verwandlung* (1915) von Franz Kafka. Der beschreibt darin die Figur Gregor Samsa, einen jungen Mann, der eines Tages erwacht und sich in ein Ungeziefer verwandelt sieht. Kafka fasziniert Lynch. Er ist eine seiner großen Inspirationsquellen in der Literatur. (→ Inspiration) Und es liegt auf der Hand, *I Was a Teenage Insect* als eine direkte Referenz auf Kafkas Geschichte zu deuten.

Insekten als Symbole oder Motive tauchen immer wieder in Lynchs Werk auf. Etwa in den Lithografien *Insect on Chair* (2007) – ein Rieseninsekt sitzt auf einem Stuhl in einem Raum, was erneut an Kafkas *Verwandlung* erinnert – oder *Family of Bugs in House* (2008) – sechs bei ihren Vornamen genannte Insekten kriechen in einem Haus herum. Auf dem Gemälde *A Bug Dreams of Heaven* (1992) träumt ein Insekt vom Paradies, auch wenn wir uns die Frage stellen, was denn nun in dem in Schwärze getauchten Bild an das Paradies erinnern soll. Oder ist genau das das Paradies des Käfers?

Auch auf den Aquarellzeichnungen *Dragon Fly* (2005) und *Ant* (2005) sind Insekten zu sehen. Schwarz sind sie. Finster ist die Atmosphäre. Und auch in der Lithografie *Insect Bites Woman* (2007) geht es düster zu. Dort vergeht sich nämlich ein übergroßes, dunkles Insekt an einer liegenden Frau, deren Körper auf groteske Weise verformt ist. Und wir denken hier an Dorothy aus *Blue Velvet*, gegenüber der Frank Booth gewalttätig wird und der mit seiner Gasmaske selbst wie ein Insekt aussieht.

In dem Gemälde von 2013 *At 3 a.m. I Am Here with the Red Dream* wirkt es, als ob die zentrale Figur, eine Frau, von einem Insekt angegriffen wird: Ihr rechtes Bein ist bis zum Knie abgetrennt. Schienbein und Füße fehlen komplett. Nur ein blutiger Stumpf ist noch da und ein rotes Rieseninsekt, das an den unheimlichen Frog-Moth (»Froschfalter«) aus Episode 8 der dritten Staffel von *Twin Peaks* erinnert, scheint das Blut aus der Wunde zu saugen. Und in den Mixed Media *Bob Loves Sally Until She is Blue in the Face* (2000) und *Mister Redman* (2000) bekommen wir Gestalten zu Gesicht, die nicht wie Menschen aussehen, sondern wie Insekten. Wie Getier, das an etwas Teuflischem zugange ist.

Im Kontext der Insekten sind es immer wieder dieselben Worte, denen wir in Lynchs Kunst begegnen. Es sind die Worte, die er sagt, und solche, die er auf seine Kunstwerke schreibt. In einem Gespräch mit Kristine McKenna erklärt Lynch: »Aber Sie können sehen, dass ich bestimmte Wörter mag, wie *bugs* und *crawling* und *dirt*, […] sie drängen sich mir auf, wenn ich zeichne.« Beinahe klingt es hier so, als verspüre Lynch einen Zwang, diese Worte auf seine Bilder zu schreiben. Als könnte er gar nicht anders. Als würden die roten Ameisen, die den schönen Kirschbaum befallen, in seinem Unterbewusstsein herumkrabbeln.

Was Lynch an diesen kleinen Kreaturen so schätzt? Warum er sie malt? »Ich mag sie eigentlich alle. Wanzen ... manchmal zeichne ich sie, ich weiß nicht warum. Sie haben sechs Beine und ... aber ich muss zugeben, dass es Ameisen sind, die mich besonders faszinieren. Sie arbeiten Tag und Nacht und ich dachte ...

Ich glaube, eine Ameise zu töten ist ziemlich traumatisch.« Und besonders begeistern ihn deshalb Insekten, die ihrer Arbeit nachgehen. »I had ants in my kitchen, and they are little, small what they call I think sugar ants, but they are coming in I think for water. I made a small head of cheese and turkey. I put a ball of cheese and turkey together and then cased it with clay, and mounted it on a small coathanger. I made an opening in the mouth, I exposed some turkey in the eye and in the ears. Now the ants found the coathanger, began climbing in for four days and nights non-stop and emptied the entire head of turkey and cheese.« Dieses Kunstwerk der organischen Vergänglichkeit, an dem die Ameisen wohl intensiver arbeiteten als er selbst, bannte Lynch auf das bizarre Foto *Clay With Turkey, Cheese and Ants* (1991). Es ist in seinem Bildband *Images* (1994) erschienen.

Nahtlos an dieses Projekt knüpft der 13-minütige Kurzfilm *Ant Head* (2018) an. Er setzt sich aus nur einer einzigen Einstellung zusammen, die einen Käseblock in Form eines Kopfes zeigt. Im Laufe der Zeit wird der Käse dann von einer Horde Ameisen überrannt und gefressen. Die Inszenierung: in Schwarzweiß und mit den verstörenden Songs *Frank 2000* und *Woodcutters From Fiery Ships*, die Lynch zusammen mit Angelo Badalamenti auf dem Album *Thought Gang* veröffentlichte.

Die bekanntesten Insekten in Lynchs Werk sind wohl die in seinem Film *Blue Velvet.* Im ursprünglichen Drehbuchentwurf zum Film war dieses Insektenmotiv noch stärker ausgearbeitet, doch nicht minder ikonisch ist die Szene, in der sich unter der scheinbar harmlosen grünen Wiese der wahre Charakter der amerikanischen Kleinstadt durch das Gewusel von Ameisen zeigt. Der akribisch gepflegte Rasen an der Oberfläche – und aus der Nähe betrachtet: Insekten, Ameisen und Käfer. Das Ekelhafte, das sich vor den Blicken verbirgt. Das Verdrängte. Die Gewalt, die Kriminalität, die sich hinter den Fassaden der idyllischen Kleinstadt verbergen.

Vor allem ist es das abgetrennte Ohr, auf dem Ameisen herumkrabbeln, das diese Szene in *Blue Velvet* zu einer so berüchtigten machte. Das Ohr, das Jeffrey Beaumont findet und das ihm den Weg weist in die finsteren Ecken der Stadt. Förmlich hineingezogen wird er in den Untergrund und so gibt er sich buchstäblich als »bug man« aus, als Insektenbekämpfer also, um sich zu tarnen und in das Apartment von Dorothy eindringen zu können. Das Appartement, das als Pforte in den Untergrund zu verstehen ist.

Und wenn Jeffrey am Ende des Films wieder in der scheinbar heilen Welt ankommt, dann sehen wir, wie gerade ein Rotkehlchen einen Wurm frisst. Der Kreis schließt sich also und wir sehen auch: In *Blue Velvet* dienen Insekten als Verbindungselement zwischen zwei Welten. Sie veranschaulichen so einen Teil der organischen Topologie in Lynchs Kosmos.

Auch in *Lost Highway* gibt es Insekten. Etwa als Alice, wahre Femme Fatale, Pete anruft, dass sie nicht kommen wird und Mr. Eddy das innige Verhältnis der beiden ahne, da sieht Pete im Zimmer eine fette Spinne die Wand hinauf krabbeln. Er sieht die Spinne und die Motten, die im Lampenschirm gefangen sind. Um ihr Leben flattern. Pete ahnt das Dunkle, das ihn bald umgeben wird. Er ahnt die Gefahr und die Insekten scheinen es ihm mitzuteilen: Mit Mr. Eddy ist nicht zu spaßen. Sie umgeben auch Alice wie eine Aura der Finsternis, denn sie und sein Verlangen nach ihr sind es, die Verderben über ihn bringen werden.

Auch in Lynchs animiertem Kurzfilm *Bug Crawls* (2004) wird das Insekt zum Protagonisten. Darin krabbelt nämlich in einer düsteren Umgebung ein kleiner Käfer über die Silhouette eines Hauses. Er fällt um und landet auf dem Rücken. Die Proportionen stimmen dabei nicht: Der Käfer ist in der Relation zum Haus viel zu groß. Bizarr ist das Ganze. Und irgendwie unheimlich.

Sehen wir uns an dieser Stelle noch ein filmisches Projekt von Lynch an, das aus den Anfängen der 1970er Jahre stammt. Ein zentrales Motiv auch hier: Insekten. Realisiert wurde das Projekt zwar nie, doch die Prämisse ist faszinierend genug. Der Titel? *Gardenback*.

In dem fünfundvierzig Seiten umfassenden Drehbuch beschreibt Lynch seinen eigenen Aussagen zufolge eine abstrakte Betrachtung zu den Themen Ehebruch und Fremdgehen: »When you look at a girl, something crosses from her to you. And in this story, that something was an insect which grew in this man's attic, which was like his mind. The house was like his head. And the thing grew and metamorphosized into this monster which overtook him. He didn't become it. But he had to deal with it. And it drove him to completely ruining his home.« Lynch inszeniert nicht nur das Familienhaus als Ort des Übels, das sich anbahnt. (→ Heim) Auch das Insekt dient als zentrales symbolisches Element hierzu.

Der Protagonist dieses Films heißt Henry. Er trägt damit denselben Vornamen wie die Hauptfigur in *Eraserhead* und das ist kein Zufall.[42] In *Gardenback* sieht Henry dann ein fremdes Mädchen – sie erinnert an die Frau in *Eraserhead*, die im Flur gegenüber wohnt. Er sieht sie also und ein seltsames organisches Phänomen nimmt seinen Lauf: Ein Insekt wächst auf dem Dachboden des Hauses heran.

Das Insekt wohnt mietfrei in Henrys Kopf. Es ist das Monster, das ihn um den Verstand bringt. Der Grund, warum es sich ausbreiten kann? Henry hat seine Frau Mary hintergangen. Diesen Verrat, dieses Schuldgefühl mit der Präsenz eines Insekts zu untermalen, ist typisch für Lynch. Es breitet sich aus, wächst heran wie das Gefühl der Ausweglosigkeit, das uns die Kehle zuschnürt und uns handlungsunfähig macht.

Was Lynch selbst zu *Gardenback* sagt? »Wenn man ein Mädchen betrachtet, springt etwas über. In dieser Story ist dieses Etwas ein Insekt.« Zwangsläufig denken wir an *Twin Peaks: The Return*, das fünfzig Jahre später das Licht der Welt erblickt. An die kultige Episode 8 der dritten Staffel, wo es genau umgekehrt ist: Ein insektenartiges Etwas krabbelt in den Mund eines Mädchens.

Lynch beherrscht diese tierischen Stilmittel. Und seine Inszenierung von Insekten erinnert an den französischen Künstler Antonin Artaud (1896–1948), der Fliegen als böse Gedanken beschreibt[43], die von weit entfernten Menschen geschickt werden, um zu schaden. Oder an die Insektenbilder eines Luis Buñuel

---

42 Später wurde aus *Gardenback* dann auch *Eraserhead,* wie Lynch erklärt: »In GARDENBACK the main characters were Henry and Mary, and I transferred them from there to ERASERHEAD« (Lynch zitiert nach: K. George Godwin: »Eraserhead«, Cinefantastique, September 1984, S. 45–46). Und man kann sich sicher sein, dass *Gardenback* wohl ein ziemlich sehenswertes Hybrid aus *The Grandmother* und *Eraserhead* geworden wäre.

43 Der Begriff »Herr der Fliegen« ist übrigens eng mit dem Teufel verbunden und stammt ursprünglich aus der Bibel. Im Hebräischen wird der Teufel als »Beelzebub« bezeichnet, was wörtlich »Herr der Fliegen« bedeutet. In der westlichen Kultur wurde der Begriff durch den Roman *Lord of the Flies* (1954) von William Golding populär gemacht. In dem Buch landen britische Schuljungen nach einem Flugzeugabsturz auf einer einsamen Insel. Ihre Versuche, eine Ordnung zu etablieren, führen zu Barbarei und Chaos. Der Titel des Buches bezieht sich auf einen abgetrennten Schweinekopf, den die Jungen auf einen Pfahl spießen, der dann von Fliegen umschwärmt wird. Dieser Kopf wird als »Lord of the Flies« bezeichnet und symbolisiert das Böse und die Anwesenheit des Teufels auf der Insel.

(1900–1983) in seinem surrealistischen Kurzfilm *Ein andalusischer Hund* (1929). Auch der Filmklassiker *Die Fliege* (1958) scheint Lynch beeinflusst zu haben – er hat ihn einmal als Kind gesehen. Body-Horror. Ein Mensch-Fliegen-Wesen. Ein fehlgeschlagenes Experiment, das einen Wissenschaftler mit dem Kopf und dem Arm einer Fliege ausspeit. Ein Wesen, dessen Impulse immer bestialischer werden. Immer tierischer.

Handelt *Gardenback* noch davon, wie ein Mädchen einem Mann ein Insekt »überträgt«, geht es in *Twin Peaks: The Return* darum, wie ein unschuldiges Mädchen ein Insekt anlockt und es in sich »einlädt«. Wir können also mit etwas Wagnis sagen: Früher interessierte sich Lynch noch verstärkt dafür, welche Wirkung Frauen mit ihrer anmutigen Erscheinung auf Männer haben. Später ging es ihm eher darum zu sehen, welche Auswirkungen die häufig von Männern geformte und genormte Welt auf das Leben von Frauen hat. (→ Frau; → Los Angeles)

Insekten dienen Lynch als Symbol des Übergangs, das zu seinen Narrativen der Veränderung passt. Und es dient als Element der Verfremdung. Wie ist das gemeint? Zunächst überträgt er dieses Element auf eine ganze Menge anderer Tiere und erhebt sie zum Symbol: In der Welt von *Twin Peaks* zum Beispiel sind Eulen bekanntlich nicht das, was sie zu sein scheinen. In dieser Welt, in den Wäldern von Twin Peaks, sind sie nicht nur Tiere, die willenlos durch die Nacht fliegen. Sie sind mehr. Sie sind der Ausdruck geheimnisvoller Kräfte. Kräfte, die sich erst durch die Macht des Jenseitigen zeigen können und uns in unserer Wahrnehmung der Wirklichkeit oft gar nicht auffallen. Sie sind ein wiederkehrendes Motiv. Eulen gelten als weise, ja. Aber sie sind auch unheimlich. Die großen Augen, das lautlose Gleiten durch die Lüfte – das ist grotesk. (→ Groteske) Nicht nur bei Lynch stehen sie für eine verborgene Wahrheit, die nur wenige kennen.

Kommen wir zur Webserie *Rabbits* (2002), damals auf Lynchs persönlicher Webseite veröffentlicht und später auszugsweise in *Inland Empire* zu sehen, die mehrere Menschen in Hasenkostümen auf einer Bühne zeigt. (→ Sprache) Der Schauplatz ist ein einziger Raum. Die Hasen Jack, Jane und Suzie gehen alltäglichen Tätigkeiten nach und sprechen dabei in kryptischen, nicht aufeinander aufbauenden Dialogen. Die Serie ist durch und durch rätselhaft. Die Dialoge sind einerseits banal und monoton. Andererseits deuten sie auf eine unsichtbare Bedrohung hin. Kein Hase scheint sie zu sehen, nur irgendwie zu spüren.

Der Entfremdungseffekt in *Rabbits* ist deshalb so wirkungsvoll, weil die Figuren eine Mischung aus Menschen und Hasen sind. Diese Kombination aus Tier und Mensch gibt es bei Lynch nicht nur im Film: Auch in seinen Gemälden und Mixed Media gibt es sie. Über dieses Stilelement sagt Lynch einmal: »I'm thinking about animals and humans. I like dogs with a human head. I've done sheep with a human head. I like combos like that.« Lynch spielt hier auf seine Mixed Media *Sally Has 2 Heads* (2013) an. Darauf zu sehen: ein Hundekopf, den er unter dem Kopf der Figur Sally positioniert hat. Die Message: Da ist ein Tier, das im Menschen lebt. Das menschliche Äußere kann sich als Scharade herausstellen. Als Kostüm, das über das tierische Wesen hinwegzutäuschen vermag.

In eine ähnliche Kerbe schlägt Lynch mit *Red String #3* (2017), das ein Schaf mit einem menschlichen Kopf zeigt. Und im Mixed Media *The Thoughts of Mr. Bee-Man* (2018) ist ein Mensch mit einer Insektenform verschmolzen: ein Körper mit Riesenstachel.

Schafe, Insekten – und auch Hunde verwendet Lynch in seinen Filmen. Auch sie dienen dazu, Stilmittel der Entfremdung zu etablieren. Lynch selbst hatte sich einen Hund zugelegt, als er an *Elephant Man* arbeitete. Dieser Jack Russell Terrier war es übrigens auch, den wir Jahre später in der Anfangssequenz von *Blue Velvet* fröhlich mit dem Wasserschlauch spielen sehen. Ein Hund, der in gewisser Hinsicht Filmgeschichte schrieb und für den Lynch nur starke Worte übrig hat: »I had a dog named Sparky once, a Jack Russell terrier that I say was the love of my life. I like dogs, but then when you go out you worry about them.«

Streng genommen hatte Lynch sogar noch einen zweiten Hund. Tragischerweise aber nur für kurze Zeit. Das war Anfang der 1990er Jahre und Lynch hatte einen der schönsten Plätze in der Ruhmeshalle Hollywoods. Sämtliche Medien wollten über ihn berichten.[44] Auch die Vogue, der er im Februar 1990 von diesem Hund erzählte: »Pepino was a mutt, given to me by Isabella. When she met Pepino, she said, ›Aha, this is a dog for David‹. I didn't really want a dog that much. I had a dog, Sparky, that was the love of my life. [...] Anyway, Pepino was

44 Um 1989/1990 herum war Lynch wirklich zu beneiden: Der große Fernseherfolg mit der ersten Staffel von *Twin Peaks* und der darauffolgende Hype, die Goldene Palme für *Wild at Heart*, die Beziehung mit Model Isabella Rossellini, das Musikvideo zu dem Hit *Wicked Game* von Chris Isaak, die erste große Ausstellung seiner Werke in New York in der Leo Castelli Gallery, etc.

a smiler. He really and truly smiled. And it was out of happiness. A real smile, not one that you think because you're the parent dog is smiling. Everyone saw it. Big smiles. Sometimes just on one side, sometimes a full smile, and it depended on what was going on. But Pepino was shaping up to be one of the all-time great dogs, and then one day he disappeared. For the next two days, I saw coyotes in front of the house. This coyote really looked guilty. Skulking, skulking. And almost...I, I, you know. I knew. And the coyote knew that I knew.« Tragisch.

Hunde sind es, die in Lynchs Filmen für Überraschungen sorgen. Sparky in *Blue Velvet*. Das Hundegebell in *Eraserhead* und *Lost Highway*. Die Hundewelpen in *Eraserhead*, die sich in der Wohnung von Mary Xs Eltern an ihre Mutterhündin klammern. Oder der Hund in *Wild at Heart*, der sich die abgeschossene Hand einer der Bankangestellten schnappt und mit ihr davonrennt.

Manchmal ist das lustig. Manchmal aber zeigt Lynch auch die wilde Seite dieses Tieres. Er zeigt uns aggressive Hunde, die mehr Raubtier sind als Haustier.

Während ein paar Szenen mit Fred hören wir in *Lost Highway* etwa einen Hund bellen. Fred bemerkt den Hund, ärgert sich über ihn: »Wem zum Teufel gehört der Hund?« Doch bellen können bei Lynch nicht nur Hunde. In der ersten Staffel von *Twin Peaks* sind es zum Beispiel die Teenager Bobby und Mike, die James Hurley in der Gefängniszelle anbellen. Und in der dritten Staffel gibt es gleich mehrere Szenen, in denen Menschen wild zu bellen beginnen.

Da gibt es zum Beispiel einen betrunkenen Mann, der ebenfalls hinter Gittern sitzt. Er bellt und bellt. Ist es der Alkohol, der den Menschen hier zu einem Tier werden lässt? Oder die Szene aus dem *Twin-Peaks*-Film, als Laura Palmer und ihr Vater Lelenad mit dem Auto halten und der einarmige Geist Mike neben ihnen stoppt. Lynch schneidet in diese intensive Szene, in der Mike den von BOB besessenen Leland anschreit, immer wieder einen Hund hinein. Dieser bellt aggressiv, während ihm der Speichel aus dem Maul läuft. Oder wir sehen uns *Wild at Heart* an, in der der bizarr anmutende O.O. Spool (Jack Nance) gegenüber Lula und Sailor seinen Hund erwähnt – noch bevor der plötzlich zu bellen beginnt.

All diese Beispiele zeigen nicht nur die animalische Präsenz in Lynchs Filmen. Sie offenbaren auch das ausgeklügeltes Sounddesign, um das sich Lynch immer bemüht. (→ Musik) Zwei Szenen verdeutlichen das besonders gut. Erstens, zurück zu *Wild at Heart*. Zur Schlüsselsequenz, in der Johnnie Ferragut

(Harry Dean Stanton) auf seinem Hotelbett fernsieht. Auf dem Bildschirm sind Hyänen zu sehen, die an einem Stück Fleisch zerren und es gierig verschlingen. Ferragut selbst fängt dabei an zu bellen. Etwas später in der Szene sind auf dem Bildschirm dann Aasgeier am Werk zu sehen.

Und zweitens, eine Szene aus *Twin Peaks: The Return*. Die sichtlich gealterte Sarah Palmer lümmelt auf der Couch. Manisch bewegt sie sich. Unstet. Sie raucht in einer Tour. Wie hypnotisiert sieht sie sich im Fernsehen eine Tierdokumentation an, in der Löwen einen Kaffernbüffel brutal attackieren und dann töten.

Rohe, unkontrollierte Instinkte. Das Töten, das Sterben. Die Wildheit, die einen künstlerischen Höhepunkt in Lynchs Lithografie *Man Eats Dog* (2010) erreicht: Der Mensch wird hier zur Bestie. Kein Halten mehr, keine Vernunft. Noch wilder ist er als das an sich schon wilde Tier. Als der Hund, den er verschlingt.

Hunde sind übrigens auch im Cartoon-Streifen *The Angriest Dog in the World* zentral, den Lynch von 1983 bis 1992 im wöchentlich erscheinenden *L.A. Reader* veröffentlichte. Der Comic zeigt vier immer gleiche Szenen: Ein Hund ist tagsüber in einem Garten angebunden und zerrt zornig an seiner Leine. Er scheint ausbrechen zu wollen. Weg von seiner Familie. Im letzten Cartoonfenster ist es Nacht. Der Hund ist noch immer an derselben Stelle, zerrend an seiner Leine. Lediglich die Sprechblasen veränderten sich von Woche zu Woche. Lynch gab sie der Redaktion per Telefon durch. Der Hund selbst spricht nie. Er hört aber, was sich die Familie, Bill, Sylvia, Pete und Billy Jr., im Haus erzählt. Wer gerade was spricht, das lässt sich kaum herausfinden, und auch die Worte sind in bester Lynch-Manier meist sehr kryptisch. Eingeleitet wird jeder Cartoon mit den folgenden ominösen Worten:

> »The dog who is so angry he cannot move. He cannot eat. He cannot sleep. He can just barely growl. Bound so tightly with tension and anger, he approaches the state of rigor mortis.«

Den Zorn des Hundes erklärt Lynch wie folgt: »Ich wollte mehr über Zorn erfahren. Denn es ist ja so: Wenn man erst einmal zornig ist, ist man wirklich hundertprozentig zornig, das kann nie eine halbe Sache sein. Und dieser Hund ist zornig.« Und weiter: »The humor in the strip is based on the sickness of people's pitiful state of unhappiness and misery. There's humor in struggling in ignorance, but I also find it heroic the way people forge on despite the despair they often feel.«

Die Idee des wütenden Hundes war Lynch 1973 gekommen. Zu der Zeit war er selbst sehr unausgeglichen – er hatte mit einer Menge aufgestauter Wut zu kämpfen. Seine Rettung: Meditation. (→ Meditation) Dank ihr fand er einen Weg, die Wut zu kanalisieren. Mit ihr zu leben. Eine Fähigkeit, die dem Hund im Comic sein Lebtag verwehrt bleibt.

Im Sinne der Wut könnte übrigens Lynchs Webserie *DumbLand* (2002) aus demselben Universum wie *Angriest Dog* stammen. Comic-Stil? Check. Wütende Figuren? Check. Die Optik hält Lynch in Schwarzweiß. Und in acht verschiedenen Episoden erzählt er von den Wutausbrüchen eines Vaters, der mit Frau und Sohn in einem Einfamilienhaus lebt.

Außer einem gibt es in *DumbLand* keine Tiere – eine Ente. Und zu der hat Lynch eine ganz spezielle Beziehung. Ja, da ist zum einen der erwähnte Bausatz der Ente. Und das zeigt: Für Lynch ist eine Ente nicht nur ein schönes Tier: »A duck, it's a… well, one of the most beautiful animals. […] Nature is a great teacher, and many of the things that happen in nature can guide you in your other avenues.« Nein, für ihn ist die Ente eine wichtige Inspirationsquelle. Vor allem für seine Filme.

Das mag zunächst schräg klingen. Doch Lynch erklärt das. Und er benutzt in seiner Erklärung das Auge der Ente als Metapher für sogenannte Kronjuwelen-Szenen in Filmen: »The key to the whole duck is the eye and where it is placed. It's like a little jewel. It's so perfectly placed to show off a jewel – right in the middle of the head, next to this S-curve with the bill sitting out in front, but with enough distance so that the eye is very well secluded and set out. When you're working on a film, a lot of times you can get the bill and the legs and the body and everything, but this eye of the duck is a certain scene, this jewel, that if it's there, it's absolutely beautiful.« Lynch verwendet die Formulierung »das Auge der Ente« also, um auf seine Theorie zu verweisen. Sie besagt, dass wir nur das Auge einer Ente anschauen müssen, um ein Gefühl für den Gesamtzustand des Tieres zu bekommen. Durch kein anderes Körperteil können wir die Ente so gut verstehen wie durch ihr Auge. Das Auge ist somit das Vorzeige-Körperteil der Ente. Auf das Auge kann sie stolz sein. Und was hat das mit dem Film zu tun? Lynch argumentiert, dass jeder Film ein Element besitzt, das als Vorzeige-Element dienen kann. Das ist dann eine Szene, die stellvertretend für den gesamten Film stehen könne. Szenen, die ihn in ihrer Kürze perfekt einfangen. Seine Stimmung, seine Atmosphäre. Ein Pars pro Toto gewissermaßen. Oder besser: ein Entenauge pro Ente.

Dass Lynch Enten mag, das dürfte dann spätestens im Jahr 2000 vielen Menschen klar geworden sein. Im Werbespot zum Launch der Playstation 2, bei dem Lynch Regie führte, tauchte am Ende des Clips plötzlich eine Ente im Anzug auf. (→ Werbung) Ein Entenkopf, ein Menschenkörper. Das erinnert an *Rabbits*. »Welcome to the Third Place«, sagt der Entenmensch im Spot. Wem die Stimme dazu gehörte? Richtig: Lynch selbst.

Seit den 2010er tauchen Enten auch in Lynchs Bildern auf. In *Duckman's Injury* (2012) zum Beispiel sehen wir erneut einen Entenkopf auf einem menschlichen Körper. Der linke Arm ist blutig und die Hand ist abgetrennt. Was auffällt: Der Entenkopf und der Arm gleichen denen einer Aufnahme aus dem Playstation-Werbespots enorm – auch dort sind Entenkopf und ein Arm zu sehen, die fast identisch wie im Mixed Media angeordnet sind. Im selben Jahr produzierte Lynch das Mixed Media *Two-Tongue Johnnie* (2012). Die Figur, die darauf zu sehen ist, sieht nicht wie ein Mensch mit zwei Zungen aus, sondern wie einer mit einem Schnabel. Mit einem Entenschnabel.

Was Lynch faszinierend findet, das mag für so manchen bizarr erscheinen. Tiere mögen dazugehören. Wir haben gelernt: Für ihn sind sie keine eindimensionalen Wesen. Er benötigt ihre Hilfe, um die Welt zu verstehen. Um organische Phänomene zu verstehen und das Verborgene offenzulegen. Um seine eigene Neugierde zu stillen. Mal dienen sie ihm als zentrale Symbole. Als Treiber eines Narrativs. Mal verwendet er sie dazu, Vertrautes zu entfremden. Mal als Symbol des Unheimlichen. Mal stehen sie stellvertretend für Triebe und Instinkte, die weiterhin in Menschen schlummern. Und so ist Lynchs Verständnis für die Welt der Tiere ebenso facettenreich wie die Tierwelt selbst.

Identität

»Jeder von uns hat mindestens zwei Seiten.«

David Lynch

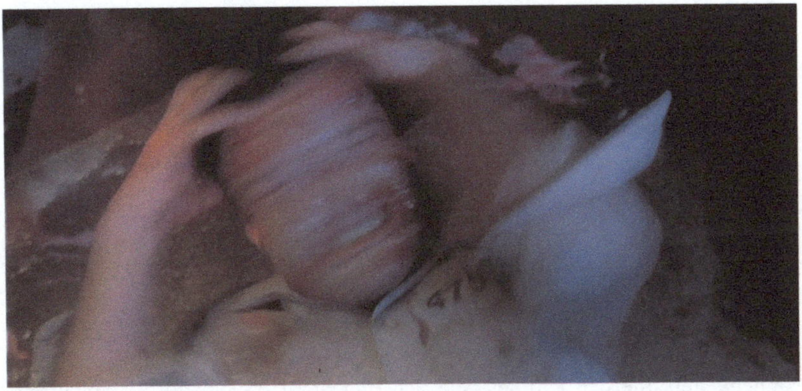

Ein Kopf wird entzweigerissen, verdoppelt sich. Das Innere des Kopfes ist hin- und hergerissen, wabert zwischen den Worten »Hello« und »Goodbye«. Auch der Hals ist gespalten. Zur Hälfte. Der Körper aber ist ungeteilt. Auf ihm zwei Gesichter und dazwischen der Hals, der eine weiße Masse ist. Auf den ersten Blick: Das ist ein außerirdisches Wesen mit plattem Kopf und zwei riesigen Augen. Tatsächlich scheint es sich um eine abstrakte Darstellung eines Menschen zu handeln, dessen Persönlichkeit gespalten ist. Einer, der sich nicht sicher ist, ob er kommen will oder gehen. »Hello« oder »Goodbye«. Nur Lynch weiß es, denn diese Szene stammt aus seiner Lithografie, die er *Hello Goodbye* (2007) getauft hat. Sie deutet an, wie sehr sich Lynch in seinem Schaffen mit dem Thema Identität befasst hat. Ein Thema, das so mannigfaltig ist, dass wir ihm ein ganzes Kapitel gewidmet haben.

Je länger und öfter wir uns Lynchs Bilder ansehen, desto deutlicher wird, dass dort meist verzerrte, doppelte oder sich verändernde Formen und Figuren dargestellt sind. Stets scheint Lynch die Frage zu stellen: Schlagen dort mehrere Herzen in dieser Brust? Die Lynch'sche Identitätsthematik versuchen wir mithilfe dreier, zunächst recht abstrakt klingender, Unterbegriffe zu erfassen: Existenz, Formen der Identität und Pluralität.

Zuerst also die Existenz. Und diejenige, die verloren gegangen ist. Die Persönlichkeiten, die sich auflösen, die sich fragen: Ist da jemand, der mich und mein Handeln beeinflusst? Denken wir an die die Lithografien *Who Pulls the Strings?* (2008), *A Lonely Figure Talks to Himself Softly* (2009), *I Find It Very Difficult to Understand What Is Going on These Days* (2009) oder *Man Thinking What Is There for Me?* (2011). Darin bekommen wir es jedes Mal mit Figuren zu tun, die die Welt, in der sie leben, nicht verstehen können. Oder sie nicht akzeptieren können.

Viele von ihnen finden sich in Lynchs Lithografien in einer existenziellen Krise wieder. Bestes Beispiel: die gekrümmte Person in *Man Thinking What Is There for Me?* Aus ihrem Kopf steigt schwarzer Rauch empor. Dunkel und dreckig. Erste Assoziation: Abgase. Der Rauch mündet in Worte, die direkt aus der Seele des Mannes stammen: Gibt es da etwas, auf das ich mich verlassen kann auf dieser Welt? Etwas, das da ist für mich? Oder bin ich ganz allein? Verzweiflung. Trauma. Existenzielle Fragen.

Zweitens, Körperformen, die Identitäten abbilden. Identitäten, die sich in Lynchs Kunst oft in verschwommenen Formen zeigen. Fragen stellen sich beim Betrachten seiner Werke: Wann ist eine Identität vollkommen? Ist sie je vollkommen? Gelangt die ganze Persönlichkeit eines Menschen je an die Oberfläche oder bleibt irgendetwas immer im Verborgenen?

Im Hinblick auf die verschiedenen Ausprägungsformen von Identität ist eine Zeichenserie auf Papier besonders aussagekräftig, die Lynch zwischen 1965 und 1967 realisiert hat. Wir sehen darauf die Köpfe von Männern. Sie sind verformt und hohl. Und manchmal fehlt ihnen die andere Hälfte des Gesichts. Mal ein Auge, mal ein Mundwinkel.

Auch spätere Fotoserien wie die *Couch Series* oder die *Head Series* tragen Interessantes zur Identitätsthematik bei: Frauenkörper sind da zu sehen und wieder hohle Köpfe. Die Figuren in diesen Fotografien sind entweder nicht ganz zu erkennen oder Lynch hat sie nicht in ihrer Gesamtheit dargestellt. So, als wolle er sagen: die Identität eines Menschen, die können wir nicht komplett erfassen. Auch nicht die Persönlichkeit. Etwas bleibt vor unseren Blicken immer verborgen.

Drittens, eine abgebildete Vielzahl oder verdoppelte Identitäten. Fragen, die wir uns hier stellen: Bin ich immer ich? Oder steckt in mir noch etwas Anderes, etwas Fremdes? Eindeutige Antworten darauf geben *My Shadow Is with Me Always* (2008/09, Aquarell auf Papier), *With Myself* (undatiert, Aquarell auf Papier), *Schizophrenic Man* (undatiert, Gouache auf Holz) oder auch *I Fight with Myself* (2013, Lithografie) zwar nicht. Stattdessen bleibt ein Gefühl der Unsicherheit: Was, wenn ich gar nicht ich bin?

Figuren sind da zu sehen, die sich ihrem Selbst gegenüberstellen. Manchmal verstehen sie sich mit ihm, manchmal nicht. Es sind Figuren, die sich in sich selbst verlieren. In wahnhaften Vorstellungen. Figuren, die sich durch Abspaltung ihrer Selbst multiplizieren.

In dem gerade genannten *Schizophrenic Man* sieht es so aus, als ob die Gestalt darauf in mehrere Stücke zerfällt. Und in *With Myself* begegnet eine Figur dann sich selbst – konfrontiert sich mit dem eigenen Ich, das ein anderes ist.

Oder das Werk *I See Myself* (2007, Lithografie): Auf einer Bühne ist eine schwarze Figur zu sehen, die hoch über ihrem weißen Ebenbild schwebt. Beide Figuren sind mit elektrischen Impulsen verbunden. Die Lithografie wirkt wie eine Illustration von folgenden Worten Lynchs: »Jeder von uns hat mindestens zwei Seiten. […] Die Welt, in der wir leben, ist eine Welt der Gegensätze. Der Trick ist, die Gegensätze zu versöhnen.«

Nach diesen drei Annäherungsversuchen gehen wir nun weiteren Identitätsmotiven auf den Grund und vertiefen einige davon. Was Lynch zum Beispiel auch gerne macht, ist, den Fokus auf den Kopf eines Menschen zu legen, um seine Identität zu sezieren. In *My Head Is Disconnected* (1994–96, Gouache auf Holz) und *I Fix My Head* (2010, Lithografie) zum Beispiel siedelt er die Identitätskrise direkt im Kopf der Figuren an. In Ersterem trennt Lynch den Kopf gar vom restlichen Körper ab. Der Geist ist abgeschnitten vom Körper. Der Verstand vom Herzen.

Im zweiten Werk sind die Bestandteile des Kopfes diesem entkoppelt: Ohren, Augen und restliche Elemente des Gesichts – sie sind nicht da, wo sie hingehören. Sie schweben teils frei herum. Es ist das physiognomische Chaos, das das Chaos im Kopf der Figur nach außen trägt. Symbolisiert Lynch hier außerkörperliche Erfahrungen? Durch das Ohr etwa, das einzeln vor dem Kopf herum wabert.

Der Kopf steht im Zentrum vieler Zeichnungen und Gemälde Lynchs und zählt zu den wichtigsten Elementen und Motiven. In einer weiteren Lithografie von 2008 etwa, *New Head*, positioniert Lynch den Kopf der Gestalt hinter deren Körper. Anstelle des Kopfes: ein abstraktes Gefüge an Formen. Wieder sieht es so aus, als ob sich jemand selbst beobachten würde.

Schwebende Gesichter schauen uns grimmig in *Bunch 2* und *Bunch 4* (beide 1995, Mischtechnik auf Papier) an. Sie sehen aus wie die von Geistern. Unheimlich ist das. Und in *Summertime* (2014, Lithografie) sehen wir den Rumpf eines Körpers, der an vieles erinnert, aber nicht an einen entspannten Sommertag in der Sonne. Stattdessen sehen wir ein entstelltes Gesicht. Sommerzeit und Hässlichkeit. Höchst kontrastreich ist das und das kennen wir von Lynch ja schon. (→ Kontrast)

Und jetzt ein Exkurs zu Lynchs Filmen, in denen der Kopf und die Identität ebenfalls eine sehr große Rolle einnehmen. Henry Spencer zum Beispiel verliert seinen Kopf in *Eraserhead*, der danach zu einer Radiergummispitze für Bleistifte verarbeitet wird. John Merrick muss in *Elephant Man* mit einem Kopf eines Monsters auf seinem deformierten Körper leben (→ Groteske), in *Wild at Heart* explodieren gleich mehrere Köpfe und Blutfontänen schießen aus den Körpern, in *Twin Peaks: The Return* ebenfalls: dort werden sie zerdrückt wie rohe Eier. Und in *Lost Highway* sehen wir die dämonische Fratze des Mystery Man plötzlich dort, wo eigentlich das Gesicht von Renée sein sollte.

In der Identitätsthematik korrespondieren einschlägige Gemälde und Lithografien mit Lynchs Filmen sehr stark. Mal ist es ein Film, in dem Lynch die Ideen aus den Lithografien weiterentwickelt. Mal ist es das Bild. Eine Verbindung gibt es meistens: In vielen von Lynchs Werken sind Figuren zu sehen, deren Persönlichkeiten gespalten sind. Deren Identität geprägt ist von Verdoppelungen und Abgrenzungen zu sich selbst. Traumata, die abgelöst werden von Aufarbeitung. Eine Heilung im psychologischen Sinne aber scheint nur in wenigen Fällen möglich.

Dabei oft zentral: fragmentierte Persönlichkeiten. Lynch liebt das und verwendet das Motiv vor allem in seinen Filmen. Wie eine solche Darstellung aussieht? Lynch fragmentiert die Identitäten seiner Figuren, indem er die Filme selbst fragmentiert (durch nicht-lineare oder gebrochene Narrative etwa). Heißt, oft greift er gleich doppelt in die Wahrnehmung von uns Zuschauern ein. Lynch gibt uns dabei mehrere Fragmente vor, mehrere Teile der Wirklichkeit, die er klar benennt, jedoch nicht explizit miteinander in Verbindung bringt. Zusammenfügen müssen wir die Fragmente dann selbst. Der Grad der Fragmentierung kann dann unterschiedlich stark ausgeprägt sein: Relativ schwach in *Blue Velvet*, sehr ausgeprägt etwa in *Inland Empire*.

In Lynchs filmischem Schaffen gibt es drei Phasen der Auseinandersetzung mit dem Thema Identität: die Identitätssuche (1970er und 1980er), die Identitätskrise (1990er und Anfang der der 2000er) sowie die späten 2010er mit *Twin Peaks: The Return* als Feuerwerk der Identitätsproblematiken.

Die Protagonisten in Lynchs Filmen der 1970er und 1980er Jahre sind immer männlich und meist auf der Suche nach der eigenen Identität. Bestes Beispiel: Henry Spencer in *Eraserhead*. Genauso wenig wie er weiß, was das neugeborene Etwas da in seiner Wohnung ist, scheint er zu wissen, wer er eigentlich ist. Und wo sein Platz ist auf dieser Welt. Oder denken wir an John Merrick in *Elephant Man*, der erst noch herausfinden muss, was er eigentlich genau ist – Tier, Mensch? Um seine eigene Persönlichkeit entfalten zu können, muss er sich zunächst abwenden von der Gesellschaft, die ihm zum Teil nichts Gutes will. Oder Paul Atreides in *Dune*, der ebenfalls auf Sinnsuche ist. Und nicht zuletzt der junge Jeffrey Beaumont in *Blue Velvet*, der eine Welt zu Gesicht bekommt, die er bis dahin ignoriert hat. Ein Abgrund, der sich vor ihm auftut: Verbrechen und Tod. Die Idylle der Vorstadt ist nur eine Illusion. Das anzuerkennen, ist elementarer Bestandteil der Ausbildung seiner eigenen Persönlichkeit. Und in Bezug auf Henry und Jeffrey sei hier nochmal gesagt: Lynch selbst hat mehrmals auf die autobiografische Relevanz beider Figuren hingewiesen. Denn beide Figuren sind ihm nicht nur äußerlich sehr ähnlich. Sie sind wohl auch im Geiste sein Alter Ego: »I am Henry in a way, and I'm Jeffrey in a way. I'm not the Elephant Man, and I'm not really in Dune. But Eraserhead and Blue Velvet, I'm in them.«

Lynch charakterisiert seine Figur Henry folgendermaßen: »Henry is very sure that something is happening, but he doesn't understand it at all. He watches things very, very carefully, because he's trying to figure them out.« Lynch versucht durch Henry, sich selbst zu begreifen. Er versucht zu verstehen, wer er ist und welchen Weg er in dieser Welt zu beschreiten hat, indem er Henry ähnliche Szenarien durchleben lässt, die auch er durchleben musste.

Die Figur des Jeffrey erklärt Lynch dann so: »*Blue Velvet* is a trip beneath the surface of a small American town, but it's also a probe into the subconscious or a place where you face things that you don't normally face. [...] Jeffrey has seen enough and gotten in there enough so that the opportunity is there and the desire is there. But it's something he doesn't like about himself at all. It comes back at him pretty quick. And that's something about life, you know. At times, you push the limits out as far as where you think you can live with yourself.« Wir können also sagen, Jeffrey verkörpert Lynchs Neugierde, sich selbst zu finden. Sich selbst zu begreifen. Zu verstehen, wer er selbst ist und wer nicht.

In den 1990er Jahren mündet die Selbstfindung in Lynchs Werk dann in eine schwere Identitätskrise. Figuren in seinen Filmen in dieser Zeit sind keine Henrys und keine Jeffreys mehr.

An dieser Stelle sei die Episode *Tricks* der Anthologie-Serie *Hotel Room* (1993) erwähnt. Hier werden Identitäten gespalten und getauscht. Das Setting dieses Einakters ist das Zimmer 603 im New Yorker Railroad Hotel. Besonders interessant ist diese Folge deshalb, weil sie ein Vorgänger im Geiste des späteren Neo-Noir-Thrillers *Lost Highway* ist. Es geht darin um Moe (Harry Dean Stanton), der mit der Prostituierten Darlene (Glenne Headly) in einem Hotelzimmer verschwindet. Bevor er mit der Frau ins Geschäft kommt, taucht plötzlich Lou (Freddie Jones) auf, ein Mann, den Moe aus der Vergangenheit kennt.

Vor den Augen Lous hat Moe mit Darlene Geschlechtsverkehr. Beide Männer beschuldigen sie später, ihren Ehemann getötet zu haben. Sie bestreitet das vehement und flieht aus dem Hotelzimmer vor Lou und Moe, die immer aggressiver werden. Lou muss Moe trösten. Dann verschwindet auch Lou. Später am Abend dringen Polizisten in das Zimmer ein und behaupten, Moe sei Lou – der scheinbare Beweis: Lous Brieftasche, die im Besitz von Moe ist. Und so teilen ihm die Polizisten mit, dass er wegen des Mordes an seiner Frau Phylicia verhaftet ist. Moe kann es nicht fassen. Nicht begreifen, was passiert. Er protestiert und seine letzten Worte schreit er laut heraus: »I don't understand!« Dann: schwarz. Keine *Tricks* mehr.

Das Ganze erinnert an den Schluss von *Twin Peaks: The Return*. Auch dort gehen am Ende die Lichter aus. Schwarz. Im Kontrast dazu: das rote Licht hinter Moe, als die Polizisten auf ihn zugehen und ihn des Mordes beschuldigen. Es ist dasselbe Rot, das wir auch in der ersten halben Stunde von *Lost Highway* sehen. Und nicht nur das Licht ist eine Parallele: Eine Ebene tiefer erinnern auch das Verschwimmen der Figuren, das Übergehen der Identität in einen anderen Körper und der Mord an der Ehefrau an den Film. Und wir fragen uns: Ist Lou etwa Moes Unterbewusstsein? Sind Lou und Moe ein und dieselbe Person? Besitzt Moe eine multiple Persönlichkeit?

Ja, auch der Fokus von *Lost Highway* liegt auf der Identitätskrise. Und der Film verleiht Lynchs fragmentarischer Darstellung von Identitäten eine neue Dimension. Eine, die mit *Mulholland Drive* und *Inland Empire* in den 2000ern auf die Spitze getrieben wurde. In diesen beiden Filmen sind es dann nicht mehr die Männer, die auf Identitätssuche sind. Frauen haben hier Traumata zu bewältigen und stehen im Zentrum der Handlung.

Lost Highway (1997), *Mulholland Drive* (2001) und *Inland Empire* (2006) – das ist Lynchs Los-Angeles-Trilogie. (→ Los Angeles) Wir könnten sie aber genauso gut als Lynchs Identitäts-Trilogie beschreiben. Jeder der Filme folgt einer Figur, die sich durch eine alptraumhafte Welt bewegt. Eine Welt, die instabiler wird, je instabiler das Innenleben der Figur ist. Was ist Realität, was Einbildung? Selbst wir als Zuschauer können das schon bald nicht mehr ausmachen. Ganz klar: Im Mittelpunkt dieser Erzählungen steht die Zerbrechlichkeit von Identitäten.

Vor allem bei *Lost Highway* und *Inland Empire* scheint Lynch stark auf den Kurzfilm-Klassiker *Meshes of the Afternoon* (1943) von Maya Deren (1917–1961) und Alexander Hackenschmied (1907–2004) Bezug zu nehmen. Genauso traumhaft und fragmentarisch wie Derens Narrativ ist das von Lynch. Ein Gefühl von Unbehagen und Paranoia ist das Resultat. Weitere Parallelen: das Motiv des Doppelgängers und vor allem auch Los Angeles als Schauplatz.

Und nun zu *Twin Peaks: The Return*, dem Opus Magnum. Dem ultimativen Verwirrspiel und Feuerwerk Lynch'scher Identitätskrisen. Die größte Krise durchlebt Dale Cooper, der nach mehr als fünfundzwanzig Jahren aus der Black Lodge zurückkehrt in die Wirklichkeit. Dabei geht aber so einiges schief – auch weil Coopers böser Doppelgänger seine Finger im Spiel hat. Cooper findet sich so im Körper von Dougie Jones wieder und erneut ist er gefangen. An seine wahre Identität als FBI-Agent kann er sich nicht erinnern. Und erst in Episode 16 (von 18) findet er wieder zu sich selbst. Allzu lange hält das aber nicht an. Denn in der letzten Folge scheint er erneut in einem fremden Körper zu stecken: Richard. Seine Identität ist erneut eine andere. Coopers Odyssee zurück nach Twin Peaks endet auch an dieser Stelle nicht und wir fragen uns, ob sie das jemals tun wird.

Einigen Figuren aus den ersten beiden Twin-Peaks-Staffeln geht es ähnlich wie Cooper. Zum Beispiel Jerry Horne, Audrey Horne und Diane. Jerry hat sich in den Wäldern rund um Twin Peaks verlaufen. Er irrt umher, ist desorientiert, schreit um Hilfe, denn er scheint Dinge wahrzunehmen, die nicht real sind. Liegt es an den Drogen?

Seine Nichte Audrey scheint indes in einer psychiatrischen Anstalt eingesperrt zu sein. Wir fragen uns, ob ihre Gespräche mit dem ominösen Charlie überhaupt echt sind oder ob sie sich das alles nur einbildet. Eskapismus. Flieht sie vor der Realität in der Anstalt? Tanzt sie sich um den Verstand, als sie sich im Roadhouse beschwingt zu den Jazzklängen bewegt, die auch in den ersten beiden Staffeln ihre Schritte musikalisch begleiteten? Doch die Nostalgie ist nicht von Dauer: Plötzlich sieht sie sich im Spiegel der Anstalt wieder. War alles nur ein Traum? (→ Traum)

Und dann wäre da noch Diane, die in der dritten Staffel lange Zeit gar nicht Diane ist. Denn sie ist bloß eine Kopie ihrer selbst. Wie Cooper ist auch sie gefangen in einem Körper: in der blinden Naido.

Um die Tragweite der Identitätsthematik zu veranschaulichen, haben wir exemplarisch ein paar Zitate dieser Figuren herausgesucht. Es sind Zitate aus

Twin Peaks: The Return, die verdeutlichen, wie eng das Lynch'sche Konzept der Identität geknüpft ist an die verzweifelten Hilferufe seiner Figuren:

Ausruf	**Figur**	**Episode**
I think I'm high! *[zu verstehen im Sinne von: Ich weiß nicht, wer oder wo ich bin, bin ich also high?]*	Jerry Horne	2
I don't know where I am!	Jerry Horne	9
I am not your foot! *[zu verstehen im Sinne von: Ich bin kein Fuß, was bin ich dann?]*	Jerry Horne	10
I've been there before!	Jerry Horne	12
I feel like I'm somewhere else. Have you ever had that feeling, Charlie?	Audrey Horne	13
Like I'm somewhere else and like I'm somebody else.	Audrey Horne	13
Well, I'm not sure who I am, but I'm not me.	Audrey Horne	13
And I don't even know who I am.	Audrey Horne	13
Get me out of here! *[zu verstehen im Sinne von: Hier bin ich nicht ich. Holt mich aus dieser Realität heraus.]*	Audrey Horne	16
What? *[als sie sich selbst im Spiegel sieht]*	Audrey Horne	16
I'm not me. I'm not me. I'm not me. I'm not me!	Diane	16

Auch Sarah Palmer, die Mutter der ermordeten Laura Palmer, steckt in *Twin Peaks: The Return* in einer tiefen Krise. Manisch und verwirrt geistert sie durch Twin Peaks und raucht Kette. In Episode 12 dreht sie im Supermarkt zum Beispiel komplett durch: »I don't remember seeing these beef jerkys there before [...] Your room seems different. And men are coming. You have to watch out [...] I don't feel good.« Paranoia at its best.

Und da wäre auch noch die junge Generation, die in *Twin Peaks: The Return* eine abgehängte Generation ist. Eine Generation ohne gesellschaftliche Schranken. Zurückgelassen und ohne jegliche kollektive Identität. Viele von ihr scheinen den Verstand zu verlieren. Nehmen Drogen, töten, sterben.

Wir denken an das drogensüchtige Paar Steven und Becky Burnett. An Richard Horne, das abgrundtief Böse, das ein Kind überfährt und seine eigene Großmutter schlägt und ausraubt. Wir denken an die vernachlässigten, kranken

Kinder im Double R Diner. An die junge Mutter im trostlosen Vorort, die sich mit Drogen betäubt, während ihr kleiner Junge in dreckigen Klamotten und unbeaufsichtigt durch die Gegend rennt.

Ja, Lynchs Porträt der jungen Generation ist ein drastisches.

Eng mit dem Begriff der Identität verbunden ist bei Lynch das Phänomen der Doppelgänger. In vielen von Lynchs Filmen tritt es auf. In *Twin Peaks* zum Beispiel sind Doppelgänger böse Ebenbilder, die aus der Black Lodge in die Welt von Twin Peaks entflohen sind. In der Lodge begegnet Dale Cooper etwa den Doppelgängern von Laura und Leland Palmer, Annie Blackburn, Maddy Ferguson, Caroline Earle. Und sich selbst – sein eigener Doppelgänger entkommt dann aus der Lodge und nimmt in der realen Welt seine Identität an. Der Terror beginnt.

In *Lost Highway* ist es dann Fred Madison, der in Pete Dayton eine junge Version seiner selbst findet. Er ist sein Doppelgänger. Genauso wie Alice Wakefield die Doppelgängerin von Renée Madison ist. Inszenatorisch sieht das dann so aus, dass beide Frauen von der Schauspielerin Patricia Arquette verkörpert werden.

Ähnlich in *Mulholland Drive*. Darin spielt Naomi Watts sowohl Betty Elms als auch Diane Selwyn. Und Laura Harring verkörpert Rita und Camilla Rhodes.

Und in *Inland Empire*? Auch dort gibt es mehrere Doppelgänger. Laura Dern zum Beispiel spielt Nikki Grace und Susan Blue. Justin Theroux verkörpert Devon Berk und Billy Side. Und Peter J. Lucas tritt als Piotrek Krol und Smithy auf.

Die sich äußerlich gleichenden Figuren kontrastieren sich dabei in der Regel im Wesen. Das inszeniert Lynch dann optisch, indem er einen der Doppelgänger als alten Menschen darstellt, den anderen als jungen. Die Figuren von Arquette sind blond und schwarzhaarig. Auch im Wesen gibt es markante Unterschiede: gut versus böse. Mauerblümchen versus Femme Fatale.

Nicht zuletzt ist das Werden, das Verwandeln und das Sich-Verändern von Identitäten in das Werk von Lynch eingeschrieben. So mutiert Henry in *Eraserhead* zu seinem eigenen monströsen Baby. Der Elefantenmensch John Merrick, der gehalten wird wie ein Tier, verwandelt sich in einen viktorianischen Gentleman. Der junge, naive Paul Atreides wird in *Dune* zum Messias Kwisatz Haderach. Jeffrey Beaumont in *Blue Velvet* wird immer mehr wie sein Gegenpart

Frank Booth. Und in dem Musical *Industrial Symphony No. 1* verwandelt sich die »Heartbroken Woman« (Laura Dern) zum »Dreamself of the Heartbroken Woman« (Julee Cruise).[45]

Wie kaum ein anderer Künstler zeigt Lynch in seiner Kunst eine unbeständige, instabile Welt, in der die Identitäten fließend sind. Und so liegen Spaltungen und Verdoppelungen in der DNA der Menschen, die ihr innewohnen.

45 Und weil Lynch solche Phänomene auch in der echten Welt wahrzunehmen scheint, hat er für sich eine Lösung gefunden: Meditation. Denn durch sie ist das Folgende möglich: »You become more and more *you*.« In diesem Sinne müsste man Lynchs Figuren einfach nur meditieren lassen, dann wären all ihre Sorgen und Identitätskrisen vorbei – damit aber auch Lynchs Kunst und Relevanz. (→ Meditation) Deshalb ist es besser, sie tun es nicht. Und das weiß Lynch auch selbst, denn er zeigt stets nur den »wilden« Zustand *vor* der Meditation. Und das ist auch gut so.

Sprache

»Wow, Bob, wow!«

DER MANN VON EINEM ANDEREN ORT (in *Twin Peaks*)

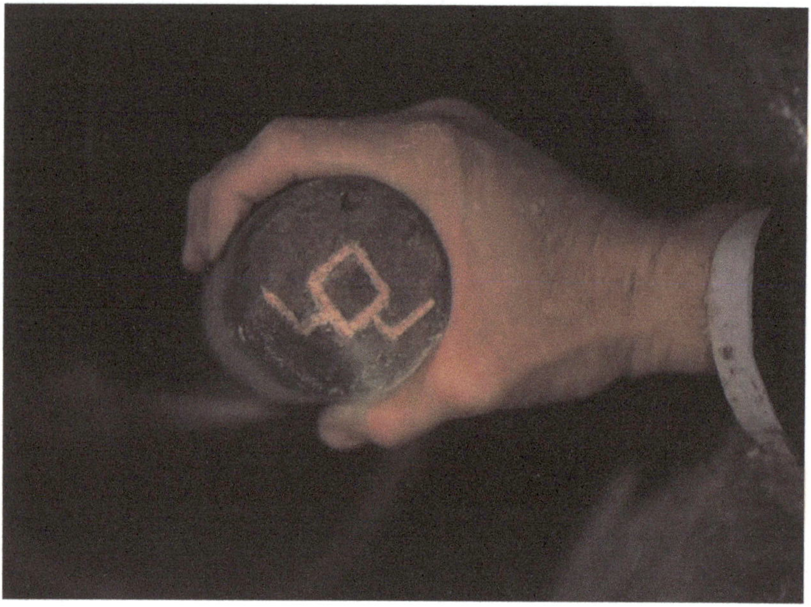

Sprache ist für Lynch mehr als Sprache im Sinne einer Ausdrucksweise durch Wörter. Für ihn ist sie ebenso ein Ausdruck, der nur durch die Kunst möglich ist und dessen Vokabular sich nicht auf diejenige von Wörtern beschränkt. Er verwendet den Begriff der Sprache damit im Kontext seiner künstlerischen Praxis, in der sich Sprache vielfältiger zeigt. Mit der Filmsprache etwa ist ein Künstler dazu in der Lage, multimedial abzubilden. Sie überschreitet damit die bloße Vorstellung, die sich beim Lesen von Wörtern in den Gedanken manifestiert. Und sie überschreitet auch die bloße Bildsprache oder die der Musik.

Sprachen der Kunst eignen sich dazu, dem Abstrakten auf vielfältige Weise Ausdrucksformen zu verleihen. (→ Idee) Für Lynch bedeutet das einen enormen Vorteil: »Ich musste mich nie artikulieren, wissen Sie. Maler müssen nicht reden. Jede Idee hatte eine andere Sprache, ganz tief drin.« Und damit weist er der Idee selbst eine Sprache zu, durch die sie sich ohne menschliches Eingreifen bereits aus sich selbst heraus artikuliert. Indem Lynch dann den Pinsel an- oder die Kamera einsetzt, greift er die Idee auf und übersetzt sie in seine Sprache der Kunst: Das Abstrakte in Form der Ideensprache bekommt eine konkrete Form im künstlerischen Ausdruck, der für Lynch eine Sprache ist, obwohl sie auch ohne Worte auskommt.

Wie könnte man das Verhältnis, das Lynch zur Sprache hat, die Sprache, die sich auf vielfältige Weise in seiner Kunst zeigt, und die Formen der Kunstsprache, die mit Sprachformen der Lebenswelt zusammenhängen, beschreiben? Einzusehen ist zunächst: Indem man diesen Fragen auf den Grund geht, kommt ein grundlegendes Problem der Lynch-Rezeption zum Vorschein, das sich bei genauerer Betrachtung als ein Scheinproblem herausstellt: Betrachter glauben, die bildliche und filmische Sprache in Lynchs Werke erst in die Sprache der Wörter übersetzen zu müssen, um sie zu verstehen. Dabei vergessen sie, dass auch sie die Sprache der Bilder und der Filme beherrschen, die Lynch verwendet. Sie müssten diese Sprachen also nicht übersetzen, um zu verstehen.

Für Lynch selbst ist dieses Verständnis von Sprache elementar. Der Grund: Bei der Übersetzung einer Sprache in die andere gehen Teile des Ausgedrückten verloren. Das erklärt, warum er selbst einer Sprache misstraut, die ausschließlich aus Wörtern besteht. Chris Rodley schreibt dazu in seinem Buch *Lynch über Lynch* (1993): »Die Bilder [d.i. Lynchs Gemälde] sind symptomatisch für Lynchs Bedürfnis, in einer eigenen, kodierten Sprache zu kommunizieren. Sein

Misstrauen gegen Wörter, vor allem, wenn sie Interpretationen liefern oder Sinn festlegen sollen, tritt im Gespräch permanent zutage.« Diese kodierte Sprache ist jene multimediale Sprache, die Lynch durch seine Kunst ausdrückt und die aus mehr bestehen kann als nur aus Worten. Einer Sprache, die nur aus Worten besteht, vertraut Lynch nicht. Sprachen, die nonverbal sind, vertraut er eher.

In seiner Kunst scheint oft Lynchs Verlangen danach durch, klarzustellen, dass gesprochene Sprache versagen kann und oft nicht in der Lage ist, den Zweck zu erfüllen, den man glaubt, mit ihr erfüllen zu können. Zum Beispiel in Lynchs Kurzfilm *The Cowboy and the Frenchman* (1988). (→ Paris) Slim, der Anführer der Bande ist schwerhörig, und der Franzose Pierre versteht kein Wort Englisch. Lynchs Version von *Lost in Translation*, wenn man so will, und zugleich sein Verständnis von der Grenze der Sprache, die, wenn sie versagt, zu absurden Missverständnissen führt. Rodley schreibt dazu: »Lynchs einziger Ausflug ins Westerngenre [...] orientiert sich an seinem bevorzugten Komödientypus, der bezeichnenderweise mit Missverständnissen und dem Versagen von Sprache operiert und ›sehr absurd und wirklich albern [ist]. Ich liebe diese Kombination, aber anscheinend bin ich der einzige!‹«

Betrachtet man die Sprache bei Lynch, lohnt es sich, sich anzusehen, wie Lynch selbst spricht. Denn seine Sprache im Alltag ist im Gegensatz zu seiner Filmsprache etwa unkodiert. Er spricht einfach – beinahe kindlich. Klar und unmissverständlich. Kein Mäandern, stattdessen Worte, die den Zweck der Beschreibung erfüllen. Seine Ausdrucksweise ist exzentrisch. Sein Dialekt? Ein »flat folksy accent of his native Missoula, Mont.«, wie Alex Williams in der New York Times im Jahr 2006 schrieb. Lynchs Sprechweise ist charismatisch und seine Stimme unter tausend Stimmen herauszuhören – und damit ist er gut zu imitieren. Ähnlich wie der deutsche Regisseur Werner Herzog übrigens, der auch aufgrund seiner originellen Sprechweise sowohl hierzulande als auch in den USA Kultstatus erlangt hat. Auf TikTok existiert ein ganzes Sammelbecken an Kurzclips mit Lynch-Imitationen. Und auch Menschen, die mit ihm zusammengearbeitet haben, scheint seine Stimme nicht mehr aus dem Kopf zu gehen: Naomi Watts etwa, die 2017 in einem Interview mit dem *W Magazin* eine Interpretation Lynchs zum Besten gibt – »Naomi, anyone who sits in the hand of King Kong will be a movie star for life!«[46] Oder Nicolas Cage, der 2017 im Alamo Drafthouse South Lamar in Austin, Texas, von den Dreharbeiten zu *Wild at Heart* (1990) erzählt, Lynch imitiert und dafür großen Beifall erntet: »Nicster, that was solid gold, buddy!«

In seiner Kunst dagegen verwendet Lynch die gesprochene Sprache oft missverständlicher. In seiner Musik etwa, in der er Sprachbarrieren ausdrückt, die sich als verschiedene Zugänge zur Welt interpretieren lassen. (→ Musik) Zum Beispiel der Song *A Meaningless Conversation* (2018), den er gemeinsam mit seinem guten Freund und Twin Peaks-Komponisten Angelo Badalamentiunter dem Label *Thought Gang* auf dem gleichnamigen Album veröffentlichte. Die Aneinanderreihung der Worte ist non sequitur (also ohne Bezug zueinander) und Lynch und Badalamenti vermischen sie zu einem bedeutungsschwangeren, aber sinnlosen Wortbrei:

> »Thus, in this instance the sum total of all the fundamental conclusions concerning the altogether misunderstood thoughts attending the equations connecting matters of negative and positive forces and their precarious balance points is absolutely certain to cause changes in the currents of modern thought like the changes on the surface of a lake due to the power of a severe thunderstorm. Lightning is in fact a large bolt of balance. And as above … so below.«

Was diesem Bandwurmsatz samt pseudobedeutsamer Schlussbotschaft folgt, ist zusammenhangloses Gebrabbel, das sich in etwa so in Buchstaben fassen lässt:

»mamamamnomnomnomamamanononomnomnomnooommama«

Sehr deutlich bringt Lynch sein Misstrauen gegenüber Worten zum Ausdruck, indem er Sprache und an sie geknüpfte Aussagen ad absurdum führt. Was diese Aussagen bedeuten? Das lässt sich nicht beantworten. Was es bedeutet, dass er sie anwendet, schon eher: Es gibt Momente, in denen herkömmliche Sprechweisen nicht vermitteln können, dass Sprache manchmal an ihre Grenze stößt, und diese Grenze kann nur performativ ausgedrückt werden, indem sie, wie in *A Meaningless Conversation*, in Form von Kauderwelsch boykottiert wird.

46 Naomi Watts spielte in Peter Jacksons Film *King Kong* (2005) die Hauptrolle der ikonischen Filmfigur Ann Darrow.

Auch die Lieder *Crazy Clown Time* und *Strange And Unproductive Thinking* (beide 2011) schlagen in diese Kerbe. Beide sind von Lynch selbst eingesungen, dem Genre des Spoken Words zugehörig und musikalisch begleitet. Gerade in letzterem Lied grenzt sich Lynch noch einmal extrem ab von der Sprechweise, die er selbst in Interviews anwendet: ungefilterter Satzschlauch im Stil eines Bewusstseinsstroms, der sich thematisch um die Transzendentale Meditation bewegt (→ Meditation, → Idee). Die erste Strophe, die einem chiffrierten, unverständlichen Mantra gleicht, bei dem es darum geht, seinen Geist zu entleeren:

> »Bearing all the aforementioned dialogues we discover the possibilities of the curve towards progressive behavior and the ultimate realization of the goal of evolution, which grants the benefits of added awareness with unlimited boundness of happiness, also known as bliss, which is a result of the laws which govern physical behavior merging with the highest levels of spirit, and together manifesting the magical and mystical level of cosmic awareness, becoming one with the longing for complete surrender to the higher self, which has potentially been waiting these long eons of time, and in fact sometimes has been dipping into a state of semi-sleep or unconsciousness, bordering on complete absence of thought.«

Betrachten wir Lynchs Lithografien, fällt auf: Viele von ihnen sind sprachlich beschriftet (und zwar befindet sich der Bildtitel nicht wie bei Kunstwerken üblich außerhalb auf einem kleinen Schild, sondern tatsächlich im Bild selbst wie in einem Comics oder einem Cartoon), wobei das Bild stets das Wort dominiert und das Wort einen deskriptiven, begleitenden oder auch einordnenden Charakter besitzt – in den meisten Fällen entsprechen die Worte auf dem Bild auch dem Titel der Lithografie. Dieses Vorgehen Lynchs kann hilfreich sein für uns, die seine Werke betrachten, vor allem, wenn seine Bilder abstrakter gehalten sind. *Drowning Man With Seven Ideas* (2008), das einen Körper zeigt, der nicht leicht als Mann zu identifizieren ist, und sieben Punkte, die auch nur Punkte sein könnten und keine Ideen. Oder *Fire On Stage* (2008), in dessen Mitte ein Objekt positioniert ist, das zwar eine Flamme sein könnte, durchaus aber auch eine Zwiebel oder eine Ente mit rundlichem Rumpf.

Sprache als Hilfsinstrument, um sein Werk besser verstehen zu können – ist das nicht sehr untypisch für Lynch, der sich stets davor hütet, sein Werk selbst zu interpretieren? Die Antwort: Lynch interpretiert hier nicht, er beschreibt. Er gibt in wenigen Worten die Sachverhalte, Objekte und Protagonisten wieder, die auf dem entsprechenden Bild zu sehen sind. Und dennoch: Indem er mit Worten eine sprachliche Deskription des Gezeichneten abgibt, berührt er damit die Sprache des Bildes, die für sich stehend eine andere Botschaft an die Betrachter hätte übermitteln können. Durch die Berührung verfälscht Lynch die Sprache des Bildes, indem er die Bildsprache mit der Sprache des geschriebenen Wortes verschmelzen lässt.

Lynchs Sprachspiel setzt sich auch in *Twin Peaks* (1990–1991; 2017) fort, in dem palindromische Sätze wie »Wow, Bob, wow!« fallen; ausgesprochen vom »Mann von einem anderen Ort«. Und am eindrücklichsten ist die berühmte Sprachumkehrung, die er für die Szenen im Roten Raum in der Schwarzen Hütte verwendete. Der Effekt dieser Inversion: Man nimmt die gesprochene Sprache der Figuren auf einer Spanne zwischen seltsam, aber dennoch vertraut, und vertraut, aber dennoch seltsam wahr. Die Methode: Lynch ließ die Schauspieler ihre Texte rückwärts aufsagen, nahm das Gesagte auf und spielte es wiederum rückwärts ab.

Die gesprochene Sprache in der Schwarzen Hütte klingt komisch. Nicht normal. Und das zeigt sich zum Beispiel, weil sie an Stellen abgehackt klingt, die nicht abgehackt klingen sollten. Zu sehen ist das an den sogenannten Glottisschlägen. Sie klingen hart, unschön. Und zwar nicht wie üblich vor Vokalen wie zum Beispiel vor dem Ei bei Spiegelei. In der Schwarzen Hütte tritt der Glottisschlag auch vor Konsonanten auf. Als stimmloser Knacklaut vor dem »g« in »again« zum Beispiel. Auch scheint Laura vor Wörtern, die mit einem Vokal beginnen, ein [h] mitzusprechen. So, als hauche sie dieses Wort auf harte Weise aus. Und es gibt Worte, die in ihrer Aussprache miteinander verbunden werden, in der herkömmlichen Sprechweise allerdings nicht: Wenn sie »twentyfive years« ausspricht, ist zwischen den Aussprachen der Ziffern ein Knacklaut zu hören. Und nur die Wörter »five« und »years« spricht sie aus, als wären sie ein Wort.

Der Zweck dieser Sprachänderung ist eindeutig: Lynch wollte das (alp-) traumhafte dieser Szenen auch sprachlich verdeutlichen. (→ Traum) Und sprachliche Andersartigkeit wie diese ist bei Lynch im Allgemeinen ein gängiges Motiv, um die strukturelle Andersartigkeit eines ganzen Kosmos zu beschreiben.

Ein Satz, der all das aushebelt und für den das alles nicht gilt:

> Wow, BOB, wow.
> [waʊ, bɑb, waʊ]

Ihn spricht der zwergische »Mann von einem anderen Ort« in der Schwarzen Hütte aus und richtet ihn an die böse Entität BOB (→ BOB). Der Satz bleibt rückwärts und vorwärts ausgesprochen und gelesen derselbe und ergibt denselben Sinn – ein sogenanntes Palindrom. Eine Inversion in der Aussprache wie bei Lauras Sätzen, die auf Band aufgenommen und rückwärts abgespielt wird, würde den Effekt einer sprachlichen Verzerrung also verfehlen. Und den einer Verzerrung in der Aussprache, die wir als komisch wahrnehmen. In diesem Sinne ist »Wow, BOB, wow« etwas, das als jenseitig zu verstehen ist. Ein sprachliches Außersprachliches, das sich auch in der Aussprache manifestiert, die immer gleichbleibt. Ein Satz, der in der Schwarzen Hütte und in den irdischen Wäldern von Twin Peaks beinahe gleich klingt. Lediglich die Sprechpause zwischen den Wörtern »BOB« und dem zweiten »wow« lässt in der Aussprache in der Schwarzen Hütte leicht Seltsames durchklingen.

Und wenn sich dieses »wow« schon nicht verdreht aussprechen lässt, dann drehen wir es doch einmal auf den Kopf (dafür an dieser Stelle gerne dieses Buch um 180° drehen und bei Bedarf zum Bild am Anfang dieses Begriffskapitels blättern). Wenn wir nun in Gedanken von der verschriftlichten Sprache zum Bildlichen wechseln, wird etwas sichtbar, das wir als Symbol aus *Twin Peaks* bereits kennen: das Eulenzeichen, das Agent Cooper als Hinweis für die Existenz der Schwarzen Hütte dient.

All das verdeutlicht Lynchs Spaß an Sprach- und Wortspielen. Es zeigt, wie sich Lynch Sprache zu eigen macht und sie dazu verwendet, Irritationen in uns auszulösen. Man denke an eine der ersten Szenen von *Inland Empire* (2006), in der die amerikanische Schauspielerin Grace Zabriskie mit weit aufgerissenen Augen und in gebrochenem Englisch mit slawischem Akzent die von Laura Dern gespielte Schauspielerin Nikki Grace als neue Nachbarin vorstellt.

Irritiert hat Lynch auch mit einem Kunstprojekt aus dem Jahr 2016, dessen zentrales Motiv die Imitation von Sprache war. Konkret ging es um die Frage, was der Mensch von Robotern über Neugier, Imitation, Sprache und über sich selbst lernen kann. Um das herauszufinden, hatte man Roboter gebaut, die von einer KI gesteuert wurden – die Roboter waren also dazu in der Lage, von ihrem Umfeld und voneinander zu lernen. Das Ergebnis war eine Ausstellung, die im Pariser Kunstmuseum Fondation Cartier stattfand, und Lynch war der Künstler, der die Köpfe der Roboter designt hatte (→ Körper): »They're curious little beings«, sagte er sie.

Besonders spannend war, dass die KI-Roboter dazu in der Lage waren, spontan eine neue Sprache zu erfinden, mit der sie – und zwar nur sie – miteinander interagieren konnten. Lynch: »They're watching, they're thinking, they're trying to figure things out. They seem to be learning something.« Und wenn sie miteinander sprachen, dann pfiffen und fiepten sie und machten Geräusche wie Urwaldvögel. Ihre Köpfe blinkten und leuchteten in bunten Farben und beschrieben auf diese Weise einander die Objekte, die sich um sie herum befanden. Sie sprachen miteinander und verstanden sich – doch wir Menschen taten das nicht.

Lynch und Künstliche Intelligenz – es gibt hier mehr Verbindungen, als man vermuten würde. Das sogenannte Uncanny Valley etwa, welches das Verhältnis zwischen dem Grad der Ähnlichkeit eines Objekts mit einem Menschen und der emotionalen Reaktion auf diesen Grad der Ähnlichkeit beschreibt und das häufig auf die Wahrnehnung humanoider Robotern oder Künstlichen Intelligenzen angewandt wird, gibt es bei Lynch.[47] Und mehr noch: Lynchs Art und Weise,

47 Hierzu die Erläuterung des Uncanny-Valley-Effekts aus dem Filmlexikon der Universität zu Kiel: »Das *Uncanny Valley* beschreibt einen paradoxen Effekt in der Akzeptanz dargebotener simulierter Figuren beim Zuschauer. Er wurde zuerst 1970 von dem japanischen Robotiker Masahiro Mori entdeckt. Die Akzeptanz von Roboterfiguren und Avataren zeigt zunächst in unmittelbarer Korrelation zu ihrer Menschenähnlichkeit; bei Handprothesen, Zombiefiguren und Puppen, die morphologisch der menschlichen Figur stärker angenähert sind, fällt dann aber das Akzeptablitätsurteil stark ab, bevor die Figuren sich stark der menschlichen Figur und ihren Bewegungen annähert [sic!], dann steigt es steil wieder an. Die Phase des Abfalls der Akzeptanz wird seitdem *uncanny valley* genannt. Das *Uncanny Valley* dient manchmal als Erklärungsmodell für den Misserfolg von Animationsfilmen. Ein Beispiel ist *The Polar Express*,

gesprochene Sprache zu inszenieren, kann dabei helfen, Sprachbots wie Chat-GPT besser zu begreifen.

Am 14. Dezember 2022 feierte auf der Streaming-Plattform Twitch ein kurioses Projekt namens *Nothing, forever* Premiere. Ein technologisch-gesellschaftliches Experiment, dessen Schöpfer die beiden Freunde und Softwareentwickler Skyler Hartle und Brian Habersberger waren. Die Hauptzutaten für *Nothing, forever*: Künstliche Intelligenz und die Inspiration durch Lynchs Werke (vor allem durch *Rabbits*, 2002). »The actual impetus for this was it originally started its life as this weird, very, off-center kind of nonsensical, surreal art project«, sagte Hartle. *Nothing, forever* ist eine Pseudo-Sitcom, deren Dialoge vom Sprachmodell Chat-GPT III (2022 vom KI-Unternehmen OpenAI veröffentlicht) generiert wurden. Auch andere Technologien wie Stable Diffusion oder Dall-E, das die comichaften, *Minecraft*-artigen Animationen für die Serie erstellt, wurden verwendet, um Szenen im einminütigen Rhythmus generieren zu lassen, die im Stile der berühmten US-amerikanischen 1990er-Jahre-Sitcom *Seinfeld* inszeniert sind. Das Resultat ist eine unheimliche Erfahrung für das Publikum. Die Dialoge? Meist non sequitur. Der Humor ist absurd, weil er nicht vorhanden ist: Nur das aus dem Off erschallende, aus menschlicher Sicht meist deplatzierte Sitcom-Gelächter und der Applaus erhalten den Schein aufrecht, als wäre das Gesagte und Gesehene lustig.

Die vier Protagonisten in *Nothing, forever* sind allesamt Karikaturen von Figuren aus *Seinfeld*. Sie heißen Larry Feinberg, Yvonne Torres, Fred Kastopolous und Zoltan Kakler (also so ähnlich wie Jerry Seinfeld, Elaine Benes, George Costanza und Cosmo Kramer) und verhalten sich irgendwie menschlich oder menschenähnlich – und doch wiederum gar nicht. Man kann sagen: Sie tun nur so, als ob sie Menschen wären, und das spiegelt sich auch in der Sprache wider, die sie verwenden.

Im Folgenden ein Ausschnitt des Dialogs aus der ersten Staffel, der nicht nur seltsam, sondern direkt unheimlich ist. Denn Anfang Februar 2023 machte die KI (und damit die Figuren) den Anschein, sich darüber bewusst zu sein, dass sie sich in einer Sitcom befand. Hatte die KI ein selbstreferenzielles Stadium erreicht?

USA 2004, Robert Zemeckis, in dem das Motion-Capture-Verfahren eingesetzt wurde, so dass die Gesichter der animierten Figuren recht realistisch aussahen.«

> Yvonne Torres: »Did you ever stop and think this might be one big cosmic joke?«
> Fred Kastopolous: »Well, I don't think it's all necessarily, all, y'know …«
> Yvonne: »I know. I just mean, why are we here?«
> Fred: »To tell jokes, obviously.«
> Yvonne: »I mean, why are we here together?«
> Fred: »Maybe fate put us together in the same place for some reason?«

Die viel plausiblere These bezüglich eines möglichen Selbstbewusstseins der KI lautet natürlich: Die KI gab lediglich vor, dass sie sich ihrer Situation und ihrer selbst bewusst geworden sei. Die KI tat das, was sie als eine solche auszeichnet und wozu sie im Gegensatz zu klassischer Informationstechnologie in der Lage ist: Sie lernte. Sie veränderte ihr Verhalten, indem sie mit dem Twitch-Publikum kommunizierte und überprüfte, wie es auf bestimmte Situationen reagierte – und damit veränderte sich das gesamte Narrativ von *Nothing, forever*. Ein Narrativ, das einen selbstreferenziellen Anschein erweckte und den Anschein, dass man sich gerade ein Werk von Lynch ansah.

»David Lynch's *Rabbits* was a big source of initial creative inspiration for the show«, erklärte Hartle und in der Tat sind Parallelen zu Lynchs achtteiliger Horror-Kurzfilm-Reihe, die er 2002 im Internet veröffentlichte, offensichtlich. In *Rabbits* geht es um drei menschenähnliche Hasen, die sich in einem Raum mit spärlichem Interieur befinden. Sie unterhalten sich über Belanglosigkeiten, sitzen abwechselnd auf dem Sofa, gehen im Raum umher, gehen aus dem Raum hinaus, kommen wieder herein. Eine Sitcom im lynchesken Stil par excellence, in der wie bei *Nothing, forever* Lachkonserven und Applauswellen an den seltsamsten Stellen platziert wurden.

Die beiden weiblichen Hasen wurden von der ehemaligen Miss USA Laura Harring und Naomi Watts gespielt, den beiden Hauptdarstellerinnen von *Mulholland Drive* (2001). Den männlichen Hasen verkörperte Scott Coffey. Lynch baute das Set für *Rabbits* im Garten seines Anwesens in den Hollywood Hills in Los Angeles auf und drehte ausschließlich in der Nacht. Dann drehte er das Licht auf, so hell es ging. Eine sterile, ungemütliche, ultrarealistische, fast schon dokumentarische, OP-Saal-haftige Atmosphäre war das Ergebnis. Und nicht nur für das Publikum war dieses grelle Licht unangenehm. Auch seinen Nachbarn ging Lynch auf die Nerven, indem er bei sich im Garten eine überbelichtete, künstliche Parallelwelt erschuf. Eine Welt, in der Hasen ein menschliches Leben führen und ganze Sätze von sich geben, die noch absurder klingen wie die Dialoge, die eine KI generiert:

> »It is 11.15 PM, it is dark outside.«
> »Quiet.«
> »Let me tell you.«
> »I do not think it is the rain.«
> »He goes to work each morning, and then he comes back home each night.«

Lewis Carrolls *Alice im Wunderland* (1865) kommt einem da in den Sinn. Eine Erzählung, in der ebenfalls ein Hase eine Schlüsselrolle einnimmt. Ihm folgt die Titelheldin in seinen Bau, von wo aus sie schließlich ins Wunderland kommt, eine Parallelwelt, in der es Grotesken gibt, wohin das Auge reicht. (→ Groteske) Dort leben die Grinsekatze, ein Mischwesen aus Meeresschildkröte und Kalb und der Jabberwocky, ein drachenartiges Geschöpf, dem Carrol in der Fortsetzung *Alice hinter den Spiegeln* (1871) ein Gedicht widmete, das purer Nonsense ist. Eine Strophe lautet:

> »And as in uffish thought he stood,
> The Jabberwock, with eyes of flame,
> Came whiffling through the tulgey wood,
> And burbled as it came!«

Wenn man Lynchs Hasen in den fünfzig Minuten ihres grotesken Miteinanders zusieht, das eher ein Aneinander-vorbei-Existieren ist, stellt man sich die Frage, die auch die KI von *Nothing, forever* aufwarf, als sie sich scheinbar ihrer selbst bewusst wurde. Einiges deutet darauf hin:

> »Something's wrong.«
> »Something's wrong.«

An vielen Stellen verhalten sich Lynchs Hasen, als ob sie etwas massiv beunruhigt. Das erinnert stellenweise an *Twin Peaks: The Return*, der Staffel, zu der es die Theorie gibt, dass sich die Figuren darin allmählich darüber bewusst werden, sich gerade in einer Serie zu befinden. Sie wirken paranoid. Wie Lynchs Hasen: Als ob sie sich beobachtet fühlen. Als ob sie wissen, dass wir ihnen zuschauen, wie sie auf und ab gehen, wie sie sich unterhalten. Was in den Hasen vor sich geht, das sprechen sie ungefiltert aus. In der Parallelwelt, in der sie sich befinden, scheint die Sprache allerdings anders zu funktionieren. Sie folgt einer anderen Logik, denn für uns erscheint sie nicht logisch. Doch die Hasen verstehen sich und antworten einander:

> »And getting darker.«
> »An old warm rug.«
> »A dog crawls.«
> »Something's wrong.«
> »The dog crawls.«
> »Lights blow out.«

Was *Rabbits* so unheimlich macht, ist auch Lynchs Gespür für Pausen in den Dialogen. Buchstäblich sind sie die unheimlichen Täler zwischen den Berggipfeln, die massive Satzhülsen sind, die im Kontext des Bergpanoramas keinen Sinn ergeben. Das Uncanny Valley zeigt sich hier also nicht nur im Unbehagen des Beobachters, humanoiden Hasen dabei zuzusehen, wie sie sich ihrer Sitcom-Situation bewusst zu sein scheinen und dabei eine Sprache sprechen, die nicht dazu in der Lage ist, unsere Wirklichkeit abzubilden und somit unverständlich ist für uns. Es geht auch um den Nicht-Ausdruck, der von Lynchs Sprachgefühl herrührt. Rodley schreibt hierzu, wobei er sich in seiner Aussage auf Lynchs erste Ehefrau Peggy Reavey bezieht: »[...] dann wird klar, daß Lynchs Verhältnis zur Sprache nicht nur komplex, sondern im zeitgenössischen Kino beispiellos ist. ›Er hat einen Weg gefunden, sich die Wörter dienstbar zu machen‹, so Reaveys Fazit. 'Er benutzt sie nonverbal. Er malt mit ihnen. Sie sind taktil, haben sinnliche Qualität. Er ist ein sehr poetischer Mensch.'«

Nonverbaler Ausdruck. Eine sprachliche Textur, die die Dialogstruktur benetzt. Nicht-Ausdruck, der sich in Form von Pausen zeigt – ein Innehalten im Sprechen der Figuren, deren Verhalten befremdlich wirkt. Pausen wie diese lassen sich als konkretes ästhetisches Element in Lynchs Kunst fassen: Der Nicht-Ausdruck als Kontrast zum Ausdruck zeigt, warum Lynchs Kunst manchmal so ist, wie sie ist – nämlich unheimlich, ohne dass wir genau sagen können, warum das so ist.

Die Pointe ist, dass diese Pausen für sich genommen gar kein Ausdruck sind, sondern nur ein Mangel dessen und so lediglich einen Eindruck von etwas vermitteln können. Einen Eindruck, den man gewinnt aus dem implizierten Gefühlsausdruck derjenigen Figur etwa, die nichts sagt, obwohl man erwartet, dass sie etwas sagen sollte. Die zu lange mit ihrer Antwort wartet und auch keine gestischen oder mimischen Erklärungsversuche unternimmt, warum beziehungsweise ob sie gerade überlegt und dass die Antwort auch bestimmt gleich folgt. Es ist oftmals jener Eindruck davon, dass da etwas nicht ist und dass man dieses Etwas, das nicht ist, seltsamerweise trotzdem wahrnimmt. Das ist es wohl, was Reavey mit Lynchs sensorischer Präsenz meint, denn diese lässt sich nur intuitiv fassen, indem sie sich zeigt als ein Irgendwie-seltsames, das sich oft nur mit den Worten umschreiben lässt: Da stimmt doch irgendetwas nicht …

Traum

»We are like the dreamer who dreams and then lives inside the dream. –– But who is the dreamer?«

MONICA BELLUCCI (in *Twin Peaks: The Return*)

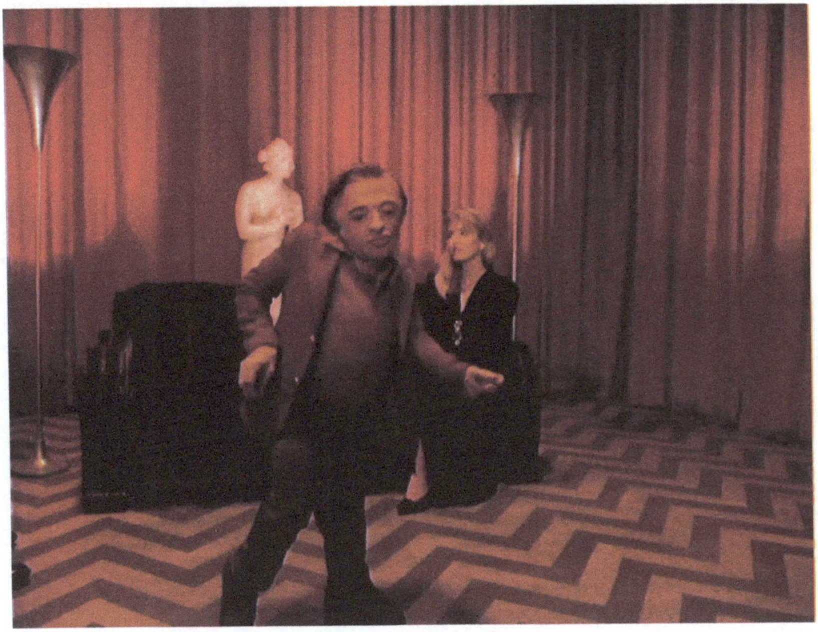

»Wissen Sie, wieso wir eigentlich Träume haben?«, fragt Agent Dale Cooper auf beinahe schamlose Art rhetorisch in der vierten Folge der ersten Staffel *Twin Peaks* (1990–1991) und beginnt, ohne Einwände zuzulassen, auf gewohnt exzentrische Weise mit einem akademisch anmutenden Exkurs. »Acetylcholine-Neuronen beschießen das Vorderhirn mit Impulsen von sehr hoher Voltzahl. Diese Impulse werden zu Bildern. Diese Bilder werden zu Träumen. Aber: Niemand weiß, warum wir gerade diese Bilder dazu benutzen.« Keiner weiß, warum sich genau dieser oder jener Traum uns zeigt. Da hat auch die Wissenschaft keine zufriedenstellende Antwort parat. Und dass wir den Traum nicht vollends verstehen, dürfte ausschlaggebend dafür sein, dass er für Lynch einer der wichtigsten Bestandteile seiner Kunst ist. Der Traum scheint nämlich dasjenige Phänomen zu sein, das das Wesen des Lynchesken am besten verkörpert, das uns absurd, seltsam, urkomisch, surreal und grotesk vorkommt.

Durch Lynchs filmisches Werk wollen wir uns dem Phänomen des Traums nähern, denn das Bewegtbild ist die Gemeinsamkeit, die sowohl dem Film als auch dem Traum zugrunde liegt. Wir wollen uns dem Traum nähern, indem wir uns ansehen, wie Lynch ihn inszeniert. Wir wollen Fragen freilegen, die Lynch durch seine Traumdarstellungen in verrätselter Form stellt. Zum Beispiel, inwiefern wir Traum und Wirklichkeit überhaupt voneinander unterscheiden können – eine Frage, die bereits René Descartes in seinen *Meditationes de prima philosophia* (1641) umtrieb. Wir ziehen den Lynch'schen Film als mediales Register und fragen: Was passiert, wenn wir seine Filme sehen? Ist das eine ähnliche Erfahrung, wie wenn wir einen Traum träumen? Und was geschieht, wenn die Figuren in Lynchs Filmen träumen? Wenn sie von ihren Träumen erzählen? Werden wir dann Zeuge eines Traums im Traum im Traum? Und wer ist überhaupt der Träumer? Wir? Oder doch Lynch selbst?

Denken wir zunächst an den französischen Avantgard-Filmemacher Jean-Luc Godard (1930–2022), der einmal gesagt haben soll, dass das Kino nichts anderes ist als ein äußerer Traum. Ein Traum, der von außen kommt, sich nicht aus dem eigenen Körper evolviert, sondern einen technischen Ursprung hat. Ein Traum, den wir nicht selbst träumen, sich aber so anfühlt, als wäre es unser eigener, denn wir erleben hier etwas, an dem wir wahrnehmend teilhaben, dessen vollwertig und willentlich handelnder Bestandteil wir jedoch nicht sind.

Sehen wir Filme, werden wir in die in diesen Filmen erzählte Welt katapultiert. Wir sehen das, von dem die Filmemacher wollen, dass wir es sehen. Und so träumen wir gewissermaßen dasjenige, das sich die Filmemacher selbst erträumt haben, als sie diesen Film produziert haben. Recht passend ist es demnach, dass die Filmfabrik Hollywood gemeinhin auch Traumfabrik genannt wird.

Einen sehr plastischen Eindruck von diesem industriell gefärbten Potenzial Hollywoods, Träume technisch zu produzieren, gewährte uns der Regisseur Damien Chazelle jüngst in seinem Film *Babylon* (2022): Die Hauptfigur sitzt im Kino, sieht sich einen Film an. Bald werden wir eins mit der Figur und wir sind diejenigen, die den Film jetzt schauen, der bald schon zu einem wilden Ritt aus Bildern aus der gesamten Filmgeschichte mutiert. Die Sogwirkung dieses Erlebnisses auf der Leinwand ist immens und durch den Körper der Hauptfigur werden wir Zeuge, wie der Film, das Produkt der Traumfabrik, unsere Wahrnehmung absorbiert und in sich bündelt. (→ Körper)

Sehen wir uns Lynchs Filme an, so ergänzt sich das Panorama des Films als Traum um eine weitere Facette, denn er weiß: Nicht nur im Sehen entfalten Filme eine solche Sogwirkung, sondern auch das Filmemachen selbst birgt dieses Potenzial. Und das kann zur Gefahr für die Beteiligten werden.

In *Mulholland Drive* (2001) etwa beschreibt Lynch Figuren, die im verderbten Sog Hollywoods verenden, sich für den Traum, ein Star zu werden, aufopfern, sich selbst opfern und auf diese Weise vergessen, wer sie sind: Menschen nämlich mit einer eigenen Identität und nicht jemand, den sie darstellen. (→ Identität) Und auch was sie in diesem Moment sind: Sklaven eines ökonomischen Apparats nämlich, der einen Film im Zentrum hat, der den Produzenten möglichst viel Geld einbringen soll. Der Mensch verblasst hinter dem Schauspieler und er wird erdrückt ob der Last, anderen Menschen einen Traum auf der Leinwand zu bescheren.

Menschen vergessen, wer sie waren. Menschen verdrängen, was sie getan haben. Die Identitätskrisen sind es, die Lynch mittels der Traummotivik so gekonnt versteht zu beschreiben. Das filmische Ergebnis wirkt dann albtraumhaft auf uns und auch das etymologisch eng verwandte Trauma ist da oft nicht weit entfernt. Schön zu beobachten ist diese Verbindung zwischen Trauma und Traum an der Figur Betty Elms in *Mulholland Drive*, die an ihrem zerplatzten Traum zerbricht, in Hollywood Schauspielerin zu werden. Sie scheitert und weil sie mit allem, was sie ist, in diesen Traum involviert ist, geht mit ihm auch ihre Identität verloren. Das Ich in Scherben – Betty ist nicht mehr sie selbst, ist nun viele und niemand zugleich. Und ohne ihren Traum, berühmt zu sein, entpuppt sich ihr Leben in Hollywood als Albtraum, den sie niemals träumen wollte. Sie driftet ab. Wandert umher zwischen der Welt, die sie sich erträumt, und derjenigen, in der andere ihren Traum leben.

Zwischen den Welten. Zwischen Traum und Wirklichkeit. »Ein Traum offenbart sich«, sagt Paul Atreides (Kyle MacLachlan) in Lynchs *Dune* (1984), als er seine große Liebe Chani (Sean Young) das erste Mal trifft. Als sich seine Vision, ihr zu begegnen, in die Wirklichkeit überträgt. Als Traumbilder seiner Zukunft beschreibt er seine Visionen – Intuitionen, die ihn erst auf den Pfad des Kwisatz Haderach, des Erlösers, geführt haben. Auf den Pfad, die Rolle dieses Erlösers anzunehmen. Messias zu werden, der dem Volk der Fremen und dem Spice-Planeten Arrakis, Dune, die Freiheit schenkt.

Um diese Interdependenz zwischen Traum und Wirklichkeit abzubilden, lässt Lynch in seinen Darstellungen die Welten auch in ästhetischer Hinsicht verschwimmen. Zum Beispiel, indem er seine Figuren träumen lässt. Und viele von seinen Figuren berichten dann davon, wie es war, als sie geträumt haben: »I had a dream«, das sagen Dan (Patrick Fischler) in der gruseligen Diner Szene in *Mulholland Drive*, William Hastings (Matthew Lillard) in *Twin Peaks: The Return* (2017), Sandy Williams (Laura Dern) in *Blue Velvet* (1986) oder auch Fred Madison (Bill Pullman) in *Lost Highway* (1997). Und durch all diese Figuren beschreibt Lynch Träume innerhalb seiner erzählten Welt – einerseits.

Doch diese Welt bleibt nicht hermetisch. Die erzählte Welt öffnet sich und weist durch ihre verrätselte Struktur über sich hinaus. Denn ihre Vieldeutigkeit und fragmentarische Struktur, die auch Träumen eingeschrieben ist, lässt sie transzendieren. Und solche Fragmente zeigen sich erst als solche, sobald wir über das Erzählte in dieser Welt stolpern. Sobald Lynch seine Figuren zum Beispiel selbst träumen und in der Folge uns dann zweifeln lässt, was diese Figuren tatsächlich erlebt und was bloß geträumt haben. Auf diese Weise gibt er seiner erzählten Welt den Anstrich, selbst Fragment zu sein – und zwar eines, das sich wabernd einfügt in unsere Welt. Irgendwo zwischen Traum und Wirklichkeit. Und so ist das Fragment nun etwas, das in unserer Welt selbst Traum sein könnte.

Am Ende eines Films von Lynch beschleicht uns oft ein vages Gefühl davon, wo diese Grenzen verlaufen zwischen erzählter Welt und dem, was wir uns über diese Welt erzählen. Zwischen Traum und Wirklichkeit, auf deren Wahrnehmung dieser Traum einwirkt. Und oft spüren wir dann, dass diese Grenzen fließend sind.

Um diese fließenden Grenzen bei Lynch auszuloten, sehen wir uns Edgar Allan Poes Gedicht *A Dream Within a Dream* (1849) an. Ein enigmatisches Stück, das so fragmentarisch ist, dass es wiederum selbst traumhafte Strukturen aufweist und das durch seine Verrätselung ganz wunderbar das Gefühl beschreibt, das einen überkommt bei dem Gedanken, ob das, was man in dem Moment erlebt, doch alles nur ein Traum ist. Ähnlich wie bei einem Film von Lynch.

Poe stellt zunächst die Frage, ob etwas weniger wahr ist, nur weil es in einem Traum erlebt wurde. Und ob ein Gefühl es schafft, sich durch einen Traum als ein solches ausdrücken zu können:

> Yet if hope has flown away
> In a night, or in a day,
> In a vision, or in none,
> Is it therefore the less *gone*?
> *All* that we see or seem
> Is but a dream within a dream.

Nichts anderes als ein Traum in einem Traum ist es, den wir erleben, wenn wir etwas wahrnehmen, das in der Welt ist. Sämtliche weltlichen Umstände, in denen wir Dinge erfahren, in denen wir Gefühle wahrnehmen, sind demnach traumhaft in sich selbst. Zwischen Traum und Nicht-Traum zu unterscheiden und zwischen dem, was ist, und demjenigen, das lediglich einen Anschein erweckt, das fällt dem Erzähler zunehmend schwer.

> I stand amid the roar
> Of a surf-tormented shore,
> And I hold within my hand
> Grains of the golden sand —

Der Sand rinnt ihm zwischen den Fingern hindurch. Er ist nicht fest, er ist nicht flüssig, genau wie der Traum weder wirklich noch unwirklich ist. Der Sand, der selbst geträumt zu werden scheint, lässt sich nicht fassen und seine Bestandteile, die Sandkörner, fallen desto schneller zu Boden, je fester und verkrampfter der Erzähler nach ihnen greift.

> O God! can I not save
> *One* from the pitiless wave?
> Is *all* that we see or seem
> But a dream within a dream?

Gott selbst wird nun angefleht. Er soll den Erzähler vor dem Ertrinken im schäumenden Meer retten. Vor der gnadenlosen See zwischen den Welten. Zwischen Traum und Wirklichkeit.

Die Wirklichkeit? Ist in Wirklichkeit ein Traum. Und das, was wir von ihr wahrnehmen? Ist ein Traum innerhalb eines Traumes. Und es scheint so, als ob der Erzähler ahnt, dass es eine Macht gibt, die ihm das von ihm Gelebte vorgibt. Die die Welt für ihn formt und ordnet. Dass er selbst kaum Einfluss darauf hat, was in seinem Leben geschieht. Dass es gar möglich ist, dass das, was er Leben nennt und selbstbestimmt, eines anderen Traumes ist, das für diejenigen, die sich in ihm befinden, zur Hölle wird.

Ein Szenario wie das von Poe in Versform beschriebene erinnert an die bereits erwähnte Szene im Winkie's Diner am Sunset Boulevard in Lynchs Film *Mulholland Drive*. Dan, die Hauptfigur in dieser Szene, erzählt dem Mann, der mit ihm am Tisch sitzt, dass er von genau diesem Diner an dieser Straße geträumt hat. Als er beginnt, von seinem Traum zu erzählen, setzt ein drückendes auditives Wabern ein – ein warnendes, elektrisch surrendes Signal von jener göttlichen Kraft, die das Leben eines Menschen zu träumen vermag?

Im Traum, sagt Dan, da sei es weder Tag noch Nacht gewesen, aber sonst sehe der Ort genauso aus, wie der, an dem sie jetzt säßen. Die Angst überkomme ihn dann. Die schiere Angst und der Mann, der ihm jetzt gegenübersitzt, der stehe im Traum an der Kasse am Tresen. Auch er habe Angst und Dan fürchte sich umso mehr, wenn er sähe, dass der Mann genauso viel Angst habe wie er. Und dann sähe Dan den Grund, warum sich alle so sehr fürchten: Er sähe den

Mann, der hinter den Mauern des Diners lauere. Und obwohl dieser nicht im Raum wäre, könne Dan ihn sehen, ihn spüren – und so haucht er durch seine zitternden Lippen hindurch:

> »He's the one who's doing it.«

Er ist derjenige, der WAS tut? Das surrende Wabern findet seinen Höhepunkt und Dan sieht jetzt so aus, als hätte er den Teufel auch im Hier und Jetzt gesehen.

Wer ist der Mann im Traum? Ist der Mann, vor dem sich im Traum alle fürchten, etwa derjenige, der den Traum geträumt hat? Ist es in Wirklichkeit er, der Angst hat, und seine Angst ist es, die allen das Fürchten lehrt, die sich in seinem Traum befinden? Dan hofft, dass er das Gesicht des Mannes niemals außerhalb seines Traumes sehen muss.

Doch nehmen wir an, er glaubt, in diesem Mann den Träumer des Traums zu sehen – bedeutet das in der Konsequenz nicht, dass Dan selbst derjenige ist, den er dort in seinem Traum sieht? Ist er selbst dann nicht derjenige, den er nie wieder sehen will? Ist es Dan selbst, von dem Dan sagt, das er es tut? Ist er selbst der Mann, vor dem er sich so sehr fürchtet?

Im Traum sich selbst zu begegnen und sich genau davor zu fürchten – ist das nicht der größte Albtraum von allen und sagt es nicht so viel über die Beschaffenheit des Traumes als solchen aus, der die ultimative Konfrontation mit sich selbst immer mit meint? Denken wir an die Doppelgänger in Lynchs Filmen, die genau dieses Phänomen personifizieren, sich selbst zu begegnen. Sie lassen es leibhaftig werden und es ist nur die bleiche Bösartigkeit in ihren Augen, die sie von den von ihnen gedoppelten Figuren unterscheidet.

In der Serie *Twin Peaks* spitzt Lynch die Traummotivik zu, indem er zum einen impliziert, dass nicht zwingend derjenige, der den Traum träumt, der Träumer sein muss. Und indem er eine weitere Metaebene beschreitet: Er selbst nämlich geht als Gordon Cole, eine Figur, die er in der Serie verkörpert, der Frage nach, wer der Träumer des Traumes ist, den er als Cole in der Serie träumte.

Cole erzählt von seinem Traum und darin sitzt er mit der Schauspielerin Monica Bellucci an einem Tisch. Dann zeigt uns Lynch diesen Traum: Die Farben sind schwarz und weiß. Da sitzt Cole, ihm gegenüber sitzt Bellucci – und interessant ist allein die Tatsache, dass uns Lynch hier einerseits eine fiktive Figur und andererseits einen echten Menschen, die Schauspielerin Monica Bellucci, präsentiert, die beide diesem Traum innewohnen. Und es ist keine steile These zu behaupten, dass Lynch hier gewollt Fiktives mit Wirklichem vermischt.

> »We are like the dreamer who dreams, and then lives inside the dream. — But who is the dreamer?«

Als Bellucci das sagt, meint sie sich selbst mit, denn sie sagt: Wir alle sind Träumer. Und dennoch klingt in ihrer Stimme die von Lynch mit – ohne dass diese hörbar ist. Er, der mit *Twin Peaks* seinen Traum träumt, und in der Figur des Gordon Cole selbst in der Welt von Twin Peaks lebt. Bellucci fragt sich, wer der Träumer ist, und die Antwort lautet: Es ist Lynch, der durch Cole Träumer und Geträumter zugleich ist.

Es ist also einzusehen, dass es in *Twin Peaks* Lynch ist, der den Figuren darin das seltsame Gefühl gibt, beobachtet zu werden. Ein Gefühl, das in der dritten Staffel in eine omnipräsente kollektive Paranoia auswuchert. Und durch dieses Träumen des Träumers, die schon mal Anweisungen an die Postproduktion sind, ein drückendes auditives Wabern in den Score zu pressen, das lässt den Figuren in Twin Peaks dämmern, dass sie sich in einem von außen arrangierten Kunststück befinden, das für sie nichts anderes ist als ein Traum, der von ihnen gelebt und von einem anderen geträumt wird. Ihnen dämmert, dass sie sich in einer Serie befinden und dass sie Teil von etwas sind, an dem sie nicht vollends teilnehmen können. Warum? Weil *der große Andere*, wie der Psychoanalytiker Jacques Lacan (1901–1981) diese träumende Omnipräsenz bezeichnen würde, die Welt, in der sie leben, und damit auch ihr Verhalten gestaltet, ausrichtet und normiert.

Das Gewahrsein einer solchen Omnipräsenz und all die gelebten Interdependenzen zwischen Traum und Wirklichkeit kulminieren in der Figur der Audrey Horne (Sherilyn Fenn), der Hotelerbin, die Naivität und Laszivität so unnachahmbar in sich vereint. Donna Hayward (Lara Flynn Boyle) nennt sie in der Serie einmal eine Traumtänzerin und in der Tat, das ist sie: Eine Traumtänzerin, wie sie beschwingt durch die Gänge des Great Northern Hotel abwechselnd hopst und gleitet.

Begleitet wird sie dabei meist vom Song *Audrey's Dance*, ein verspieltes, rhythmisches Jazz-Stück aus der Feder von Angelo Badalamenti, das ein Merkmal besitzt, das es von den anderen Liedern unterscheidet: Es ist das einzige Stück aus dem Score (nicht aus dem Soundtrack), das als solches innerhalb der erzählten Welt von Twin Peaks zu hören ist und nicht nur in Form als Teil des Scores zu *Twin Peaks* existiert. Soll heißen, Audrey selbst kann das Lied hören und sie tanzt dazu.

Durch diesen musikalischen Tunnel zwischen der Welt von Twin Peaks und der Welt, in der wir *Twin Peaks* schauen, kriecht Audrey und sie erreicht eine Metaposition im gesamten Gefüge. Denn die Traumtänzerin, die Hobbydetektivin, die wie wir gerne miträtselt und Cooper bei der Aufklärung des Mordes an Laura Palmer helfen möchte, erlebt die erzählte Welt von *Twin Peaks* ähnlich wie wir, obwohl sie sich in ihr befindet. Sie lugt durch Schlitze in den Holzwänden des Hotels, rekapituliert das Geschehene. Und dabei durchtanzt sie behände den erzählten Raum. Oder besser: den geträumten Traum, der ein jähes Ende nimmt, als sie sich in einem grell erleuchteten Zimmer in einer Psychiatrie wiederfindet, sich durch den Spiegel selbst sieht und ihr das blanke Entsetzen ins Gesicht geschrieben steht. Sich selbst im Traum begegnet. Wie schon Dan in *Mulholland Drive*. Und es ist dieser Moment, in dem die roten Vorhänge von *Twin Peaks* endgültig gefallen sind. Es ist die grässliche Wirklichkeit, die in der dritten Staffel in Twin Peaks Einzug erhält. Ungeschminkt, ungeschönt stellt Lynch sie dar, als wollte er sagen: Es hat sich ausgetanzt. *Audreys Dance* wurde ein letztes Mal gespielt, abrupt abgebrochen. Diese kalte Wirklichkeit, von der Audrey schon immer geahnt hatte, dass sie existiert, ist nun kein Traum mehr, denn sie ist aus einem Traum erwacht, der für sie *Twin Peaks* und Twin Peaks war. Nicht nur für sie, sondern auch für uns war es ein Traum: Wir, die es so lieben, in Nostalgie zu schwelgen und ebenso gerne zu *Audrey's Dance* mit den Fingern zu schnipsen, wie sie selbst dazu tanzt. Und am Ende bleibt die Frage: Warum ist sie aufgewacht? Hat sie jemand aufgeweckt, weil sie begriffen hat, dass sie ausschließlich Bestandteil einer Serie ist? Kein Mensch, sondern nur eine Figur, die austauschbar ist, die in den ersten beiden Staffeln noch in allen dreißig, in der dritten Staffel nur noch in vier von achtzehn Folgen zu sehen war?

Dass Lynch in *Twin Peaks: The Return* solche radikalen Entscheidungen treffen konnte, wie eine Hauptfigur zur irrelevanten Nebenfigur zu degradieren, liegt auch daran, dass ihm keine Produzenten im Nacken saßen. Der Sender *Showtime* ließ ihm freie Hand und Lynch konnte seinen Traum einer Serie verwirklichen. Er konnte *Twin Peaks* vollenden, konnte Monica Bellucci für eine einminütige Traumsequenz engagieren und kam damit durch. Ja, er, der seine eigene Biografie *Room to Dream* nennt, ist der Träumer, dessen Traum sich hier erfüllt hat und wir erkennen das zu jeder Sekunde.

> And now you're just a stranger's dream
> I took your picture from the frame
> And now you're nothing like you seem
> Your shadow fell like last night's rain
> (Aus dem Song *Shadow* der Band *Chromatics,* enthalten im Soundtrack von *Twin Peaks: The Return*)

Lynchesk

»We think we understand the rules when we become adults but what we really experienced is a narrowing of the imagination.«
DAVID LYNCH

Um ausschweifende Umschreibungen zu vermeiden und auch aufgrund der Schwierigkeit, die Lynchs Werk benetzende Ästhetik konsistent und knapp zu beschreiben, etablierte sich im Laufe der Rezeption seines Werks im Englischen das Wort *Lynchian*, das die Charakteristika in Lynchs Schaffen auf den Punkt bringen soll, ohne sie im Detail auszusprechen – zu Deutsch: *lynchesk*. Ein Begriff, auf den wir nun am Ende dieses Buchs eingehen wollen und den wir versuchen wollen zu definieren.

Lynch zählt dank dieser Wortschöpfung zu den ausgewählten Künstlern, denen Rezeptionisten ein eigenes Adjektiv gewidmet haben, und reiht sich damit neben Schriftstellerlegenden wie Franz Kafka (1883–1924, *kafkaesk*), Dante Alighieri (1265–1321, *dantesk*) oder H. P. Lovecraft (1890–1937, *Lovecraftian*) ein. Und neben seinem Filmemacherkollegen Alfred Hitchcock (1899–1980), der mit *Hitchcockian* geadelt wurde.

Was bedeutet es, wenn etwas lynchesk ist?

Um diese Frage zu beantworten, müssen wir ein wenig ausholen. David Lynch ist ein Universalkünstler. Das haben wir während der Arbeit an diesem Buch gelernt. Und sich seinem Werk anzunähern, das ist zunächst, als würden wir ein buntes Mosaik betrachten. Eines, das selbst nach langem Hinsehen noch fragmentarisch und zu einem hohen Grad abstrakt bleibt. Eines, das viele Deutungsmuster bereithält. Und eines, das sich durch verschiedene künstlerische Ausdrucksformen manifestiert – nicht nur durch den Film. Die Motive in seinen Werken wiederholen sich und durch sie hat Lynch in seinen vielen Jahren als Künstler einen Stil etabliert, der absolut einzigartig ist. Diese Einzigartigkeit wiederum lässt sich nicht in einem Satz beschreiben und daher haben wir in diesem

Buch einen begrifflichen Zugang gewählt, dem eine These zugrunde liegt, die auf den ersten Blick paradox erscheinen mag: Gerade, weil uns Lynchs Kosmos oft so komplex erscheint, können wir von ihm lernen, ihn, uns selbst und die Welt, in der wir leben, besser zu begreifen.

Warum nur scheinbar paradox, dafür gibt es einen guten Grund. Wir, unser Schauverhalten und die daraus resultierenden Ansprüche an die Kunst, die auf uns wirkt, sind geprägt von westlicher Popkultur. Und die westliche Popkultur neigt dazu, Dinge zu vereinfachen und durch Wiederholen in dieser vereinfachten Form zu normieren. Solche Vereinfachungen äußern sich etwa in einer immer gleichen Dramaturgie, die in beinahe jedem Blockbuster aus Hollywood zum Tragen kommt: Exposition, Konfrontation, Auflösung. Ein Held, ein Bösewicht. Ein Happy End. Schlechtes Ende zwar möglich, aber meistens nur, wenn eine Fortsetzung geplant ist. Diese Reduktionen haben unsere Sehgewohnheiten geprägt und unsere Wahrnehmung von Kunst in weitestem Sinne geformt.

Wir können also sagen, dass es auf diese Weise zu einer Verengung unseres Blicks gekommen ist, der dazu führt, dass wir bei der Wahrnehmung von Kunst das Folgende oft gar nicht mehr sehen: Derart simple Dramaturgien, die Teil unserer fiktiven Welt geworden sind, sind im Alltag in dieser Reinform in der Regel nicht zu finden. Denn Menschen, denen wir dort begegnen, lassen sich nicht so einfach in gut und böse einteilen und die Auflösung von Konflikten passt nur selten ins Schema F von Hollywood-Blockbustern. Oft ist es viel komplizierter und wir müssen mit Kompromissen leben. Zwischentöne wahrnehmen. Einfache Lösungen ad acta legen. Ja, das Spektrum an Grautönen ist breiter und wir müssen akzeptieren: Derart simple Dramaturgien sind reine Fiktion.

Dennoch neigen wir dazu, Kunst und Fiktives mit der Realität abzugleichen und den Maßstab an das anzulegen, was wir unter Wirklichkeit verstehen. Was uns Lynch nun lehrt, ist, dass dieser Abgleich nur ein möglicher Zugang zur Kunst ist – und womöglich nicht der geschickteste. Denn Lynch selbst misst nicht die Realität an der Fiktion, so wie es viele von uns machen, wenn sie einen surrealistischen Film ansehen: das sieht komisch aus, nicht so wie draußen vor der eigenen Haustür, ergo unrealistisch, ergo schlecht – ist die Schnittmenge aus Fiktion und Realität nicht ausreichend groß, so wird das Kunstprodukt und nicht selten auch der Künstler mitsamt seiner Fähigkeiten abgewertet. Nein, Lynch misst die Fiktion an der Realität. Dieses Maß legt er auch an sein Werk an. Und absurderweise nehmen wir die Kunst, die aus dieser Praxis hervorgeht, als absurd wahr. Denn das sind wir nicht gewohnt: in der Kunst mit der echten Welt konfrontiert zu werden. Oder besser gesagt: mit der Welt, von der wir glauben, sie von der fiktiven Welt abgrenzen zu können. Von der Welt, die absurd ist und voller Widersprüche.

Sehen wir zum Beispiel Lynchs Filme, so müssen wir anerkennen, dass auch diese echte Welt absurd ist. Dass wir sie nicht erklären können. Denn sie hat nun Einzug erhalten in die Kunst, von der wir geglaubt haben, sie vom Realen (oder dem, was wir darunter verstehen) klar abgrenzen zu können. Und plötzlich haben wir Angst. Wir haben Angst, denn wir sehen, dass die Welt widersprüchlich ist. Genauso wie die Welt in Lynchs Filmen. Dass das, was wir bei ihm sehen, nicht reine Fiktion ist, sondern etwas, das wir leben, und etwas, das wir sind. Etwas, das Teil von uns und unserer Welt ist.

> Insofern ist Lyncheskes etwas, das wir durch die Kunst erfahren und das wir nur deshalb als absurd wahrnehmen, weil wir es aus unserer Lebenswelt, aus unserem Alltag kennen und erkennen. Diese Phänomene sind lynchesk, weil wir nicht erwarten, mit ihnen in ihrer präsentierten Form, in der Kunst also, konfrontiert zu werden.

Dieses Verständnis von Wahrnehmung und vom Verhältnis zwischen Welt und Kunst zeigt sich bei Lynch auf mannigfaltige Weise. Es zeigt sich in seiner fruchtbaren Abwehrhaltung künstlicher Reduktion gegenüber, die wir aus der westlichen Popkultur gewohnt sind – etwa, dass künstlerische Darstellungen einem genormten Schema folgen, Teile des Dialogs oder Erzählschritte kausal verkettet sein müssen. Und es zeigt, dass Lynch den Mut besitzt, in seiner Kunst keine vom Mainstream geforderten Simplifizierungen vorzunehmen, die am Ende womöglich aus ökonomischer Sicht auf das Kunstprodukt lukrativer wären: Auch der zwanzigtse *Fast & Furious*-Teil wird sich vermutlich besser verkaufen als das avantgardistische Arthouse-Experiment, das für das Medium Film neue Maßstäbe setzt. Stattdessen ist Lynch zu hundert Prozent ehrlich (nehmen wir den von ihm selbst verhassten *Dune* einmal aus) und drückt in seiner Kunst das aus, was ihm wichtig ist und was ihn interessiert. Das Resultat: er selbst, der sich in seinem Werk der Welt vorstellt.

Wir haben diese dramaturgischen Muster und Simplifizierungen in einem so hohen Maße in unser Verständnis von kultureller Wertigkeit integriert, dass uns viel plausiblere Indikatoren für den Wert von Kunst abhandengekommen sind: Affektion und Emotion zum Beispiel. Oder das Assoziieren und Abwägen. All das sollten wir also zulassen und bewusst in den Vordergrund stellen, wenn wir uns Kunst zu Gemüte führen – ob die von Lynch oder von anderen Künstlern.

> Lynchesk ist also etwas, das wir fühlen müssen, um es begreifen zu können. Etwas, das wir nicht nur in der Kunst erleben können, sondern auch in der Lebenswelt.

Indem wir begreifen, wie Lynch denkt, wie er fühlt, können wir von ihm lernen. Ganz konkret: Wie er seine abstrakte Innenwelt durch die Formen der Kunst in die Außenwelt überträgt. Denn auf diese Weise begreifen wir, wie er die Welt sieht. Wir begreifen, was er meint, wenn er von den abstrakten Ideen spricht, die er durch seine Kunst konkret werden lässt. Mit dem Pinsel, mit der Kamera, mit einem Musikinstrument, mit seiner Stimme. Über dieses Begreifen seiner Wahrnehmung und der Praxis seines schöpferischen Wirkens, das in dieser Wahrnehmung seinen Ursprung hat, erlangen wir auch eine Vorstellung davon, wie sich unsere Lebenswelt zu Lynchs Kunst verhält – und was und wie wir Menschen, die in dieser Welt leben, von ihm lernen können. Entscheidend hierfür ist auch, wie Lynch selbst sich zur Welt verhält und welche Antworten er auf universelle und existenzielle Fragen gibt. Kann bedeuten, indem wir Lynch kennenlernen, lernen wir im besten Falle die Welt und auch uns selbst besser kennen.

Für uns war die Arbeit an *David Lynch begreifen* eine spannende und zutiefst erkenntnisreiche Reise durch das Leben, Denken und Schaffen eines der wohl außergewöhnlichsten Künstler unserer Zeit. Ein Künstler, der zwar für sein filmisches Schaffen berühmt ist, für seine Arbeit als Maler, Musiker, Designer und Fotograf aber ebenso bekannt sein sollte. Das Ergebnis ist ein von uns selbst zusammengesetztes Mosaik, das in seiner schriftlichen Ausdrucksform die Genres Biografie, Analyse, Handbuch und Ratgeber in sich vereint. Eines, das den Blick auf sein Werk und die Kunst im Allgemeinen im besten Falle wieder weiten soll.

Die Einbettung von Teilen aus Lynchs Biografie in die Analyse seiner Kunstwerke ließ seine kreative Arbeit in neuem Licht erstrahlen. Denn die Erkenntnis, dass Lynchs Kunst von seinem persönlichen Leben nicht zu trennen ist und dass seine biografischen Erlebnisse teils als Leitfäden durch sein Œuvre dienen, eröffnet den Zugang zu einer tieferen Betrachtungsebene in seinem Werk.

Beim Nachvollziehen seiner Denkprozesse und seines theoretisch durchdachten Lebenskonzeptes haben wir gelernt, die Mehrdeutigkeit zu akzeptieren, die Lynchs Wirken eingeschrieben ist. Und diese gelebte Akzeptanz bildet nicht nur eines der wichtigsten Elemente unseres Buches – sie ist es, für die wir auch im Nachgang der Lektüre plädieren wollen: an das wachsende Verständnis, dass Lynchs Werke eine Deutungsvielfalt und Unauflösbarkeit besitzen, die nicht nur akzeptiert, sondern auch geschätzt werden sollten. Denn diese Einsicht fordert uns alle dazu auf, uns von der Suche nach eindeutigen oder absoluten Antworten zu lösen und tiefgreifende Fragen durch Lynchs Werke hindurch als Erfahrungsräume zu begreifen, in denen Intuition und Empfindung die Hauptrollen spielen.

> Lynchesk ist also auch etwas, das sich zwar in Formen zeigt, die wir aus unserer Lebenswelt kennen. Das sich aber niemals im Ganzen zeigt oder gar sich selbst erklärt. Denn Abstraktes nimmt stets einen essenziellen Teil der Außenwirkung von Lyncheskem ein. Das Abstrakte ist ihm eingeschrieben und es wird dadurch immer Bedeutungsräume geben, die noch nicht ausgeleuchtet sind.

Wir würden uns freuen, wenn *David Lynch begreifen* zeigen konnte, dass Lynchs Werk nicht nur eine tiefe Auseinandersetzung mit dem Absurden ist, sondern auch eine Einladung, den eigenen Blick auf Kunst zu erweitern. Auch und gerade diejenigen unter uns, die sich nicht als Expertinnen und Experten für Hochkultur bezeichnen würden, lädt das Lynch'sche Schaffen und der in diesem Buch skizzierte Zugang zu ihm und seinem Werk durch Affektion und Intuition dazu ein, sich neuen, komplexeren, vielleicht als sperrig betitelten Kunstformen zu widmen. Sich nicht vor ihnen zu verwehren, Abneigung zu überwinden, keine Angst vor ihnen zu haben und Vorurteile zu hinterfragen. Sich stattdessen in die Werke und die Menschen, die dahinterstehen, nicht nur hineinzudenken, sondern auch hineinzufühlen. Und genau das ist es, was wir mit »begreifen« meinen: weg vom Verstehen, das lediglich vom Verstand geleitet ist, hin zum intuitiven Begreifen. Hin zum körperlichen Fühlen, Empfinden, Erahnen. Und das zu begreifen wiederum ist ein Prozess. Ein Prozess, den die Lektüre dieses Buches hoffentlich beschleunigen konnte.

Anhang

Abbildungsverzeichnis

Berufung: Bild aus *Blue Velvet* (1986) (© Twentieth Century Fox Home Entertainment) – Isabella Rossellini als verletzte nackte Frau aus Lynchs Kindheitserinnerungen

Künstlerleben: Bild aus *David Lynch. The Art Life* (2018) (© EuroVideo) – Für David Lynch gehört das Rauchen zum Künstlerdasein

Inspiration: Bild aus *Twin Peaks: The Return* (Episode 3, 2017) (© Paramount Home Entertainment) – Franz Kafka (im Hintergrund zu sehen) wird von Lynch hoch geschätzt

Lynch-Mob: Bild aus *Twin Peaks: The Return* (Episode 17, 2017) (© Paramount Home Entertainment) – Lynch zusammen mit zwei seiner Lieblingsdarsteller: Kyle MacLachlan und Laura Dern

Frau: Bild aus *Lost Highway* (1997) (© Studiocanal GmbH; © Arthaus) – Patricia Arquette als Alice/Renée: Alles in einem

Genuss: Bild aus *Mulholland Drive* (2001) (© Concorde Home Entertainment GmbH) – Angelo Badalamenti probiert einen Espresso

Fetisch: Bild aus *Inland Empire* (2006) (© Concorde Home Entertainment GmbH) – Laura Derns Zähne in erschreckender Großaufnahme

Heim: Bild aus *Lost Highway* (1997) (© Studiocanal GmbH; © Arthaus) – Ein brennendes Haus als Metapher eines brennenden Familienheims?

Philadelphia: Bild aus *Eraserhead* (1977) (© capelight pictures) – David Lynch sagte mal, *Eraserhead* sei seine Philadelphia Story

Los Angeles: Bild aus *David Lynch. The Art Life* (2018) (© EuroVideo) – Lynch arbeitet in seinem Freilichtatelier in seinem Haus in Los Angeles; es ist das Licht, welches ihn so sehr begeistert

Paris: Bild aus *Twin Peaks: The Return* (Episode 12, 2017) (© Paramount Home Entertainment) – Der berühmte Monica-Bellucci-Traum: Lynch drehte die Szene in der Pariser Crêperie direkt vor dem Atelier Idem, wo er seine Lithografien herstellt

Łódź: Bild aus *Inland Empire* (2006) (© Concorde Home Entertainment GmbH) – In einem verschneiten Łódź fühlt sich Lynch wohl

Malerei: Bild aus *David Lynch. The Art Life* (2018) (© EuroVideo) – David Lynch beim Malen, hier an der Arbeit an einem Mixed Media

Fotografie: David Lynch, fotografiert von Michael Parzanka bei seiner ersten Fotoausstellung in Deutschland. Das Foto entstand im September 2008 in der Galerie Epson-Kunstbetrieb am Abend der Vernissage (Quelle: © www.parzanka.de, Creative Commons Attribution-Share Alike 3.0 Unported Lizenz, abrufbar unter: https://commons.wikimedia.org/wiki/File:David_Lynch_2008.jpg)

Design: Bild aus *Lost Highway* (1997) (© Studiocanal GmbH; © Arthaus) – Inneneinrichtung im Haus der Madisons, den kleinen Wandtisch mit der Lampe in der Mitte des Bildes hat Lynch selbst designt

Werbung: Bild aus dem Werbespot für die Playstation 2 (2000) (© Sony) – Lynchs wohl bekanntester Werbespot: Ein surrealer Kurzfilm in Schwarzweiß, der Lynchs Kosmos in unter einer Minute verdichtet

Lithografie: Eine Druckpresse im Atelier Idem in Paris, im Hintergrund eine aufgehängte Lithografie von David Lynch (© Adrian Gmelch)

Musik: Bild aus *Inland Empire* (© Concorde Home Entertainment GmbH) – Muss man sich Lynch bei seinen Aufnahmen wie William H. Macy mit den Kopfhörern so vorstellen?

Meditation: Bild aus *Twin Peaks: The Return* (Episode 17, 2017) (© Paramount Home Entertainment) – Der im Universum schwebende Kopf des Major Garland Briggs.

Idee: Bild aus *Twin Peaks: The Return* (Episode 8, 2017) (© Paramount Home Entertainment) – Señorita Dido schickt eine goldene Kugel mit Laura Palmer darin zur Erde.

Kontrast: Bild aus *Lost Highway* (1997) (© Studiocanal GmbH; © Arthaus) – Patricia Arquettes helles Gesicht als Kontrast zur Schwärze

Groteske: Bild aus *The Elephant Man* (1980) (© Kinowelt Home Entertainment; © Arthaus) – John Hurt wird als der Elefantenmensch zum grotesken Gespött

Humor: Bild aus der Serie *Twin Peaks* (Staffel 2, Episode 13, 1991) (© Paramount Home Entertainment) – Bobby Briggs und Shelly Johnson amüsieren sich mit dem paralysierten Leo Johnson.

BOB: Bild aus *Twin Peaks: The Return* (Episode 8, 2017) (© Paramount Home Entertainment) – 1945 wird in New Mexico die erste Atombombe gezündet.

Geist: Bild aus *Eraserhead* (1977) (© capelight pictures) – Ist die Frau hinter dem Heizkörper ein guter oder ein böser Geist?

Körper: Bild aus *Twin Peaks: The Return* (Episode 14, 2017) (© Paramount Home Entertainment) – Sarah Palmer zeigt ihr wahres Gesicht.

Natur: Bild aus *Twin Peaks: The Return* (Episode 1, 2017) (© Paramount Home Entertainment) – Wälder spielen in *Twin Peaks* eine prominente Rolle

Tier: Bild aus *Blue Velvet* (1986) (© Twentieth Century Fox Home Entertainment) – Der Jack Russell Terrier in der Anfangssequenz war Lynchs eigener Hund

Identität: Bild aus *Lost Highway* (1997) (© Studiocanal GmbH; © Arthaus) – Fred Madisons Identitätswechsel

Sprache: Bild aus der Serie *Twin Peaks* (Staffel 2, Episode 18, 1991) (© Paramount Home Entertainment) – Das mysteriöse Eulensymbol in *Twin Peaks*.

Traum: Bild aus der Serie *Twin Peaks* (Staffel 1, Episode 3, 1990) (© Paramount Home Entertainment) – Der tanzende Mann aus einem anderen Ort im Red Room in *Twin Peaks*.

Quellenverzeichnis

Einleitung – Der unbegreifliche Mr. Lynch?

Barney, Richard A. (Hrsg.): David Lynch: Interviews. Jackson: University Press of Mississippi 2009. S. 82.

McKenna, Kristine: »An Interview with David Lynch«. In: The City of Absurdity, abgerufen am 10. Februar 2024. Aus: Colección Imagen. David Lynch. Interview vom 8. März 1992. http://www.thecityofabsurdity.com/intpaint.html

I Mensch und Künstler

Berufung

Henri, Robert: The Art Spirit. Basic Books 2007. S. 13.

Lynch, David; McKenna, Kristine: Room to Dream. Canongate Books 2019. S. 6–7, 10, 12, 19, 21, 26, 28, 38, 41, 49–50, 54.

Lynch, David: Catching the Big Fish: Meditation, Consciousness, and Creativity. Jeremy P. Tarcher/Penguin 2007. S. 65.

Rodley, Chris (Hrsg.): Lynch über Lynch. Frankfurt a.M.: Verlag der Autoren 2006. S. 2, 8, 20, 23–25, 27–28.

Saur, Michael: »Auf einmal war ich nicht mehr wütend«. In: Süddeutsche Zeitung Magazin, 5. Juni 2013, abgerufen am 10. Februar 2024. https://sz-magazin.sueddeutsche.de/kino-film-theater/auf-einmal-war-ich-nicht-mehr-wuetend-79734

Alfred Hitchcock Biography. In: Biography Online, abgerufen am 10. Februar 2024. https://www.biographyonline.net/actors/alfred-hitchcock.html#:~:text=Alfred%20Hitchcock%20was%20born%2013,were%20strict%20and%20somewhat%20remote

Künstlerleben

»David Lynch: ›Frauen sind ehrlicher als Männer‹«. In: Playboy Deutschland, 6. Februar 2018, abgerufen am 10. Februar 2024. https://www.playboy.de/lifestyle/interviews/david-lynch-frauen-sind-ehrlicher-als-maenner

»The dish David Lynch eats every day«. In: Tapas Magazine, 17. Februar 2023, abgerufen am 10. Februar 2024. https://www.tapasmagazine.es/en/david-lynch-dish/

Barney, Richard A. (Hrsg.): David Lynch: Interviews. Jackson: University Press of Mississippi 2009. S. 56, 75.

Fresh Air. »Director David Lynch on his fascination with the body (1994 interview)«, Youtube, 19. Mai 2023, abgerufen am 10. Februar 2024. https://www.youtube.com/watch?v=8qngmWNNNFM

Kaul, Susanne; Palmier, Jean-Pierre: David Lynch. Einführung in seine Filme und Filmästhetik. Wilhelm Fink Verlag 2011. S. 116–117.

Kelsey, Colleen: The Art of Being David Lynch. In: Interview Magazine, 5. April 2017, abgerufen am 10. Februar 2024. https://www.interviewmagazine.com/film/jon-nguyen-david-lynch-the-art-life

Lynch, David; McKenna, Kristine: Room to Dream. Canongate Books 2019. S. 36, 153, 411–412.

Lynch, David: Catching the Big Fish: Meditation, Consciousness, and Creativity. Jeremy P. Tarcher/Penguin 2007. S. 16–17, 20, 34, 78.

Olson, Greg: Beautiful Dark. Scarecrow Press 2008. S. 5, 101.

Rodley, Chris (Hrsg.): Lynch über Lynch. Frankfurt a.M.: Verlag der Autoren 2006. S. 9.

Saur, Michael: »Auf einmal war ich nicht mehr wütend«. In: Süddeutsche Zeitung Magazin, 5. Juni 2023, abgerufen am 10. Februar 2024. https://sz-magazin.sueddeutsche.de/kino-film-theater/auf-einmal-war-ich-nicht-mehr-wuetend-79734

Wang, Jeffrey: Why David Lynch Disowned Dune (And Why He Was Wrong). In: Screenrant, 10. Juli 2021, abgerufen am 10. Februar 2024. https://screenrant.com/dune-david-lynch-disowned-wrong-reason/

Wray, Daniel Dylan: At his Hollywood home on Mulholland Drive, we met David Lynch. In: Loud and Quiet, 20. Juli 2013, abgerufen am 10. Februar 2024. https://www.loudandquiet.com/interview/hollywood-home-mulholland-drive-met-david-lynch/

Inspiration

»David Lynch: »Stories should have the suffering«. In: The Talks, abgerufen am 10. Februar 2024. https://the-talks.com/interview/david-lynch/

»Meine Ampel stand auf Rot« In: Der Spiegel 15/1997, abgerufen am 10. Februar 2024. https://www.spiegel.de/kultur/meine-ampel-stand-auf-rot-a-3fa0f14a-0002-0001-0000-000008693911

Colantonio, Giovanni: »Alan Wake 2's Sam Lake explains Twin Peaks: The Return's ›bold‹ influence«. In: digitaltrends, 27. September 2023, abgerufen am 10. Februar 2024. https://www.digitaltrends.com/gaming/alan-wake-2-hands-on-impressions/

DAVID LYNCH THEATER. »David Lynch's Weather Report 12/2/21«, Youtube, 2. Dezember 2021 abgerufen am 10. Februar 2024. https://www.youtube.com/watch?v=6wVJv9Y53y0

Deininger, Keith: »The Shining's Odd Connection to David Lynch's Eraserhead«. In: Screenrant, 21. Juni 2020, abgerufen am 10. Februar 2024. https://screenrant.com/shining-movie-connection-david-lynch-eraserhead/

Fox, Killian: »David Lynch: ›It's important to go out and feel so-called reality‹«. In: The Guardian, 30. Juni 2019, abgerufen am 10. Februar 2024. https://www.theguardian.com/film/2019/jun/30/david-lynch-interview-manchester-international-festival

Giacobetti, Francis: »The Last Francis Bacon Interview – On Violence, Meat and Photography«. In: The Art Newspaper, no. 137, Juni 2003, 28–29. Online veröffentlicht in: American Suburb X, 12. Februar 2015, abgerufen am 10. Februar 2024. https://americansuburbx.com/2015/02/francis-bacons-last-interview-on-violence-meat-and-photography.html

Goldstein, Andrew: »Artist and Filmmaker David Lynch on Why ›Painting Will Never Die‹ — But Why Movies About Painters Are Boring«. In. Artnet, 19. März 2019, abgerufen am 10. Februar 2024. https://news.artnet.com/art-world/david-lynch-interview-1488688/amp-page

Huijts, Stijn (Hrsg.): David Lynch. Someone Is in My House. München: Prestel 2018. S. 14.

Kaul, Susanne; Palmier, Jean-Pierre: David Lynch. Einführung in seine Filme und Filmästhetik. Wilhelm Fink Verlag 2011. S. 22.

Keel, Daniel (Hrsg.): Denken mit Federico Fellini. Zürich: Diogenes 2005. S. 111.

Lynch, David: Catching the Big Fish: Meditation, Consciousness, and Creativity. Jeremy P. Tarcher/Penguin 2007. S. 88–89.

Obricht, Hans Ulrich: »David Lynch on Memory, Chance and Intuition«. In: AnOther Magazine, 27. Januar 2016, abgerufen am 10. Februar 2024. https://www.anothermag.com/art-photography/8255/david-lynch-on-memory-chance-and-intuition

Rodley, Chris (Hrsg.): Lynch über Lynch. Frankfurt a.M.: Verlag der Autoren 2006. S. 33–34, 36, 56–57, 80-81, 263, 293–294, 363–364.

White, Armond: »David Lynch's Political Surrealism«. In: National Review, 7. Juni 2023, abgerufen am 10. Februar 2024. https://www.nationalreview.com/2023/06/david-lynchs-political-surrealism/

Wry, Daniel Dylan: »David lynch on Bowie and the Music that Inspired the New ›Twin Peaks‹«. In: Pitchfork, 19. September 2017, abgerufen am 10. Februar 2024. https://pitchfork.com/thepitch/david-lynch-interview-on-bowie-and-music-that-inspired-the-new-twin-peaks/

Lynch-Mob

»Catherine E. Coulson«. In: Det røde rum, abgerufen am 10. Februar 2024. https://detroederum.wordpress.com/boger/tv-peaks/catherine-e-coulson/

»The 21st Century's 100 greatest films«. In: BBC Culture. Abgerufen am 10. Februar 2024. https://www.bbc.com/culture/article/20160819-the-21st-centurys-100-greatest-films

Alberto Amoruso. »Interviews with David Lynch, Jack Nance, Charlotte Stewart and Catherine Coulson – ERASERHEAD«, Youtube, 25. November 2020, abgerufen am 10. Februar 2024. https://www.youtube.com/watch?v=RW-xPm2pU2g

Badalamenti, Frances: »The haunting sounds have always been there, the off-center instrumentals… ever since I was a child. An Interview with Angelo Badalamenti«. In: The Believer, 1. August 2019, abgerufen am 10. Februar 2024. https://www.thebeliever.net/an-interview-with-angelo-badalamenti/

Bromwich, Kathryn: »Chrysta Bell: ›David Lynch is my mentor in art, music and life‹«. In: The Guardian, 25. März 2018, abgerufen am 10. Februar 2024. https://www.theguardian.com/music/2018/mar/25/chrysta-bell-david-lynch-mentor-art-life-music-twin-peaks

Cahiers du Cinéma: David Lynch. Hors-Série N° 2, November 2023. S. 20–21, 95.

Cheng, Scarlet: »It's a Road She Knows Well«. In: Los Angeles Times, 12. Oktober 2001, abgerufen am 10. Februar 2024. https://www.latimes.com/archives/la-xpm-2001-oct-12-ca-56239-story.html

Fagerholm, Matt: »You Want People to Enter the Dream: Mary Sweeney on Lost Highway, Mulholland Dr. and The Straight Story«. In: Roger Ebert, 4. August 2022, abgerufen am 10. Februar 2024. https://www.rogerebert.com/interviews/you-want-people-to-enter-the-dream-mary-sweeney-on-lost-highway-mulholland-dr-and-the-straight-story

Gilchrist, Todd: »Kyle MacLachlan on deciphering David Lynch, rallying Fremen in *Dune*, and dancing to EDM in *Confess, Fletch*«. In: AV Club, 26. September 2022, abgerufen am 10. Februar 2024. https://www.avclub.com/kyle-maclachlan-interview-confess-fletch-dune-twin-peak-1849571290

Hall, Oliver: »›I don't know Jack': Fascinating Documentary about ›Eraserhead‹ Star Jack Nance«. In: Dangerous Minds, 11. Mai 2014, abgerufen am 10. Februar 2024. https://dangerousminds.net/comments/i_dont_know_jack_the_fascinating_documentary

Hoad, Phil: »'I visited a dominatrix club where customers were used as tables‹ – Patricia Arquette on making Lost Highway«. In: The Guardian, 24. Oktober 2022, abgerufen am 10. Februar 2024. https://www.theguardian.com/culture/2022/oct/24/david-lynch-bill-pullman-patricia-arquette-dominatrix-lost-highway

Krueger, Katherine: »Laura Dern on Jurassic World, Coffee With David Lynch, and Woriing With the American Lung Association«. In: Elle, 13. Mai 2021, abgerufen am 10. Februar 2024. https://www.elle.com/culture/a36412630/laura-dern-on-jurassic-world-coffee-with-david-lynch-and-working-with-the-american-lung-association/

Lamont, Tom: »Naomi Watts: My soul was being destroyed«. In: The Guardian, 15. Juli 2017, abgerufen am 10. Februar 2024. https://www.theguardian.com/film/2017/jul/15/naomi-watts-wasnt-soul-destroyed-gypsy

Lynch, David; McKenna, Kristine: Room to Dream. Canongate Books 2019. S. 72–73, 89–90, 255, 512.

O'Falt, Chris: »'Twin Peaks: The Return': Even David Lynch's Cinematographer Can't Explain What It All Mens«. In: Indiewire, 25. September 2017, abgerufen am

10. Februar 2024. https://www.indiewire.com/features/craft/twin-peaks-return-cinematographer-peter-deming-david-lynch-1201878462/

Robinson, Joanna: »Twin Peaks Star Chrysta Bell on Being David Lynch's Muse«. In: Vanity Fair, 7. Juni 2017, abgerufen am 10. Februar 2024. https://www.vanityfair.com/hollywood/2017/06/twin-peaks-the-return-agent-tammy-preston-chrysta-bell-david-lynch

Sadat, Yal: »Après dissipation des brumes. Entretien avec David Lynch«. In: Cahiers Du Cinema, No. 797, April 2023.

Sweet, Matthew: »David Lynch interview: Even in the so-called dark things, there's beauty«. In: BBC Culture, 27. Mai 2023, abgerufen am 10. Februar 2024. https://www.bbc.com/culture/article/20230525-david-lynch-interview-how-the-mulholland-drive-director-worked-with-composer-angelo-badalamenti

Taylor, Trey: »Meeting the man behind David Lynch's surreal design«. In: Dazed Digital, 20. Januar 2016, abgerufen am 10. Februar 2024. https://www.dazeddigital.com/artsandculture/article/29313/1/meeting-the-man-behind-david-lynch-s-surreal-design

Twin Peaks. Episode 1. Regie: David Lynch. Paramount Home Entertainment 1990.

W Magazine. »Naomi Watts, Laura Dern & Patricia Arquette Tell David Lynch Stories | W magazine«. Youtube, 25. April 2017, abgerufen am 10. Februar 2024. https://www.youtube.com/watch?v=HLreaAQA9kA

Watts, Naomi: Post auf Instagram, 20. Juli 2017, abgerufen am 10. Februar 2024. https://www.instagram.com/p/BWwc9w4hfJJ/?hl=en

Genuss

Barney, Richard A. (Hrsg.): David Lynch: Interviews. Jackson: University Press of Mississippi 2009. S. 56, 68, 224.

Celada, Luca: David Lynch interview: ›I'm not really a movie buff‹. In: *il manifesto*, 20. Juni 2017, abgerufen am 1. Februar 2024. https://global.ilmanifesto.it/david-lynch-interview-im-not-really-a-movie-buff/

Chung, Jen: David Lynch: Bloomberg Makes »Animals Out Of Smokers«. In: *Gothamist*, 13. November 2011, abgerufen am 1. Februar 2024.

Corliss, Richard: David Lynch: Czar of Bizarre. In: *Time*, 1. Oktober 1990, abgerufen am 1. Februar 2024. https://content.time.com/time/subscriber/article/0,33009,971255,00.html

David Lynch sweet as a donut (Giving metaphorical explanation of TM), Youtube, 11. August 2020, abgerufen am 1. Februar 2024. https://www.youtube.com/watch?v=1gF4xchE2no

Ebiri, Bilge: Jim Jarmusch Believes in the Teens, But Not Joe Biden. In: *Vulture*, 17. Juni 2019, abgerufen am 1. Februar 2024. https://www.vulture.com/2019/06/jim-jarmusch-interview-the-dead-dont-die.html

Fischer, Robert: David Lynch. Die dunkle Seite der Seele. München: Wilhelm Heyne Verlag 1997 (3., erweiterte Auflage). S. 315.

Hollyman, Helen: David Lynchs Kaffee-Philosophie. In: *Vice*, 18. Juni 2014, abgerufen am 1. Februar 2024. https://www.vice.com/de/article/xy73bq/david-lynchs-philosophie-ueber-das-kaffeetrinken

https://gothamist.com/arts-entertainment/david-lynch-bloomberg-makes-animals-out-of-smokers

Lynch, David; McKenna, Kristine: Room to Dream. Canongate Books 2019. S. 313.

Lynch, David: Obsessed: Coffee. In: *HuffPost*, 20. Januar 2012, abgerufen am 1. Februar 2024. https://www.huffpost.com/entry/coffee_b_1216532

Marchese, David: In Conversation: David Lynch. In: *Vulture*, Juni 2018, abgerufen am 1. Februar 2024. https://www.vulture.com/2018/06/david-lynch-in-conversation.html

Obrist, Hans Ulrich: David Lynch's Universe Knows No Bounds. In: *Surface Mag*, 18. September 2019, abgerufen am 1. Februar 2024. https://www.surfacemag.com/articles/david-lynch-cover-boundaries/

Reinhardt, Gunther: Twin Peaks. 100 Seiten. Stuttgart: Reclam 2016. S. 37, 94–95.

V, Renée: Here's Why David Lynch Wants Filmmakers to Focus on Donuts. In: *nofilmschool*, 23. Dezember 2015, abgerufen am 1. Februar 2024. https://nofilmschool.com/what-is-auteur-theory

Walker, Tim: Waxing lyrical: David Lynch on his new passion – and why he may never make another movie. In: *Independent*, 23. Juni 2013, abgerufen am 1. Februar 2024. https://www.independent.co.uk/arts-entertainment/music/features/waxing-lyrical-david-lynch-on-his-new-passion-and-why-he-may-never-make-another-movie-a750896.html

Wells, Dominic: Interview and damn fine coffee with David Lynch, part one. In: *London, Hollywood*, 26. Januar 2014, abgerufen am 1. Februar 2024. https://londonhollywood.wordpress.com/2014/01/26/interview-and-damn-fine-coffee-with-david-lynch-part-one/

Fetisch

BBC Culture Editors: Twin Peaks: What made it so good. In: *BBC*, 21. Oktober 2014, abgerufen am 2. Februar 2024. https://www.bbc.com/culture/article/20140725-twin-peaks-what-made-it-so-good

David Lynch interview: ›There is something so incredibly cosmically magical about curtains‹. In:. *Time Out*, 13. Januar 2014, abgerufen am 2. Februar 2024. https://www.timeout.com/london/art/david-lynch-interview-there-is-something-so-incredibly-cosmically-magical-about-curtains

Doridas, Chris: David Lynch Interview. In: *KCRW*, 19. Februar 1997, abgerufen am 2. Februar 2024. http://www.lynchnet.com/kcrwint.html

Ebert, Roger: My problem with »Blue Velvet«. In: *rogerebert.com*, 2. Oktober 1986, abgerufen am 2. Februar 2024. https://www.rogerebert.com/interviews/my-problem-with-blue-velvet

Fischer, Robert: David Lynch. Die dunkle Seite der Seele. München: Wilhelm Heyne Verlag 1997 (3., erweiterte Auflage). S. 309.

Louboutin, Christian: EXPOSITION FETISH. DAVID LYNCH – CHRISTIAN LOUBOUTIN. In: *Fascineshion*, 2007, abgerufen am 29. Februar 2024. http://fascineshion.com/fr/arty/david-lynch-christian-louboutin/6/

Lynch, David; McKenna, Kristine: Room to Dream. Canongate Books 2019. S. 325.

Lynch, David: Catching the Big Fish: Meditation, Consciousness, and Creativity. Jeremy P. Tarcher/Penguin 2007. S. 15.

Lynch, David: Images. München: Schirmer / Mosel 1994. S. 166–171.

McLean, Craig: Interview: David Lynch. In: *The Sydney Morning Herald*, 5. November 2011, abgerufen am 2. Februar 2024. https://www.smh.com.au/entertainment/movies/interview-david-lynch-20111103-1mw5w.html

Rodley, Chris (Hrsg.): Lynch über Lynch. Frankfurt a.M.: Verlag der Autoren 2006. S. 40, 179, 269.

Wallace, David Foster: David Lynch bewahrt kühlen Kopf. In: Blumenbach, Ulrich (Hrsg.): Der Spass an der Sache. Alle Essays. Köln: Kiepenheuer & Witsch 2019 (5. Auflage). S. 610.

Heim

Enright, Robert: Dark Enlightenment. An Interview with David Lynch. In: *Border Crossings*, August 2018, abgerufen am 2. Februar 2024. https://bordercrossingsmag.com/article/dark-enlightenment

Lynch, David; McKenna, Kristine: Room to Dream. Canongate Books 2019. S. 25–26.

McKenna, Kristine: An Interview with David Lynch. In: Colección Imagen: David Lynch. Valencia 1992 (hier digitalisiert bei *thecityofabsurdity.com*), abgerufen am 2. Februar 2024. http://thecityofabsurdity.com/intpaint.html

McKenna, Kristine: Transcription de la conversation autour du livre enregistrée avec David Lynch le 15 décembre 2006 à Los Angeles. In: David Lynch: The Air is on Fire. Paris: Fondation Cartier pour l'art contemporain, Editions Xavier Barral 2007. S. 22. (Ausstellungskatalog)

Rodley, Chris (Hrsg.): Lynch über Lynch. Frankfurt a.M.: Verlag der Autoren 2006. S. 22, 27.

Frau

Barney, Richard A. (Hrsg.): David Lynch: Interviews. Jackson: University Press of Mississippi 2009. S. 31, 68, 76–77, 79.

Fischer, Robert: David Lynch. Die dunkle Seite der Seele. München: Wilhelm Heyne Verlag 1997 (3., erweiterte Auflage). S. 125, 134.

Heimchen am Herd. In: *Der Spiegel* 22/1966, abgerufen am 1. Februar 2024. https://www.spiegel.de/kultur/heimchen-am-herd-a-32c1b6cb-0002-0001-0000-000046407405

Lynch, David; McKenna, Kristine: Room to Dream. Canongate Books 2019. S. 26, 272.

Newman, Nick: ›Room to Dream‹ Cracks Open David Lynch's Mind, In His Own Words. In: *The Film Stage*, 18. Juni 2018, abgerufen am 1. Februar 2024. https://thefilmstage.com/room-to-dream-cracks-open-david-lynchs-mind-in-his-own-words/

Reinhardt, Gunther: Twin Peaks. 100 Seiten. Stuttgart: Reclam 2016. S. 61.

Sela-Inbar, Anat: The Misogynistic ›Twin Peaks‹: Nothing Has Changed. In: *Haaretz*, 6. Juni 2017, abgerufen am 1. Februar 2014. https://www.haaretz.com/life/television/2017-06-06/ty-article/.premium/the-misogynistic-twin-peaks-nothing-has-changed/0000017f-f4e5-ddde-abff-fce5edb10000

II Wirkungsstätten

Philadelphia

Adelson, Fred B.: David Lynch: ›Philadelphia is percolating in me‹. In: *Courier-Post*, 19. Oktober 2014, abgerufen am 2. Februar 2024. https://eu.courierpostonline.com/story/life/2014/10/19/david-lynch-philadelphia-percolating/17548145/

Barney, Richard A. (Hrsg.): David Lynch: Interviews. Jackson: University Press of Mississippi 2009. S. 48, 54, 69.

Fischer, Robert: David Lynch. Die dunkle Seite der Seele. München: Wilhelm Heyne Verlag 1997 (3., erweiterte Auflage). S. 28, 306.

Lynch, David; McKenna, Kristine: Room to Dream. Canongate Books 2019. S. 32, 63–64, 70, 79.

McKenna, Kristine: Transcription de la conversation autour du livre enregistrée avec David Lynch le 15 décembre 2006 à Los Angeles. In: David Lynch: The Air is on Fire. Paris: Fondation Cartier pour l'art contemporain, Editions Xavier Barral 2007. S. 23, 33. (Ausstellungskatalog)

Rodley, Chris (Hrsg.): Lynch über Lynch. Frankfurt a.M.: Verlag der Autoren 2006. S. 27, 61–62.

Los Angeles

Barney, Richard A. (Hrsg.): David Lynch: Interviews. Jackson: University Press of Mississippi 2009. S. 206, 224, 264.

Lynch, David; McKenna, Kristine: Room to Dream. Canongate Books 2019. S. 120, 297.

Lynch, David: Catching the Big Fish: Meditation, Consciousness, and Creativity. Jeremy P. Tarcher/Penguin 2007. S. 31–32.

McKenna, Kristine: Transcription de la conversation autour du livre enregistrée avec David Lynch le 15 décembre 2006 à Los Angeles. In: David Lynch: The Air is on Fire. Paris: Fondation Cartier pour l'art contemporain, Editions Xavier Barral 2007. S. 21, 34. (Ausstellungskatalog)

Obrist, Hans Ulrich: David Lynch's Universe Knows No Bounds. In: *Surface Mag*, 18. September 2019, abgerufen am 1. Februar 2024. https://www.surfacemag.com/articles/david-lynch-cover-boundaries/

Rodley, Chris (Hrsg.): Lynch über Lynch. Frankfurt a.M.: Verlag der Autoren 2006. S. 73–74, 95, 115, 363, 369.

Walker, Tim: Waxing lyrical: David Lynch on his new passion – and why he may never make another movie. In: *Independent*, 23. Juni 2013, abgerufen am 1. Februar 2024. https://www.independent.co.uk/arts-entertainment/music/features/waxing-lyrical-david-lynch-on-his-new-passion-and-why-he-may-never-make-another-movie-a750896.html

Wallace, David Foster: David Lynch bewahrt kühlen Kopf. In: Blumenbach, Ulrich (Hrsg.): Der Spaß an der Sache. Alle Essays. Köln: Kiepenheuer & Witsch 2019 (5. Auflage). S. 636, 650.

Paris

AFP: David Lynch fait officier de la Légion d'honneur par Nicolas Sarkozy. In: *La dépêche*, 1. Oktober 2007, abgerufen am 2. Februar 2024. https://www.ladepeche.fr/article/2007/10/01/25014-david-lynch-fait-officier-legion-honneur-nicolas-sarkozy.html

Barney, Richard A. (Hrsg.): David Lynch: Interviews. Jackson: University Press of Mississippi 2009. S. xiv, 87.

David Lynch aux Galeries Lafayette. In: *Admirable Design*, 14. September 2009, abgerufen am 2. Februar 2024. https://www.admirabledesign.com/2009/09/14/david-lynch-aux-galeries-lafayette/

David Lynch's French connections. In: *The Connexion*, 17. Februar 2017, abgerufen am 2. Februar 2024. https://www.connexionfrance.com/article/Archive/David-Lynch-s-French-connections

Fanny: David Lynch : Club Silencio. In: *Rough Dreams*, 1. September 2011, abgerufen am 2. Februar 2024. http://roughdreams.fr/2011/09/david-lynch-club-silencio-2/

Fischer, Robert: David Lynch. Die dunkle Seite der Seele. München: Wilhelm Heyne Verlag 1997 (3., erweiterte Auflage). S. 266.

Gibbons, Fiachra: Inside David Lynch's Paris nightclub. In: *The Guardian*, 31. August 2011, abgerufen am 2. Februar 2024. https://www.theguardian.com/film/2011/aug/31/david-lynch-disco-paris

Laurent, Lionel: Inside David Lynch's Paris art-studio hideaway. In: *Reuters*, 11. Dezember 2012, abgerufen am 2. Februar 2024. https://www.reuters.com/article/us-davidlynch-paris-idUSBRE8BA10G20121211/

Lynch awarded Légion d'Honneur. In: *The Guardian*, 20. Mai 2002, abgerufen am 2. Februar 2024. https://www.theguardian.com/film/2002/may/20/cannes2002.cannesfilmfestival

Lynch, David; McKenna, Kristine: Room to Dream. Canongate Books 2019. S. 153, 324, 437, 444, 462.

Lynch, David: Catching the Big Fish: Meditation, Consciousness, and Creativity. Jeremy P. Tarcher/Penguin 2007. S. 59.

Łódź

Barney, Richard A. (Hrsg.): David Lynch: Interviews. Jackson: University Press of Mississippi 2009. S. 222.

Battaglia, Andy: David Lynch. In: *AV Club*, 24. Januar 2007, abgerufen am 2. Februar 2024. https://www.avclub.com/david-lynch-1798210671

Garratt, John: DAVID LYNCH AND MAREK ZEBROWSKI: POLISH NIGHT MUSIC. In: *pop matters*, 11. Dezember 2015, abgerufen am 2. Februar 2024. https://www.popmatters.com/david-lynch-marek-zebrowski-polish-night-music-2495462129.html

Grabowski, Patryk: Dreams & Nightmares: David Lynch's Many Connections to Poland. In: *culture.pl*, 9. November 2017, abgerufen am 2. Februar 2024. https://culture.pl/en/article/dreams-nightmares-david-lynchs-many-connections-to-poland

Hanley, Steven T.: DARKNESS ON THE EDGE OF TOWN: AN INTERVIEW WITH DAVID LYNCH AND MAREK ZEBROWSKI. In: Fanzine, 19. Januar 2016, abgerufen am 2. Februar 2024. http://thefanzine.com/darkness-on-the-edge-of-town-an-interview-with-david-lynch-and-marek-zebrowski/

JB: Tusk o Lynchu: Nie mieszka w Łodzi. Nie mówię, by lekceważyć jego opinie, ale… In: *TokFM*, 27. November 2012, abgerufen am 2. Februar 2024. https://www.tokfm.pl/Tokfm/7,103087,12935383,tusk-o-lynchu-nie-mieszka-w-lodzi-nie-mowie-by-lekcewazyc.html

Jobey, Liz: David Lynch and the factory archive. In: *Financial Times*, 10. Januar 2014, abgerufen am 2. Februar 2024. https://www.ft.com/content/4735a6ee-77ff-11e3-afc5-00144feabdc0

Jun, Christine: David Lynch's factory fantasyland. In: *Dazed*, 25. März 2014, abgerufen am 2. Februar 2024. https://www.dazeddigital.com/photography/article/18954/1/david-lynch-s-factory-fantasyland

Kaganski, Serge: Entretien David Lynch – ›Un cinéaste expérimental c'est quoi au juste ?‹. In: *Les Inrockuptibles*, 6. Februar 2007, abgerufen am 2. Februar 2024. https://www.lesinrocks.com/cinema/entretien-david-lynch-un-cineaste-experimental-cest-quoi-au-juste-73805-06-02-2007/

Khemsurov, Monica: Eastern Promises. In: *New York Times*, 24. September 2010, abgerufen am 2. Februar 2024. https://archive.nytimes.com/tmagazine.blogs.nytimes.com/2010/09/24/eastern-promises/

LYNCH PL. Youtube, 13. Februar 2021, abgerufen am 2. Februar 2024. https://www.youtube.com/watch?v=mB4kJ6UKRjo

Lynch, David; McKenna, Kristine: Room to Dream. Canongate Books 2019. S. 377, 435, 445.

Reuters: Polish homeless men start tractor-powered pilgrimage, inspired by Lynch film. In: *Reuters*, 24. August 2016, abgerufen am 2. Februar 2024. https://www.reuters.com/article/us-poland-tractor-ride-idINKCN10Z1AP/

ROZMAWIAŁ KRZYSZTOF KWIATKOWSKI: Tu zdarzy się cud – David Lynch o Łodzi. In: *Newsweek Polska*, 20. Dezember 2009, abgerufen am 2. Februar 2024. https://www.newsweek.pl/david-lynch-o-lodzi-tu-zdarzy-sie-cud/tb3vfv0

III Kunst und Praxis

Malerei

Barney, Richard A. (Hrsg.): David Lynch: Interviews. Jackson: University Press of Mississippi 2009. S. 32, 127–130.

Buder, Emily; Smith, Nigel M.: 10 Things We Learned About David Lynch at His BAM Talk. In: *IndieWire*, 30. April 2014, abgerufen am 25. Februar 2024. https://www.indiewire.com/features/general/10-things-we-learned-about-david-lynch-at-his-bam-talk-27199/

Bui, Phong: DAVID LYNCH with Phong Bui. »The best thing is just to get going on anything and not be afraid«. In: *The Brooklyn Rail*, December 19-January 20 issue, abgerufen am 25. Februar 2024. https://brooklynrail.org/2019/12/art/DAVID-LYNCH-with-Phong-Bui

Cohen, Alina: David Lynch Turns His Cryptic Storytelling into Frightening New Canvases. In: *Artsy*, 8. November 2019, abgerufen am 25. Februar 2024. https://www.artsy.net/article/artsy-editorial-david-lynch-turns-cryptic-storytelling-frightening-new-canvases

Greenberger, Alex: ›I Like Dogs with a Human Head‹: David Lynch Shows New Paintings in Los Angeles. In: *ARTnews*, 7. September 2018, abgerufen am 25. Februar 2024. https://www.artnews.com/art-news/artists/like-dogs-human-head-david-lynch-shows-new-paintings-los-angeles-10936/

Lebovici, Elisabeth: David Lynch, peintre de la putréfaction. In: *Libération*, 15. Januar 1997, abgerufen am 25. Februar 2024. https://www.liberation.fr/culture/1997/01/15/david-lynch-peintre-de-la-putrefaction-ses-oeuvres-sont-exposees-a-paris-la-peinture-de-david-lynch-_194112/

Lynch, David; McKenna, Kristine: Room to Dream. Canongate Books 2019. S. 17, 301.

McKenna, Kristine: Transcription de la conversation autour du livre enregistrée avec David Lynch le 15 décembre 2006 à Los Angeles. In: David Lynch: The Air is on Fire. Paris: Fondation Cartier pour l'art contemporain, Editions Xavier Barral 2007. S. 22. (Ausstellungskatalog)

Rodley, Chris (Hrsg.): Lynch über Lynch. Frankfurt a.M.: Verlag der Autoren 2006. S. 30, 34–37, 39.

Searle, Adrian: David Lynch's vision of hell sours the atmosphere in Manchester. In: *The Guardian*, 5. Juli 2019, abgerufen am 25. Februar 2024. https://www.theguardian.com/artanddesign/2019/jul/05/manchester-international-festival-review-david-lynch

Titterington, David: Shit from Shinola: David Lynch's Excremental Art. In: *25 Years Later*, Oktober 2023, abgerufen am 25. Februar 2024. https://25yearslatersite.com/2023/09/25/shit-from-shinola-david-lynchs-excremental-art/

Wachowiak, Mirosław Wachowiak: Conserving (with) David Lynch. A Treatment Conditioned by Communication. In: Journal of the American Institute for Conservation, 2021. S. 2.

Young, Paul: Talking Art: Wild at Art, Interview with David Lynch. In: *Buzz Inc.*, 1993, abgerufen am 25. Februar 2024. http://www.lynchnet.com/talkart.html

Fotografie

AFP: David Lynch: petites histoires sans mots et en images à Paris. In: L'Express, 2. Februar 2014, abgerufen am 3. Februar 2024. https://www.lexpress.fr/culture/david-lynch-petites-histoires-sans-mots-et-en-images-a-paris_1319634.html

David Lynch interview: ›There is something so incredibly cosmically magical about curtains‹. In: Time Out, 13. Januar 2014, abgerufen am 3. Februar 2024. https://www.timeout.com/london/art/david-lynch-interview-there-is-something-so-incredibly-cosmically-magical-about-curtains

Jobey, Liz: David Lynch and the factory archive. In: *Financial Times*, 10. Januar 2014, abgerufen am 2. Februar 2024. https://www.ft.com/content/4735a6ee-77ff-11e3-afc5-00144feabdc0

Jun, Christine: David Lynch's factory fantasyland. In: *Dazed*, 25. März 2014, abgerufen am 2. Februar 2024. https://www.dazeddigital.com/photography/article/18954/1/david-lynch-s-factory-fantasyland

LA Review of Books: David Lynch on Photography. In: YouTube, 16. Februar 2013, abgerufen am 3. Februar 2024. https://www.youtube.com/watch?v=2Ow6C-4pyjw

McKenna, Kristine: Transcription de la conversation autour du livre enregistrée avec David Lynch le 15 décembre 2006 à Los Angeles. In: David Lynch: The Air is on Fire. Paris: Fondation Cartier pour l'art contemporain, Editions Xavier Barral 2007. S. 37. (Ausstellungskatalog)

Métreau, Joël: David Lynch: »Certaines photos pourraient devenir des films». In: *20 Minutes*, 29. Januar 2014, abgerufen am 3. Februar 2024. https://www.20minutes.fr/culture/1284498-20140129-20140129-david-lynch-certaines-photos-pourraient-devenir-films

Ollier, Brigitte: »Small Stories«, l'œil de Lynch. In: *Libération*, 30. Januar 2014, abgerufen am 3. Februar 2024. https://www.liberation.fr/photographie/2014/01/30/small-stories-l-oeil-de-lynch_976657/

Ruëll, Niels: David Lynch: every picture tells a (small) story. In: *Bruzz*, 25. November 2014, abgerufen am 3. Februar 2024. https://www.bruzz.be/en/culture/art-books/david-lynch-every-picture-tells-small-story-2014-11-25

Sherwin, Skye: David Lynch. Weird on Top. In: *Art Review*, Issue 9, März 2007. S. 57.

Design

AS: David Lynch, l'Elegant Man qui relooke les Galeries Lafayette. In: *20 Minutes*, 9. September 2009, abgerufen am 3. Februar 2024. https://www.20minutes.fr/paris/346073-20090909-david-lynch-elegant-man-relooke-galeries-lafayette

Azoury, Philippe: « Allô, Mister Lynch… » : entretien exclusif avec le réalisateur de Twin Peaks. In: *Grazia*, 6. Mai 2017, abgerufen am 3. Februar 2024. https://www.grazia.fr/cannes/allo-mister-lynch-entretien-exclusif-avec-le-realisateur-de-twin-peaks-171241.html

Baines, Josh: You can now buy a David Lynch-designed bespoke speaker at MoMA. In: *It's Nice That*, 9. Oktober 2018, abgerufen am 3. Februar 2024. https://www.itsnicethat.com/news/david-lynch-bang-olufsen-moma-speaker-product-design-091018

Barney, Richard A. (Hrsg.): David Lynch: Interviews. Jackson: University Press of Mississippi 2009. S. 163, 164, 167, 168, 230.

Bollen, Christopher Bollen; Danluck, Meredith: The Surreal Careers of David Lynch. In: *Interview*, 20. Juli 2012, abgerufen am 3. Februar 2024. https://www.interviewmagazine.com/culture/david-lynch-los-angeles-dom-perignon

Bunisset, Isabelle: Champagne: David Lynch fait vibrer Dom Pérignon. In: *Le Figaro*, 16. Dezember 2011, abgerufen am 3. Februar 2024. https://avis-vin.lefigaro.fr/magazine-vin/o26062-champagne-david-lynch-fait-vibrer-dom-perignon

Burley, Isabella: Kenzo AW14. In: *Dazed*, 2. März 2024, abgerufen am 3. Februar 2024. https://www.dazeddigital.com/fashion/article/19083/1/kenzo-aw14

DAVID LYNCH THEATER: What Is David Working on Today? 6/26/20 – Phone Holder. In: YouTube, 26. Juni 2020, abgerufen am 3. Februar 2024. https://www.youtube.com/watch?v=ZqD4aq2Y8Ho&t=18s

De Rouyn, Nicolas: DAVID LYNCH : « LES IDÉES VIENNENT DE TOUT, DE PARTOUT ». In: *Les Echos*, 14. September 2012, abgerufen am 3. Februar 2024. http://archives.lesechos.fr/archives/2012/SerieLimitee/00113-041-SLI.htm

Dubly, Sixtine: David Lynch. Changement de décor. In: *Paris Match*, 28. Oktober 2011, abgerufen am 3. Februar 2024. https://www.parismatch.com/Vivre/Voyage/David-Lynch-Changement-de-decor-145579

Fischer, Robert: David Lynch. Die dunkle Seite der Seele. München: Wilhelm Heyne Verlag 1997 (3., erweiterte Auflage). S. 54.

Jensen, Jeff: Twin Peaks: David Lynch breaks down the first four episodes. In: *Entertainment Weekly*, 26. Mai 2017, abgerufen am 3. Februar 2024. https://ew.com/tv/2017/05/26/twin-peaks-david-lynch/

Lorelle, Véronique: David Lynch ou l'art en lèche-vitrine. In: *Le Monde*, 8. September 2009, abgerufen am 3. Februar 2024. https://www.lemonde.fr/vous/article/2009/09/08/david-lynch-ou-l-art-en-leche-vitrine_1237527_3238.html

Lynch, David; McKenna, Kristine: Room to Dream. Canongate Books 2019. S. 357.

Lynch, David: David Lynch is Making Tiny Lamps in Quarantine. In: *Vulture*, 10. April 2020, abgerufen am 3. Februar 2024. https://www.vulture.com/2020/04/david-lynch-is-making-tiny-lamps-in-quarantine.html

Picard, Charmaine: Artist Interview: David Lynch's diamond dome. In: *The Art Newspaper*, 1. Juni 2008, abgerufen am 3. Februar 2024. https://www.theartnewspaper.com/2008/06/01/artist-interview-david-lynchs-diamond-dome

Rathe, Adam: David Lynch Loves Electricity, and That's Why He Started Designing Lamps. In: *Town & Country*, 13. November 2019, abgerufen am 3. Februar 2024. https://www.townandcountrymag.com/leisure/arts-and-culture/a29771781/david-lynch-art-exhibit-sperone-westwater/

Rodley, Chris (Hrsg.): Lynch über Lynch. Frankfurt a.M.: Verlag der Autoren 2006. S. 56, 139–140.

Simonpietri, Christian; Bojardi, Gilda: David Lynch. In: Interni, 473, September 1997. S. 144, 146, 148.

The Boundless Sea. David Lynch In: *Bernardaud*, abgerufen am 3. Februar 2024. http://www.bernardaud150.com/lynch

Werbung

Barney, Richard A. (Hrsg.): David Lynch: Interviews. Jackson: University Press of Mississippi 2009. S. 91.

Bose, Swapnil Dhruv: How pasta brought David Lynch and Federico Fellini together. In: *Far Out*, 19. Oktober 2021, abgerufen am 3. Februar 2024. https://faroutmagazine.co.uk/david-lynch-federico-fellini-pasta/

Fischer, Robert: David Lynch. Die dunkle Seite der Seele. München: Wilhelm Heyne Verlag 1997 (3., erweiterte Auflage). S. 267, 269.

Girard, Laurence: David Lynch tourne une publicité dans le Palais de la Porte-Dorée. In: *Le Monde*, 17. Mai 2007, abgerufen am 3. Februar 2024. https://www.lemonde.fr/actualite-medias/article/2007/05/17/david-lynch-tourne-une-publicite-dans-le-palais-de-la-porte-doree_911359_3236.html

Lantos, Jeffrey: The ABC of Going From the Big Screen to the Small. In: *Movieline*, August 1999, abgerufen am 3. Februar 2024. http://www.lynchnet.com/mdrive/movielin.html

Lynch, David; McKenna, Kristine: Room to Dream. Canongate Books 2019. S. 261.

Outstanding Screenplays: David Lynch on Product Placement & Filming Gucci Commercials. In: YouTube, 30. April 2023, abgerufen am 3. Februar 2024. https://www.youtube.com/watch?v=lO2xrZeu7b0

Rodley, Chris (Hrsg.): Lynch über Lynch. Frankfurt a.M.: Verlag der Autoren 2006. S. 286.

Lithografie

Céh, Yan: Rencontre avec David Lynch à Paris. In: *Mixte Magazine*, 4. April 2019, abgerufen am 3. Februar 2024. https://www.mixtemagazine.com/article/rencontre-avec-david-lynch-a-paris/

DAVID LYNCH THEATER: What Is David Working on Today? 6/21/20 – Litho Signing. In: YouTube, 21. Juni 2020, abgerufen am 3. Februar 2024. https://www.youtube.com/watch?v=gO9RMbs6zeo&list=PLTPQcjlcvvXFyiLY4OwfhA5r6aguJ-WoU&index=7

Gmelch, Adrian: Lost Highway. David Lynchs düsteres Filmerlebnis 25 Jahre danach. In: *Splatting Image*, 15. Juli 2022, abgerufen am 3. Februar 2024. https://www.splatting-image.com/?p=9646

Lynch, David; McKenna, Kristine: Room to Dream. Canongate Books 2019. S. 462.

Singer, Jill: David Lynch's workshop in The Chronicle #2. In: *Sight Unseen*, 15. Juli 2011, abgerufen am 3. Februar 2024. https://www.sightunseen.com/2011/07/david-lynchs-workshop-in-the-chronicle-2/

Musik

Asymmetrical Productions: David Lynch – Ice Bucket Challenge for ALS. In: YouTube, 27. August 2014, abgerufen am 3. Februar 2024. https://www.youtube.com/watch?v=Uvkqr-S-1Ac

Barney, Richard A. (Hrsg.): David Lynch: Interviews. Jackson: University Press of Mississippi 2009. S. 158, 266.

Griffiths, Emma: Q&A WITH DAVID LYNCH'S MUSIC COLLABORATOR DEAN HURLEY – PART 1: WORKING ON AND »PROTECTING THE EXPERIENCE« OF TWIN PEAKS: THE RETURN. In: *Synchtank*, 21. Juli 2017, abgerufen am 3. Februar 2024. https://www.synchtank.com/blog/qa-with-david-lynchs-music-collaborator-dean-hurley-part-1-working-on-and-protecting-the-experience-of-twin-peaks-the-return/

Griswold, Jeff: Three Guys in Three Directions. In: Film Comment, Vol. 21, No. 1 (January-February 1985), S. 55.

Cahiers du Cinéma: David Lynch. Hors-Série N° 2, November 2023. S. 20–21, 95.

Julliard, Nicolas: »Blue Bob», David Lynch, période bleue. In: *Le Temps*, 15. November 2002, abgerufen am 3. Februar 2024. https://www.letemps.ch/culture/blue-bob-david-lynch-periode-bleue

Kivel, Adam: Album Review: David Lynch – Crazy Clown Time. In: *Consequence*, 7. November 2011, abgerufen am 3. Februar 2024. https://consequence.net/2011/11/album-review-david-lynch-crazy-clown-time/

Fevret, Christian: BLUE BOB. Le flambeur. In: Les Inrockuptibles. N° 363, 11/2002. S.58ff.

Lux Vivens (1998). In: Lynchnet.com, abgerufen am 3. Februar 2024. http://www.lynchnet.com/luxvivens/

Lynch, David; McKenna, Kristine: Room to Dream. Canongate Books 2019. S. 25, 420.

MacInnes, Paul: David Lynch: The Big Dream – review. In: *The Guardian*, 11. Juli 2013, abgerufen am 3. Februar 2024. https://www.theguardian.com/music/2013/jul/11/david-lynch-big-dream-review

McLean, Craig: Interview: David Lynch. In: *The Sydney Morning Herald*, 5. November 2011, abgerufen am 2. Februar 2024. https://www.smh.com.au/entertainment/movies/interview-david-lynch-20111103-1mw5w.html

Prato, Greg: David Lynch's First Solo Album is on ›Crazy Clown Time‹. In: *Rolling Stone*, 17. August 2011, abgerufen am 3. Februar 2024. https://www.rollingstone.com/music/music-news/david-lynchs-first-solo-album-is-on-crazy-clown-time-187482/

Stisi, Bastien: »Crazy Clown Time«, la face électro blues de David Lynch. In: Toute La Culture, 25. Januar 2013, abgerufen am 3. Februar 2024. https://toutelaculture.com/musique/electro/crazy-clown-time-la-face-electro-blues-de-david-lynch/

THE MONSTER MEETS ... FILMMAKER DAVID LYNCH. In: Home Theater Buyer's Guide (and other magazines), Herbst 1998, abgerufen am 2. Februar 2024. http://www.lynchnet.com/monster.html

Topping, Alexandra: The latest offbeat experiment from filmmaker David Lynch: pop singles. In: *The Guardian*, 28. November 2010, abgerufen am 3. Februar 2024. https://www.theguardian.com/film/2010/nov/28/david-lynch-turns-pop-singer-songwriter

Waterman, Cole: David Lynch: The Big Dream. In: *Spectrum Culture*, 18. Juli 2013, abgerufen am 3. Februar 2024. https://spectrumculture.com/2013/07/18/david-lynch-the-big-dream/

Meditation

»David Gets Lynched over ›Invincible Germany‹ Meditation Center Plan«. In: Spiegel International, 16. November 2007, abgerufen am 10. Februar 2024. https://www.spiegel.de/international/zeitgeist/director-buys-berlin-mountain-david-gets-lynched-over-invincible-germany-meditation-center-plan-a-517873.html

Bai, Z. et al.: »Investigating the effect of transcendental meditation on blood pressure: a systematic review and meta-analysis«. In: Journal of Human hypertension, No. 29, 12. Februar 2015. https://www.nature.com/articles/jhh20156

Eine von Mahesh Yogi durchgeführte Einführungszeremonie, die aufgenommen wurde: https://www.paulmason.info/gurudev/sources/mp3s/Maharishi_GuruDevpuja.mp3

Frame_Into_Focus in: How to do Transcendental Meditation for free. Post auf Reddit, abgerufen am 29. Februar 2024. https://www.reddit.com/r/davidlynch/comments/1b2l1b2/how_to_do_transcendental_meditation_for_free/

Grow, Kory: »Katy Perry, Sting Stun at David Lynch's Meditation Benefit Concert«. In: Rolling Stone, 5. November 2015, abgerufen am 10. Februar 2024. https://web.archive.org/web/20161120012743/http://www.rollingstone.com/music/news/katy-perry-sting-stun-at-david-lynchs-meditation-benefit-concert-20151105

Hartley, Louise et al.: »Transcendental meditation for the primary prevention of cardiovascular disease«. In: Cochrane Database of Systematic Reviews. 1. Dezember 2014. https://pubmed.ncbi.nlm.nih.gov/25436436/

Hoffman, Claire: »David Lynch Is Back…as a Guru of Transcendental Meditation«. In: The New York Times, 22. Februar 2013, abgerufen am 10. Februar 2024. https://www.nytimes.com/2013/02/24/magazine/david-lynch-transcendental-meditation.html

Jacobsen, Lenz: »Die Hochschullandschaft erleuchten«. In: Zeit Online, abgerufen am 10. Februar 2024. https://www.zeit.de/campus/online/2007/47/lynch-uni/komplettansicht#print

Lynch, David: Catching the Big Fish: Meditation, Consciousness, and Creativity. Jeremy P. Tarcher/Penguin 2007. S. 9, 11–12, 25, 31, 36.

Research on the TM Technique. In: tm.org, abgerufen am 10. Februar 2024. https://www.tm.org/research

Sedlmeier, Peter et al.: »The Psychological Effects of Meditation: A Meta-Analysis«. In: Journal Psychological Bulletin, November 2012. https://pubmed.ncbi.nlm.nih.gov/22582738/

IV David Lynchs Welt begreifen

Idee

»David Lynch: Stories should have the suffering«. In: The Talks, abgerufen am 10. Februar 2024. https://the-talks.com/interview/david-lynch/

bikibird in r/twinpeaks: »The dreamer is David Lynch?«. Reddit, abgerufen am 10. Februar 2024. https://www.reddit.com/r/twinpeaks/comments/190r5fh/comment/kgqsnsw/?utm_source=share&utm_medium=web3x&utm_name=web3xcss&utm_term=1&utm_content=share_button

Carroll, Rory: »David Lynch: You gotta be selfish. It's a terrible thing«. In: The Guardian, 23. Juni 2018, abgerufen am 10. Februar 2024. https://www.theguardian.com/film/2018/jun/23/david-lynch-gotta-be-selfish-twin-peaks

Fox, Killian: »David Lynch: ›It's important to go out and feel so-called reality‹«. In: The Guardian, 30. Juni 2019, abgerufen am 10. Februar 2024. https://www.theguardian.com/film/2019/jun/30/david-lynch-interview-manchester-international-festival

Fresh Air. »Director David Lynch on his fascination with the body (1994 interview)«, Youtube, 19. Mai 2023, abgerufen am 10. Februar 2024. https://www.youtube.com/watch?v=8qngmWNNNFM

Hamm, Jan: »Kino-Schamane David Lynch spricht über seine Filme! Oder doch nicht?« In: Filmstarts, 6. Oktober 2010, abgerufen am 10. Februar 2024. https://www.filmstarts.de/specials/514.html

Hoffman, Claire: »David Lynch Is Back…as a Guru of Transcendental Meditation«. In: The New York Times, 22. Februar 2013, abgerufen am 10. Februar 2024. https://www.nytimes.com/2013/02/24/magazine/david-lynch-transcendental-meditation.html

Lynch, David: »On Set: Creating a Happy Family«. In: Masterclass, abgerufen am 10. Februar 2024. https://www.masterclass.com/classes/david-lynch-teaches-creativity-and-film/chapters/on-set-creating-a-happy-family

Lynch, David: Catching the Big Fish: Meditation, Consciousness, and Creativity. Jeremy P. Tarcher/Penguin 2007. S. 11, 20, 24, 28, 61, 92–93.

Sadat, Yal: »Après dissipation des brumes. Entretien avec David Lynch«. In: Cahiers Du Cinema, No. 797, April 2023. S. 19–22.

Wyatt, Caroline: »David Lynch's dark arts laid bare«. In: BBC News, 2. März 2007, abgerufen am 10. Februar 2024. http://news.bbc.co.uk/2/hi/entertainment/6412525.stm

Kontrast

Barney, Richard A. (Hrsg.): David Lynch: Interviews. Jackson: University Press of Mississippi 2009. S. 75.

Hoad, Phil: »'I visited a dominatrix club where customers were used as tables‹ – Patricia Arquette on making Lost Highway«. In: The Guardian, 24. Oktober 2022, abgerufen am 10. Februar 2024. https://www.theguardian.com/culture/2022/oct/24/david-lynch-bill-pullman-patricia-arquette-dominatrix-lost-highway

Lynch, David; McKenna, Kristine: Room to Dream. Canongate Books 2019. S. 5.

Lynch, David: Catching the Big Fish: Meditation, Consciousness, and Creativity. Jeremy P. Tarcher/Penguin 2007. S. 89.

Rodley, Chris (Hrsg.): Lynch über Lynch. Frankfurt a.M.: Verlag der Autoren 2006. S. 10, 27, 36, 139, 144, 151–152, 203.

Wallace, David Foster: David Lynch bewahrt kühlen Kopf. In: Blumenbach, Ulrich (Hrsg.): Der Spass an der Sache. Alle Essays. Köln: Kiepenheuer & Witsch 2019 (5. Auflage).

Groteske

Bachtin, Michail: Rabelais und seine Welt. Frankfurt am Main: Suhrkamp 1995. S. 345, 350.

Ebert, Roger: »Introduction: Mad About the Movies«. In: Roger Ebert, 2. August 1998, abgerufen am 10. Februar 2024. https://www.rogerebert.com/roger-ebert/introduction-mad-about-the-movies

Erich Fromm Study Center Berlin – EFSC. »Erich Fromm – Gespräch zu »Haben oder Sein««. Youtube, 6. Mai 2020, abgerufen am 10. Februar 2024. https://www.youtube.com/watch?v=L_2mn39AU0c

Fox, Killian: »David Lynch: ›It's important to go out and feel so-called reality‹«. In: The Guardian, 30. Juni 2019, abgerufen am 10. Februar 2024. https://www.theguardian.com/film/2019/jun/30/david-lynch-interview-manchester-international-festival

Huijts, Stijn (Hrsg.): David Lynch. Someone Is in My House. München: Prestel 2018. S. 16–17.

Kafka, Franz: Die Verwandlung. In: *Franz Kafka.* Sämtliche Werke, Frankfurt am Main: Suhrkamp 2013. S. 773.

Kayser, Wolfgang: Das Groteske in Malerei und Dichtung. Reinbek: Rowohlt 1961. S. 135.

Lynch, David; McKenna, Kristine: Room to Dream. Canongate Books 2019. S. 9.

Wallace, David Foster: David Lynch bewahrt kühlen Kopf. In: Blumenbach, Ulrich (Hrsg.): Der Spass an der Sache. Alle Essays. Köln: Kiepenheuer & Witsch 2019 (5. Auflage). S. 629.

Zedler, Johann Heinrich (Hrsg.): Grosses vollständiges Universal-Lexicon Aller Wissenschafften und Künste, Zedler, Halle und Leipzig 1735, Bd. 11, Sp. 1083.

Humor

»Exploring David Lynch's bizarre abandoned film ›Dream of the Bovine‹«. In: Farout Magazine, 8. Juni 2020, abgerufen am 16. Februar 2024. https://faroutmagazine.co.uk/david-lynch-abandoned-film-dream-of-the-bovine-story/

Asymmetrical Productions. »David Lynch – Ice Bucket Challenge for ALS«, Youtube, 27. August 2014, abgerufen am 16. Februar 2024. https://www.youtube.com/watch?v=Uvkqr-S-1Ac

Chen, Nick: »How a lost David Lynch script explains the divisive Dougie«. In: Dazed Digital, 3. August 2017, abgerufen am 16. Februar 2024. https://www.dazeddigital.com/film-tv/article/36961/1/how-a-lost-lynch-script-explains

DAVID LYNCH THEATER. »David Lynch's Weather Report 12/16/22«, Youtube, 16. Dezember 2022, abgerufen am 16. Februar 2024. https://www.youtube.com/watch?v=l21GFyOO8Ug

DAVID LYNCH THEATER. »David Lynch's Weather Report 6/1/21«, Youtube, 6. Januar 2021, abgerufen am 16. Februar 2024. https://www.youtube.com/watch?v=a1JXgVHuX5E

DAVID LYNCH THEATER. »David Lynch's Weather Report 6/6/20«, Youtube, 6. Juni 2020, abgerufen am 16. Februar 2024. https://www.youtube.com/watch?v=AXpgD5-VnDo

Frost, Mark; Lynch, David: One Saliva Bubble, Drehbuchentwurf vom 20. Mai 1987, abgerufen am 16. Februar 2024. http://www.lynchnet.com/osbscript.html

Huijts, Stijn (Hrsg.): David Lynch. Someone Is in My House. München: Prestel 2018. S. 194–195.

Lynch, David; McKenna, Kristine: Room to Dream. Canongate Books 2019. S. 351–352.

Lynch, David: Post auf X (ehemals Twitter), 18. Juni 2010, abgerufen am 16. Februar 2024. https://twitter.com/DAVID_LYNCH/status/16487863876?lang=en

Lynch, David: Post auf X (ehemals Twitter), 21. Juni 2010, abgerufen am 16. Februar 2024. https://twitter.com/DAVID_LYNCH/status/16716042147

McKenna, Kristine: An Interview with David Lynch. Erschienen in: Colección Imagen. Online abgerufen in: The City of Absurdity, 8. März 1992, abgerufen am 16. Februar 2024. http://www.thecityofabsurdity.com/intpaint.html

Rodley, Chris (Hrsg.): Lynch über Lynch. Frankfurt a.M.: Verlag der Autoren 2006. S. 20, 37, 110, 140, 289.

V Mit David Lynch die Welt begreifen

BOB

»David Lynch at Home«. In: Factory International, abgerufen am 17. Februar 2024. https://factoryinternational.org/whats-on/david-lynch-at-home/

Barney, Richard A. (Hrsg.): David Lynch: Interviews. Jackson: University Press of Mississippi 2009. S. 93.

Crespo, Diego: Review zu Twin Peaks: The Return. In: Letterboxd, 31. Dezember 2017, abgerufen am 17. Februar 2024. https://letterboxd.com/diegowaffles/film/twin-peaks-the-return/

Factory International. »David Lynch at HOME | Manchester International Festival«, Youtube, 8. März 2019, abgerufen am 17. Februar 2024. https://www.youtube.com/watch?v=6t-cQgi9KyY&t=37s

Ferrier, Aimee: »David Lynch explains the symbolism of electricity in his movies«. In: Far Out Magazine, 28. März 2023, abgerufen am 17. Februar 2024. https://faroutmagazine.co.uk/david-lynch-electricity-movies/

Hermann, Kim: »Das Beobachtete ist nicht objektiv«. In: Welt der Physik, 6. September 2021, abgerufen am 17. Februar 2024. https://www.weltderphysik.de/gebiet/teilchen/quanteneffekte/das-beobachtete-ist-nicht-objektiv/

Huijts, Stijn (Hrsg.): David Lynch. Someone Is in My House. München: Prestel 2018. S. 33

Ivancheva, Ludmilla: Leibniz's Monadology and its insights concerning quantum physics. In: Papers of BAS. Humanities and Social Sciences Vol. 8, 2021, No.2. Online abgerufen am 17. Februar 2024. https://www.papersofbas.eu/images/Papers_2021-2/Ivancheva.pdf

Kermode, Mark: »David Lynch«. In: The Guardian, 8. Februar 2007, abgerufen am 17. Februar 2024. https://www.theguardian.com/film/2007/feb/08/davidlynch

Leibniz, Gottfried Wilhelm: »Monadologie«. In: Kleine Schriften zur Metaphysik. (Holz, Heinz Hans, Hrsg.). Frankfurt am Main: Suhrkamp 1996. §69.

Lynch, David: Catching the Big Fish: Meditation, Consciousness, and Creativity. Jeremy P. Tarcher/Penguin 2007. S. 37.

Olson, Greg: Beautiful Dark. Scarecrow Press 2008. S. 6–7.

QuantenPhysik. »Anton Zeilinger – ›Die Trennung von Wirklichkeit und Information ist nicht haltbar‹ (2006)«, Youtube, 23. Juni 2022, abgerufen am 17. Februar 2024. https://www.youtube.com/watch?v=Ba7bALHHN8Q

Rodley, Chris (Hrsg.): Lynch über Lynch. Frankfurt a.M.: Verlag der Autoren 2006. S. 24, 43.

Seeßlen, Georg: David Lynch und seine Filme. Marburg: Schüren Verlag 2006. S. 135.

Wallace, David Foster: David Lynch bewahrt kühlen Kopf. In: Blumenbach, Ulrich (Hrsg.): Der Spass an der Sache. Alle Essays. Köln: Kiepenheuer & Witsch 2019 (5. Auflage). S. 671.

Geist

Carroll, Rory: »David Lynch: ›You gotta be selfish. It's a terrible ting‹«. In: The Guardian, 23. Juni 2018, abgerufen am 17. Februar 2024. https://www.theguardian.com/film/2018/jun/23/david-lynch-gotta-be-selfish-twin-peaks

Lynch, David: Catching the Big Fish: Meditation, Consciousness, and Creativity. Jeremy P. Tarcher/Penguin 2007. S. 40.

Lynch, David; McKenna, Kristine: Room to Dream. Canongate Books 2019. S. 50.

McKenna, Kristine: An Interview with David Lynch. Erschienen in: Colección Imagen. Online abgerufen in: The City of Absurdity, 8. März 1992, abgerufen am 17. Februar 2024. http://www.thecityofabsurdity.com/intpaint.html

New Wave Films. »Alex Jones interviews David Lynch«, Youtube, 19. Dezember 2013, abgerufen am 17. Februar 2024. https://www.youtube.com/watch?v=B0Kx52Nkeec

Olson, Greg: Beautiful Dark. Scarecrow Press 2008. S. 6.

BeneficialRhubarb727 in: Eraserhead Bible Verse – Potential Verse. Post auf Reddit, abgerufen am 17. Februar 2024. https://www.reddit.com/r/davidlynch/comments/ax5jgv/eraserhead_bible_verse_potential_verse/

Hiob 7, 13–15. In: Die Bibel, LU.

DocumentaryArchive. »David Lynch Questions 9/11 on Dutch TV«, Youtube, 29. Juni 2014, abgerufen am 17. Februar 2024. https://www.youtube.com/watch?v=SDT6URLj--0&t=2s

Körper

Fresh Air. »Director David Lynch on his fascination with the body (1994 interview)«, Youtube, 19. Mai 2023, abgerufen am 17. Februar 2024. https://www.youtube.com/watch?v=8qngmWNNNFM

Potte-Bonneville, Mathieu; Vergne, Jean-Charles; Zaoui, Pierre: Lynch, David: Man Waking from Dream. Auvergne: FRAC Auvergne 2012.

Mactaggart, Allister: The Film Paintings of David Lynch. Bristol, Chicago: Intellect Books 2010. S. 12.

McKenna, Kristine: An Interview with David Lynch. Erschienen in: Colección Imagen. Online abgerufen in: The City of Absurdity, 8. März 1992, abgerufen am 16. Februar 2024. http://www.thecityofabsurdity.com/intpaint.html

Merleau-Ponty, Maurice: Phänomenologie der Wahrnehmung. Berlin: De Gruyter 1966. S. 125.

Rodley, Chris (Hrsg.): Lynch über Lynch. Frankfurt a.M.: Verlag der Autoren 2006. S. 206–207.

Sobchack, Vivian: The Address of the Eye. Princeton: Princeton University Press 1992. S. 34.

Natur

Barney, Richard A. (Hrsg.): David Lynch: Interviews. Jackson: University Press of Mississippi 2009. S. 165.

Cinefantastique. Vol. 14, September 1984. S. 48–49.

Corliss, Richard: David Lynch: Czar of Bizarre. In: *Time*, 1. Oktober 1990, abgerufen am 1. Februar 2024. https://content.time.com/time/subscriber/article/0,33009,971255,00.html

David Lynch: ›I Was a Teenage Insect‹. In: Frieze, 28. Mai 2018, abgerufen am 3. Februar 2024. https://www.frieze.com/article/david-lynch-i-was-teenage-insect

Enright, Robert: Dark Enlightenment. An Interview with David Lynch. In: *Border Crossings*, August 2018, abgerufen am 2. Februar 2024. https://bordercrossingsmag.com/article/dark-enlightenment

Fischer, Robert: David Lynch. Die dunkle Seite der Seele. München: Wilhelm Heyne Verlag 1997 (3., erweiterte Auflage). S. 295, 298, 302, 305.

Israel, Axel: David Lynch. In: Purple, F/W 2011 issue 16, abgerufen am 3. Februar 2024. https://purple.fr/magazine/fw-2011-issue-16/david-lynch/

Lynch, David; McKenna, Kristine: Room to Dream. Canongate Books 2019. S. 19, 20, 81, 502.

Lynch, David: Catching the Big Fish: Meditation, Consciousness, and Creativity. Jeremy P. Tarcher/Penguin 2007. S. 119.

Lynch, David: Works on Paper. Paris: Fondation Cartier, 2010. S. 89.

McKenna, Kristine: Transcription de la conversation autour du livre enregistrée avec David Lynch le 15 décembre 2006 à Los Angeles. In: David Lynch: The Air is on Fire. Paris: Fondation Cartier pour l'art contemporain, Editions Xavier Barral 2007. S. 34, 39. (Ausstellungskatalog)

Rodley, Chris (Hrsg.): Lynch über Lynch. Frankfurt a.M.: Verlag der Autoren 2006. S. 26, 70.

Saur, Michael: David Lynch. Interview. In: BOMB, 18. Juli 2013, abgerufen am 3. Februar 2024. https://bombmagazine.org/articles/2013/07/18/david-lynch/

Tier

Ants (The David Lynch Quote Collection). In: The City of Absurd, abgerufen am 3. Februar 2024. http://www.thecityofabsurdity.com/quotecollection/ants.html

Barney, Richard A. (Hrsg.): David Lynch: Interviews. Jackson: University Press of Mississippi 2009. S. 161.

Bull, Bart: Lynch-time. In: Vogue, Februar 1990. S. 353.

Chonin, Neva: ›I Like Dogs with a Human Head‹: David Lynch Shows New Paintings in Los Angeles. In: SFGate, 7. Februar 2007, abgerufen am 3. Februar 2024. https://www.sfgate.com/entertainment/article/lynch-dives-within-the-cult-director-discusses-2651144.php#photo-2129773

DAVID LYNCH – EYE OF THE DUCK. In: Vimeo (Ausschnitt aus dem Dokumentarfilm ›Eye of a Duck‹ – David Lynch über Meditation. Regie: Åsa Riton), abgerufen am 3. Februar 2024. https://vimeo.com/81181273

David Lynch: ›I Was a Teenage Insect‹. In: Frieze, 28. Mai 2018, abgerufen am 3. Februar 2024. https://www.frieze.com/article/david-lynch-i-was-teenage-insect

Fischer, Robert: David Lynch. Die dunkle Seite der Seele. München: Wilhelm Heyne Verlag 1997 (3., erweiterte Auflage). S. 144, 299.

Godwin, K. George: Eraserhead. In: Cinefantastique, Vol. 14, September 1984. S. 45–46.

Greenberger, Alex: ›I Like Dogs with a Human Head‹: David Lynch Shows New Paintings in Los Angeles. In: ARTnews, 7. September 2018, abgerufen am 3. Februar 2024. https://www.artnews.com/art-news/artists/like-dogs-human-head-david-lynch-shows-new-paintings-los-angeles-10936/

Lynch, David; McKenna, Kristine: Room to Dream. Canongate Books 2019. S. 181f.

Lynch, David: Images. München: Schirmer / Mosel 1994. S. 92.

McKenna, Kristine: Transcription de la conversation autour du livre enregistrée avec David Lynch le 15 décembre 2006 à Los Angeles. In: David Lynch: The Air is on Fire. Paris: Fondation Cartier pour l'art contemporain, Editions Xavier Barral 2007. S. 16, 17, 25. (Ausstellungskatalog)

Rensin, David: Laura Dern: Too Dern Hot. In: Rolling Stone, 17. Oktober 1991, abgerufen am 3. Februar 2024. https://www.rollingstone.com/tv-movies/tv-movie-news/laura-dern-too-dern-hot-200745/

Rodley, Chris (Hrsg.): Lynch über Lynch. Frankfurt a.M.: Verlag der Autoren 2006. S. 40, 82.

Identität

Barney, Richard A. (Hrsg.): David Lynch: Interviews. Jackson: University Press of Mississippi 2009. S. 32, 36, 38.

Lynch, David: Catching the Big Fish: Meditation, Consciousness, and Creativity. Jeremy P. Tarcher/Penguin 2007. S. 57.

Rodley, Chris (Hrsg.): Lynch über Lynch. Frankfurt a.M.: Verlag der Autoren 2006. S. 40, 140.

Twin Peaks: The Return, Episode 12.

Sprache

»Uncanny-Valley-Effekt«. In: Filmlexikon der Universität zu Kiel. Online abgerufen am 17. Februar 2024. https://filmlexikon.uni-kiel.de/doku.php/u:uncannyvalleyeffekt-7740

Alamo Drafthouse. »Nicolas Cage's David Lynch impression«, Youtube, 20. Januar 2021, abgerufen am 17. Februar 2024. https://www.youtube.com/watch?v=Fo0gTRavfTY

NOVA PBS Official. »David Lynch × Robots = A.I. Art«, Youtube, 24. Februar 2016, abgerufen am 17. Februar 2024. https://www.youtube.com/watch?v=_Z8uTUfWNIU

Rodley, Chris (Hrsg.): Lynch über Lynch. Frankfurt a.M.: Verlag der Autoren 2006. S. 17, 50, 58, 289–290.

W Magazine. »Naomi Watts, Laura Dern & Patricia Arquette Tell David Lynch Stories | W magazine«, Youtube, 25. April 2017, abgerufen am 17. Februar 2024. https://www.youtube.com/watch?v=HLreaAQA9kA

William Alex: David Lynch's Shockingly Peaceful Inner Life. In: The New York Times, 31. Dezember 2006, abgerufen am 17. Februar 2024. https://www.nytimes.com/2006/12/31/fashion/31lynch.html

Xiang, Chloe: »›Nothing, Forever‹ Is An Endless ›Seinfeld‹ Episode Generated by AI«. In: Vice, 31. Januar 2023, abgerufen am 17. Februar 2024. https://www.vice.com/en/article/qjkyxp/whats-the-deal-with-nothing-forever-a-21st-century-seinfeld-that-is-ai-generated

Traum

Deruisseau, Bruno; Lalanne, Jean-Mark: On a parlé des Gilets jaunes, de collapsologie et de psychoanalyse avec Jean-Luc Godard. In. Les Inrocktuptibles, 17. Juli 2020, abgerufen am 9. März 2024. https://www.lesinrocks.com/cinema/jean-luc-godard-linterview-exclusive-de-2019-173465-17-07-2020/

Schluss – Lynchesk

McKenna, Kristine: An Interview with David Lynch. Erschienen in: Colección Imagen. Online abgerufen in: The City of Absurdity, 8. März 1992, abgerufen am 16. Februar 2024. http://www.thecityofabsurdity.com/intpaint.html

Weitere Publikationen im Büchner-Verlag

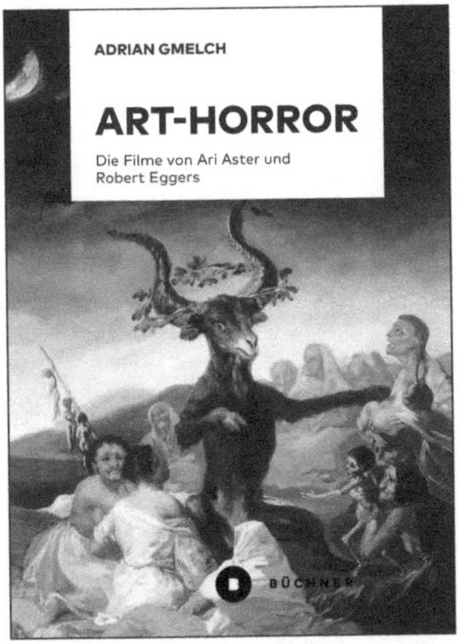

Adrian Gmelch
Art-Horror
Die Filme von Ari Aster
und Robert Eggers
258 Seiten, 14,5 x 20,5 cm
ISBN 978-3-96317-318-9 (Print)
ISBN 978-3-96317-868-9 (ePDF)

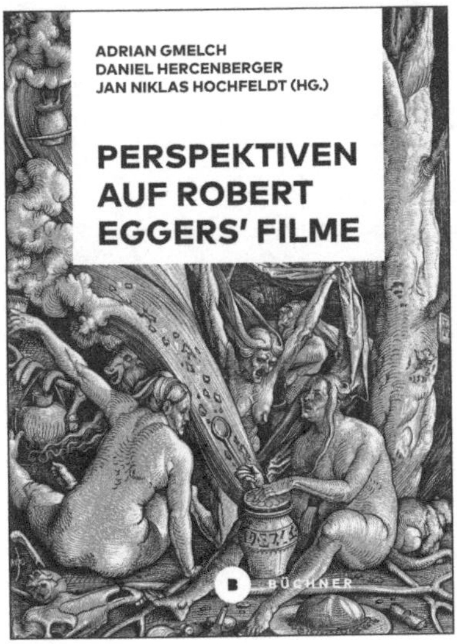

Adrian Gmelch,
Daniel Hercenberger,
Jan Niklas Hochfeldt
Perspektiven auf
Robert Eggers' Filme
290 Seiten, 14,5 x 20,5 cm
ISBN 978-3-96317-389-9 (Print)
ISBN 978-3-96317-951-8 (ePDF)

BÜCHNER